T0177430

Service-orientierte Architekturen mit Web Services

Ingo Melzer

# Service-orientierte Architekturen mit Web Services

Konzepte – Standards – Praxis

4. Auflage

Unter Mitwirkung von
Sebastian Eberhard, Alexander Hilliger von Thile,
Marcus Flehmig, Peter Tröger, Barbara Rudolph,
Boris Stumm, Matthias Lipp, Patrick Sauter,
Jochen Vajda, Wolfgang Dostal, Mario Jeckle

Spektrum
AKADEMISCHER VERLAG

**Autor**
Ingo Melzer
E-Mail: info@soa-buch.de

**Weitere Informationen zum Buch unter**
www.soa-buch.de/

**Bibliografische Information der Deutschen Nationalbibliothek**
Die Deutsche Nationalbibliothek verzeichnet diese Publikation in der Deutschen Nationalbibliografie; detaillierte bibliografische Daten sind im Internet über http://dnb.d-nb.de abrufbar.

Springer ist ein Unternehmen von Springer Science+Business Media
springer.de

4. Auflage 2010
© Spektrum Akademischer Verlag Heidelberg 2010
Spektrum Akademischer Verlag ist ein Imprint von Springer

10   11   12   13   14          5   4   3   2   1

Planung und Lektorat: Dr. Andreas Rüdinger, Barbara Lühker
Herstellung: Crest Premedia Solutions (P) Ltd, Pune, Maharashtra, India
Umschlaggestaltung: SpieszDesign, Neu–Ulm
Satz: Autorensatz

ISBN 978-3-8274-2549-2

Für Mario

# Vorworte

## Zur ersten Auflage

*Service-orientierte Arichtekturen* (SOA) haben das Potenzial, das nächste bedeutende Paradigma der Informatik zu werden, und damit in die Fußstapfen der objektorientierten Programmierung zu treten. So wie OO gegenüber der prozeduralen Programmierung ein höheres Abstraktionsniveau eingeführt hat, so gestatten SOA eine weitere, abstrakte Sichtweise auf sonst sehr komplexe Systeme. Dies ermöglicht in vielen Fällen, die gestiegene Komplexität zu bewältigen und flexible, robuste, sichere und wiederverwendbare Architekturen zu entwickeln. Gleichzeitig gestatten SOA die Implementierung einer partnerübergreifenden Integration von IT-Systemen, was sich in den letzten Jahren als eine essenzielle Anforderung vieler Firmen herausgestellt hat. Da die Kosten für proprietäre Integrationslösungen immer weiter in die Höhe schnellen, steigt gleichzeitig der Druck, entsprechende Konzepte einzuführen, die unabhängig von Programmiersprache und Plattform sind.

Allerdings stellen SOA nur ein *abstraktes Konzept* dar. Genauso wie es viele verschiedene Instanzen einer Klasse aus der objektorientierten Welt geben kann, so sind viele Umsetzungen einer SOA denkbar. Der mit Abstand vielversprechendste Ansatz sind derzeit die *Web Services*. Neben den theoretischen Grundlagen gibt es auch schon sehr weitgehende Spezifikationen und zu den wesentlichen Teilen Implementierungen. Dadurch können die meisten Konzepte auf Basis von Web Services getestet, veranschaulicht und umgesetzt werden. Und zwar unabhängig von Programmiersprache und Plattform, da Web Services vollständig auf XML basieren und auf proprietäre Teile verzichtet wurde – eine Tatsache, die vermutlich den Siegeszug dieser Technik erst ermöglichte. Dieser Umstand macht gleichzeitig deutlich, weshalb Web Services sich zur Umsetzung einer Integrationstechnik idealerweise anbieten.

## Zielsetzung

Bei SOA handelt es sich nicht nur um ein Buzzwort, sondern um eine Entwicklung, die noch viele Jahre ihre Spuren hinterlassen dürfte. Aus diesem Grund wird in diesem Buch Wert darauf gelegt, Abhängigkeiten von bestimmten Versionen oder Implementierungen sowie vergleichbare kurzlebige Erscheinungen zu vermeiden. Vielmehr steht die Vermittlung der wesentlichen Konzepte im Mittelpunkt.

Es wurde bewusst auf langatmige Einführungen in die Grundlagen verzichtet. In diesem Zuge wurden detaillierte Ausführungen zu XML und vergleichbaren Techniken gestrichen. An den entsprechenden Stellen wurde stattdessen auf die einschlägige Literatur verwiesen.

## Für wen ist dieses Buch?

*Service-orientierte Architekturen mit Web Services* wurde unter Beachtung der Anforderungen von Architekten und Entwicklern geschrieben. Es bietet sowohl für IT-Experten und Manager als auch für Studenten eine fundierte Basis. Ziel ist es, bleibende Grundlagen zu vermitteln – es handelt sich daher um kein Programmierhandbuch.

Möchten Sie jedoch ein tieferes Verständnis dafür erlangen, was bei einer Service-orientierten Architektur abläuft, wird Ihnen dieses Buch wertvolle Dienste leisten.

**Wir möchten von Ihnen hören!** Als Leser dieses Buches sind Sie unser wertvollster Kommentator. Nur durch Kritik und Anmerkungen sind wir in der Lage, uns zu verbessern. Deshalb sind wir auf Ihre Unterstützung angewiesen.

Für allgemeine Anmerkungen bitten wir um E-Mails an `info@soa-buch.de`. Zusätzlich können Sie die Autoren unter `vorname@soa-buch.de` kontaktieren.

Weitere Informationen zu diesem Buch finden Sie im Netz unter der URL `http://www.soa-buch.de/`

# Zur zweiten Auflage

Inzwischen sind seit der ersten Auflage dieses Buchs 20 Monate vergangen und es ist für uns eine Bestätigung zu sehen, dass Service-orientierte Architekturen nach wie vor ein hochaktuelles Thema sind. Der Hype ist – wie von uns erwartet – nicht genauso schnell verflogen, wie er aufgekommen ist. SOA hat sich einen festen Platz unter den Architekturkonzepten erobert.

Die technischen Aspekte haben sich inzwischen entsprechend weiterentwickelt, unsere Darstellungen der ersten Auflage sind jedoch mehrheitlich noch gültig. Daher waren nur einige wenige Aktualisierungen notwendig.

Unterschätzt hatten wir damals allerdings die weniger technischen Facetten des Themas. Tom DeMarco schrieb 1990 in „Wien wartet auf Dich!"[DL99]: „Die größten Probleme bei unserer Arbeit sind keine technischen Probleme, sondern soziologische Probleme." Im Umfeld von SOA gibt es noch so manches technische Problem, diese werden aber vermutlich alle mit vertretbarem Aufwand zu lösen sein. Es gibt jedoch einige nichttechnische Herausforderungen, die zum Prüfstein für die Technologie werden könnten.

SOA fordert neue Organisationsformen und verlangt Änderungen an historisch gewachsenen Strukturen. Aus diesem Grund haben wir die zweite Auflage um das Kapitel 3 auf Seite 33 „Service-orientierte Organisation" erweitert.

# Zur dritten Auflage

Wenn sich die Dinge im Wesentlichen so entwickeln, wie man es angenommen hat, dann ist dies für einen Autor eine schöne Sache, es erschwert die Weiterentwicklung eines Buchs aber ungemein. Da beim Thema SOA und Web Services genau dies eingetroffen ist, unterscheidet sich diese dritte Auflage von der vorigen nur in vielen Detailverbesserungen, integrierten Anmerkungen, Fehlerkorrekturen und aktualisierter Literatur.

# Zur vierten Auflage

Knapp zwei Jahre später ist weiterhin zu beobachten, dass sich der Hype um SOA noch immer in etwa wie vermutet entwickelt. Die Entwicklung der technischen Basiskonzepte hat sich deutlich verlangsamt. Die Häufigkeit der Veröffentlichung von neuen Spezifikationen oder wesentlichen Überarbeitungen der wichtigen Web-Services-Dokumente ist sehr stark gesunken. Die Unterstützung durch die diversen Software-Bibliotheken und Produkte ist etwas besser geworden, lässt aber oft noch immer viele Wünsche offen. Hier ist nur mit einer langsamen Verbesserung zu rechnen.

Auf der anderen Seite ist sehr schön zu beobachten, wie sich die abstrakten Konzepte hinter SOA durchsetzen. Sie sind inzwischen Bestandteil grundlegender Vorlesungen an vielen Hochschulen, was als notwendige Voraussetzung für ein längerfristiges Überleben eines IT-Trends gesehen werden kann, und sie sind aus den meisten größeren und neuen IT-Projekten nicht mehr wegzudenken. Aus diesem Grund liegt der Fokus bei der Überarbeitung für die vierte Auflage auch auf den vorderen Kapiteln inklusive eines neuen Abschnitts über die Einführung von SOA in eine bestehende IT-Landschaft. Zusätzlich greift der neue Abschnitt 14.3 auf Seite 355 den Hype Cloud Computing auf und veranschaulicht die Zusammenhänge zu SOA.

# Danksagungen

## Für die erste Ausgabe

Bei Kinofilmen hat man sich längst an die Tatsache gewöhnt, dass der Abspann fast die gleiche Länge wie der eigentliche Film hat. Niemand kommt auf die Idee, dass ein Film nur mit den Personen zu produzieren ist, die das Glück haben, auf dem Werbeplakat zu stehen.

Wir waren zwar nicht in der Lage, wie bei großen Produktionen üblich, jede Funktion mindestens dreifach zu besetzen, aber auch bei diesem Buch waren wesentlich mehr Personen involviert, als auf dem Einband genannt sind. Viele Kollegen und Freunde haben im Laufe des Entstehens zum Erfolg des Buchprojekts beigetragen.

Besonders nach dem Tod von Mario Jeckle – zu diesem Zeitpunkt hatten wir noch nicht einmal ein dünnes Heftchen – waren wir auf diese Unterstützung dringend angewiesen und freuten uns über die spontane Hilfe von Sebastian, Patrick und Alex.

Als Anfang 2005 Wolfgang Dostal aus privaten Gründen aus diesem Buchprojekt aussteigen musste, wollte es eine glückliche Fügung, dass wieder Drei kurzfristig aushelfen konnten. Wesentlich geholfen haben:

### Sebastian Eberhard

Als größten Glücksfall kann das Treffen mit *Sebastian Eberhard* bezeichnet werden. Er schrieb im Sommer 2004 einen Bericht über Service Level Agreements für Web Services. Auf unser Buchprojekt angesprochen war Sebastian Eberhard sofort begeistert von der Idee, uns zu unterstützen. Er hat im Folgenden auch nicht nur sein SLA-Paper [Wer04] für das Buch angepasst, er hat auch das ganze UDDI-Kapitel geschrieben und an verschiedenen anderen Stellen maßgeblich geholfen. Dank auch für die Tatsache, dass wir für unser gemeinsames Arbeiten seine Wohnung in Karlsruhe besetzen und umfunktionieren durften.

### Patrick Sauter

Im Wintersemester 2003/2004 hörte *Patrick Sauter* eine Web-Services-Vorlesung an der Universität Ulm, um anschließend seine Diplomarbeit zu Web-Services-Transaktionen [Sau05] zu schreiben. Nach Abschluss der Arbeit bereitete er uns die ersten beiden Kapitel seines Werkes so auf, dass das Erstellen des Transaktionskapitels ein Kinderspiel war. Im Frühling 2005 erklärte er sich kurzfristig bereit, das Kapitel zu Geschäftsprozessen zu überarbeiten.

### Alexander Hilliger von Thile

*Alexander Hilliger von Thile* hat dankenswerterweise sein Paper „Managers Don't Code: Making Web Services Middleware Applicable for End-Users" [HvTMS04] in unser Buch eingebracht und entsprechend umgebaut. Darüber hinaus hat er viele Teile des Buches inhaltlich abgerundet und sprachlich überarbeitet.

### Dr. Marcus Flehmig

Nach dem Wegfall von Wolfgang Dostal war kurzfristig Hilfe notwendig. Als Erstes erklärte sich *Marcus Flehmig* bereit, uns zu helfen. Er hat unter anderem die Web Services Architektur vervollständigt und überarbeitet und viele Diskussionen mit frischem Wind und fundierten Argumenten angereichert.

### Peter Tröger

*Peter Tröger* arbeitet am Hasso-Plattner-Institut in Potsdam im Umfeld dienstorientierter Grid-Umgebungen. Er war sofort bereit, sein umfangreiches Wissen zu diesem Thema verständlich zusammenzufassen.

### Boris Stumm

Kurz vor Ende des Projekts konnten wir noch *Boris Stumm* gewinnen, den wichtigen Teil zu Semantik sehr stark zu überarbeiten und diverse Schwachstellen auszubessern.

### Weitere

Für viele Stunden Unterstützung möchten wir uns auch bei *Dr. Karin Melzer* bedanken. Sie hat viele Seiten des Buches mehrfach gelesen und die sprachliche Qualität des Buches signifikant gesteigert.

*Christine Nübling* erstellte an der Fachhochschule Furtwangen in Kooperation mit dem DaimlerChrysler Forschungszentrum in Ulm eine Diplomarbeit zur Performance von Web Services. Ihre Messergebnisse stellten sich beim Erstellen des Performance-Kapitels als sehr hilfreich und nützlich heraus.

Unser letzter Dank geht an unsere Regie, also unsere Ansprechpartner beim Verlag. *Barbara Lühker* und *Dr. Andreas Rüdinger* zeigten mehr Verständis für unsere Probleme und Verspätungen, als gut für uns gewesen ist. Ohne ihr Verständnis und ihre Unterstützung hätten wir es nie geschafft.

## Für die zweite Ausgabe

Als ich im Sommer 2006 über die guten Verkaufszahlen der ersten Auflage informiert wurde, lag die Diskussion nahe, ob wir nicht eine überarbeitete zweite Auflage anfertigen möchten. Zum Glück waren Alexander Hilliger von Thile, Marcus Flehmig, Sebastian Werner, Peter Tröger, Patrick Sauter und Boris Stumm sofort bereit, mich dabei zu unterstützen. Ihnen möchte ich herzlich danken, dass sie geholfen haben, die Texte zu aktualisieren und zu überarbeiten.

### Matthias Lipp

Für das neu hinzugekommene Kapitel über Service-orientierte Organisationen konnte ich dankenswerter Weise *Matthias Lipp* als Mitstreiter gewinnen. Bei der Aufarbeitung und Strukturierung der Thematik leistete er mir wertvolle Unterstützung.

Zuletzt möchte ich mich noch bei Frau Bettina Saglio und Herrn Dr. Andreas Rüdinger vom Verlag für die schnelle und stets hilfreiche Unterstützung bedanken.

Januar 2007                                                             Ingo Melzer


## Für die dritte Ausgabe

Dass man bei einem Thema für ein Buch eine gute Wahl getroffen hat merkt man, wenn zum einen der Verlag sich nach der Möglichkeit einer weiteren Auflage erkundigt und zum anderen man viele Zuschriften mit Anmerkungen und positiven Kommentaren erhält. Stellvertretend gilt mein herzlicher Dank an dieser Stelle Herrn Jürgen Wehnert und Herrn Prof. Dr. Rainer Buhr.

### Jochen Vajda

Jochen Vajda war die letzten drei Jahre bei mir im Team als Werksstudent tätig und hat zum Abschluss dieser Zeit auch seine Diplomarbeit [Vaj07] in der Daimler Forschung geschrieben. Da für diese Arbeit Transaktionen im Umfeld von Web Services notwendig waren und er hier viele Erfahrungen sammeln konnte, hat er angeboten, das Transaktionskapitel zu überarbeiten und auf den neusten Stand zu bringen.

Februar 2008                                                           Ingo Melzer

## Für die vierte Ausgabe

Über sechs Jahre nach der Idee und der ersten groben Gliederung kann dieses Buch noch immer als aktuell bezeichnet werden und die Themen SOA und Web Services stoßen an vielen Stellen weiterhin auf großes Interesse. Die Entwicklung ist besonders auf der technischen Seite zwar deutlich langsamer geworden, es gab aber trotzdem genügen Abschnitte, die aktualisiert werden konnten. Für die Unterstützung hierbei bedanke ich mich bei Matthias Lipp (IT-Governance), Sebastian Eberhard (SOA Antipattern), Jochen Vajda (Transaktionen und WS-TX 1.2) und Dr. Peter Tröger (Cloud Computing).

Januar 2010

Ingo Melzer

# Mario

Mario Jeckles Motivation, das Projekt SOA-Buch zu unterstützen, war von dem Wunsch genährt, ein Buch für seine Studenten zu haben, das die in einer SOA-Vorlesung vorgestellten Konzepte darlegt. Es sollte ein Buch sein, das nicht sofort beim Erscheinen des nächsten Standards oder der nächsten Implementierung obsolet wird. Das Ziel war vielmehr, eine allgemeine Darstellung zu wählen, die eine für die Informatik überdurchschnittliche Halbwertszeit ermöglicht und daher ein idealer Vorlesungsbegleiter ist.

Dieses gemeinsame Konzept haben wir uns alle bis zum Schluss zu Herzen genommen und nun ein Buch geschrieben, das ihm hoffentlich gefallen würde. Leider kann Mario Jeckle dieses Buch nicht mehr in einer seiner hochklassigen Vorlesungen empfehlen. Er kam am 11. Juni 2004 auf tragische Weise als Ersthelfer bei einem Autounfall auf der Autobahn ums Leben. Es ist eine Ironie des Schicksals, dass ihm gerade seine stets hilfsbereite Art zum Verhängnis wurde.

Unser Buchprojekt stand damit an einem Scheideweg. Nach reiflicher Überlegung war es uns ein Herzensanliegen, dieses Buch auch für Mario fertig zu stellen und ihm zu widmen.

Wir hoffen, dass es noch für viele Menschen hilfreich sein wird, denn dies wäre die beste Fortsetzung seines Lebenswerks.

Bis zu diesem tragischen Einschnitt war er für uns alle jederzeit ein kompetenter und zugleich herausfordernder Gesprächspartner. Er sprudelte vor Ideen und sein Tatendrang war einzigartig.

Wir möchten ihm an dieser Stelle nochmals unsere Bewunderung ausdrücken und sagen

Danke Mario

Barbara und Ingo

# Geleitwort zur ersten Auflage

Als man in den 80er-Jahren des letzten Jahrhunderts begann, Computer in größerem Umfang offen miteinander zu vernetzen, geschah dies in erster Linie, um die damals noch allenthalben knappen Verarbeitungskapazitäten im Verbund nutzen zu können. Einfach unvorstellbar war es, dass man wertvolle Computerleistung und Verbindungskapazitäten hauptsächlich für schnöden Informationstransport zum Endverbraucher – später unter den Namen E-Mail, Filetransfer, Websurfen bekannt – nutzen würde. Doch die geringen technischen Anforderungen, fallende Computer- und Kommunikationskosten sowie die vergleichsweise gut entwickelte Fähigkeit des Menschen, relevante Information aus unterschiedlichsten Präsentationen zu extrahieren, brachten einen Boom der Kommunikation „System zu Benutzer".

Die ursprünglich intendierte Kommunikation „System zu System" tat sich ungleich schwerer. Einige wenige, meist in der Anwendung begrenzte Standards für Datenformate (zum Beispiel EDI) erlaubten es, eine offene „System zu System"-Kommunikation zu betreiben und einige Geschäftsprozesse firmenübergreifend zu automatisieren. CORBA lieferte die Möglichkeit, system- und programmiersprachenübergreifend Objekte, sowie ihre Daten und Methoden zu nutzen. Jedoch erwies sich das strenge Typkonzept für viele Anwendungsfälle als zu unflexibel. Hier kommen Service-orientierte Architekturen und Web Services ins Spiel. Auch wenn wir noch weit davon entfernt sind, damit alle Probleme einer offenen Service-Infrastruktur gelöst zu haben, bieten diese Architekturen einen abstrakten, begrifflichen Rahmen, in dem sich Lösungen entwickeln, erklären und lehren lassen. Der Erfolg des Web, die Flexibilität von XML, webservicesorientierte Standards wie SOAP, WSDL, UDDI beginnen diesen Rahmen auszufüllen. Die Integration von Techniken des Semantic Web wird helfen, Probleme mit der Bedeutung von Diensten und Daten zu lösen.

Es ist zu begrüßen, dass mit diesem Buch das Gebiet „Service-orientierte Architekturen" so aufbereitet wird, dass Interessierte und Lernende sich über die Rolle der offenen Standards, den Stand der Technik und das, was an Entwicklungen zu erwarten ist, informieren können.

Persönlich freue ich mich auch, dass mit diesem Buch ein Projekt unseres tragisch verunglückten Freundes Prof. Mario Jeckle umgesetzt wird. Er hat in seinen Vorlesungen, in seiner Forschung, in den Arbeitskreisen des World Wide Web Consortiums (W3C) und zuletzt noch als gewähltes Mitglied in der W3C Technical Architecture Group mit seinem Wissen, Fleiß und unerschütterlichen Enthusiasmus einen wichtigen Beitrag zur Entwicklung und Verbreitung der in diesem Buch beschriebenen Architekturen geleistet.

Klaus Birkenbihl

W3C, Deutsch-Österreichisches Büro

# Geleitwort zur zweiten Auflage

Das Web ist zurzeit im Wandel. Einerseits erleben wir gegenwärtig einen Trend, der unter dem Schlagwort „Web 2.0" zusammengefasst wird, andererseits werden zur selben Zeit sehr intensiv Technologien entwickelt, die unter dem Begriff „Web Services" subsumiert werden.

Während im bisherigen Web die Inhalte von wenigen Benutzern zur Verfügung gestellt und von der überwiegenden Mehrzahl der Benutzer verwendet werden, verwischt die Grenze zwischen diesen beiden Benutzergruppen im Rahmen des Web 2.0, ja, die beiden Benutzergruppen werden identisch: Prinzipiell kann nun jeder Benutzer Inhalte zur Verfügung stellen, die von jedem anderen Benutzer verwendet werden können. Aber auch im Web 2.0 ist das Web immer noch „nur" eine Plattform zum Austausch von Inhalten, weshalb man auch vom „Content Web" spricht. Mithilfe von Web Services wandelt sich das Web in ein „Service Web": Das Web wird zu einer Plattform für die Kommunikation zwischen Anwendungen, die einfach nur „zur Verfügung stehen", einen „Dienst" anbieten. Anwendungen und deren Eigenschaften können dynamisch entdeckt werden, Verbindungen zwischen Anwendungen können entsprechend dieser Eigenschaften dynamisch aufgebaut werden und anschließend können die Anwendungen Nachrichten austauschen, um gemeinsam eine bestimmte Funktion zu realisieren. Das vorliegende Buch befasst sich mit Web Services, das heißt genau mit diesem zuletzt angeschnittenen Themenkomplex.

Die historischen Wurzeln der Web Service Technologie liegen im Bereich der Anwendungsintegration (EAI). Daher ist Interoperabilität zwischen Anwendungen und Plattformen auf der Nachrichtenebene von fundamentaler Bedeutung, was sich in dem vorliegenden Buch in einer ausführlichen Diskussion der entsprechenden Nachrichtenarchitektur „SOAP" niederschlägt. Muster ausgetauschter Nachrichten entsprechen dem, was man von außen als die Ausführung einer Operation beobachten kann; Web Services bieten typischerweise mehrere solcher Operationen an und werden durch die ausführlich besprochene Sprache „WSDL" beschrieben. Um Web Services dynamisch auffinden zu können, benötigt man einen entsprechenden Verzeichnisdienst, der im Rahmen der Web Service Technologie durch „UDDI" realisiert wird. Nachdem die Basis Technologien erläutert worden sind, widmet sich das vorliegende Buch dem Vorurteil der allgemein schlechten Performance von Web Services, und stellt entsprechende Messungen vor, die dieses Vorurteil prinzipiell widerlegen.

Anschließend beginnt die Vorstellung der Technologien zur Sicherstellung von Qualitätseigenschaften von Web Services. Ausführlich wird diskutiert, wie die Sicherheit der Kommunikation auf der reinen Nachrichtenebene realisiert wird. Ebenso wird vorgestellt, wie Abfolgen von Operationen auf Web Services in Transaktionen gebunden werden können, um so Robustheit in der Interaktion mit mehreren Web Services zu gewährleisten. Weitere nicht-technische Anforderungen an Web Services wie etwa rechtliche Aspekte, Bezahlmodelle und so weiter werden skizziert. Die verbindliche Beschreibung und Vereinbarung von Service-Eigenschaften mithilfe so genannter „Service Level Agreements" wird in diesem Zusammenhang diskutiert. Auch wird die Erstellung von Geschäftsprozessen aus Web Services und die Externalisierung von Geschäftsprozessen als Web Services beschrieben.

Vorbereitet wird die Darstellung dieser Technologien durch einen Überblick über die Service-orientierte Architektur. Hierdurch wird dem Leser das Rüstzeug gegeben, um den Zusammenhang der einzelnen Technologien besser zu verstehen. Die Rolle neuer Middleware (etwa dem so genannten „Enterprise Service Bus") wird skizziert. Ein eigenes Kapitel erläutert den Zusammenhang der Web Service Technologien mit der Service-orientierten Architektur; hierin werden auch einige der oft anzutreffenden Missverständnisse aus diesem Umfeld aufgelöst.

Nach dem Lesen des Buches sollte der Leser gut gerüstet seien, aktiv an den Diskussionen über Service-Orientierung im Allgemeinen und Web Services im Besonderen teilnehmen zu können. Das Buch vermittelt den notwendigen Hintergrund, um bei Bedarf die einzelnen Standards im Detail besser zu verstehen und deren Relevanz für einen gegebenen Problembereich besser einschätzen zu können. Auch vermittelt das Buch einiges an Hintergrund, um die Möglichkeiten von Web Service Technologien im Bereich Outsourcing objektiv zu bewerten.

Auf den ersten Blick hat Web 2.0 mit Web Services wenig zu tun. Aber im Rahmen des Web 2.0 werden Technologien wie etwa „Ajax" oder „Mashups" immer bedeutender, die das Ziel haben, Web-Klienten (etwa Browser) mit im Netz verteilten Anwendungsfunktionen zu verbinden. Hierdurch sollen Web-Klienten den gewohnten Oberflächen typischer Desktop-Anwendungen gleichwertig werden und die Vermaschung existierender Funktionen in neue Anwendungsfunktionen signifikant vereinfacht werden. Die Kommunikation der Web-Klienten kann oft durch Web Service Technologie realisiert werden. Somit liefert das vorliegende Buch auch eine solide Basis für das Verständnis der entsprechenden Aspekte des Web 2.0.

Stuttgart, im Januar 2007

Prof. Dr. Frank Leymann

# Geleitwort zur vierten Auflage

*Service-orientierte Software Architekturen* sind mittlerweile eine bewährte Praxis, um die Agilität von Unternehmen zu verbessern. Funktionen verschiedener Art werden dabei als modulare Dienste verstanden, die autonom implementiert und bereitgestellt, jedoch flexibel miteinander komponiert und auch in Form von Geschäftsprozessen orchestriert werden können. *Web Services* bezeichnen eine weit verbreitete Implementierungstechnologie, die die Prinzipien Service-orientierter Architekturen natürlich unterstützt und die Interoperabilität zwischen Anwendungen und Plattformen – als Dienste realisiert – gewährleistet. Die vierte Auflage des Buches „Service-orientierte Architekturen mit Web Services" ist eine zeitgemäße Darstellung dieser Prinzipien Service-orientierter Architekturen sowie der technischen Grundlagen für deren Realisierung durch Web Services.

Neben Aktualisierungen und der Darstellung von technologischen Weiterentwicklungen ist es vor allem auch das gereifte Verständnis über Service-orientierte Architekturen, das diese vierte Auflage prägt. Viele der Herausforderungen in der Einführung und im Betrieb von Service-orientierten Architekturen sind nicht technischer, sondern (Unternehmens-)kultureller und organisatorischer Natur. Das Buch unterstützt diese Sichtweise, in dem auch betriebliche und sozio-technische Aspekte diskutiert werden, und „best practices" (wie auch „bad practices") vorgestellt werden.

Der Leser erhält mit diesem Buch ein aktuelles Kompendium, welches eine technische Darstellung mit der industriellen, anwendungsorientierten Erfahrung des Autors vorbildlich kombiniert.

Karlsruhe, im Januar 2010                                        Prof. Dr. Stefan Tai

# Inhaltsverzeichnis

# Abbildungsverzeichnis

# Listings

# 1 | Einleitung

*„The goal of Computer Science is to build something that will last
at least until we have finished building it."*
*Anonymous*

Service-orientierte Architektur – Modewort, schlichtes Verkaufsargument,
Marketinggag oder ernst zu nehmende Entwicklung, zukunftsweisende Technologie, trag- und ausbaufähiges Konzept? Dieses Buch möchte den Mythos
entzaubern und es ermöglichen, sich selbst ein Bild davon zu machen, indem
die grundlegenden Aspekte und wichtigsten Eigenschaften erläutert werden,
die hinter (einer) SOA und hinter Web Services stecken.

Der Aufbau folgt dem Gedanken „von der Theorie zur Praxis" beziehungsweise „vom Großen zum Kleinen", stets mit dem Ziel vor Augen, das Verständnis
für die Ideen hinter den Dingen zu wecken.

## Übersicht

## 1.1 Historie von Web Services und SOA

Die Entwicklung der Informationstechnologie besteht aus einer Reihe von komplexer und abstrakter werdende Programmiersprachen und Netzwerktechniken. Am Anfang der IT stand die Assemblerprogrammierung und kurz nach der Einführung der ersten Netzwerke kam der „Remote-Procedure-Call", kurz RPC, auf, also der entfernte Funktionsaufruf. Als die Assemblerprogramme aufgrund der gestiegenen Komplexität nicht mehr beherrschbar waren, ging man dazu über, die meisten Softwareprojekte in prozeduralen Sprachen zu schreiben. Und auch diese fielen der gestiegenen Komplexität zum Opfer und die objektorientierten Sprachen setzten sich in vielen Gebieten durch. Auch der RPC erfüllte bald so manche Anforderung – wie zum Beispiel Typprüfung – nicht mehr und neue Techniken wie CORBA, RMI und auch SOAP, das in diesem Buch ausführlich behandelt wird, entstanden.

Sowohl bei den Programmiersprachen als auch bei den Netzwerktechniken sieht auf den ersten Blick bei jeder Evolution alles neu und für den Laien verwirrend aus. Entfernt man aber den syntaktischen Zucker und die vielen Verzierungen, so stellt man fest, dass die Konzepte sich faktisch nicht verändert haben, sondern lediglich eine Abstraktionsstufe nach oben gehoben wurden, um immer komplexere Szenarien beherrschen zu können.

Die vorerst letzte Sprosse auf dieser Leiter stellen Web Services und Service-orientierte Architekturen dar.

## 1.2 Intention

Es gibt eine umfangreiche Sammlung von sehr guten Büchern, die vermitteln, wie mit Version $x.y$ von Technik $z$ umgegangen wird. Diese Werke sind zumeist verständlich geschrieben und sehr konkret. Allerdings müssen sie laufend aktualisiert werden, sobald Version $x.y + 1$ veröffentlicht worden ist.

Aus diesem Grund liegt der Schwerpunkt in diesem Buch auf der Vermittlung der Basiskonzepte, die hinter den Spezifikationen liegen. Der Leser soll verstehen, weshalb manche Entscheidungen getroffen wurden und wie dadurch Probleme beseitigt werden. Die genaue Umsetzung steht dabei an zweiter Stelle.

Sollte es die nächsten Jahre weiter Evolutionen im Bereich der Softwarearchitekturen und keine echte Revolution geben, so möchte dieses Buch das Rüstzeug liefern, um diese Entwicklungen zu verstehen. Die Intention ist also, ein Buch zu schreiben, das (zumindest im Informatikkontext) als zeitlos bezeichnet werden kann.

Dieses Buch ist daher *kein* Programmierhandbuch. Es enthält auch keine Anleitung, wie man in zwanzig Schritten mit der neuesten Version des WebSphere Application Servers oder unter .NET eine Service-orientierte Architektur implementiert und betreibt. Es enthält auch nur sehr wenige Abhängigkeiten von bestimmten Versionen einer Spezifikation oder eines Standards. Dafür bietet dieses Buch eine solide Einführung in die Konzepte von SOA und Web Services.

## 1.3 Aufbau des Buches

Das Buch besteht aus drei aufeinander aufbauenden Teilen. Der erste Schwerpunkt liegt auf grundlegenden Architekturüberlegungen. Hierbei wird anfänglich eine eher abstrakte Darstellung einer SOA gegeben, um dadurch die theoretische Grundlage für die folgenden Teile zu schaffen.

Hieran anknüpfend wird beschrieben, wie eine Umsetzung auf Basis von Web Services aussehen kann.

Im zweiten Teil werden die wesentlichen Basistechniken der Web Services wie die plattformunabhängige Schnittstellenbeschreibung konkretisiert. Dabei wird dargelegt, wie die abstrakten Konzepte der SOA bei Web Services umgesetzt werden.

Für einen produktiven Einsatz von Web Services müssen eine ganze Reihe weiterer Anforderungen unterstützt werden. Weiterführende Themen wie Performance werden daher im dritten Teil des Buches behandelt.

Ein Ausblick auf weitere Themen, die in Zukunft in diesem Umfeld zu erwarten sind, runden dieses Werk ab. Abbildung 1.1 illustriert den eben beschriebenen Aufbau.

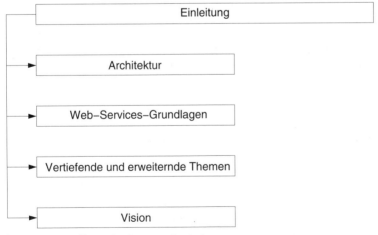

**Abbildung 1.1** *Übersicht der Hauptkapitel*

### 1.3.1  Architektur

**Architektur**

Der Schwerpunkt des Architekturteils liegt auf den Konzepten von Service-orientierten Architekturen (Kapitel 2 auf Seite 9). Die wesentlichen Rollen in einer SOA werden erläutert. Außerdem wird der Begriff des Dienstes eingeführt und dessen Eigenschaften dargelegt. Der Einfluss auf heutige Programmierkonzepte und Nachrichtenmodelle rundet den abstrakten, technischen Teil ab.

**Organisation**

Die neuen Konzepte rund um Service-orientierung haben nicht nur eine technische Komponente, sondern auch deutliche Konsequenzen für die Organisationen, die auf diese Entwicklung setzen. Diese Auswirkungen behandelt das Kapitel Service-orientierte Organisation. Im Anschluss werden, wie in Abbildung 1.2 zu sehen ist, die vorgestellten Konzepte in Kapitel 4 auf Seite 61 auf Web Services übertragen und gezeigt, wie die Konzepte umgesetzt worden sind.

**Abbildung 1.2** *Übersicht der Architekturkapitel*

Da eine SOA „lediglich" ein abstraktes Modell ist und Web Services als eine mögliche technische Instanz gesehen werden können, haben die Kapitel 2 auf Seite 9 und 4 auf Seite 61 einen vergleichbaren Aufbau.

### 1.3.2  Web-Services-Grundlagen

Ein weit verbreiteter Irrtum wird durch die Gleichung „Web Services = SOAP + WSDL + UDDI" ausgedrückt. Richtig ist an dieser Aussage aber, dass SOAP, WSDL und UDDI als Grundlage oder Basis von Web Services gesehen werden können. Sie stellen Umsetzungen der drei wichtigsten Komponenten einer SOA dar. Daher stellen diese drei Techniken auch wie in Abbildung 1.3 auf der nächsten Seite illustriert die Basis des Grundlagenteils dar.

Während SOAP und WSDL sich im Umfeld von Web Services durchgesetzt haben, ist diese Aussage bezüglich UDDI noch nicht endgültig entscheiden. Aus diesem Grund wird in Kapitel 7 auf Seite 141 zusätzlich die im Vergleich

**Abbildung 1.3** *Übersicht der Web-Services-Grundlagen*

zu UDDI einfachere und weniger mächtige Web Services Inspection Language
zur Auffindung von Web Services betrachtet.

## 1.3.3 Weiterführende Web-Services-Themen

Um eine SOA zu implementieren, reichen die Grundbausteine der Web Services (SOAP, WSDL und UDDI) jedoch nicht aus. Bei einer konkreten Umsetzung gibt es weitere Punkte, die behandelt werden müssen.

Da bei Web Services alle involvierten Dokumente auf XML basieren und XML **Geschwindigkeit**
anfänglich langsamer zu parsen war, ist gerade die Geschwindigkeit oft ein
wichtiges Thema. Dieses steht daher in Kapitel 8 auf Seite 171 am Anfang der
weiterführenden Themen.

Ein weiteres Vorurteil beim Einsatz von Web Services ist, dass diese unsicher **Sicherheit**
sind. Aus diesem Grund befasst sich Kapitel 9 auf Seite 205 intensiv mit
diesem Thema und zeigt Möglichkeiten auf, sichere Web Services zu implementieren.

SOA kann als Komponentenmodell auf hohem Abstraktionsniveau gesehen **Workflow**
werden. Auf dieser Ebene liegt auch die Modellierung von Abläufen nahe. Eine entsprechende technische Umsetzung kann als Workflow bezeichnet werden. Web Services basierte Varianten sind Schwerpunkt von Kapitel 10 auf
Seite 239.

Bei solchen Prozessen muss man sich oft darauf verlassen können, dass **Transaktionen**
Änderungen bei allen beteiligten Partnern vollständig und konsistent aus-
geführt worden sind. Daher beschreibt Kapitel 11 auf Seite 275, wie solche
Transaktionen mit Web Services umsetzbar sind.

In produktiven Systemen gibt es aber auch weitere Anforderungen, die nichts **Nichttechnische**
mit der Ausgabe des Systems zu tun haben. Dazu gehören Eigenschaften **Anforderungen**
wie zum Beispiel Antwortzeitverhalten. Solche nichtfunktionalen oder auch
nichttechnischen Anforderungen stehen im Mittelpunkt von Kapitel 12 auf
Seite 297.

**Manager als Nutzer**    Die hier kurz beschriebenen Themen sind mehrheitlich für Informatiker von Interesse, da aufgrund der mehrheitlich vorherrschenden Maschine-Maschine-Kommunikation bei Web Services andere Benutzergruppen zurzeit auf jeden Fall nur einen sehr geringen Anteil darstellen. Für einen durchschlagenden Erfolg der Technik ist aber eine Nutzung durch andere Gruppen auf jeden Fall sehr hilfreich, wenn nicht sogar absolut notwendig. Daher beschreibt Kapitel 13 auf Seite 323, wie auch Manager in die Lage versetzt werden können, Web Services zu nutzen.

Abbildung 1.4 stellt diese Themen nochmals übersichtlich dar.

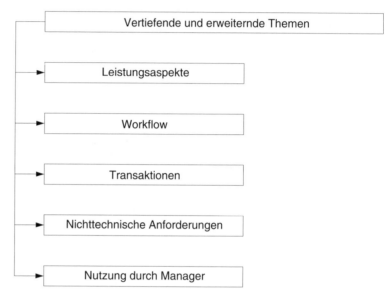

**Abbildung 1.4** *Übersicht: die weiterführenden Themen zu Web Services*

## 1.3.4    Ausblick auf zukünftige Themen

Im Zusammenhang mit dem Wirbel um Web Services sind weitere Themen aufgekommen, die zwar nicht direkt zum Umfeld von Web Services gehören, die aber von diesen profitieren und bei einer weiteren Entwicklung auch die Web Services deutlich mächtiger machen werden. Im Ausblick werden zwei Themen aus dieser Kategorie vorgestellt: die Semantik und Grid.

Semantik hat zum Ziel, dass die Maschine, die einen Dienst nutzt, auch versteht, was dieser Dienst für sie erledigt. Dadurch kann ein deutlich selbstständigeres Agieren von Computersystemen ermöglicht werden. Viele dieser Aktivitäten laufen zurzeit unter dem Schlagwort „Semantic Web (Services)". Diese werden im Abschnitt 14.1 auf Seite 336 kurz vorgestellt.

Beim Thema Grid Computing, das in Abschnitt 14.2 auf Seite 349 behandelt wird, soll eine weite Verbreitung identischer Dienste erreicht werden, die dem Benutzer wie ein einziger Dienst vorkommen. Dadurch kann eine effektive Zusammenarbeit vieler verteilter Rechner ermöglicht werden.

# 2 | Service-orientierte Architektur

*„Mache die Dinge so einfach wie möglich – aber nicht einfacher."*
*Albert Einstein (1879 – 1955)*

Service-orientierte Architekturen, kurz SOA, sind das *abstrakte Konzept* einer Software-Architektur, in deren Zentrum das Anbieten, Suchen und Nutzen von Diensten über ein Netzwerk steht. Diese Dienste werden plattformübergreifend von Applikationen oder anderen Diensten genutzt. Ein wesentlicher Vorteil einer SOA ist die *Unabhängigkeit* von der jeweiligen *Implementierung*. Dies ermöglicht eine funktionale Zerlegung der Anwendungen und erleichtert eine prozessorientierte Betrachtungsweise. Teilprozesse oder Dienste können über das Netzwerk angesprochen werden. Im Idealfall ist sogar eine einfache Integration ganzer Anwendungen möglich.

## Übersicht

## 2.1   Einleitung

Betrachtet man rückblickend die Entwicklung des Internets, so ist zu beobachten, dass der Fokus mehr und mehr weg vom Menschen und hin zum Computer und den Applikationen verschoben wird. Am Anfang stand die fast reine Mensch-zu-Mensch-Kommunikation, wie man sie heute im Wesentlichen noch bei E-Mails vorfindet. Vor gut zehn Jahren startete dann die weite Verbreitung des „World Wide Webs", oder kurz WWW. Noch immer steht der Mensch im Mittelpunkt, allerdings liegt nun eine Mensch-Maschine-Kommunikation vor. Der Mensch agiert, indem er Anfragen an einen Rechner, in diesem Fall meist einen Web Server, stellt und eine Antwort erwartet. Es handelt sich hierbei um eine synchrone Unterhaltung, die vom Menschen initiiert wird.

**Im Fokus: die Anwendung**

In letzter Zeit ist eine Entwicklung zu beobachten, bei der nun nicht mehr der Mensch im Mittelpunkt steht, sondern meist Computer oder Anwendungen. Dies trifft in besonderem Maße auf die Kommunikation zu. Dies soll allerdings nicht bedeuten, dass der Mensch nicht mehr beteiligt sein darf oder kann, sondern nur, dass er nicht mehr die Kontrolle über die Kommunikation ausübt. Die Unterhaltung findet zwischen Applikationen statt, so wie sich schon seit längerem ein Browser mit einem Web Server unterhalten hat. Allerdings ist der Browser nur der verlängerte Arm des Benutzers, der rein ereignisgetrieben agiert.

Bei der Kommunikation zwischen Applikationen geht es allerdings nicht um eine neue Form der „Remote Procedure Calls", kurz RPC, die bereits bei der Programmierung der Anwendung angedacht und hart kodiert wurden, sondern vielmehr um die Möglichkeit, benötigte Funktionalitäten oder Dienste dynamisch zur Laufzeit einzubinden und aufzurufen. Dies ist der erste Schritt zu einem Szenario, das meist als Service Oriented Architecture oder deutsch *Service-orientierte Architektur* bezeichnet wird.

## 2.2   Merkmale einer SOA

Im Gegensatz zu Techniken wie RPC und „Remote Method Invocation", kurz RMI, handelt es sich bei einer Service-orientierten Architektur nicht um eine konkrete Technik, sondern um eine Abstraktion – ein Bild der Wirklichkeit, das im gegebenen Zusammenhang wesentliche Aspekte hervorhebt und gerade unwesentliche unterdrückt. Die zurzeit aussichtsreichste Instanz oder Umsetzung dieses abstrakten Bildes stellen die Web Services dar, die in Kapitel 4 auf Seite 61 behandelt werden.

In diesem Abschnitt sollen die wichtigsten Aspekte dieser Abstraktion kurz hervorgehoben werden. Es ist dabei nicht das Ziel, diese in aller Breite zu erörtern, sondern sie lediglich vorzustellen, um daraus eine mögliche Definition einer SOA ableiten zu können.

## 2.2.1 Grundlegende Merkmale

Ein erstes wesentliches Merkmal einer Service-orientierten Architektur ist die *lose Kopplung* (*loose coupling*) der Dienste. Das heißt, Dienste werden von Anwendungen oder anderen Diensten bei Bedarf dynamisch gesucht, gefunden und eingebunden. Dieser Punkt ist insoweit spannend, da es sich um eine Bindung zur Laufzeit handelt. Das heißt, dass zum Zeitpunkt der Übersetzung des Programms meist nicht bekannt ist, wer oder was zur Laufzeit aufgerufen wird. Durch Benutzerpräferenzen oder externe Einflüsse kann es sogar möglich sein, dass die Wahl des aufgerufenen Dienstes nicht unter der Kontrolle der Anwendung ist.

**Lose Kopplung**

Dieses dynamische Einbinden von Funktionalitäten ist natürlich nicht die einzige Eigenschaft einer SOA. Damit eine erfolgreiche Ausführung möglich ist, muss der Aufrufer zunächst in der Lage sein, einen entsprechenden Dienst zu finden. Diese Aufgabe ist vergleichbar mit der Suche nach einer guten, deutschen Gastwirtschaft in einer unbekannten Kleinstadt. Ein möglicher Ansatz zur Lösung dieser Aufgabe ist die Verwendung der gelben Seiten. Dafür müssen drei notwendige Voraussetzungen erfüllt sein: Man muss Zugriff auf eine Instanz der gelben Seiten haben, man muss wissen, unter welcher Kategorie entsprechende Wirtschaften zu finden sind (unter „Gaststätten und Restaurants") und die gesuchte Lokalität muss sich natürlich im verwendeten Suchkatalog registriert haben. Leider ist nicht garantiert, dass ein Treffer bei der Suche auch wirklich eine deutsche Gastwirtschaft ist und ob diese gut ist, steht auf einem ganz anderen Blatt.

**Dynamisches Binden**

Genau diese Idee der gelben Seiten gehört auch zur Umsetzungen einer SOA. Es gibt einen *Verzeichnisdienst* oder *Registry*, in dem zur Verfügung stehende Dienste registriert werden. Dieser gestattet die Suche nach Methoden, die von einer Anwendung gerade benötigt werden. In manchen Fällen kommt auch ein Repository zum Einsatz. Der Unterschied zwischen einem Repository und einer Registry ist, dass in einer Registry keine Daten über die Dienste liegen, sondern lediglich Verweise auf diese Metadaten.

**Verzeichnisdienst**

Damit nach einer erfolgreichen Suche die Nutzung des gefundenen Dienstes möglich ist, muss der Aufrufer in der Lage sein, sich mit diesem zu unterhalten. Die essenzielle Forderung dazu ist, dass alle Schnittstellen in maschinenlesbarer Form beschrieben sind. Dazu ist eine wichtige Voraussetzung, dass *offene Standards* genutzt werden, damit der Nutzer den Dienst eines unbekannten Anbieters auch verstehen kann. Gleichzeitig ist dies der erfolgversprechendste Weg, eine breite Akzeptanz für die Architektur zu ermöglichen.

**Verwendung von Standards**

Diese Anforderungen an eine SOA ermöglichen es gleichzeitig, ein Paradigma der Softwareentwicklung umzusetzen: die Trennung von Schnittstelle und Implementierung. Nicht ganz so offensichtlich ist die effiziente Umsetzung des Prinzips der Wiederverwendung. Die Nutzung derartig gekapselter

Dienste gestattet es, diese in verschiedenen Umgebungen mehrfach ohne Aufwand wiederzuverwenden.

**Einfachheit**

Diese *Einfachheit* einer SOA erfüllt viele Anforderungen und wird eine Umsetzung schnell vorantreiben. Wie man aber bei den Web Services sieht, ist es notwendig, das Thema *Sicherheit* von Anfang an zu beachten. Genau genommen kann festgestellt werden, dass Sicherheit kein eigentliches Merkmal einer SOA ist, sondern dass Einfachheit, Sicherheit und Akzeptanz notwendige Voraussetzungen für eine SOA sind, wobei der letzte Punkt durch die anderen beiden bedingt wird.

**Sicherheit**

Das Thema Sicherheit ist sehr umfangreich und wird deswegen in diesem Kapitel nur angeschnitten. Daher ist das ganze Kapitel 9 auf Seite 205 dem Thema Sicherheit gewidmet.

## 2.2.2   Komplexe Aspekte

Bei den hier genannten Aspekten sollte man – wie bereits in der Einleitung dieses Kapitels geschrieben – im Gedächtnis behalten, dass es sich bei einer SOA um ein Zusammenspiel von Maschinen handelt. Wie im Kapitel 11 auf Seite 275 über Transaktionen beschrieben wird, spielt der Mensch zwar hin und wieder eine wichtige Rolle (weil er zum Beispiel oft länger für seine Antwort benötigt), aber die eigentliche Kommunikation findet nur zwischen Computern (genauer Diensten) statt.

**Automatisierung der Kommunikation**

Daraus folgt unter anderem, dass die Kommunikation vollständig automatisiert sein sollte, auch wenn sie eventuell von einem Menschen ausgelöst worden ist. Die Bearbeitung geschieht trotzdem automatisch und ohne diesen Menschen.

**Geschäftsprozess-Modellierung**

Aufgrund der flexiblen Architektur und der losen Kopplung bieten sich SOAs geradezu an, einmal modellierte Abläufe in ihnen zu implementieren.

**Ereignisse**

Solche Geschäftsprozesse werden oft von externen Ereignissen (Events) beeinflusst oder sogar getrieben. Komponenten in einer SOA sind in der Lage, auf solche Ereignisse zu reagieren. Ein alltägliches Beispiel ist eine Überweisung eines bestimmten Geldbetrages von einem Konto auf ein anderes, sobald der Kontostand des Zielkontos unter einen vordefinierten Wert fällt. Um diesen Aspekt zu betonen, werden solche Architekturen auch als ereignisgetrieben (englisch „*Event-driven Architecture*") bezeichnet.

**Semantik**

Der letzte Aspekt von Service-orientierten Architekturen ist gleichzeitig der komplexeste: *Semantik*. Bei der Semantik geht es um das Problem, dass zurzeit im Wesentlichen nur das Suchen nach Schlüsselworten möglich ist. Für automatisches Suchen – oder besser für das automatische Finden – ist eine Suche nach Schlagworten aber oft nicht ausreichend, da viele Begriffe nicht unbedingt eindeutig oder vom Kontext abhängig sind.

## 2.3  Definition einer SOA

Zurzeit existiert noch keine einheitliche Definition einer SOA. Bei allen momentan gebräuchlichen Definitionen bestehen zwar immer wieder Überlappungen, es fehlen allerdings häufig in einer Definition Aspekte, die von einer anderen Definition als entscheidend angesehen werden. Zusätzlich ist bei allen Definitionen eine Gradwanderung zu meistern zwischen einer zu allgemeinen, alles erschlagenden Formulierung und einer sehr speziellen, die auf viele Fälle nicht anwendbar ist.

Die nachfolgende Definition kann aus den bereits beschriebenen Merkmalen einer Service-orientierten Architektur abgeleitet werden. Sie beschreitet einen Mittelweg im Maß der Generatlität – wohl wissend, dass es keine optimale und immer richtige Definition gibt. Dieses Buch wird sich in den folgenden Kapiteln an dieser Definition orientieren.

*Unter einer SOA versteht man eine Systemarchitektur, die vielfältige, verschiedene und eventuell inkompatible Methoden oder Applikationen als wiederverwendbare und offen zugreifbare Dienste repräsentiert und dadurch eine plattform- und sprachenunabhängige Nutzung und Wiederverwendung ermöglicht.*

**Definition
Service-orientierte
Architektur**

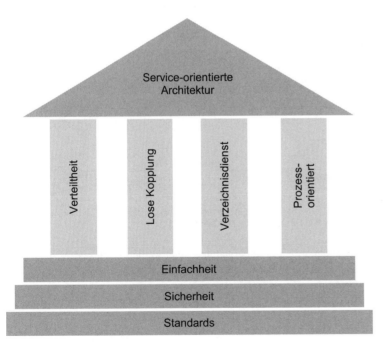

**Abbildung 2.1** *SOA Tempel*

In Abbildung 2.1 sieht man das Grundkonzept einer SOA. Das Fundament wird von offenen Standards, Sicherheit und Einfachheit gebildet. Die verteil-

ten Dienste, die lose Kopplung, die Plattformunabhängigkeit und die prozessorientierte Struktur sind die tragenden Säulen.

## 2.4    Rollen und Aktionen in einer SOA

**Rollen**

In einer SOA steht, wie der Name schon nahe legt, der Service, auf Deutsch
Dienst, im Mittelpunkt. Beteiligte an der SOA können hierbei die drei verschiedene Rollen des

> Anbieters,

> Nutzers oder

> Vermittlers

einnehmen.

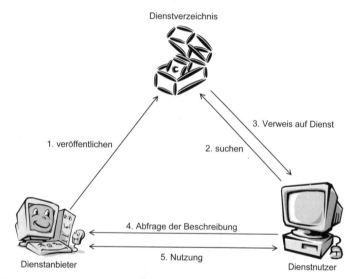

**Abbildung 2.2** *Das magische Dreieck einer SOA*

Die Beteiligten und deren Zusammenspiel werden in diesem Abschnitt beschrieben. Der grundlegende Ablauf ist in Abbildung 2.2 dargestellt.

## 2.5    Dienste

In diesem Kontext ist ein Dienst ein Programm oder auch eine Softwarekom-
ponente, die lokal oder über ein Netzwerk von anderen genutzt werden kann.
Damit dies möglich ist, muss die Schnittstelle des Dienstes für potenzielle
Benutzer öffentlich beschrieben sein. Es muss also eine so genannte *Service*

*Description* in maschinenlesbarer Form vorliegen. Es sind nur Zugriffe über diese so beschriebene Schnittstelle zulässig. Durch diese Kapselung wird das Prinzip des *Information Hiding* umgesetzt. Details der Implementierung sind dadurch für den Benutzer eines Dienstes unsichtbar.

**Kapselung**

Bei sehr einfacher Betrachtung sind Dienste eine Weiterentwicklung der Idee der Plug-ins, die in vielen Quellen beschrieben wird, stellvertretend sei hier [MMS02] genannt. Plug-ins haben ebenfalls eine eindeutige Schnittstelle und eine für den Anwender nicht sichtbare Implementierung. Sie erweitern die Anwendung um gewisse Funktionalitäten, die bei der Programmentwicklung noch nicht notwendigerweise geplant waren.

Allerdings sind Plug-ins deutlich unflexibler. Meist nutzt eine ganze Sammlung von Plug-ins eine einzige sehr starre Schnittstelle oder Fassade (siehe [GHJV04]). Die Beschreibung der Schnittstelle liegt meist nicht in maschinenlesbarer Form vor oder ist auf eine Gattung (zum Beispiel für einen bestimmten Browser) beschränkt.

## 2.5.1 Dienstbeschreibung (Service Description)

Wie erwähnt, muss eine vollständige Beschreibung der öffentlichen Schnittstelle eines Dienstes in für andere Dienste lesbarer Form vorliegen. Diese sollte unabhängig von der Implementierung, der verwendeten Programmiersprache oder der ausführenden Plattform sein. Vom Prinzip her gibt es einige Beschreibungssprachen für solche Schnittstellen, wie zum Beispiel IDL, der Interface Description Language aus der CORBA-Welt[1]. Im Zusammenhang mit Web Services hat sich aber die *Web Services Description Language*, kurz WSDL, durchgesetzt. Diese wird in Kapitel 6 auf Seite 115 ausführlich behandelt.

Die genaue Signatur oder Schnittstelle eines Dienstes kann mit den bestehenden Beschreibungssprachen im Großen und Ganzen sehr gut wiedergegeben werden. Allerdings beschränkt sich diese Beschreibung meist auf die klassische Signatur der Programmiersprachen, also Aussagen der Art: „der erste Parameter ist eine natürliche Zahl". Mit etwas Glück ist es auch noch möglich, auszudrücken, dass diese Zahl genau fünf Stellen haben muss; dass es sich dabei aber um eine deutsche Postleitzahl handelt und was eine solche PLZ sein könnte, ist bei den heute verwendeten Techniken nicht möglich. Dies ist einer der zentralen Punkte des Semantik Webs und wird im Ausblick in Abschnitt 14.1 auf Seite 336 betrachtet.

**Signatur**

Neben den rein funktionalen Beschreibungen eines Dienstes gibt es oft auch so genannte nichtfunktionale Anforderungen. Typische Beispiele sind maximale Antwortzeiten, Verfügbarkeit und Kosten für die Nutzung. Dies ist in vielen Geschäftsanwendungen Teil der *Service Level Agreements* oder kurz

**Nichtfunktionale Anforderungen**

---

[1] Common Object Request Broker Architecture

SLA. Erste Umsetzungen zur Beschreibung von nichtfunktionalen Anforderungen in einer SOA befinden sich zurzeit in der Entwicklung und werden in Kapitel 12 auf Seite 297 und ebenfalls im Ausblick vorgestellt.

## 2.5.2 Dienstanbieter

Der Dienstanbieter stellt eine Plattform zur Verfügung, welche über ein Netzwerk Zugriff auf mindestens einen Dienst ermöglicht. Damit seine Dienste auch von Nutzern gefunden werden können, registriert der Dienstanbieter seine Dienste bei einem Verzeichnisdienst.

**Aufgaben eines Dienstanbieters**

Unter dem Punkt „eine Plattform zur Verfügung stellen" wird nicht nur die Entwicklung der Infrastruktur, sondern auch deren Betrieb und ihre Wartung verstanden. Mit anderen Worten, der Dienstanbieter ist meist auch für die Aufrechterhaltung des Betriebs der Plattform und damit für die Verfügbarkeit des Dienstes zuständig. Dazu gehören oft Aufgaben, die meist mit Rechenzentren verbunden werden wie Datensicherung, Wartung und so weiter. Hinzu kommen Punkte, die meist als „Quality of Service" oder kurz *QoS* bezeichnet werden. Diese werden in Abschnitt 12.2 auf Seite 309 behandelt.

Zusätzlich hat der Dienstanbieter die Aufgabe, sich um die Sicherheit der von ihm betriebenen Plattform zu kümmern. Dazu gehören Aufgaben wie *Authentifizierung* und *Authentisierung*. Bei der Authentifizierung prüft der Dienstanbieter, ob der Aufrufer auch derjenige ist, der er behauptet zu sein. Die Authentisierung stellt sicher, dass der Aufrufer auch berechtigt ist, die Funktionalität zu nutzen, die er gerade aufzurufen versucht.

Es ist zu beachten, dass ein Dienstanbieter nicht alle angebotenen Dienste selbst entwickeln und implementieren muss. Er kann durchaus andere Dienste über das Netz nutzen, diese kapseln, einen vereinfachten Zugriff ermöglichen oder mehrere einfache Dienste zu einem neuen, umfangreicheren und dadurch auch mächtigeren Dienst kombinieren.

Dies befreit ihn allerdings nicht von den oben beschriebenen Aufgaben. Auch wenn Dienste von Dritten eingebunden werden, so entbindet dies den Anbieter nicht notwendigerweise von seiner Pflicht, den von ihm angebotenen Betrieb aufrechtzuerhalten und seine „Quality of Service"-Zusagen einzuhalten.

## 2.5.3 Dienstverzeichnis

Ein Dienstverzeichnis, oft auch *Registry* genannt, kann mit den gelben Seiten der Telekommunikationsbranche verglichen werden. Das primäre Ziel eines solches Verzeichnisses ist das Finden von benötigten Diensten durch einen potenziellen Nutzer.

In einer einfachen SOA ist es notwendig, dass jeder Anbieter seine Dienste selber aktiv bei einem solchen Verzeichnis registriert. Allerdings ist es durchaus denkbar, dass entsprechende Dienste entwickelt werden, die wie heutige Suchmaschinen nach angebotenen Diensten suchen. Ein weiterer Dienst könnte in einem solchen Szenario die gefundenen Dienste kategorisieren und damit einen entsprechenden Eintrag im Dienstverzeichnis ermöglichen.

Dies wirft allerdings eine Frage auf: Was sind gute Kategorien und nach welchen Kriterien sollte die Einteilung vorgenommen werden? Für eine gute Klassifizierung ist es notwendig, dass jeder Dienst genau einer Kategorie eindeutig zugeordnet werden kann. Es ist offensichtlich, dass dieses Problem den Rahmen dieses Buches bei weitem sprengen würde und vermutlich in dieser allgemeinen Form nicht zu lösen ist.

**Klassifizierung**

Um die Akzeptanz der angebotenen Service-orientierten Architektur zu erhöhen und um die Nutzung möglichst einfach zu halten, sollte diese Suche nach Diensten für einen Nutzer von einem „normalen" Dienstaufruf nicht zu unterscheiden sein. Dadurch kann die Suche ohne jeden weiteren Ballast durchgeführt werden.

Im Gegensatz zu den gelben Seiten ist bei einer SOA meist nicht mit einem Monopol dieser Art zu rechnen. Es ist vielmehr anzunehmen, dass es eine Vielzahl von Verzeichnissen für Dienste geben wird. So werden viele Firmen mindestens eine Instanz für ihre internen Angebote haben und eventuell eine zweite, die für den externen Zugriff vorgesehen ist. Darüber hinaus kann es weitere Installationen für einzelne Bereichen geben. Mit Testinstanzen ist selbstverständlich auch zu rechnen. Ein möglicher Lösungsansatz könnte wie beim Domain Name Service, kurz DNS, aussehen. Die meisten DNS-Registrierungen kennen weitere, die in der baumartigen Hierarchie weiter oben sind oder aus verschiedenen Gründen eine andere Datenbasis haben. Kann eine Anfrage nicht beantwortet werden, so wird diese für den Benutzer transparent an ein anderes Verzeichnis weitergeleitet. Die entsprechende Antwort wird eventuell in den Cache aufgenommen – der anfänglich Befragte agiert also als Proxy – und dann an den Anfragenden zurückgeschickt.

## 2.5.4 Dienstnutzer

Der Dienstnutzer kann an dieser Stelle direkt mit dem Klienten in einer traditionellen Client-Server-Architektur verglichen werden. Lediglich die Schritte bis zum Aufruf des Dienstes sind verschieden, da eine *lose Bindung* und eine Auswahl des gewünschten Dienstes zur Laufzeit ohne explizite Kodierung im klassischen System nicht vorgesehen sind.

In der Praxis wird diese lose Bindung oft aufgeweicht oder sogar aufgehoben, wenn sich Dienstnutzer und Dienstanbieter bekannt sind. In einem solchen Fall wird der Schritt über das Dienstverzeichnis oft übersprungen. Dies schont Ressourcen und verbessert die Laufzeit, reduziert aber die Flexibilität,

**SOA ohne Dienstverzeichnis – geht das überhaupt?**

Das Thema SOA ist zusammen mit dem magischen Dreieck aus Abbildung 2.2 auf Seite 14 bekannt geworden und anfänglich war eine Umsetzung ohne die drei Beteiligten Anbieter, Nutzer und Verzeichnis absolut undenkbar. In vielen realen Umsetzungen will das Thema Dienstverzeichnis aber nicht richtig zum Fliegen kommen. Große IT-Firmen stellen den Betrieb ihrer öffentlichen Verzeichnisse wieder ein, große Anbieter dokumentieren ihre Dienste lediglich in HTML-Seiten, die dadurch nur für Menschen wirklich lesbar sind, und in vielen Firmen ist der Inhalt der Verzeichnisse so schlecht gepflegt, dass man von einer Nutzung nur abraten kann. Zusätzlich funktioniert das automatische Suchen im kommerziellen Umfeld auf Grund von fehlenden Service-Level Agreements nur sehr eingeschränkt.

Selbst wenn dies eine automatische Nutzung erschwert, so ist schon aus Gründen der Dokumentation die Nutzung eines Dienstverzeichnisses sehr zu empfehlen. Auch für eine gute SOA-Governance ist eine Beschreibung der Dienstelandschaft eine notwendige Voraussetzung. Daher lautet die Antwort: es geht eingeschränkt wohl auch ohne, ist aber sicherlich nicht zu empfehlen und mit deutlichen Nachteilen verbunden.

da Änderungen nicht mehr *nur* über dieses Dienstverzeichnis verbreitet werden können. In den meisten Fällen ist dieser pragmatische Ansatz von Nachteil und auf Dauer ist der Verzicht auf die lose Bindung teurer.

Zusätzlich ist es für einen Nutzer, der dem Anbieter des Dienstes nicht bekannt sein muss und dem wiederum auf der anderen Seite oft egal ist, wer einen Dienst anbietet, wichtig, dass Standards vorhanden sind und eingehalten werden. So muss der Dienst in der Lage sein, seine Schnittstelle dem Nutzer vollständig darzulegen. Danach findet die Kommunikation zwischen Nutzer und Anbieter über ein Protokoll statt, das beiden bekannt sein muss. Wie an dieser vagen Beschreibung deutlich wird, sind offene Standards besonders für den Nutzer wichtig. Er ist auf diese angewiesen, um den Dienst zu finden, um zu wissen, wie er diesen aufrufen kann, und zum Schluss, wie er mit diesem kommunizieren kann.

Entsprechende Protokolle wie zum Beispiel SOAP werden in den Kapiteln zu Web Services vorgestellt.

## 2.5.5 Aktionen

Damit das Zusammenspiel zwischen Dienstanbieter, Dienstnutzer und Dienstverzeichnis gut funktioniert, muss es noch eine Reihe von Aktionen geben, die in einer solchen Umgebung ausgeführt werden können. Hier ist als Erstes **Veröffentlichung** die *Veröffentlichung eines Dienstes* zu sehen. Dazu reicht es aber nicht aus, dass ein Dienst in einem Verzeichnis eingetragen oder angemeldet wird. Vorher muss der Dienst noch in einer entsprechenden Umgebung installiert werden. Dieser Vorgang wird in der englischen Sprache mit „Deployment" bezeichnet. Erst danach ist es sinnvoll, den Dienst in einem entsprechenden Verzeichnis zu registrieren.

Der zweite Vorgang ist der des *Suchens von Diensten*. Allerdings ist dieser Vorgang komplexer als es am Anfang den Anschein hat. Die erste Frage ist hierbei, wie man überhaupt nach einem Dienst suchen kann. Dies ist durchaus mit der Suche nach einer HTML-Seite im „World Wide Web", kurz WWW, zu vergleichen. Allerdings gibt es bei Diensten keine guten Quellen, die eine Suchmaschine erfolgreich durchsuchen könnte. Es ist daher notwendig, dass eine Beschreibung für jeden Dienst erstellt wird. Dieser Teil wird meist auf Basis von Taxonomien oder Ontologien vorgenommen und wird kurz in Abschnitt 14.1 auf Seite 336 beschrieben. Vereinfacht kann man sich ein solches Verzeichnis wie oben bereits beschrieben wie die gelben Seiten vorstellen. Für verschiedene Kategorien gibt es eine Liste von möglichen Diensten.

**Suchen**

Ist ein Dienst einmal gefunden worden, so wird zunächst ausgehandelt, wie mit diesem Dienst zu interagieren ist. Dies beginnt mit der Abfrage der Schnittstellenbeschreibung des Dienstes. Hierzu kommen dann möglicherweise Voraussetzungen zur Nutzung des Dienstes wie zum Beispiel ein Zertifikat oder eine Form der Authentifizierung. Es ist üblich, entsprechende Richtlinien auszutauschen. Ist eine Einigung möglich, so spricht man von einer erfolgreichen *Bindung* an einen Dienst.

**Interaktion mit Diensten**

**Bindung**

## 2.6   Ein neues Programmierkonzept

Betrachtet man das Konzept der Service-orientierten Architekturen nur oberflächlich, so gewinnt man schnell den Eindruck, dass hier ein Nachfolger für entfernte Funktionaufrufe (RPC) geschaffen wurde. Dies ist zwar bei vielen heute existierenden Instanzen der Technik richtig, tut der Entwicklung aber trotzdem unrecht. Gerade Web Services, die am weitesten fortgeschrittene Umsetzung des Konzepts der SOA, werden heute sehr wohl als einfache RPCs verwendet, die einfach durch eine Firewall kommen und so für den Entwickler den Weg des geringsten Widerstands darstellen. Aber die Zukunft liegt in einer anderen Nutzung des Konzepts, die einen viel höheren Nutzen stiften wird. SOA sind das derzeit letzte Glied in einer Reihe von Programmierkonzepten.

Um dem unwartbaren Spaghetti-Code aus den Anfängen der Softwareentwicklung Herr zu werden, wurde die *prozedurale* Programmierung entwickelt. Dadurch war es möglich, einzelne Funktionalitäten zu *kapseln* und danach an beliebigen Stellen im Programm durch einen einzeiligen Aufruf zu nutzen. Gleichzeitig wurde ein Modulkonzept entwickelt, das die Verteilung eines Programms auf mehrere Dateien ermöglichte. Dies erlaubte eine erste

**Kapselung**

übersichtliche Strukturierung der Programme und förderte die Erstellung von Bibliotheken.

Auch dieses Konzept war nach einiger Zeit nicht mehr gut genug, um die laufend steigende Komplexität der Programme zu bewältigen. Als Nachfolgekonzept enstand daher Mitte der 80er-Jahre die *objektorientierte* Programmierung. Diese Philosophie erlaubt eine noch bessere Strukturierung und erstmals eine brauchbare Wiederverwendung.

**Komponente**

Objekte sind aber in vielen Fällen zu feingranular und schränken sehr stark auf die verwendete Sprache und Umgebung ein. Daher entstand in diesem Zusammenhang der Begriff der *Komponente*. Durch eine komponentenbasierte Entwicklung und Strukturierung war es möglich, sehr umfangreiche Architekturen verständlicher zu beschreiben.

In dieser Kette, deren Anfang bei der prozeduralen Programmierung gesehen werden kann, sind die Service-orientierten Architekturen das logisch nächste Glied.

## 2.6.1   Das große und das kleine Bild

Schon 1976 haben Deremer und Kron in [DK76] vorgeschlagen, dass zwei verschiedene Programmierebenen verwendet werden sollten. Zum einen das *Programmieren im Kleinen*, wie es mit fast jeder Programmiersprache möglich ist. Auf Basis von exakten Schnittstellenbeschreibungen und Funktionsdefinitionen können mit beliebigen Sprachen kleine *Komponenten* erstellt werden. Es ist möglich, eine Vielzahl von solchen Teilen unabhängig voneinander und damit natürlich auch parallel zu erstellen.

**Programmieren im Kleinen**

Zum anderen braucht man eine Sprache, mit der im Großen programmiert werden kann. In dieser Sprache wird dann beschrieben, wie die kleinen Teile oder Komponenten interagieren, wer wen aufruft und in welcher Reihenfolge was ablaufen soll. Die eigentliche Leistung ist die Erstellung einer solchen gehobenen Architektur. Sie ermöglicht eine verständliche Beschreibung des ganzen Systems. Gleichzeitig ist es danach möglich, die Bestandteile an verschiedenen Orten unabhängig voneinander zu erstellen. Es ist sogar später jederzeit möglich, eine Komponente bei Bedarf durch eine äquivalente zu ersetzen.

Eine Vergabe von Aufgaben an Dritte bietet sich an dieser Stelle an. Es kann entweder nach bereits bestehenden Teilen gesucht werden oder eine externe Gruppe wird mit der Programmierung beauftragt. Im Zusammenhang von SOA nennt man diese Teile dann Dienste oder Services.

**Programmieren im Großen**

In einer solchen Umgebung ist die eigentliche Leistung die Kenntnis der *Geschäftsabläufe* oder auch Prozesse. Der notwendige Informationsfluss muss erfasst und modelliert werden. Dieser Teil kann auch nur sehr schwer nach außen vergeben werden, da externe Partner die internen Abläufe meist nur unzureichend kennen beziehungsweise auch nicht immer kennen sollen.

Die Entwicklung einer neuen Anwendung kann daher auf folgendes einfaches Schema abgebildet werden. Als Erstes werden typische Szenarien bestimmt und in Form von „use-cases" festgehalten. Diese werden im Anschluss als Ablaufdiagramme modelliert. Das heißt, die Abläufe oder Prozesse, die in den typischen Anwendungsfällen ablaufen, werden festgehalten und präzisiert. Danach ist es in einem dritten Schritt möglich, die einzelnen Prozessschritte zu präzisieren. Diese einzelnen Komponenten, also die Dienste oder Services, können dann leicht an beliebige externe Partner vergeben werden.

## 2.6.2   Das Ende der Applikationen?

Dieses neue Modell, in dem Anwendungen als Summe von austauschbaren Komponenten erstellt werden, wurde zum ersten Mal vor gut zehn Jahren unter dem Schlagwort „*Application Service Providing*", kurz ASP, bekannt. Allerdings war die zentrale Idee von ASP eher, dass die ganze Anwendung bei einem Anbieter liegt und Teile bei Bedarf aufgerufen werden. Dabei kam auch ein neues Abrechnungsmodell auf, dass Anwendungen nicht mehr beim Erwerb einmal bezahlt werden, sondern dass nach Nutzung abgerechnet wird.

**ASP**

Auch bei einer Umsetzung einer SOA ist damit zu rechnen, dass in vielen Fällen ein neues Abrechnungsmodell benötigt werden wird. Da dynamisch jeder Dienst durch einen semantisch identischen Dienst ersetzt werden kann, ist eine Abrechnung nach Benutzung, englisch „*pay per use*", sinnvoller.

**Abrechnungsmodell**

Man kann sich als einfaches Beispiel eine Office-Anwendung vorstellen. Man erwirbt einen Editor, oder besser ruft diesen einfach auf, und nutzt nach und nach verschiedene Funktionalitäten, die dieser Editor selbst nicht anbietet. Beispiele hierfür sind eine Rechtschreibkontrolle, Verzierungen, besondere Formatierung der Zeichen oder diverse Import- und Export-Filter. Wird also die Rechtschreibkontrolle aufgerufen, so wird nach dem oben beschriebenen Schema in einem Verzeichnis nach einer solchen gesucht, eine gefunden und genutzt. Der Benutzer sieht gar nicht mehr, was im Hintergrund alles abläuft. Auch hier sind Modelle sinnvoller, bei denen nach Benutzung abgerechnet wird.

Es ist durchaus denkbar und wünschenswert, dass dadurch eine Konkurrenz-situation zwischen den Anbietern wichtiger Dienste entstehen wird, so wie dies zum Beispiel bei den Telefonanbietern in Deutschland durch die entsprechenden Vorwahlnummern der Fall war. Dies könnte zu deutlich günstigeren Preisen für die Endnutzer führen. Auf der anderen Seite ist es nicht sicher, dass die Benutzer dieses Abrechnungsmodell nach Nutzung anstelle einer Einmalzahlung akzeptieren werden.

Auf jeden Fall ist es sehr gut möglich, dass diese Szenarien, wie am Beispiel des Editors angedeutet, langfristig das Ende der heutigen Anwendungen sein können. Es dürfte in Zukunft weit weniger monolithische Anwendungen geben. Dafür dürften viel mehr komponentenbasierte Systeme entstehen.

## 2.7   Enterprise Service Bus

**Enterprise Service Bus**

Die wesentlichen Entwicklungen der letzten Jahre im Umfeld von IT-Architekturen wie Enterprise Application Integration, Web Services und Service-orientierte Architekturen haben alle gemeinsam, dass sie sehr stark aus dem Blickwinkel der IT-Systeme heraus entstanden sind. Der *Enterprise Service Bus*, kurz ESB, nutzt die gleichen Integrations-Konzepte – allerdings mit dem Fokus auf dem Datenfluss.

Der Datenstrom wird in Unternehmen von Ereignissen gesteuert. Daher wird in diesem Zusammenhang auch oft von *„Event-driven Enterprises"* gesprochen. Befragt man Experten zum ESB, so bekommt man, je nachdem welchen Hintergrund die Experten haben (oder bei welcher Firma sie ihre Brötchen verdienen), mindestens zwei verschiedene Antworten. Ein Teil wird den ESB als Bestandteil einer SOA bezeichnen. In diesem Bild wird die Kommunikation in der SOA über eine (zumindest virtuell) zentrale Komponente mit intelligenten Routing-Fähigkeiten vorgenommen. Dieser Verteiler wird dann als ESB bezeichnet. Der andere Teil bezeichnet den ESB als die logische Weiterentwicklung der SOA. Um ein ereignisgetriebenes Unternehmen in der IT umzusetzen, benötigt man Eigenschaften der SOA wie lose Kopplungen. Der kritische Datenfluss wird vom ESB übernommen. Hier behaupten manche, dass der ESB daher als Backbone einer SOA gesehen werden kann, was wieder nahe bei der ersten Gruppe liegt.

## 2.7.1   Grundlegende Eigenschaften

Aus den vorangegangenen Ausführungen kann noch nicht abgeleitet werden, was der ESB wirklich ist. Hier teilt er das Schicksal mit den Web Services und den SOA. Bei Web Services wusste vor vier Jahren jeder (und auch kein) Fachmann, was Web Services sind; drei Experten hatten mindestens vier verschiedene Meinungen. Das Gleiche galt vor zwei Jahren für die Service-orientierten Architekturen. Aus diesem Grund ist es auch hier nicht möglich eine exakte Definition für einen Enterprise Service Bus anzugeben. Es ist vielmehr nur möglich, verschieden Facetten zu beleuchten.

**Transformation**

Eine wichtige Eigenschaft eines ESB ist, dass beteiligte Partner sich über ihn unterhalten können. Diese einfache Aussage stößt bei der Umsetzung bereits am Anfang auf Herausforderungen. Dies beginnt bereits bei den Datentypen, da diese oft von der Plattform und der Programmiersprache abhängen.

Beispiele sind hier 32-Bit- und 64-Bit-Zahlen oder auch XML-Schema und Java-Datentypen. Eine entsprechende Transformation der verschickten Daten muss vom ESB für alle Beteiligten unsichtbar erfolgen. Meist hört es aber bei so einfachen Umformungen nicht auf. Schema-mapping ist hier der logische nächste Schritt. Ein typisches Beispiel sind hier Addressen, die auf viele Arten modelliert werden können. Mal ist die Hausnummer Bestandteil der Straße, mal ist die Postleitzahl auf fünf Ziffern beschränkt und manchmal gibt es als Pflichtfeld zwei Zeichen für den Staat. Eine entsprechende Umwandlung ist eine der Aufgaben des ESB. In sehr zukünftigen Szenarien werden auch deutlich schwerere Umwandlungen, wie zum Beispiel ein deutscher Text, der an ein System in den vereinigten Staaten geschickt wird und dann dort auf englisch ankommt, gefordert.

Die gleiche Aufgabe, die für die Datentypen zu lösen ist, muss auch für die Übertragung erledigt werden. Es sollte für die Partner transparent sein, ob einer das in Kapitel 5 auf Seite 83 vorgestellt Protokoll SOAP und ein anderer einen normalen „Remote Procedure Call" (RPC) verwendet. Wenn diese zwei Aufgaben der Transformation und der Protokollunabhängigkeit vollständig umgesetzt sind, kann jeder Dienst, der auf ein Netzwerk zugreifen kann, sich in einen ESB einklinken. Daher wird der ESB auch manchmal als „Integrationsnetz" bezeichnet.

**Protokollunabhängigkeit**

Allein die Tatsache, dass sich ein Dienst sehr einfach mit einem logisch zentralen Bus verbinden kann, hilft ihm noch nicht bei der Aufgabe, seine Daten oder Informationen an andere Beteiligte zu schicken. Hier wird von einem ESB gefordert, dass er Unterstützung beim Versenden dieser Daten bietet. Von der Idee her kann diese Forderung mit einem normalen Netzwerk-Switch verglichen werden, der im Gegensatz zu einem billigen Hub nicht jedes eingehende Datenpaket an alle seine Ausgänge schickt, sondern im Idealfall nur an genau einen. Ein anderes gutes Beispiel ist das E-Mail-System. Über verschiedene MX-Einträge im DNS werden verschiedene Server angeführt, die alle in der Lage sind, E-Mails für eine bestimmte Domäne anzunehmen. Diese sind meist wieder so konfiguriert, dass sie empfangene E-Mails entsprechend intern zustellen.

**Intelligentes Routing**

Bei allen drei genannten Punkten wurden jeweils Aspekte wie Transparenz oder Automatisierung genannt. Diese Forderung nach Einfachheit ist aus den leidvollen Erfahrungen mit CORBA geboren. Die Idee von CORBA war zwar richtig, allein die Umsetzung war viel zu kompliziert. Diese Komplexität liegt in der Natur der Sache und wird auch von einem ESB nicht beseitigt. Allerdings wird vom ESB gefordert, dass diese Tatsache vor den beteiligten Diensten verborgen wird. Jeder sollte wie in einem klassischen Schichtenmodell nur die auf seiner Schicht relevanten Dinge sehen; um darunterliegende und möglicherweise komplexe Herausforderungen muss sich ein entsprechender Dienst nicht kümmern.

**Einfachheit**

## 2.7.2 Nachrichtenorientierte Middleware

**Message Broker**   Betrachtet man die Hochglanzfolien der großen IT-Hersteller zum Thema ESB und entfernt die Marketingbotschaften, so kann man leicht den Eindruck gewinnen, dass hier ein neues Wort für eine nachrichtenorientierte Middleware (*Message-oriented Middleware, MOM*) kreiert wurde und nun teuer verkauft werden soll. Im Grunde ist diese Aussage auch sehr gut zu verstehen. Die möglicherweise zentrale Aufgabe eines ESB ist es, virtuelle Kanäle zwischen zwei Diensten (eventuell über Unternehmensgrenzen hinweg) zu erschaffen. Genau diese Aufgabe wird auch von einer MOM erwartet. Genau genommen wird diese Komponente bei einer nachrichtenorientierten Middleware meist als *Message Broker* bezeichnet. Die zurzeit bedeutendste Erweiterung einer MOM durch den ESB ist die Aufweichung der meist starren Nachrichten-Schnittstelle (Messaging-API).

**Topologie**   ESB und auch MOM ermöglicht eine günstigere Topologie im Vergleich zu RPC-artigen Konzepten. Bei vielen RPC-artigen Modellen dieser Art wird auf Seite des Senders ein Proxy (oft auch als Stub bezeichnet) erzeugt. Der Sender hat daher den Eindruck, dass es sich um eine lokale Applikation handelt. Neben dem Nachteil der oft erzwungenen Synchronität der Aufrufe[1] werden hierdurch zusätzlich Punkt-zu-Punkt-Verbindungen notwendig. Dadurch braucht man im ungünstigsten Fall $n(n-1)/2$ Kanäle. Bei einem ESB reduziert sich dies auf $n$, da jeder Dienst nur genau eine Verbindung zum ESB benötigt.

## 2.7.3 Integration basierend auf Standards

Eine Integration, wie sie durch den ESB angestrebt wird, kann nur funktionieren, wenn sich alle Dienste an Standards halten, wobei Standards in der IT wie im Textkasten auf der nächsten Seite beschrieben „etwas Besonderes sind".

**Standards**   Standards ermöglichen Flexibilität und automatische Integration. Gleichzeitig stellen sie die einzige Möglichkeit dar, sich nicht von einem oder sehr wenigen Herstellern abhängig zu machen.

Der ESB ist wie gesagt ein Ansatz, der auch über Unternehmensgrenzen einsetzbar sein sollte. Spätestens zu diesem Zeitpunkt kommt man nur in den seltensten Fällen mit proprietären Lösungen zum Ziel. Ein System, das automatisch zwischen den Welten übersetzt und Unterschiede verbirgt, spart nicht nur den beteiligten Partnern viel Geld, es ist oft sogar Voraussetzung für ein längerfristiges Gelingen.

---

[1] Dieser Nachteil besteht bei manchen MOMs wie zum Beispiel MQ nicht.

**Was sind eigentlich Standards?**

In der IT-Welt gibt es keine klare Definition des Begriffs „Standard", an die sich die Mehrheit hält.

Einzelne oder auch Gruppen von Unternehmen veröffentlichen am laufenden Band Spezifikationen, ohne hierbei ein Standardisierungs-Gremium zu kontaktieren. So ist man auch hin und wieder versucht, eine Veröffentlichung aus dem Java Community Process (JCP) als Standard zu bezeichnen. Da der JCP in diesem Beispiel aber in der Hand von Sun Mircosystems ist, handelt es sich aber maximal um eine Spezifikation.

Auf der anderen Seite gibt es aber auch „De facto"- oder Quasi-Standards. Diese entstehen meist aufgrund einer monopolartigen Stellung. Man denke hier nur an ein beliebiges Textverarbeitungssystem oder eventuell auch die SOAP-Implementierung Axis.

Die meisten Spezifikationen in diesem Buch (machmal auch als WS- bezeichnet) sind als De-facto-Standards zu sehen, da sie meist keinen offiziellen Segen von einem Standardisierungsgremium bekommen haben (oder dieser dann doch nachträglich eingeholt wurde).

Man hat sich daher in der IT-Welt stillschweigend darauf geeinigt, alles als Standard zu bezeichnen, was einen solchen Einfluss gewonnen hat, dass es in vielen Fällen nicht mehr einfach ignoriert werden kann.

---

Die hier vorgestellten Aspekte zum Enterprise Service Bus geben nur einen ersten Einblick. Eine vertiefende Darstellung ist in [Cha04] gegeben. Eine Evaluierung heutiger freier ESB-Produkte findet sich in [Mei07], ein Ansatz für eine entsprechende Infrastruktur in [TMMF07]. Wohin dieses Thema wirklich führt, werden die nächsten zwei Jahre zeigen.

## 2.7.4  Die Entwicklung von ESB in den letzten Jahren

Wie zuvor beschrieben wurde, bestehen die essenziellen Voraussetzungen einer SOA nicht nur im Bereitstellen von Diensten, sondern auch in der Möglichkeit, diese im Unternehmen und über dessen Grenzen hinweg einfach nutzen zu können. Die Hersteller von ESB-Produkten versprechen genau dies, wobei hier zu bemerken ist, dass die ersten ESB-Produkte bereits kurz nach Prägung des SOA-Begriffs verfügbar waren. Für viele Interessenten lag daher die Vermutung nahe, dass lediglich aktuelle Produkte „hype-konform" gemacht wurden.

**Alter Wein in neuen Schläuchen?**

Ein ESB stellt die (logisch) zentrale Integrationskomponente einer SOA dar, die unter anderem automatisch Nachrichten transformiert, bestenfalls Standardaufgaben wie die Bereitstellung von Autorisierungsdaten (Credentials) für einen Dienstaufruf übernimmt und Transaktionsschutz bei Aufrufen garantiert, die mehrere Dienste betreffen. Doch können ESB-Produkte diese technisch hoch komplexen Konzepte umsetzen?

**Vom Konzept zum Produkt**

Aktuelle ESB-Produkte können in zwei Komponenten unterschieden werden: Der ESB selbst ist eine Serveranwendung, welche die Funktionalität eines

**ESB-Produktkompo- nenten**

ESB, beispielsweise zur Transformation von Nachrichten mittels einer meist deskriptiven *Konfiguration*, bereitstellt. Deskriptiv bedeutet hierbei, dass die vom ESB durchzuführenden Operationen, beispielsweise zur Transformation von Nachrichten, lediglich beschrieben werden. Wie diese konkret in welcher Reihenfolge und unter Verwendung welchen Algorithmus ausgeführt werden, wird vom ESB selbst entschieden. Darüber hinaus kann eine Konfiguration aber auch Programme enthalten, die vom ESB lediglich ausgeführt werden und somit von diesem zur Laufzeit nicht optimiert werden. Viele der Anforderungen einer ESB-Serverkomponente stimmen mit denen von Nachrichten-orientierter Middleware überein, die zuvor beschrieben wurden und auf die hier nicht mehr weiter eingegangen wird.

Spannender ist die zweite Komponente. Sie ist eine Clientanwendung, vergleichbar einer Entwicklungsumgebung, mit der die Konfiguration des Servers erstellt wird. Diese Entwicklungsumgebungen haben zum Ziel, die Konfigurationen möglichst einfach und schnell erstellen sowie warten zu können, indem von den hochgradig komplexen Konzepten (zuvor wurde bereits kurz auf Schema-Mapping eingegangen) abstrahiert wird. Bestenfalls soll dies mit nur wenig Programmierkenntnissen durchführbar sein. Die Entwicklungsumgebungen verfügen daher in der Regel über aufwändige grafische Editoren, mit denen beispielsweise Nachrichtentransformationen im einfachsten Fall mittels drag&drop erstellt und angepasst werden können. Für einfache Szenarien ist dies auch problemlos möglich. Szenarien, denen komplexe Schemata zugrunde liegen, erfordern jedoch nach wie vor sehr viel Erfahrung und Handarbeit.

**Fazit**

In den letzten Jahren sind die Entwicklungswerkzeuge im ESB-Umfeld sehr viel ausgereifter geworden, zaubern können sie aber nicht und Nachrichtentransformationen erstellen sich nicht von selbst. Auch wenn mittels der oben beschriebenen grafischen Editoren viele einfache Aufgaben jetzt noch einfacher durchgeführt werden können, ein detailliertes Verständnis der zugrunde liegenden Konzepte (beispielsweise zur Nachrichtentransformation), Kenntnisse über die beteiligten Dienste und Hintergrundwissen über die Prozesse des Unternehmens sind nach wie vor essenzielle Voraussetzung, um die Konfiguration des ESB vornehmen zu können.

## 2.8   Einführung einer SOA

**Herausforderungen**

Die Einführung und der Betrieb Service-orientierter Architekturen stellen Organisationen vor besondere Herausforderungen. Diese liegen nicht wie bei konventionellen Softwarearchitekturen primär in der technischen, sondern vor allem in der organisatorischen Umsetzung.

Da die Bausteine Service-orientierter Architekturen Dienste sind, die aus den Geschäftsprozessen der Organisation abgeleitet sind, müssen neben Vertretern der Unternehmens-IT insbesondere die Eigentümer und Verantwortlichen der jeweiligen Geschäftsprozesse in Entwurf und Betrieb einbezogen werden. Wird die Einführung einer SOA im Unternehmen nicht von allen Beteiligten unterstützt, ist das Vorhaben zum Scheitern verurteilt.

Eine weitere Herausforderung liegt darin, den richtigen ersten Schritt zu machen. Dieser Abschnitt des Buches beschreibt zunächst, wie mit SOA im Unternehmen begonnen werden kann. Später werden „worst practices" – häufige Fehler – bei Einführung und Betrieb dargestellt.

## 2.8.1 Vorgehensweise

Nur sehr wenige IT-Projekte starten auf der berühmten grünen Wiese und können ohne Altlasten beginnen. Zusätzlich muss in vielen Fällen der Betrieb der Ist-Landschaft sichergestellt werden, da die IT doch meist nicht das Kerngeschäft darstellt, sondern als Unterstützung einer anderen Aufgabe genutzt wird. Da radikale Umstellungen oder Veränderungen in IT-Landschaften nur sehr selten wirtschaftlich umgesetzt werden können (siehe auch die These zum Big Bang in Abschnitt 3.8 auf Seite 55), ist ein evolutionäres Vorgehen notwendig.

In faktisch jeder gewachsenen Systemlandschaft gibt es eine Reihe von Systemen. Diese haben jeweils ihre eigenen Anwendungsdaten, ihre eigenen internen Funktionen und ihre eigenen Abläufe oder Workflows. Zwischen diesen oft stark verwobenen Systemen gibt es komplexe Eins-zu-eins-Verbindungen. Diese müssen aufwändig gepflegt werden und sorgen für eine sehr hohe Komplexität. Selbst systemübergreifende Abläufe sind meist fest verdrahtet innerhalb der einzelnen Systeme. Änderungen an den abgebildeten Prozessen sind daher meist nur sehr schwer und teuer umsetzbar. Die Beteiligten denken in (ihren) Systemen und der gesamte Zusammenhang wird oft nicht wahrgenommen. Die linke Säule in Abbildung 2.3 auf der nächsten Seite stellt diese Welt dar.

**Ausgangszustand: verwobene Systeme**

Der erste Schritt zu einer SOA ist nun, dass bestehende Funktionalitäten von Systemen, die bereits von anderen Systemen genutzt werden, als Dienste angeboten werden. Im ersten Schritt ist dafür oft fast keine Änderung notwendig. Man dokumentiert aber, welche Anwendungen auf welchem Weg welche Dienste anderen anbieten. Zum Ende dieses Schritts darf es keine unbekannten entfernten Aufrufe mehr geben. Dadurch erfährt man, wer was für wen macht. Zusätzlich ist dies ein erster Schritt zu einer Entkopplung, was in der Folge die Komplexität reduziert. Die Beteiligten denken nun in (ihren) Systemen und in Diensten. Die mittlere Säule in Abbildung 2.3 auf der nächsten Seite stellt dieses Szenario dar.

**1. Schritt: Anwendungen bieten Dienste an**

Im zweiten und letzten Schritt ist nun eine Standardisierung dieser angebotenen Dienste zu meistern. Es muss systemübergreifend festgelegt werden, wie die Prozessabläufe aussehen, wer was auf welche Art anbietet und wie die dahinterliegenden Dienste genutzt werden. Der gedankliche Fokus liegt auf den

**Ziel: standardisierte Dienste**

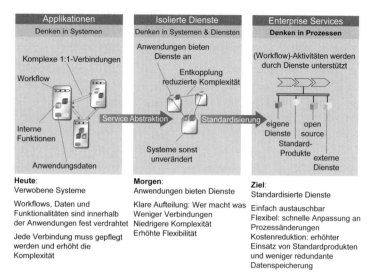

| Applikationen | Isolierte Dienste | Enterprise Services |
|---|---|---|
| Denken in Systemen | Denken in Systemen & Diensten | **Denken in Prozessen** |

**Heute:**
Verwobene Systeme

Workflows, Daten und Funktionalitäten sind innerhalb der Anwendungen fest verdrahtet

Jede Verbindung muss gepflegt werden und erhöht die Komplexität

**Morgen:**
Anwendungen bieten Dienste

Klare Aufteilung: Wer macht was
Weniger Verbindungen
Niedrigere Komplexität
Erhöhte Flexibilität

**Ziel:**
Standardisierte Dienste

Einfach austauschbar
Flexibel: schnelle Anpassung an Prozessänderungen
Kostenreduktion: erhöhter Einsatz von Standardprodukten und weniger redundante Datenspeicherung

**Abbildung 2.3** *Einführung einer SOA in eine bestehende Landschaft*

Prozessen. Am Ende werden die einzelnen Dienste durch den hohen Grad der Standardisierung „einfach" austauschbar. Dadurch ist man in der Lage, Prozessänderungen oft sehr schnell umzusetzen, kann eventuell Kaufprodukte leichter integrieren und reduziert redundante Dienste und Datenspeicher. Die Beteiligten denken in (ihren) Prozessen, die Systeme stehen im Hintergrund. Diese Welt entspricht der rechten Säule in Abbildung 2.3.

## 2.8.2    Häufige Fehler bei Implementierung und Betrieb

In diesem Abschnitt werden einige „worst practices" – also grobe Fehler bei der Umsetzung – zusammengefasst, die während der Implementierung und des Betriebs von SOA häufig auftreten. Beteiligte an SOA-Projekten sollten darauf achten, ob diese Verhaltensmuster in ihren Projekten zu finden sind. Jenny Ang, Luba Cherbakov und Dr. Mamdouh Ibrahim haben in Ihrem Paper [ACI05] für diese und ähnliche Muster in Anlehnung an [GHJV04] den Begriff „SOA Antipattern" geprägt.

**Fehlender Nutzen, fehlende Ziele**

Wenn eine SOA erstmals im Unternehmen eingeführt wird, muss das so geschehen, dass bei überschaubarem Risiko der Nutzen für das Unternehmen – Fachabteilung und IT – maximiert wird. Hierzu muss vor Beginn des Projektes der Bereich identifiziert werden, in dem eine SOA-Einführung den größten Nutzen bringt. Weiter müssen die Ziele des Projektes klar definiert werden.

**Falsche Projektgröße**

SOA-Projekte sind gescheitert, weil sie trotz geringer Erfahrung mit der Materie zu groß angelegt waren. Projekte müssen kompakt bleiben, um erfolgreich zu sein. Ein Vorgehen in mehreren kleineren Projekten, aus denen die Organisation stufenweise immer größeren Nutzen zieht, ist einem Großprojekt mit mehrjähriger Dauer vorzuziehen. Die Organisation erhält so die Chance, die nötige SOA-Kompetenz aufzubauen.

Auf der anderen Seite ist es auch nicht möglich, SOA sehr klein anzufangen. Wenn man einfach mal unkoordiniert neue kleine Funktionalitäten als Dienst anbietet und hofft, dass diese Welt irgendwann zusammenwächst, dann hat man sehr geringe Erfolgsaussichten. Eine SOA kann nur unter Einbeziehung mehrerer Systeme eingeführt werden, braucht also eine gewisse Mindestgrö-ße. Genau wie bei der Frage nach der idealen Granularität von Diensten ist auch hier etwas Fingerspitzengefühl notwendig und es gibt nicht die eine richtige Lösung.

SOA darf nicht als reine IT-Angelegenheit verstanden werden. Eine SOA richtet sich konsequent an den Geschäftsprozessen der Organisation aus. Die Dienste, die die Bausteine einer SOA bilden, werden aus Geschäftsprozessen abgeleitet.

**SOA als reines IT-Thema**

Damit eine SOA erfolgreich eingeführt und betrieben werden kann, müssen folglich der Prozesseigner, die Architekten aus Fachabteilung und IT, das IT-Management und die Entwickler unter der Schirmherrschaft der Geschäfts-leitung zusammenarbeiten. SOA-Projekte müssen von der Unternehmensleitung getrieben werden, um die Unterstützung durch alle Unternehmensbereiche zu gewährleisten.

Es ist oftmals von Vorteil, wenn der Projektleiter des SOA-Projektes nicht aus der IT-Abteilung stammt. Damit wird vermieden, dass das Projekt zu stark IT-zentriert ist, was dazu führen kann, dass die Bedürfnisse der Fachabteilungen nicht voll umgesetzt werden. Weiter wird verhindert, dass Dienste definiert werden, die zwar aus Sicht der Entwickler technisch optimal sind, jedoch Geschäftsprozesse nur unzureichend abbilden.

Unpassende SOA-Governance kann zu Problemen bei Einführung und Betrieb führen. Ist die SOA-Governance zu strikt, wird die Weiterentwicklung behindert und schlimmstenfalls in Bürokratie erstickt. Eine zu laxe SOA-Governance führt zu Wildwuchs und somit zu einer IT-Landschaft, die schwer zu verwalten ist.

**Unpassende SOA-Governance**

Werden Abhängigkeiten zwischen Diensten und Applikationen nicht akribisch durch SOA-Governance-Instanzen verwaltet, kommt es zu Problemen bei Versionswechseln oder bei der Ablösung einzelner Services. Wird beispielsweise aus Versehen ein Service außer Betrieb genommen, auf den andere Unternehmensanwendungen zugreifen, so kann es zum Stillstand des Geschäftsbetriebs kommen.

Eine SOA ist mehr als eine Sammlung von Web Services. Werden ohne übergreifende Architektur Anwendungen in Dienste zerlegt und deren Kommunikation untereinander mit Web Services abgewickelt, entsteht ein hochgradig instabiles Geflecht von gegenseitigen Abhängigkeiten.

**SOA = Web Service**

| | |
|---|---|
| **Falsche Service-Definition** | Zu eng oder zu weit definierte Dienste erhöhen die Komplexität oder schränken den Nutzen einer SOA ein. Zu eng definierte Dienste enthalten zu wenig Funktionen und führen zu einem starken Anstieg der Komplexität. Es sollte möglich sein, mit einem Dienst bedeutungsvolle Dokumente austauschen und entsprechende Geschäftsvorfälle abwickeln zu können. |

Bei der Definition der Dienste muss darauf geachtet werden, dass sie anwendungsübergreifend beziehungsweise losgelöst von Anwendungen definiert werden. Werden bei der Definition der Dienste Anwendungen isoliert betrachtet, ergeben sich keine gemeinsamen, wiederverwendbaren Dienste.

## 2.9 Ausblick

Die hier beschriebenen Konzepte stellen nur den Anfang einer Vision von Service-orientierten Architekturen dar. Es gibt eine ganze Reihe von Ideen, die ebenfalls in diesem Umfeld anzusiedeln sind. Zusätzlich gibt es noch eine ganze Reihe von Anforderungen, die bei SOA gefordert werden, welche bei anderen Architekturen bereits selbstverständlich geworden sind. Hier sind

**Transaktionen** an erster Stelle *Transaktionen* zu nennen. Diese sind in extrem verteilten Umgebungen, wie sie in einer SOA entstehen werden, deutlich schwerer zu implementieren. Aus diesem Grund beschäftigt sich Kapitel 11 auf Seite 275 intensiv mit diesem Thema.

**Sicherheit** Das Gleiche gilt beim Thema Sicherheit, wobei hier zu unterscheiden ist zwischen „Punkt-zu-Punkt"- und „Ende-zu-Ende"-Sicherheit. Bei „Punkt-zu-Punkt" geht es um Sicherheit zwischen zwei logisch direkt benachbarten Punkten, wie zum Beispiel der Kunde und die Bank beim „Homebanking". Dies wird heutzutage oft auf Basis von Transport Layer Security, kurz TLS, implementiert. „Ende-zu-Ende"-Sicherheit ist deutlich schwerer zu bewerkstelligen. Hierbei geht es um eine sichere Kommunikation zwischen zwei Beteiligten, wobei die Nachricht dazwischen erst anderen Partnern geschickt wird. Weitere Themen aus diesem Umfeld sind Routing, Management von Diensten, Verwaltung von Sitzungen oder auch Identitätsverwaltung.

**Vision** Schaut man etwas weiter in die Zukunft, so kann man den Eindruck bekommen, dass SOA Teil einer größeren Vision ist. Dies wird besonders bei Ressourcen deutlich. So ist vorstellbar, dass dem Nutzer direkt mit dem Dienst auch die notwendigen Voraussetzungen zur Nutzung inklusive der notwendigen Hardware bereitgestellt werden. Zur Umsetzung dieser Idee ist eine weitreichende Virtualisierung von Ressourcen notwendig. Dies kann genauso beim Betriebskonzept fortgeführt werden und wird spannend beim automatischen Betrieb. So mag ein Dienst erkennen, dass bei anderen Diensten ein Problem vorliegt und diese automatisch durch andere ersetzen und in der Zwischenzeit Schritte zur Behebung des Problems einleiten. Entsprechende Themen werden auch im Umfeld von Cloud Computing behandelt und es ist damit zu rechnen, dass es in Zukunft in diesem Umfeld einige Synergien von Cloud Computing und SOA geben wird.

Eine weitere Abhängigkeit entsteht zwischen SOA und Enterprise Architektur Management. SOA ist eine Strategie, die innerhalb des EAM verwendet werden kann, um bestimmt Zeile zu erreichen. Allerdings können beim EAM natürlich noch weitere Methoden verwendet werden – wobei es auf Architekturseite derzeit keine echte Alternative zu einer SOA gibt.

**Enterprise Architektur Management**

## 2.10 Zusammenfassung

Die grundlegende Idee von Service-orientierten Architekturen ist sicherlich nicht neu und die verschiedenen Aspekte können alle als Erweiterungen von bereits bestehenden Techniken gesehen werden. Der zurzeit wohl bekannteste Zweig an Neuerungen kann als Nachfolger der RPCs gesehen werden. Allerdings sind die Konzepte der losen Bindung und der Entwicklung im Großen als viel bedeutender anzusehen und werden früher oder später sicherlich den Durchbruch schaffen.

Durch die *lose Bindung* und die Nutzung von *Verzeichnissen* für Dienste kann eine viel *prozessorientiertere* Gestaltung der Software erreicht werden und es wird möglich, sich viel schneller an die Veränderungen in Firmen anzupassen.

Das Konzept des *Programmierens im Großen* erlaubt es Firmen, ihre Abläufe selber zu modellieren und dann die Umsetzung an beliebige externe Partner – zum Beispiel in Indien – zu vergeben. Auch dadurch entstehen Systeme, die sich viel schneller der gelebten Realität anpassen können.

Zurzeit dürften Web Services die einzige halbwegs fortgeschrittene Technik zur Implementierung einer Service-orientierten Architektur sein. Man muss an dieser Stelle betonen, dass Web Services eine mögliche Instanz des abstrakten Modells der SOA sein können. Es wird in Zukunft sicherlich noch weitere geben. Da es aber auf diesem Gebiet zurzeit keine Konkurrenz gibt, wird dieses Buch sich im Folgenden auf diese Technik konzentrieren und zeigen, wie eine SOA auf Basis von Web Services ermöglicht werden kann.

# 3 | Service-orientierte Organisation

*„Nur Individuen können weise sein,*
*Institutionen sind im günstigsten Fall gut konzipiert."*
Peter Sloterdijk (*1947)

Ein wesentlicher Baustein zum Erfolg von SOA liegt in der Hoffnung von Unternehmen, durch SOA eine erhöhte Flexibilität gewinnen und Geschäftsprozesse schnell mit Unterstützung der IT ändern zu können. Dieses Ziel kann
nur erreicht werden, wenn Geschäftsbereiche und IT am gleichen Strang
ziehen und eine Standardisierung auf den unteren Ebenen durchgeführt
wird. Dafür ist Unterstützung aus den oberen Ebenen und Nachhaltigkeit
notwendig. Dieser Punkt wird meist unter dem Begriff „Governance" zusammengefasst. Eine erfolgreiche Umsetzung erfordert eine entsprechend
aufgestellte Organisation. Man benötigt die Unterstützung vom Management,
Standardisierungsgruppen und passende Prozesse – kurz, eine Service-orientierte Organisation (SOO).

## Übersicht

## 3.1 Einleitung

Die meisten IT-Systeme entstanden als Insellösungen für einzelne meist technische Probleme oder Herausforderungen. Über die Zeit wurden immer mehr Inseln miteinander verbunden und es entstanden in den Unternehmen bisweilen sehr komplexe Umgebungen. In solchen Umgebungen ist es nur zu natürlich, dass viele zum Teil auch widersprüchliche Ziele existieren. Hier gilt es, eine möglichst gute Gesamtlösung für alle Beteiligten zu finden.

**IT-Governance**  Parallel zum Wachstum der Umgebungen hat sich auch die Art der zu lösenden Herausforderungen verändert. Zu den anfangs rein technischen Problemen kamen nach und nach Aufgaben wie Governance hinzu, die als nichttechnisch anzusehen sind und Fragen der Organisation betreffen.

Der Druck zur Anpassung der Organisationsstrukturen verstärkt sich mit Einführung von SOA, da, wie im Folgenden geschildert, die Organisationsstrukturen oft noch sehr genau an die ehemaligen Insellösungen angepasst sind, diese aber mit SOA nur sehr schwer unter einen Hut zu bringen sind. Es gibt sogar Stimmen, die behaupten, dass SOA mit Organisationsstrukturen, die den IT-Säulen (oft auch als Silos bezeichnet) entsprechen, unvereinbar sind.

## 3.2 IT-Organisation: Von Säulen zu Balken

**Vertikale IT-Organisation**  Über Jahre historisch gewachsene IT-Landschaften führen dazu, dass in den meisten Unternehmen eine eher vertikal organisierte IT, also den IT-Systemen entsprechend, anzutreffen ist. Dies ist lokal gesehen in vielen Fällen vorteilhaft gegenüber einer horizontalen Organisation (das heißt einer Organisation entlang der Prozesse). Bei systemübergreifenden Prozessen kommt es jedoch zu Schwierigkeiten an den Systemübergängen, und eine vertikale Organisation erschwert Änderungen der Prozesse über Systeme hinweg meist erheblich. Oft sind vertikale Organisationen auch das Resultat von erfolgreichem Streben nach lokalen Optima unter Vernachlässigung des globalen Optimums.

## 3.2.1 Säulen oder vertikal aufgestellte IT

Die meisten großen IT-Systeme sind im Laufe der Zeit aus Systemen entstanden, die für eine deutlich kleinere und speziellere Aufgabe entwickelt wurden. Zusätzlich ist zu beachten, dass IT-Systeme nach ihrer Einführung weiter wachsen. Es ist daher nicht verwunderlich, dass jedes dieser großen Systeme in der Regel über eine eigene Datenbank[1], eigene Funktionen auf

---

[1] Auch in der wörtlichen Bedeutung des Begriffs, also Datenverwaltung.

diesen Daten, eine eigene Prozesssteuerung und natürlich auch eine eigene Benutzerschnittstelle verfügt. Abbildung 3.1 veranschaulicht eine derart gewachsene IT-Landschaft.

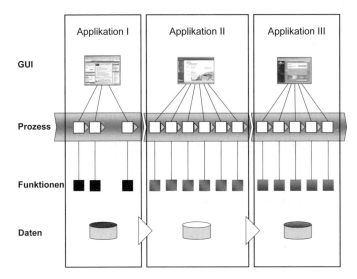

**Abbildung 3.1** *Säulen einer gewachsenen IT-Landschaft*

Jedoch stehen auch diese Systeme in den seltensten Fällen für sich alleine. Meist laufen Prozesse über mehrere Systeme hinweg. Dies bedeutet, dass in solch einem übergreifenden Prozess mit einem System begonnen wird, in dem ein Teil des Prozesses ausgeführt wird. Die Benutzer haben das Gefühl, nur mit einer Anwendung zu arbeiten, die wie schon beschrieben ein GUI oder einen Client mitbringt und die Daten mit eigenen Funktionen selbst verwaltet. Wenn die mit diesem System möglichen Arbeiten erledigt sind, so wird in vielen Fällen die Datenbank eines Folgesystems versorgt. Danach können die gleichen oder auch andere Benutzer mit diesem zweiten System, das wieder vom GUI bis zur Datenhaltung über alle wichtigen Komponenten selber verfügt, die dort implementierten Teilprozesse ausführen. Danach geht es weiter zu einem dritten System und so weiter und so fort.

**Systemübergreifende Prozesse**

Diese so gewachsenen Architekturen sind meist sehr ausgereift, unterstützen die jeweiligen Aufgaben sehr gut und sind eher unanfällig gegen Ausfälle. Steht also ein beteiligtes System einmal nicht zur Verfügung, so kann mit den anderen Systemen mit nur sehr geringen Einschränkungen weitergearbeitet werden. Eine solche Landschaft ist voll ausreichend, wenn die Prozesse stabil sind und sequentiell durch die Systeme fließen.

Probleme treten erst auf, falls der Gesamtprozess modifiziert werden soll. Änderungen des Gesamtprozesses sind oft sehr schwierig und sehr teuer, wenn diese mehr als ein Grundsystem betreffen. Es ist in vielen Fällen dann notwendig, Daten in beide Richtungen, also auch gegen die Flussrichtung des

Hauptprozesses, zu versorgen. Dies ist beispielsweise dann der Fall, wenn Teilschritte eines Prozesses vorgezogen werden sollen. Auch müssen dann oft bereits in einem System vorhandene Funktionalitäten in einem zweiten erneut implementiert werden.

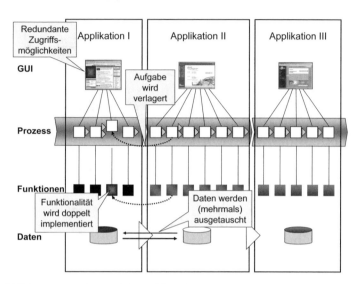

**Abbildung 3.2** *Säulen und die Probleme bei Veränderungen*

Kurz, nach einigen Änderungen an einem systemübergreifenden Prozess hat man leicht das Problem von redundanten Daten, wiederholt implementierten Funktionen, graphischen Oberflächen für verschiedene Systeme mit teilweise überlappendem Inhalt und suboptimalen Prozessen. Abbildung 3.2 veranschaulicht diesen Sachverhalt.

## 3.2.2 Balken oder horizontal aufgestellte IT

**Horizontale IT-Organisation**

Aus Gründen der Flexibilität, also um Geschäftsprozesse schnell anpassen zu können, ist eine Architektur anzustreben, bei der die Prozesse im Vordergrund stehen. Dies nennt man horizontal aufgestellte IT und wird durch die in der Überschrift bereits genannten Balken, die quer über die Systeme laufen, symbolisiert. Will man SOA konsequent einführen und alle Vorteile, die damit verbunden sind, nutzen, ist eine horizontale IT-Organisation dringend zu empfehlen, wenn nicht gar unumgänglich.

Eine horizontale IT-Organisation bedeutet indes nicht, dass man sich von den Basissystemen verabschieden muss, was meist auch nicht möglich ist. Zukunftssicherer ist es jedoch, wenn es gelingt, die großen, alten Systeme von ihrer eigenen Benutzeroberfläche und den größeren Prozessen zu befreien.

**Dienstbasierte Prozesse**

Stattdessen ist mehr Aufwand auf die Definition und Entwicklung etwas grob-granularer Funktionen, die dann Dienste genannt werden, aufzubringen. Diese Dienste werden dann nach Bedarf flexibel zu Prozessen kombiniert und unter einem einheitlichen GUI vereinigt. Abbildung 3.3 illustriert diese Veränderung und zeigt, wie entsprechende Balken von den jetzt kürzeren Säulen getragen werden können.

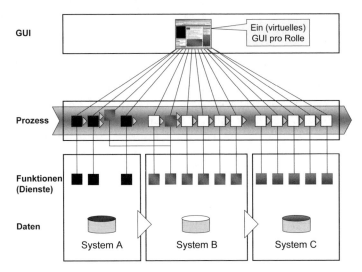

**Abbildung 3.3** *Balken in der IT-Landschaft*

Dieser Schritt kann sich durchaus zur echten Reifeprüfung für das Thema SOA entwickeln. Er setzt ein gutes Anforderungsmanagement, das noch in Abschnitt 3.7.4.1 auf Seite 51 behandelt wird, voraus und verlangt Kompromisse zur Erreichung eines globalen Optimums. Dabei müssen die System-Eigner gegebenenfalls ihre eigenen Interessen zurückstellen und sich dem größeren Ziel unterordnen. Hierin besteht die große Herausforderung bei der Umsetzung und beim Betrieb einer SOA.

In der Regel werden die System-Verantwortlichen nämlich ungern auf die Bereitstellung der Schnittstelle zu den Benutzern verzichten und sich dem Anforderungsmanagement unterordnen, da dies deren Sichtbarkeit reduziert. Das eigene System verliert (scheinbar) an Bedeutung und Wichtigkeit, wenn es nach außen nicht mehr als eigenständige Einheit wahrgenommen werden kann. Hier gilt es, die richtige Motivation zu finden und übergeordnete Ziele aufzuzeigen, dies ist insbesondere eine Aufgabe der IT-Governance ([WR04], mit Fokus SOA auch [Mar08]).

**Sichtbarkeit der Systeme**

## 3.3 Das nächste Komponentenmodell

Zu Beginn des Buchs wurde bereits erwähnt, dass SOA streng genommen keine weltbewegende Neuerung ist, sondern vielmehr eine neue Umsetzung altbekannter Prinzipien unter einem technischen und einem fachlichen Blickwinkel. So gesehen ist das Neue, dass die fachliche – hier also nicht IT – Welt entsprechend mitbetrachtet wird und man versucht, die Lücke zur IT zu schließen.

**Granularität**

Aus Abschnitt 2.6 auf Seite 19 kann gefolgert werden, dass es sich bei SOA um das nächste Komponentenmodell handelt, bei dem die Granularität wieder um einen Schritt gröber geworden ist. Die einzelnen Schritte der fachlichen Prozesse (englisch: business processes) werden zuerst als fachliche Dienste (business services) modelliert, die dann mithilfe von technischen Diensten auf die IT-Welt abgebildet werden.

**Trennung Prozess und IT**

An dieser Stelle wird deutlich, dass hierbei eine Trennung von Prozessmanagement und IT vorgenommen wurde. Es ist also möglich, eine (fast) IT-freie Modellierung der (fachlichen) Geschäftsprozesse vorzunehmen. Es ist wünschenswert, dass hierbei auch ein IT-Experte anwesend ist, um später das Mapping auf die IT zu erleichtern. Es passiert aber nicht mehr der schwerwiegende Fehler, dass man die Prozess-Modellierung (fast) alleine den IT-lern überlässt.

## 3.4 Flexibilität vs. Standardisierung

Das Thema SOA hat seinen Siegeszug im Wesentlichen mit dem Schlagwort *Flexibilität* angetreten. Allerdings ist es ein Irrglaube, dass man auf jeder Ebene gleichzeitig die Flexibilität erhöhen kann, ohne sich dabei Nachteile einzuhandeln.

**Standardisierte Dienste**

Eine SOA lebt von der Idee, sich auf den unteren Ebenen einzuschränken. Es werden Dienste definiert, deren Schnittstellen, wie im letzten Kapitel beschrieben, maschinenlesbar verfügbar sein müssen. Dies bedeutet, dass die Interaktionsmöglichkeiten mit den Diensten klar definiert sind. Diese Schnittstellen dürfen nicht oder nur in Ausnahmefällen geändert werden.[1] Nur durch ein klares und verlässliches Interface ist es möglich, Dienste auf höheren Ebenen flexibel einzusetzen. Die Flexibilität kann meist erst auf Ebene der Prozessmodellierung genutzt werden.

**Flexible Prozesse**

Wurden die Hausaufgaben erledigt und sinnvolle Bausteine definiert, so können die Prozesse wie von SOA versprochen schnell angepasst und modifiziert werden, ohne die darunterliegenden Komponenten ändern zu müssen. Man gewinnt also flexiblere Prozesse durch die standardisierten Bausteine. Weniger positiv formuliert kann man auch sagen, dass man sich diese Flexibilität auf Prozessebene durch eine viel starrere, standardisierte Basis, bei der man sich möglicherweise sogar stark einschränken muss, erkauft.

---

[1] In (sehr seltenen) Ausnahmefällen kann eine Erweiterung der Schnittstelle sinnvoll sein. Änderungen sollten auf jeden Fall von höchster Ebene genehmigt werden, um die Hürde entsprechend hoch anzusetzen und nicht dringend notwendige Änderungen zu vermeiden.

## 3.4.1 Wiederverwendung und Granularität

Die Gretchenfrage in diesem Zusammenhang ist die Frage nach der richtigen Granularität der involvierten Dienste. Leider muss hier ganz klar gesagt werden, dass es *die* richtige Antwort nicht gibt. Trotzdem muss man sich dieser wichtigen Frage stellen und folgende Überlegungen sind zur Beantwortung hilfreich. Wählt man eine zu feine Granularität, so erhält man eine sehr hohe Anzahl von Diensten. Die Abbildung auf fachliche Prozessschritte wird schwerer, die Verwaltung aufwändiger, die Suche nach dem richtigen Dienst wird erschwert und möglicherweise erhöhter Programmieraufwand erzeugt. Meist entstehen auf diesem Weg auch sehr technische Dienste und der Bezug zu den Geschäftsprozessen leidet.

**Gratwanderung Granularität**

Wählt man auf der anderen Seite eine zu grobe Granularität, so ist im Extremfall jeder Dienst nur noch an genau einer Stelle nutzbar. Der Vorteil der Wiederverwendung entfällt dadurch vollständig. Auch die Möglichkeit der Prozessänderung wird stark eingeschränkt, da die Prozesse nur noch aus sehr wenigen, groben Diensten bestehen.

Man sollte die Granularität also so wählen, dass eine Wiederverwendung durchaus vorstellbar und der Bezug zum fachlichen Prozess noch gut zu sehen ist. Ein naheliegendes Vorgehen wäre zum Beispiel, bestehende Enterprise Java Beans, kurz EJB, einfach kurzerhand in Dienste zu verwandeln. Die Erfahrung hat jedoch gezeigt, dass dies eine viel zu feine Granularität liefert. Dies ist auch nicht verwunderlich, da es sich bei SOA auch um das nächste – und damit auch nächst gröbere – Komponentenmodell handelt.

In größeren Projekten hat sich gezeigt, dass am Ende fast immer eine zu feine Granularität gewählt wird. Es gibt daher eine steigende Anzahl von Architekten, die empfehlen, mit möglichst großen Komponenten zu planen, da die Granularität im Laufe der Zeit bei lebenden Systemen eigentlich immer feiner wird.

## 3.4.2 Streben nach globalem Optimum

Genauso wie die Bestimmung der idealen Granularität ist auch die Optimierung der einzelnen Aufgaben eine nur schwer zu lösende Aufgabe. Es ist sehr oft zu beobachten, dass verschiedene Gruppen um die Definition der Schnittstelle eines gemeinsamen Dienstes ringen. Der Grund liegt meist in der Tatsache, dass jede Gruppe versucht, die Aufgaben aus ihrer lokalen Sicht zu optimieren. Es ist das logische Bestreben jeder Einheit, ihre eigenen Aufgaben optimal zu lösen, jede Gruppe strebt daher nach einem lokalen Optimum.

**Globales Optimum organisatorisch unterstützen**

Leider liegt die Summe dieser lokal sehr guten Lösungen oft weit vom globalen Optimum weg. Dies ist eine Herausforderung, die von der Organisation gelöst werden muss. Es bedarf eines zentralen Anforderungsmanagements und eines zentralen Blicks.

Gerade die gewonnene Freiheit der einzelnen Dienstanbieter und die dezentrale Struktur einer SOA machen außer in sehr überschaubaren Organisationen die Existenz einer zentralen Architektur notwendig. Entsprechende technische Entwurfsmuster, Vorgehensmodelle und ein angemessenes Governance-Gremium sind unumgänglich.

## 3.5   Der SOA-Lebenszyklus

Jede Architektur hat einen Lebenszyklus; SOA macht darin keinen Unterschied. Allerdings macht der SOA-Lebenszyklus selbst sehr wohl einen Unterschied gegenüber klassischen Software-Lebenszyklen. Diese Unterschiede muss eine Organisation beachten und reflektieren, wenn die Architektur erfolgreich sein soll.

**Phasen des SOA-Lebenszyklus** Üblicherweise wird beim SOA-Lebenszyklus zwischen drei Phasen oder Zeitpunkten unterschieden (siehe auch [Puz07]):

**Designzeitpunkt** Zu Beginn einer SOA-Implementierung müssen zunächst die Services abgegrenzt, definiert, implementiert und die Applikationen auf die Services abgebildet (oder umgekehrt: die Applikationen aus den Services aufgebaut) werden.

**Betrieb** oder Betriebsübergang: Inbetriebnahme, tatsächliche Geschäftsaktivität basierend auf den Applikationen.

**Änderungszeitpunkte** Änderungen an den fachlichen Anforderungen machen Änderungen in den Applikationen – und damit an einzelnen Services und deren Interaktion – notwendig.

Eine weitere Phase liegt beim derzeitigen Stand von SO-Architekturen noch etwas fern. Sie sollte aber aufgrund der Erfahrung, dass Systeme meist wesentlich länger leben als geplant – Systemlebenszeiten von über 30 Jahren sind heute nicht selten –, bereits zu einem frühen Zeitpunkt berücksichtigt werden:

**Service Sundown** Systeme – oder allgemeiner: Dienste – sollten irgendwann auch wieder abgeschaltet werden. Erfahrungsgemäß findet das aber selten statt, weil oft die tatsächlichen Abhängigkeiten unbekannt sind. Bei einer SOA würde dieses Problem ohne Gegenmaßnahmen schlicht aufgrund der Anzahl von Services zum administrativen Kollaps führen.

### 3.5.1 Abgerechnet wird zum Schluss

Wertversprechen

Die Phasen des SOA-Lebenszyklus machen deutlich, dass das „Wertversprechen" einer SOA – weitgehend – erst bei Änderungen zum Tragen kommt: Dann nämlich, wenn Änderungen auf IT-Ebene relativ klein zu den Veränderungen in den fachlichen Anforderungen ausfallen können.

Im besten Fall können diese fachlichen Änderungen durch „einfaches"[1] Rekombinieren von Diensten abgedeckt werden.

Um allerdings dieses Wertversprechen auch nutzen zu können, sind die Voraussetzungen insbesondere in der Designphase zu schaffen.

### 3.5.2 Aller Anfang ist schwer

Weichenstellung in Designphase

Voraussetzung für die Erfüllung dieses Wertversprechens ist allerdings, dass bereits in der Designphase die Weichen „richtig" gestellt werden. Das bedeutet insbesondere

> die Balance zwischen Standardisierung und Detailanforderungen zu wahren,

> den Abdeckungsbereich der Einführung groß genug für Effizienzgewinn zu wählen,

> dabei aber nicht zu groß zu werden, so dass die Einführungszeit noch realistisch bleibt.

Diese Herausforderungen sind nicht trivial, und es gibt hier auch kein Standardrezept. Tatsächlich ist insbesondere die Definition von Serviceeinheiten (auch englisch „primitives") eher eine Kunst denn eine Wissenschaft ...

Es wird häufig die Meinung vertreten, dass eine Service-orientierte Architektur so umfassend wie möglich angelegt werden soll, um die Effizienzen zu optimieren. Auf dem Papier hat dieser Ansatz durchaus Charme. Dieser Charme wird allerdings mit großem Aufwand und exponentiell steigender Komplexität erkauft.

Keimzelle einer SOA

Falls allerdings schon Dienste im Unternehmen existieren, die übergreifend genutzt werden, ist es auch ein Ansatz, diese als „Keimzelle" einer SOA-Lösung zu nehmen. Dabei werden die entsprechenden Dienste analysiert, gegebenenfalls logisch ergänzt und dann als Grundlage für das SOA-Design genommen. Selbstverständlich sollte dabei nicht der Blick für das „Große Ganze" außer Acht gelassen werden.

---

[1] Modulo der Komplexität, die im Zweifel nicht zu unterschätzen ist. Siehe dazu auch die Anmerkungen in diesem Kapitel.

Aus der Praxis heraus hat dieser pragmatische Ansatz allerdings den Vorteil, dass er ein sukzessives Herantasten an die jeweils systemspezifischen Eigenheiten bei der SOA-Einführung ermöglicht – und im Ernstfall kommt die Neuimplementierung von zum Beispiel zehn Services billiger als die von 300 ...

## 3.6 Organisationsstrukturen

Aus technischer Sicht gibt es selbstverständlich keine Notwendigkeit, sich bei einer SOA-Einführung über die Organisationsstrukturen zu unterhalten. Es gibt schließlich keine *direkte* Abhängigkeit zwischen einer SOA und der Struktur der Organisation.

**Organisationsstruktur** Zusätzlich besteht ja wie bereits geschildert die Möglichkeit, eine SOA schrittweise einzuführen. Man erliegt hierbei leicht der Versuchung, dies rein technisch zu verfolgen – was bei den ersten Schritten auch problemlos geht. Jedoch ist der Nutzen wie zum Beispiel eine viel höhere Flexibilität bei einer passenden Organisationsstruktur deutlich größer. Hier empfehlen sich Ansätze, die zentral bei den fachlichen Kernprozessen ansetzen. Zu beachten sind hierbei folgende drei Punkte:

1. Am Anfang steht der Prozess. Die Prozesse werden unabhängig von einer möglichen IT-Umsetzung definiert. Die wichtigen fachlichen Anforderungen werden dann der IT übergeben.

2. Es gibt zwei zentrale Gremien. Ein übergreifendes Gremium für Prozesse und eines für die IT-Architektur.

3. Alle Anforderungen haben an einer einzigen zentralen Stelle ihren Ursprung und werden dort verwaltet, bewertet und eventuell zur Umsetzung weitergegeben.

Die ersten beiden Punkte werden in den nächsten beiden Abschnitten genauer behandelt. Der dritte ist Kern des Abschnitts 3.7.4.1 auf Seite 51 über Anforderungsmanagement.

### 3.6.1 Zuerst der Prozess

**Brücke zwischen Fach- und IT-Welt** Eines der Hauptziele einer SOA ist es, eine Brücke zwischen der Fachwelt und der IT zu bauen. Dieses Ziel ist weder neu noch originell, vielmehr begleitet die Diskrepanz zwischen fachlichen Wünschen und der technischen Umsetzung die gesamte Geschichte der IT. Bei Diskrepanzen ist in aller Regel mindestens einer der folgenden Punkte eingetreten:

> Es existiert keine klare Trennung zwischen Konzeption und Umsetzung; stattdessen wird bereits das Konzept sehr IT-lastig angelegt.

> Die fachlichen Experten haben für diesen Ansatz ungenügendes Wissen.

> Die IT entgleitet der fachlichen Steuerung und beginnt ein „Eigenleben", ohne sich der Erwartungen von außen klar zu sein

Eine SOA kann hier einen Ausweg bieten, da sie durch die technischen Abstraktionen eine Möglichkeit bietet, die Entwicklungsrichtung wieder von den Prozessen hin zur IT anzulegen. Dies wird im Englischen oft als „IT follows process" oder auch nur „process first" bezeichnet.

Dabei wird aus rein fachlicher Sicht festgelegt, wie die Prozesse laufen sollten. Eine entsprechende Abbildung auf IT-Systeme oder Dienste wird hier nicht vorgenommen und sollte auch nicht versucht werden. Für die technische Umsetzung sind erst zu einem späteren Zeitpunkt die IT-Experten zuständig.

## 3.6.2    Prozess- und Architekturgremien

**Prozessgremium**

Damit eine IT-Landschaft passend zu den fachlichen Anforderungen entsteht, sollte es ein Prozessgremium geben, das als einzige Stelle fachliche Anforderungen entgegennimmt. Diese werden dort bewertet, gegebenenfalls modifiziert und im Falle einer Annahme in die Prozesse integriert und zur Umsetzung an die IT übergeben. Eine Verfolgung der Umsetzung, oft auch als „Tracking" bezeichnet bleibt Aufgabe der Prozessgruppe.

**Architekturgremium**

Die abgestimmten fachlichen Anforderungen werden dann in einem Architekturgremium bearbeitet. Dieses zweite Gremium besteht aus IT-Architekten und Vertretern der involvierten IT-Systeme. Es muss festgelegt werden, wie eine Abbildung auf die IT-Welt vorgenommen werden kann. Hierbei werden Prozessschritte auf Dienste abgebildet und für diese werden verantwortliche IT-Systeme definiert. Gegebenenfalls finden noch Abstimmungen mit dem Prozessgremium statt, um ein besseres Zusammenspiel oder einen günstigeren Betrieb zu ermöglichen. Das Architekturgremium definiert als letzten Schritt Aufträge an die bestehenden Systeme. Hierin wird klar geregelt, wer welche Umsetzung zu übernehmen hat. Dies kann die Änderung einer Oberfläche einer Applikation sein, die Modifikation des ESB oder auch die Bereitstellung eines neuen Dienstes durch ein bestehendes System. Im Idealfall ist dies der einzige Weg, wie das lokale Anforderungsmanagement der einzelnen IT-Systeme befüllt wird.

Oberhalb der beiden Gremien ist noch ein Entscheidungsgremium wichtig. An dieses wird von beiden Seiten regelmäßig berichtet. Für den Fall, dass sich die Prozess- und Architekturseite nicht einigen können, werden hier die Entscheidungen getroffen.

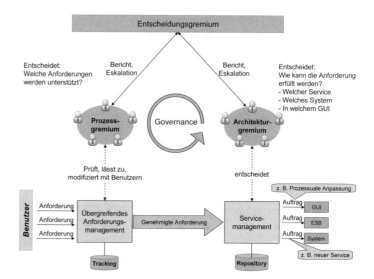

**Abbildung 3.4** *Mögliche Organisationsstruktur*

Sehr allgemein kann eine zu den hier beschriebenen Anforderungen passende Organisationsform, wie in Abbildung 3.4 dargestellt, gewählt werden.

### 3.6.3 Conways Gesetz

Bei der Wahl einer passenden Organisationsstruktur sollte Conways Gesetz[1] [Con68] von 1967 beachtet werden. Dieses Gesetz von Melvin Conway wurde 1975 bekannt durch das Buch „The Mythical Man-Month" [Bro75] von Frederick Brooks:

**Conways Gesetz** *„Any organization that designs a system (defined broadly) will produce a design whose structure is a copy of the organization's communication structure."*

**Kommunikationsstruktur** Auf Deutsch besagt dieses Gesetz, dass jede Organisation, die ein System (im weiteren Sinne) entwickelt, eine Struktur entwickeln wird, die eine Kopie der eigenen Kommunikationsstruktur darstellt.

Gerade bei der Einführung einer Service-orientierten Architektur inklusive der passenden Organisation will man in den meisten Fällen etwas verändern. Damit eine solche Änderung gelingt und am Schluss eine Struktur entsteht, die den Aufwand auch rechtfertigt, muss daher bei der Kommunikations- und Organisationsstruktur begonnen werden.

Möchte man zum Beispiel erreichen, dass ein hoher Grad der Wiederverwendung von Diensten umgesetzt wird, so braucht man Regeln und eine passende

---

[1] http://www.melconway.com/law/

Einrichtung, die sich darum kümmert. Solange verschiedene Bereich unabhängig voneinander agieren, werden diese eher eigene Lösungen entwickeln, die genauer zu ihnen passen. Wenn es aber ein Gremium gibt, in dem die Verantwortlichen der verschiedenen Bereiche regelmäßig zusammenkommen, sich austauschen und gemeinsame Architekturen entwerfen und festlegen, so hat man die Aussichten auf eine höhere Wiederverwendung bereits deutlich gesteigert.

## 3.7 Herausforderungen an die Organisation

Wie oben erwähnt, sind die Herausforderungen zur erfolgreichen Umsetzung einer SOA nicht trivial, und die Umsetzung erfordert ein geeignetes Umfeld. Im Folgenden werden Problemfelder für Organisationen erörtert und wichtige Faktoren identifiziert.

### 3.7.1 Von der Notwendigkeit expliziter Strukturen

Wie zu Beginn des Kapitels angesprochen, bedeutet die Einführung einer SOA das Aufbrechen herkömmlicher (IT-)Applikationen auf technischer und auf Prozessebene. Zwar gewinnt die Lösung dadurch (potenziell) an Flexibilität, Effizienz und Wiederverwendbarkeit. Andererseits haben herkömmliche, monolithische oder an Säulen orientierte Strukturen (Prozess oder technisch) auch inhärente Strukturen gewährleistet. Die Effekte dieser inhärenten Strukturen können mehrschichtig sein und sind vom jeweiligen System abhängig. Beispiele sind:

**Vorteile ohne SOA**

> Durchgängiges Benutzerkonzept innerhalb einer Applikation,

> Regulierung von Datenzugriffen auf eine Datenbank oder

> Zentrales „End-to-End" Monitoring der Verarbeitung.

Allgemein gesprochen gehen mit der Einführung einer SOA diese inhärenten Strukturen verloren, da lose Kopplung per definitionem den Spielraum der Applikationen wesentlich erweitert. Ohne weitere, aus Sicht der Applikationen externe Maßnahmen herrscht damit Anarchie.

### 3.7.2 SOA-Governance

Seit etwa 2007 hat der Begriff SOA-Governance als SOA-spezifische Ausprägung von IT-Governance massiv an Bedeutung gewonnen. Insbesondere für IT-Governance kann und will das vorliegende Buch nicht tiefer in die Materie einsteigen. Zu dem Thema existieren zahlreiche Veröffentlichungen und auch dedizierte Institutionen. Exemplarisch sei auf das IT Governance Institute (`http://www.itgi.org/`) verwiesen.

Auch über SOA-Governance sind bereits ganze Bücher geschrieben worden, denen das vorliegende Buch keine Konkurrenz machen kann und will. Allerdings soll hier ein Überblick über wichtige Grundgedanken und deren organisatorische Auswirkungen geben werden.

## 3.7.2.1 Begriffsdefinition

Allgemein gesprochen besteht das Betrachtungsfeld von Governance darin, wie verschiedene Faktoren (Menschen, Komponenten, Prozesse, ...) so eingesetzt werden, dass sie ein übergeordnetes Ziel unterstützen.

Davon abgeleitet existieren verschiedene Definitionen von SOA-Governance. Die Unterschiede bestehen dabei meist weniger in inhaltlichen Aspekten, sondern darin, ob SOA-Governance für sich oder zum Beispiel als Teil einer übergeordneten Governance-„Architektur" betrachtet wird. Für das vorliegende Buch ergibt sich allerdings daraus kein signifikanter Unterschied, weswegen hier die eher pragmatische Definition aus [Mar08] verwendet wird:

**Definition SOA-Governance**

*SOA-Governance ist die Funktion, die sicherstellt, dass alle unabhängig ablaufenden SOA-Aktivitäten, egal ob in Design, Entwicklung, Produktivsetzung oder Betrieb eines Service, zielgerichtet zur Erfüllung der Unternehmensziele zusammengeführt werden.*[1]

## 3.7.2.2 Abgrenzung von SOA-Governance

**SOA-Governance vs. SOA-Management**

Verschiedentlich wird in Diskussionen der Vorwurf erhoben, dass der Begriff SOA-Governance (wie übrigens der übergeordnete Begriff IT-Governance ebenfalls) unnötig sei, weil angeblich die dort enthaltenen Aspekte Bestandteil des „normalen" (SOA-)Managements seien - spitz gesagt sei der Begriff ein Marketinginstrument von Beratern, um Dinge an den Kunden zu bringen, die dieser ohnehin habe. Dieser Vorwurf trifft unseres Erachtens aus zweierlei Hinsicht nicht zu:

Erstens ist es eine ans Triviale grenzende Offensichtlichkeit, dass die im Folgenden dargestellten Punkte Managementaufgaben sind - allein schon, weil es eben keine Sachbearbeitertätigkeiten sind. Das gilt aber für alle möglichen Funktionen. Ein Argument der Art: „Bezieht sich auf X und ist

---

[1] Original: SOA governance is the ability to ensure that all of the independent (SOA) efforts (whether in the design, development, deployment, or operations of a service) come together to meet enterprise requirements.

Managementfunktion – also Teil von X-Management" ist aber für IT-Revision oder IT-Controlling offensichtlich falsch.

Zweitens, um es mit Shakespeare zu sagen „A rose by any other name would smell as sweet": Ja, einen Gutteil der Konzepte gab es vorher. Ja, teilweise auch unter anderem Namen. Das diskreditiert die Inhalte aber keineswegs. Und auf die kommt es uns an. Wie das Kind genau genannt wird, ist nur in der Kommunikation mit anderen wichtig, damit zwei dasselbe meinen, wenn sie vom Selben sprechen. Und in dieser Hinsicht hat sich unserer Ansicht nach der Begriff Governance mittlerweile durchgesetzt, weswegen er auch im vorliegenden Buch Verwendung findet.

Eine inhaltliche Abgrenzung von Management und Governance kann auf mehreren Ebenen gesehen werden:

**Abgrenzungsebenen Management – Governance**

> Abstraktionsebene: *„Governance is concerned with setting directions, establishing standards and principles, prioritizing investments; management is concerned with execution"* [DB04]. In dieser Definition ist Management am eigentlichen Objekt (hier also: der SOA an sich) ausgerichtet. Die Aufgabe der Governance ist demgegenüber, auf einer übergeordneten Ebene Rahmenbedingungen zu schaffen, an denen sich das Management ausrichten kann.

> Zeitliche Ebene: Das Management im engeren Sinn beschäftigt sich mit der Steuerung zum aktuellen Zeitpunkt. Governance hingegen betrachtet das zeitliche Kontinuum von der Vergangenheit über die Gegenwart bis hin zur zukünftigen Gestaltung und dem zukünftigen Betrieb.

> Orientierung: Das Management ist tendenziell intern fokussiert, auf die Vorgänge der SOA selbst. Die Governance beschäftigt sich mit den externen Beziehungen der SOA.

## 3.7.3 Konsequenzen für Umsetzung

Es erweist sich als schwierig, die oben angeführte, sehr generelle Definition von SOA-Governance methodisch stringent und für alle Eventualitäten passend auf Detailaspekte herunterzubrechen.

In der Praxis werden daher meist gewisse Zwischendefinitionen oder -ebenen verwendet. Die letzte Umsetzung in das jeweilige Umfeld bleibt dann dem geneigten Leser selbst überlassen. Die Zwischendefinitionen sind dabei nicht eindeutig besetzt, sondern unterscheiden sich je nach Herkunft der jeweiligen Betrachtung. Beispielsweise verwendet das ITGI ein Konzept mit fünf so genannten Domains. Diese wiederum bilden eine Klammer in den eher kontrollenorientierten CobiT-Standard[1]:

**SOA Governance-Domains**

---

[1] Control Objectives for IT and Related Technologies – http://www.isaca.org/

> Strategische Ausrichtung

> Risikomanagement

> Ressourcenmanagement

> Value Delivery

> Performancemessungen

Diese Einteilung hat auch über die ITGI hinaus Anwendung gefunden. Eine Zusammenfassung der Inhalte der Domains findet sich beispielsweise auch im SOA-Security-Kompendium des BSI [Bun09].

Es mag je nach Umfeld sinnvoll sein, ein bestimmtes Vorgehensmodell oder „Namensschema" zu verwenden, zum Beispiel wenn Standards wie CobiT oder ITIL (siehe zum Beispiel [VG05]) bereits im Unternehmen eingeführt sind. Eine detaillierte Betrachtung von verschiedenen relevanten Alternativen würde den Umfang des vorliegenden Buches erheblich sprengen, weshalb dieses Thema hier nicht weiter vertieft werden wird.

Aus unserer Sicht gibt es allerdings einige Gemeinsamkeiten in den meisten „Definitionen" von SOA-Governance, auf die im Folgenden kurz eingegangen wird.

### 3.7.3.1 Bestandteile und Aufgaben von SOA-Governance

Üblicherweise wird SOA-Governance als das Zusammenwirken von (hauptsächlich) drei Aspekten angesehen:

> Regelungen: Die formale Basis einer (SOA-)Governance stellt ein Rahmenwerk an Regeln und Vorschriften dar.

> Organisation: SOA-Governance, insbesondere die Abstimmung mit externen Partnern zum Abgleich von IT und Unternehmenszielen (oder allgemeiner: externen Zielen), setzt funktionierende und definierte organisatorische Strukturen voraus.

> Prozess: SOA-Governance ist kein punktförmiges Ereignis, sondern muss kontinuierlich gelebt werden.

Dementsprechend lassen sich wichtige Aufgaben der IT-Governance beziehungsweise der SOA-Governance im Speziellen (was sich an manchen der unten genannten Punkte nicht eindeutig trennen lässt) ableiten. Diese umfassen unter anderem

> die SOA-Strategie auf die Unternehmensstrategie auszurichten,

> die Strategie und die zugehörigen strategischen Ziele auszurollen,

> Organisationsstrukturen zu entwickeln, die die Umsetzung der Strategie und die Erreichung der Ziele ermöglichen,

> ein Prozess- und Kontrollsystem zu implementieren,

> konstruktive Beziehungen und effektive Kommunikation zwischen dem Geschäft und der IT zu gestalten,

> die Performance zu messen.

## 3.7.3.2   IT-Governance-Organisation

IT-Governance kann sowohl als Prozess als auch als Organisation aufgefasst werden. Auf der organisatorischen Ebene ist es für den Erfolg einer SOA wichtig, dass die Verankerung der IT-Governance auf allen Unternehmensebenen sichergestellt ist, von der Unternehmensführung bis hin zu der Übersetzung auf die Sachbearbeiter-Ebene. In der Regel wird dies durch ein mehrstufiges Konzept – wiederum sowohl in der Organisation als auch in den Prozessen – sichergestellt. In der Praxis hat sich dabei ein dreistufiges Konzept etabliert:

**Organisation und IT-Governance**

> Geschäftsleitungsebene: Hauptaufgabe dieses Gremiums ist es, das Commitment der Unternehmensleitung zu IT-Governance sicherzustellen. Dies geschieht üblicherweise durch personelle Einbindung der Unternehmensführung in das Organisationsgremium sowie durch regelmäßige Prozesse, zum Beispiel regelmäßige Briefings, Einhaltung entsprechender Freigabeerfordernisse und so weiter. Im SOA-Kontext sollten auf dieser Ebene die generellen Spielregeln der Architektur festgelegt werden. Dies umfasst zum Beispiel die Verabschiedung des Umfangs und der verwendeten Technik, die Freigabe adäquater Budgets, die Verabschiedung der Hauptprozesse.

**Dreistufige IT-Governance-Organisation**

> Taktische Ebene: Hier werden die strategischen Vorgaben auf die einzelnen Bereiche heruntergebrochen. Insbesondere für diese Ebene ist es wichtig, dass in ihr sowohl Spezialisten von IT-Seite als auch der Fachabteilungen vertreten sind, um eine realistische Übersetzung in die einzelnen Bereiche sicherzustellen.

> Detailebene: Hauptaufgabe auf dieser Ebene ist sicherzustellen, dass die Vorgaben der IT-Governance im täglichen Leben konsistent durchgehalten werden. Diese Ebene ist eingebunden in Fragen der Steuerung und Weiterentwicklung der SOA. Beispiele sind: Abbildung Applikationen zu Services, Standardisierung von Services, Definition neuer Services und so weiter.

Wichtig dabei sind eine durchgängige Verantwortlichkeit von oben nach unten sowie Eskalationsprozesse, die eine eindeutige und zeitnahe Klärung von Problemen, beispielsweise über die Integration neuer Services, ermöglichen.

### 3.7.3.3 Aspekte der SOA-Governance

SOA-Governance sollte nie isoliert von der allgemeinen IT-Governance betrachtet werden. Im Speziellen sollten übergreifende Aspekte auch außerhalb der SOA-Initiativen betrachtet werden. Im Folgenden werden deshalb lediglich die Bereiche benannt, die im Rahmen einer SOA-Initiative besonders beleuchtet werden sollten:

**Komplexität**

Komplexität: Die Einführung von SOA erhöht die „explizite" Komplexität der Systeme. Die Anzahl der „beweglichen Teile" – oder anders ausgedrückt: die Kombinationsmöglichkeiten – nehmen merklich zu. Diese Komplexität muss beherrscht werden.

**Fürstentümer**

Aufbrechen von *Fürstentümern*: Erfahrungsgemäß ist speziell in Bereichen mit bisher etablierten Systemen mit der Existenz von „lokalen Fürstentümern" auf Prozess- und Applikationsebene zu rechnen. Diese „little Kingdoms" stellen einerseits in der Einführungsphase einen nicht zu unterschätzenden Aspekt dar, da hier Kooperation nicht vorausgesetzt werden kann. Andererseits haben die entsprechenden Mitarbeiter beziehungsweise Teilorganisationen zwar detaillierte Kenntnis der jeweiligen Spezialbereiche, sind aber häufig auf die aktuell verwendeten Lösungen eingefahren. Den Erfahrungsschatz zu heben und nutzbar zu machen, stellt eine der größeren Herausforderungen dar.

**Definition der Verantwortlichkeit**

Definition der Verantwortlichkeiten: Verteilte Dienste heißt auch verteilte Verantwortlichkeiten. Wesen einer SOA ist es ja gerade, dass die Verarbeitung nicht mehr stur linear in einer „black box" geschieht. Daher gilt in einer SOA-Umgebung noch wesentlich strikter als sonst, dass Verantwortlichkeiten klar und eindeutig geregelt sein müssen. Faustregel: Eine Interfacedefinition ohne Verantwortlichkeitsmatrix ist unvollständig.

**Kompromisse**

Schließen von Kompromissen: Das Ziel der Standardisierung schließt die Notwendigkeit ein, gemeinsame Nenner zu definieren beziehungsweise die Balance zwischen Standards und individuellen Anforderungen zu halten. Dabei kann es durchaus zu Zielkonflikten zwischen der Sicht der einzelnen Applikation (die ihre Anforderungen an einen Service X detailliert und speziell erfüllt haben will) und der Gesamtarchitektur (in der es wünschenswert ist, dass es möglichst keine quasi-redundanten Services gibt) kommen. Diese zu lösen, ist teilweise „eher Kunst denn Wissenschaft".

**Sicherheits- und Ordnungsmäßigkeitsanforderungen**

Durchsetzen von Sicherheits- und Ordnungsmäßigkeitsanforderungen: Die Sicherheit einer Ablaufkette entspricht der des schwächsten Glieds der Kette. Um in der Metapher zu bleiben: In einer SOA wird die Kette einerseits länger, andererseits werden die Glieder deutlich heterogener. Unter Umständen weiß der Nutzer der Kette ohne weitere Maßnahmen noch nicht einmal, wer genau die einzelnen Glieder hergestellt hat … Die SOA-Architektur muss also einerseits konsistente Regeln für Sicherheit und Ordnungsmäßigkeit aufstellen, andererseits Maßnahmen vorsehen, die die Durchsetzung der Regeln sicherstellen.

## 3.7.4  Prozesse

Es ist eine Binsenweisheit, dass die Abläufe so ausgelegt werden sollen, dass sie zur Organisation und den sonstigen Rahmenbedingungen kompatibel sind. Dieses Thema ist selbst Gegenstand zahlloser Publikationen, welche im Folgenden nicht dupliziert werden.

Stattdessen soll der Fokus auf die Aspekte gelegt werden, die für ein erfolgreiches Prozessdesign im SOA-Umfeld wichtig sind. Dabei wird keine strikte – zum Beispiel standardkompatible Nomenklatur verwendet, sondern eher Bereiche identifiziert.

## 3.7.4.1  Anforderungsmanagement

In einer komplexen, gewachsenen Umgebung ist es oft schwer zu entscheiden, an welcher Stelle ein Wunsch nach einer Erweiterung am sinnvollsten umgesetzt werden kann. Es ist hierfür erstrebenswert, eine zentrale Stelle zu haben, an der solche Anforderungen eingebracht werden können oder vielmehr müssen.

Das Anforderungsmanagement muss im SOA-Umfeld neue oder geänderte Anforderungen nicht nur im klassischen Sinn integrieren (sammeln, klassifizieren, priorisieren, initiieren, … ), sondern auch im SOA-Sinn. Dazu gehört insbesondere:

> Klärung, ob eine Anforderung in den (aktuellen) SOA-Bereich gehört.

> Aufsplittung von Anforderungen auf SOA-Einzelservices.

> Designentscheidung, ob/inwieweit Einzelbausteine
direkt verwendet werden können,
angepasst werden müssen
neu entwickelt werden müssen.

**Dokumentation**

Um diese Schritte überhaupt ausführen zu können, ist eine gute Dokumentation des Ist-Standes notwendige Voraussetzung. Hier bietet sich die Nutzung eines in Abschnitt 2.5.3 auf Seite 16 vorgestellten Verzeichnisdiensts an. Damit kann gesucht werden, ob ein bereits existierender Dienst in der Lage ist, die neue Anforderung abzudecken, oder ob ein Dienst nur wenig geändert werden muss.

## 3.7.4.2 Service Level Management

Bei Einbeziehung von externen Anbietern müssen in der Definition der Beziehungen über das normale Maß hinaus die speziellen Anforderungen von SOA geklärt sein. Das umfasst insbesondere:

> die Klärung von Import/Exportbeziehungen

> die Definition von relevanten Servicefaktoren, deren Metriken und Sollwerte

> die Abgrenzung von Kontrollverantwortlichkeiten

> die Art des Reportings

Die Thematik wird im Kapitel 12 auf Seite 297 vertieft behandelt.

## 3.7.4.3 Entwicklung und Freigabe

Offensichtlich muss auch der Software-Entwicklungsprozess auf die speziellen Umstände im SOA-Umfeld abgestimmt werden. Der Hauptunterschied zur „normalen" Entwicklung resultiert aus der Tatsache, dass es für den einzelnen Service keine „natürliche" Umgebung gibt.

### Explizite Dokumentation

Als Konsequenz kommt den getroffenen Vereinbarungen besondere Wichtigkeit zu: Da wenig implizit vorausgesetzt ist, müssen die Rahmenbedingungen umfänglich schriftlich definiert werden.

Das heißt für die Entwicklung einzelner Services wird ein detailliertes Lastenheft benötigt, das ausführlich die erwarteten Resultate zu definierten Eingaben festlegt. Ein Testkonzept wird ebenfalls als explizit angesehen.

### E/A-Validierung

Da grundsätzlich nicht vorhergesagt werden kann, wer einen gegebenen Service nutzen wird, müssen definierte Eingabe- und Ausgabeparameter explizit definiert werden.

## Tests

Die klassische 80/20-Regel funktioniert bei SOA nicht mehr, da a priori für einen Service das typische Nutzungsprofil nicht bekannt ist. In der Konsequenz müssen Tests wesentlich formalisierter und umfänglicher erfolgen. Insbesondere sollten bei partiellen Änderungen Regressionstests zum Standard gehören, um Seiteneffekte auszuschließen.

Ferner müssen Tests respektive vorgenommene Änderungen entsprechend kommuniziert werden, um den Nutzern – die ja gegebenenfalls gar nicht einzeln bekannt sind – trotzdem Gelegenheit zur Validierung zu geben.

### 3.7.4.4 GUI

Ein Spezialfall der Entwicklung ist die Definition und Umsetzung von Benutzerfrontends ((Graphical) User Interfaces – GUI). In der „klassischen" Softwareentwicklung ist häufig zu beobachten, dass die GUI-Komponenten relativ mächtig angelegt werden: Das Frontend stellt nicht nur die Interaktion zum Nutzer dar, sondern bildet Teile der Geschäftslogik ab.

In der Konsequenz bedeutet dies, dass Änderungen am Prozess Änderungen an allen beteiligten Frontends notwendig machen. Dies stellt regelmäßig einen erheblichen Teil der notwendigen Wartungsaufwände dar.

**Trennung von GUI und Prozess**

In einer SOA-Umgebung ist dies nicht wünschenswert. Stattdessen sollte hier die Abbildung der Geschäftslogik und die Darstellung strikt getrennt sein, um leichtere Wartbarkeit zu gewährleisten: „GUI is yet another service".

Gelingt es, eine klare Schnittstelle zur Oberfläche einzuhalten und das GUI möglichst frei von jeder Prozesslogik zu halten, so können entsprechende Oberflächen sehr günstig geschrieben, generiert oder nach außen gegeben werden.

### 3.7.5 Kontrollen

In den letzten Jahren sind die Anforderungen an das interne Kontrollsystem, kurz IKS, eines Unternehmens massiv gestiegen. Beispiele sind hier das Gesetz zur Kontrolle und Transparenz in Unternehmen, kurz KonTraG, die Basel II-Richtlinie oder die Sarbanes-Oxley-Gesetzgebung. Dabei hat die Basel II-Richtlinie die Anforderungen für die breite Masse der Unternehmen stark beeinflusst – es gibt nun mal mehr Kreditnehmer als SEC-Registrants. Auswirkungen auf die IT-Umgebung sind dabei auf drei Ebenen spürbar:

Einerseits ist die IT als solche von diesen Kontrollanforderungen betroffen. Das bedeutet, dass in den IT-Prozessen selbst Kontrollen vorzusehen sind – die dann natürlich zur Laufzeit durchgeführt werden müssen.

Zweitens stellen diese Kontrollen erhöhte Anforderungen an die Begleitprozesse und die Dokumentation der IT-Umgebungen. Das hier häufig verwendete Stichwort ist „Revisionssicherheit": Die Dinge müssen nicht nur richtig getan werden, es muss auch dokumentiert und sichergestellt werden, *dass* sie richtig getan werden beziehungsweise dass Abweichungen erkannt und korrigiert werden.

Und drittens sind auch für die Geschäftsprozesse selbst zahlreiche Kontrollen in den Applikationen beziehungsweise in der IT verankert. Das heißt die Funktionsfähigkeit der IT (samt ihrer eigenen Kontrollen) ist essenziell für die Erbringung der übergeordneten Kontrollen.

Neben diesen Kontrollanforderungen, die gewissermaßen vom Gesamtunternehmen auf die IT durchschlagen, gibt es noch weitere Anforderungen, denen die IT gerecht werden muss. Für SOA sind hier, speziell im Outsourcing noch relevant

> IT-Sicherheit: Um im Fehlerfall Haftungsfragen zu vermeiden, sollten in der IT Verfahren eingesetzt werden, die dem Stand der Technik entsprechen. Die Ausrichtung der IT muss dazu fortlaufend kontrolliert werden.

> Datenschutz: Speziell für personenbezogene Daten existieren gesetzliche Vorgaben wie das Bundesdatenschutzgesetz (BDSG). Ferner müssen kritische Unternehmensdaten ebenfalls angemessen geschützt werden.

Diese Anforderungen sind zunächst generell und beschränken sich nicht auf SOA-basierende IT-Umgebungen. Allerdings sind im Rahmen von SOA folgende Aspekte besonders relevant und sollten daher intensiv betrachtet werden. Die verschiedenen Aspekte, inklusive der beispielhaften Betrachtung von Kontrollen, werden im Kapitel 12 auf Seite 297 detailliert aufgegriffen.

**Verfahrensdokumentation** In einer SOA-Umgebung werden die technischen Beziehungen schnell intransparent. Daher kommt der Beschreibung der jeweiligen Strukturen besondere Bedeutung zu.

**Verlaufsdokumentation** Neben der Beschreibung der Strukturen und Verfahren ist es ebenso wichtig, dass auch der eigentliche Betrieb angemessen dokumentiert wird, beispielsweise durch Log-Dateien. Die Dokumentation des Betriebsverlaufs ist auch eine wichtige Komponente der

**Nachvollziehbarkeit** Grundsätzlich muss sichergestellt sein, dass ein bestimmter Ablauf noch einmal beschritten werden kann, und dann auch zum selben Ergebnis kommt. Neben der Protokollierung des ordnungsmäßigen Verlaufs (siehe oben) gehört dazu auch, dass eventuelle Verzweigungen im Pfad definiert bearbeitet werden – „Zufälligkeiten" in der Bearbeitung müssen ausgeschlossen werden.

**Datensicherheit** Wegen des verteilten Charakters bedarf die konsistente Einhaltung von Vertraulichkeit und Integrität besonderer Aufmerksamkeit. Insbesondere die Gewährung von Lese- und Schreibrechten sowie deren Kontrolle stellen sich hier regelmäßig als Herausforderung dar.

**Verfügbarkeit** Näherungsweise gerechnet addieren sich bei verteilten Systemen die Ausfallraten. Bei einer SOA, deren Wesen ja die Verteilung von Prozessen auf eine Vielzahl einzelner Services ist, sind daher Maßnahmen wichtig, die die Verfügbarkeit aus Prozess-Sicht zum Ziel haben.

## 3.8   Thesen

Eine große Herausforderung bei Themen wie SOO ist die Tatsache, dass eine präzise Definition und eine daraus abgeleitete exakte Lösung der Aufgaben, wie zum Beispiel in der Mathematik, nicht möglich ist. Viele Aussagen können nur unscharf formuliert und müssen in Diskussionen relativiert werden. In vielen Gesprächen, die im Ergebnis zu diesem Kapitel geführt haben, entstanden einige Thesen, die an dieser Stelle vorgestellt werden sollen.

### SOA und Säulen vertragen sich nicht

In den meisten großen Unternehmen ist die IT und die dazugehörende Organisation in Säulen (oft auch als Silos bezeichnet) aufgestellt. Eine Säule umfasst alle Einheiten für eine Anwendung inklusive der Benutzerschnittstelle, also dem Client, der Anwendungs- und Prozesslogik, der Funktionen und der Datenhaltung. Jede Gruppe strebt danach, ihre Aufgaben innerhalb einer Säule für sich möglichst gut zu erledigen und dazu auch möglichst viele Randaufgaben mit aufzunehmen. Es entsteht oft der Eindruck, dass eine Gruppe sich um so mächtiger fühlt je mehr Daten in ihrem System abgelegt sind.

Die Stärke von SOA liegt in der Flexibilisierung der Unternehmensprozesse. Da diese aber quer zu den Säulen der Systeme und damit der Organisation laufen, entsteht ein Machtkampf und ein hoher Abstimmungsbedarf. Eine erfolgreiche Umsetzung einer SOA dürfte sich daher unter Beibehaltung der Säulen-Organisation nicht realisieren lassen.

### Dezentrale Struktur erzwingt zentralen Architekten

SOA hat den Vorteil, dass bei sinnvoll festgelegten Schnittstellen die einzelnen Gruppen fast unabhängig arbeiten können. Dies ist einer der Gründe,

**Bebauungsplan für Unternehmens-IT**

warum SOA bei manchen IT-Abteilungen beliebt ist. Allerdings kann ein solches autonomes Arbeiten und Streben nach lokalen Optima im Ganzen nur funktionieren, wenn ein zentraler „Bebauungsplan" entwickelt und eingehalten wird. Diese Aufgabe kann nur von einem zentralen Architekturgremium erfüllt werden.

Genaugenommen sind drei Aufgaben von zentraler Stelle zu übernehmen: An erster Stelle stehen die Entwurfsmuster, wie innerhalb eines Dienstes vorgegangen werden sollte. Dies wird auch Intra-Dienst-Vorgaben genannt. Auf den ersten Blick mag man das Gefühl haben, dass dies dem Prinzip des „Information-Hidings" widerspricht. Jedoch spart es auf Dauer Zeit, wenn vergleichbare Systeme auf die gleiche Art entwickelt werden und erleichtert es Mitarbeitern weitere Systeme zu verstehen. Als Zweites muss standardisiert werden, wie Dienste kommunizieren, also Inter-Dienst-Vorgaben. Und Drittens müssen entsprechende Governanceprozesse definiert und gelebt werden.

Ein solches Architekturgremium muss entsprechend mit Macht ausgestattet sein und Entscheidungsvollmacht besitzen. Daher empfiehlt sich ein mehrstufiger Aufbau mit etwa drei Ebenen. Auf der höchsten kann durchaus in Erwägung gezogen werden, den Finanzvorstand und den höchsten IT-ler aufzunehmen. Die mittlere Ebene kann aus Bereichs- oder Abteilungsleitern bestehen und in den meisten Fällen die Entscheidungen der Gremien aus Fachexperten der Arbeitsebene absegnen.

## SOA kann man nicht kaufen

SOA ist ein Konzept oder eine Strategie und in der Umsetzung eine Managementaufgabe. Hierbei muss eine für das eigene Umfeld passende Strategie entwickelt werden, Governance-Methoden geschaffen, Prozesse angepasst und Fähigkeiten weiterentwickelt werden.

Eine frühe Investition in eine sogenannte SOA-Lösung ist in den meisten Fällen eher kontraproduktiv als hilfreich und hilft nur dem entsprechenden IT-Anbieter. Erst nachdem die im ersten Absatz genannten Hausaufgaben gemacht und entsprechende Prozesse etabliert worden sind, sollte man prüfen, ob zur Unterstützung eine IT-Plattform selber entwickelt oder gekauft werden sollte.

## SOA macht die IT nicht billiger

SOA wird kein Geld sparen und die IT auch nicht billiger machen. Die Einführungskosten für SOA sind unter Umständen sogar erheblich – wie bei einer chemischen Reaktion ist auch bei der Einführung von SOA eine Aktivierungsenergie notwendig. Auch danach werden die IT-Kosten im Allgemeinen nicht sinken. Es werden höchstens später manche Änderungen schneller möglich und auch billiger, wenn eine Trennung von Oberfläche und Prozess konsequent eingehalten wird.

Allerdings wird SOA sich trotzdem wirtschaftlich rentieren. Da Änderungen schneller umsetzbar werden und die IT auf der Prozessebene flexibler wird, ist es möglich, im eigentlichen Kerngeschäft des Unternehmens effizienter zu werden und mehr Geld zu verdienen. Und dies dürfte in den seltensten Fällen die IT sein.

## Der letzte erfolgreiche Big-Bang war vor 13,7 Milliarden Jahren

Versuche, ein System in einem großen Schritt radikal zu ändern, sind zum Scheitern verurteilt oder müssen zumindest als sehr riskant bezeichnet werden. Bei umfangreichen Änderungen ist mit so vielen Seiteneffekten zu rechnen, die die Komplexität derart steigern, dass ein Ergebnis nicht mehr absehbar ist.

**Politik der kleinen Schritte**

Aus diesem Grund ist bei der Einführung einer SOA ein schrittweises Vorgehen zu wählen. In einem ersten Schritt werden Funktionen, welche die Systeme anderen Systemen zur Verfügung stellen, mit klaren Schnittstellen definiert, virtuell aus den Ursprungssystemen herausgelöst und anderen zur Nutzung angeboten. Gleichzeitig muss man schrittweise andere Möglichkeiten abschalten, auf die gleichen Funktionalitäten oder Informationen zuzugreifen. Alle Nutzer müssen die bereitgestellten Dienste verwenden – für die gleiche Aufgabe muss der gleiche Dienst verwendet werden. Der schwierigste Schritt ist die parallele Entwicklung entsprechender horizontaler Organisationsstrukturen und Metaprozesse.

Kurz, Big-Bang-Ansätze sind zum Scheitern verurteilt – SOA kann in einer sehr weichen Migration eingeführt werden.

## SOA wird nicht technisch scheitern

Obwohl sich der zweite Teil des Buchs fast ausschließlich mit Technik beschäftigt und man besonders zu Beginn des Hypes das Gefühl hatte, dass es sich bei SOA um ein technisches Problem handelt, so muss man festhalten, dass dieses Gefühl trügt: SOA ist kein rein technisches Thema.

SOA hat einige technische Aspekte, die bei einer Umsetzung beachtet werden müssen. Auch Web Services, der bei weitem wohl aussichtsreichste Kandidat für die meisten Umsetzungen, stecken an vielen Stellen noch in den Kinderschuhen und so manches funktioniert noch nicht einwandfrei. Allerdings ist davon auszugehen, dass man die gesamten technischen Probleme früher oder später in den Griff bekommen wird.

Bei den nichttechnischen Problemen sieht es möglicherweise anders aus. Besonders die oben beschriebene Tatsache, dass starke Änderungen auf die zum Teil langsam gewachsenen Organisationen zukommen werden, lässt die Vermutung zu, dass so manche Unternehmen dies nicht schaffen werden. Als These kann daher formuliert werden: Wenn eine SOA scheitert, so wird dies in vielen Fällen an nichttechnischen Gründen liegen.

## Alles Meins oder die Psychologie von SOA

Bei der Umsetzung einer SOA haben viele Systemverantwortliche – manchmal auch als Systemfürsten bezeichnet – den Eindruck, dass sie an Einfluss verlieren. Schuld daran sind Schritte wie:

> Wiederverwendbare Dienste erschweren Vorgaben, wie mit ihren Systemen zu arbeiten ist.

> Die Abkehr der Säulen-basierten Organisation schmälert ihre Macht.

> Durch die Trennung von GUI und Datenhaltungssystem verringert sich ihre Sichtbarkeit.

Der erste Punkt kann aber durchaus auch zu Problemen führen. Eine CPU-intensive Funktionalität, die anfänglich nur interaktiv und dadurch in niedriger Frequenz genutzt wurde, kann zum Beispiel kritisch werden, wenn sie auf einmal sehr oft in kurzer Zeit durch andere Dienste automatisiert aufgerufen wird.

**GUIs machen sichtbar**  Heute wird die Sichtbarkeit eines Systems für Anwender vor allem durch das GUI bestimmt. Die Anwender sehen also hauptsächlich aufgrund des Clients, dass es ein sehr wichtiges System überhaupt gibt. Ein System besteht jedoch aus mehr als nur Hard- und Software. Nicht zu vergessen sind die Menschen hinter den Systemen – angefangen bei den Architekten, welche seit dem ersten Tag das System gestalten, bis zum Hotlinemitarbeiter. Durch die Integration von Systemen mittels Diensten kann es jedoch zu einer reduzierten Nutzung des GUIs der jeweiligen Systeme kommen. Möglicherweise wird ein GUI sogar vollständig unnötig. Als Konsequenz fürchten die Menschen hinter den Systemen, dass erst ihr System und letztlich auch sie selbst vergessen werden, da sie schlichtweg nicht mehr sichtbar sind.

# SOA führt nicht zu Performanceverlust

Wie am Anfang des Kapitels beschrieben wurde, werden Daten heute zwischen IT-Inseln repliziert und Systemfunktionalität wird häufig in nachgelagerten Systemen reimplementiert. Dieses Vorgehen hat manchmal Vorteile für die Geschwindigkeit der Systeme. Die Performance kann höher sein, da die Daten an mehreren Ort liegen und die Last auf verschiedene Systeme verteilt ist. Gleichzeitig kann die Wahrscheinlichkeit für einen Ausfall sinken, wenn in die Bearbeitung einer Aufgabe nicht mehr mehrere Systeme involviert sind.

Diese durch die sonst problematische Redundanz gewonnenen Vorteile müssen natürlich bei Bedarf durch andere Schritte erhalten werden. Typische Schritte sind hier der Einsatz von Proxys oder eines Caches. Eine Replikation von Daten kann also beispielsweise zur Performanceoptimierung durchaus eingesetzt werden.

Desweiteren muss eine genügend grobe Granularität gewählt werden. Feine technische Dienste, wie man sie bei der Objektorientierung gerne verwendet, führen zu einer sehr hohen Anzahl von Aufrufen. Findet die Kommunikation zusätzlich (fast) nur über den ESB – wie in manchen Lehrbüchern gefordert – statt, so ist der Engpass an dieser Stelle vorprogrammiert.

**Granularität**

Auch aus Gründer der Performance an dieser Stelle nochmals die Empfehlung, Dienste so grob-granular zu schneiden, wie man sich nur traut – eine zu feine Granularität entsteht über die Zeit von selber.

## 3.9  Zusammenfassung

Die Entwicklung weg von den rein technischen Themen hin zu Fragestellungen rund um Governance, Definition von Metaprozessen und Organisationsstrukturen wird im Umfeld von SOA sicherlich noch verstärkt weitergehen. Der Übergang von den klassischen, gewachsenen Strukturen hin zu einer stärkeren Orientierung entlang der Geschäftsprozesse wird für viele Bereiche eine echte Herausforderung darstellen. Allerdings wird dieser Übergang notwendig sein, um von SOA profitieren zu können.

# 4 | Web-Services-Architektur

*„Lieber den Spatz in der Hand als die Taube auf dem Dach."*
*Deutsches Sprichwort*

Das einleitende Zitat beschreibt ein Dilemma der Service-orientierter Architekturen: Es wird zunächst eine konkrete Implementierung der Idee einer SOA benötigt. Web Services sind ein solcher Ansatz. Aber die fast unüberschaubare Vielzahl an Spezifikationen erschwert die Standardisierung und die Interoperabilität von Systemen. Es gibt auch kaum mehr einen Softwareanbieter, der nicht damit wirbt, dass sein Produkt Web Services unterstützt.

Im Wesentlichen gibt es zwei Gruppen von Kritikern: Die einen halten entgegen, dass bereits konkrete SOA-Implementierungen aus dem Bereich von verteilten Anwendungen existieren. Aber sind diese wirklich in der Lage, die Anforderungen einer SOA vollständig zu erfüllen? Die andere Gruppe ist zwar der Ansicht, dass die bereits existierenden Implementierungen nicht ausreichen, allerdings halten sie Web Services für einen ebenso ungeeigneten Ansatz. In diesem Kapitel wird mit einigen Gerüchten bezüglich der Probleme hinsichtlich der Möglichkeiten, der Mächtigkeit und der Interoperabilität von Web Services aufgeräumt und Web Services in die Gemeinschaft der erfolgreichen Systeme aus dem Bereich der verteilten Anwendungen eingereiht.

## Übersicht

# 4.1 Einleitung

**Web Services**

Web Services (WS) und die Vielzahl der damit in Verbindung stehenden weiteren Spezifikationen bieten zwar eine mögliche Implementierungstechnologie, um die Anforderungen einer SOA zu erfüllen. Doch benötigt man Standards, um Interoperabilität zu erreichen. Die Auswahl einer den Anforderungen entsprechend standardisierten Spezifikation zur Erfüllung einer benötigten Funktionalität birgt dabei zwei besondere Herausforderungen: Zum einen die fast unüberschaubar gewordene Anzahl und zum anderen die Vielzahl konkurrierender Spezifikationen aus ganz ähnlichen Anwendungsdomänen aber von unterschiedlichen Standardisierungsgremien. Interoperabilität zwischen WS-basierten Systemen mit gleicher Funktionalität aber mit unterschiedlichen Technologien, das heißt unter Verwendung unterschiedlicher Spezifikationen oder Plattformen, ist daher nicht immer einfach zu erreichen.

**Begriffsbildung**

Ferner befindet sich die Thematik um Web Services in einer ganz ähnlichen Situation wie die Thematik um SOA selbst, dass nämlich keine verbindliche Definition der jeweiligen Begriffe existiert. Wie in Kapitel 2 auf Seite 9 bereits ausgeführt, fällt die Interpretation des Begriffs SOA je nach Ausrichtung und Anforderung etwas anders aus, auch wenn es mittlerweile von der OASIS eine Empfehlung zum allgemeinen Verständnis gibt (OASIS SOA Reference Model). Beispielhaft für die Vielzahl an Definitionen im Umfeld von Web Services seien hier repräsentativ die Definitionen dreier namhafter Gruppierungen aus dem IT-Bereich aufgeführt:

**Gartner Group** *„Web services are software technologies, making it possible to build bridges between IT systems that otherwise would require extensive development efforts."*

**Forrester Research** *„Software designed to be used by other software via Internet protocols and formats."*

**W3C** *„A Web service is a software application identified by a URI, whose interface and bindings are capable of being defined, described, and discovered as XML artifacts. A Web service supports direct interactions with other software agents using XML-based Messages exchanged via internet-based protocols. (October 2002)"*

**W3C** *„A Web service is a software system designed to support interoperable machine-to-machine interaction over a network. It has an interface described in a machine-processable format (specifically WSDL). Other systems interact with the Web service in a manner prescribed by its description using SOAP-messages, typically conveyed using HTTP with an XML serialization in conjunction with other Web-related standards. (August 2003)"*

Web Services können also unter ganz unterschiedlichen Aspekten betrachtet werden. Den konkretesten Ansatz liefert die Sichtweise des W3C, die sich aber auch mit der Zeit angepasst hat. Besitzen die beiden ersten einen eher sehr abstrakten Charakter, so nennt das W3C konkrete Technologien und Spezifikationen, durch die sich Web Services auszeichnen. Einen wichtigen Aspekt heben alle Definitionen heraus. Web Services sind eine Technik zur Maschine-Maschine-Kommunikation. Ein Mensch kann zwar Initiator sein, allerdings nutzt er Web Services nur mittelbar.

## 4.2 Das grundlegende Konzept

### 4.2.1 Basiskomponenten

Die grundlegenden Komponenten einer Service-orientierten Architektur sind

> Kommunikation,

> Dienstbeschreibung und

> Verzeichnisdienst.

In einer Web-Services-Architektur werden diese Komponenten zurzeit[1] mithilfe der folgenden Spezifikationen beschrieben:

**Web-Services-Basiskomponenten: SOAP, WSDL und UDDI**

**SOAP** beschreibt das XML-basierte Nachrichtenformat der Kommunikation und dessen Einbettung in ein Transportprotokoll.

**WSDL** ist eine – ebenfalls XML-basierte – Beschreibungssprache, um Web Services (Dienste) zu beschreiben.

**UDDI** beschreibt einen Verzeichnisdienst für Web Services. UDDI (Universal Description, Discovery and Integration protocol) spezifiziert eine standardisierte Verzeichnisstruktur für die Verwaltung von Web-Services-Metadaten. Zu den Metadaten zählen allgemeine Anforderungen, Web-Services-Eigenschaften oder die benötigten Informationen zum Auffinden von Web Services.

UDDI unterscheidet sich dahingehend von den anderen beiden Spezifikationen, dass zur Beschreibung eines Verzeichnisdienstes keine eigene XML-Anwendung verwendet wird. Allerdings sollte ein entsprechender Verzeichnisdienst selbstverständlich mit WSDL-Dokumenten umgehen können und selbst auch als Web Service verfügbar sein. Keine der vier eingangs aufgeführten Definitionen erwähnt die Komponente UDDI. Der Grund ist darin zu finden, dass ein Verzeichnisdienst kein notwendiges Kriterium für den Ein-

**UDDI ist keine XML-Anwendung**

---

[1] Für die Erklärung dieser Einschränkung siehe Abschnitt 4.3 auf Seite 67.

satz von Web Services ist, sondern vielmehr die Infrastruktur zum Auffinden von geeigneten Web Services beschreibt. Solange kein anderer Service oder Service-Anbieter als die bekannten benötigt wird, gibt es keine Grund, einen Verzeichnisdienst aufzurufen[1].

**Von Web Services zur SOA**

Eine solche Infrastrukturkomponente aber macht die Zusammenstellung der oben genannten Web-Services-Spezifikationen erst zu einer Service-orientierten Architektur, und eben aus diesem Grund geht die Mehrzahl von Architekturbeschreibungen davon aus, dass Verzeichnisdienste eine Basiskomponente darstellen. In speziellen Szenarien, beispielsweise in einigen Teilen der Softwareentwicklung, existieren bereits Repositorien (wie Rochade) zum Auffinden von WSDL-basierten Web-Services-Beschreibungen.

## 4.2.2 Rollen und Aktionen

Die in Kapitel 2 auf Seite 9 vorgestellte Dreiecksbeziehung zwischen Dienstanbieter, -nutzer und -verzeichnis kann durch die Verwendung der vorgestellten Basiskomponenten konkretisiert werden und es entsteht das Bild einer Web-Services-basierten SOA (siehe Abbildung 4.1).

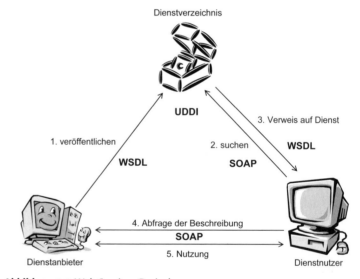

**Abbildung 4.1** Web-Services-Dreieck

An den ebenfalls in Kapitel 2 auf Seite 9 beschriebenen Rollen und den für eine SOA im Allgemeinen definierten zugehörigen Aktionen ändert sich im Falle einer Web-Services-basierten SOA nichts an deren Bedeutung. Ein Anbieter, der einen Dienst in Form eines Web Service anbieten möchte, erstellt von diesem zunächst eine WSDL-Schnittstellenbeschreibung in Form eines

---

[1] Diese Situation ist vergleichbar mit der Wohnungssuche mithilfe eines Maklers.

entsprechenden XML-Dokuments. Dieses so genannte WSDL-Dokument wird veröffentlicht, indem es ganz oder in definierten Teilen (siehe Kapitel 6 auf Seite 115) zu einem UDDI-basierten Verzeichnisdienst transferiert wird (siehe Abbildung 4.1 auf der vorherigen Seite, Schritt 1). Anschließend wartet der Dienstanbieter, bis ein Dienstnutzer einen entsprechenden Dienst sucht (Schritt 2). Laut Spezifikation müssen UDDI-Implementierungen zu diesem Zweck eine SOAP-Schnittstelle zur Verfügung stellen, die vom UDDI-Gremium mittels WSDL-Dokumenten beschrieben ist. Hat der Dienstnutzer einen für sich geeigneten Web Service gefunden, so fordert er die Schnittstellenbeschreibung (das WSDL-Dokument) an. Der Verzeichnisdienst liefert hierzu eine Referenz (URI) auf das WSDL-Dokument, das der Dienstnutzer in einem weiteren Schritt anfordert (Schritt 4). Anschließend werden mithilfe der WSDL-Beschreibung die Programmteile erzeugt, welche die Anwendung des Dienstnutzers in die Lage versetzen, mit der Anwendung des Dienstanbieters mittels SOAP zu kommunizieren (Schritt 5).

## 4.2.3 Web Services Stack

Web Services stellen als Basiskomponenten jedoch nur ein Konzept zur Verfügung, mit dem eine Punkt-zu-Punkt-Kommunikation möglich ist. Ein WSDL-Dokument beschreibt dabei einen Web Service, der mittels SOAP erreichbar ist. Um aber eine vollwertige SOA-Implementierung zu realisieren, müssen allerdings auch die übrigen Anforderungen an einen SOA Tempel realisiert werden.

Geeigneterweise werden die benötigten Technologien und Spezifikationen, welche zusammen die Anforderungen einer SOA abdecken, mithilfe eines Schichtenmodells oder auch Stack, dem so genannten Web Services Stack, dargestellt. Der in Abbildung 4.2 auf der nächsten Seite gezeigte Stack ist aber nur eine von vielen Varianten eines Web Services Stack. Die Vielzahl unterschiedlicher Varianten lässt sich durch die verschiedenen Interessen und Betrachtungsweisen, unter denen ein Stack betrachtet werden kann, erklären. Es wird bei einem solchen Stack in der Regel auf der untersten Ebene mit der Transportschicht begonnen. Obwohl diese nicht explizit einer der Web-Services-Spezifikationen zuzuordnen ist, kann dadurch jedoch ausgedrückt werden, dass Web Services nicht an ein einziges Transportprotokoll gebunden sind. Sie können ganz unterschiedliche Protokolle verwenden (beispielsweise HTTP oder SMTP), um XML-basierte Nachrichten zu transportieren. XML ([BPSM00], [BPSM$^+$04] und [SMPY$^+$06]) und XML-verwandte Technologien, beispielsweise zur Beschreibung von Schemata [FW04] oder Namensräumen [BHLT06], bilden dabei die Grundlage eines gemeinsamen Datenmodells und die darüberliegende Schicht des Web Services Stack.

Die Protokolle zum Austausch von Nachrichten basieren ebenso wie die Nachrichten selber auf XML. Daher findet sich auf der folgenden Schicht,

**Web Services: Kombination von Standards**

der Protokoll-Schicht, die SOAP-Spezifikation (siehe [ML07], [GHM$^+$07a] und [GHM$^+$07b]). Sie beschreibt die Struktur und Semantik der zu verwendenden XML-basierten Nachrichten.

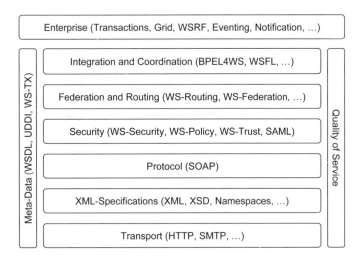

*Abbildung 4.2* Web Services Stack

SOAP bietet einige Erweiterungsmöglichkeiten, die in den darüber liegenden Schichten zur Realisierung ganz unterschiedlicher Funktionalitäten genutzt werden. In [ADLH$^+$02] werden mit Bezug auf XML-spezifische Spezifikationen ([IDS02] und [ERS02] beziehungsweise [BBF$^+$08]) Sicherheitskonzepte eingeführt. Neben der Verschlüsselung fallen auch die Authentifizierung und Autorisierung unter diese so genannten Sicherheitsaspekte (siehe vierte Schicht, Sicherheit, die in Kapitel 9 auf Seite 205 erläutert werden).

Die fünfte Schicht (Federation and Routing) verfeinert die bisher genannten Konzepte für den Einsatz in verteilten Systemumgebungen und regelt das Zusammenspiel unterschiedlicher Spezifikationen untereinander im Kontext jeweils eines Web Service (siehe WS-Routing und Abschnitt 9.8.4.2 auf Seite 230). Das Zusammenspiel mehrerer Web Services wird durch Spezifikationen auf eine weiteren, darüber liegenden Schicht (Integration and Coordination) beschrieben. Zur Definition einer konkreten so genannten Choreographie, also dem Zusammenspiel mehrerer Web Services, kann beispielsweise BPEL4WS [ACD$^+$03] (siehe Kapitel 10 auf Seite 239) verwendet werden. Mit der „Business Process Execution Language", kurz BPEL, ist es möglich, Prozesse zu modellieren und aus einzelnen Aufgaben eine komplexe Anwendung entstehen zu lassen.

**Geschäftsprozess-modellierung**

Im Zusammenhang mit komplexen Vorgängen und Geschäftvorfällen sind Transaktionseigenschaften essenziell. Mittels geeigneter Spezifikationen können entsprechende Eigenschaften beschrieben werden [NRKK07]. Solche zusätzlichen Eigenschaften und weitere Beschreibungen zu Web Services, wie zum Beispiel deren Struktur beziehungsweise Schnittstelle (Kapitel 6 auf Seite 115) oder Registrierungsdaten (Kapitel 7 auf Seite 141) finden sich im Web Services Stack flankierend in einer vertikalen Meta-Data-Komponente wieder. Auf der gegenüberliegenden Seite fasst eine Quality-of-Service-Komponente die bisherigen Schichten ein, die insbesondere durch die oberste Schicht im beschriebenen Web Services Stack genutzt werden.

Über allen bereits genannten Schichten bildet die Enterprise- oder Grid-Schicht den Abschluss. Auf diese Aspekte wird aber aufgrund der Komplexität gesondert in Abschnitt 14.2 auf Seite 349 eingegangen. Die in der Abbildung 4.2 auf der vorherigen Seite und in den vorangegangenen Abschnitten genannten Spezifikationen bezüglich der verschiedenen Aspekte einer Web-Services-Architektur sind nicht vollständig. Es existieren durchaus unterschiedliche Ansätze beziehungsweise Spezifikationen zu einem konkreten Aspekt. Zurzeit sind über 100 verschiedene Standards zum Thema Web Services im Gebrauch oder noch in der Entstehung. Unglücklicherweise überdecken sich Spezifikationen sogar (siehe BPEL und WS-CDL in Kapitel 10 auf Seite 239) in einigen Fällen.

**Wildwuchs an Standards**

## 4.3  Architektur

Web Services haben mittlerweile einen Komplexitätsgrad erreicht, der dem anderer Konzepte in nichts nachsteht. Damit dennoch eine übersichtliche Beschreibung der Web-Services-Architektur gelingen kann, werden Web Services in der W3C-Spezifikation aus verschiedenen Perspektiven beschrieben. In der Spezifikation „Web Services Architecture" [BHM+04] wurde für den Begriff Aspekt der Terminus Modell gewählt.

**Formalisierung einer WS-Architektur**

*A model is a coherent portion of the architecture that focuses on a particular theme or aspect of the architecture.*

**Definition Modell**

Die Darstellung in Abbildung 4.3 auf der nächsten Seite zeigt die Modelle beziehungsweise Aspekte, unter denen eine Web-Services-Architektur betrachtet werden sollte.

Die verschiedenen Modelle, die in der W3C-Spezifikation beschrieben werden, ergänzen die Merkmale einer SOA, wie sie in Kapitel 2 auf Seite 9 beschrieben sind. Zum besseren Verständnis definiert das W3C eine grafische Meta-Sprache. Die Kästen stehen für Konzepte, die über gerichtete Graphen miteinander in Beziehung stehen.

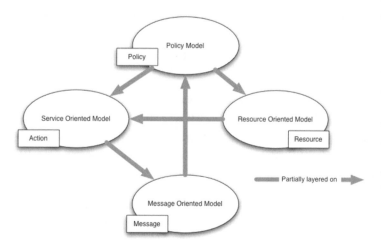

*Abbildung 4.3* *Aspekte und Abhängigkeiten einer Web-Services-Architektur*

### 4.3.1 Nachrichten-Modell

**Lose Kopplung durch Nachrichten**

Das Architekturmodell der Web-Services-Nachrichten (Message-oriented Model) ist in Abbildung 4.4 dargestellt. Mit diesem Modell wird der Aufbau einer Web-Services-Nachricht definiert, deren Beziehung zu einem System (Agent) und wie eine Nachricht zugestellt wird.

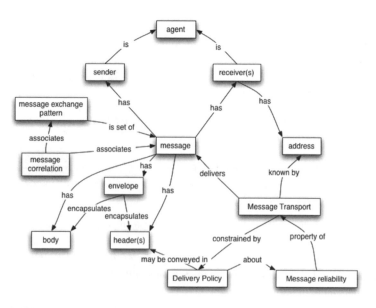

*Abbildung 4.4* *Architekturmodell des Nachrichtenaufbaus von Web Services*

**Nachrichtenformat**

Die Definition aus Abbildung 4.4 hat eine überraschende Konsequenz. Es ist nicht zwingend notwendig, dass SOAP als Nachrichtenformat verwendet werden muss. Im Prinzip ist jedes Nachrichtenformat, das die in Abbildung 4.4 auf der vorherigen Seite dargestellte Form besitzt, zulässig. Allerdings ist man, wenn man von anderen verstanden werden möchte, sehr gut beraten, wenn man sich für den Einsatz von SOAP entscheidet.

## 4.3.2    Service-Modell

**Architekturmodell**

Mithilfe des Architekturmodells (siehe Abbildung 4.5) des Web-Services-Modells (Service-oriented Model) werden die Konzepte definiert, welche einen Service ausmachen. Services sind Aktivitäten (Action) in einer Web-Services-Architektur. Ein Service wird mittels eines Agenten realisiert und gehört einer Person oder Organisation. Beschrieben wird ein Service mithilfe eines Service-Interface, wie es durch WSDL zur Verfügung gestellt wird.

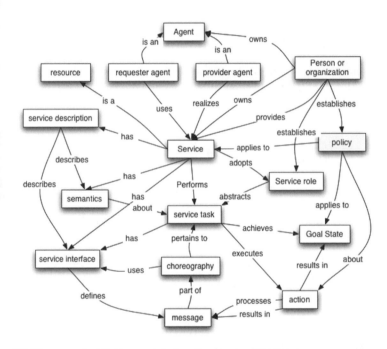

***Abbildung 4.5*** *Architekturmodell eines Services von Web Services*

## 4.3.3    Ressourcen-Modell

**WS sind Ressourcen**

Das Architekturmodell der Ressourcen aus Abbildung 4.6 auf der nächsten Seite (Resource-oriented Model) beschreibt, wie eine Ressource in einer Web-Services-Architektur definiert ist. Eine typische Ressource in einer Web-Services-Architektur ist ein Web Service.

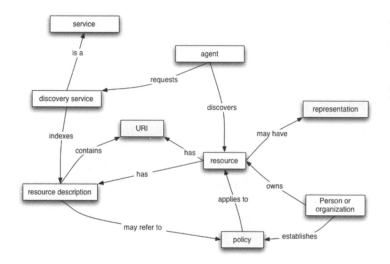

**Abbildung 4.6** *Architekturmodell eines Ressourcen-Modells*

Mithilfe dieses Modells wird festgelegt, dass eine Ressource eindeutig über eine URI identifiziert ist. Für einen Web Service, der mittels HTTP zu erreichen ist, wäre dies beispielsweise eine URL.

### 4.3.4   Richtlinien-Modell

Das Richtlinienmodell beschreibt den Aufbau von Richtlinien (Policy) in einer Web-Services-Architektur (Resource-oriented Model). Eine Richtlinie ist alles, was Einschränkungen oder Bedingungen (Constraints) definiert (siehe Abbildung 4.7 auf der nächsten Seite).

Beispiele für solche Policies sind Sicherheitsaspekte (Security) und Qualitätsmerkmale (Quality of Service). In der Regel werden Policies mittels XML-Erweiterungen einem Web Service hinzugefügt.

## 4.4   Standardisierungsgremien

Im Bereich der Internet-Techniken haben sich im Verlauf der letzten Jahre mehrere Gremien etabliert. Diese Gremien werden in der Regel auf Initiative von mehreren Unternehmen gegründet und finanziert[1]. Die Ergebnisse der Gremien werden häufig als Standards bezeichnet. Im Unterschied zu einer Norm ist ein Standard jedoch nicht bindend, sondern lediglich eine Empfehlung, weshalb das W3C auch von „Recommendations" spricht.

**Standards und Empfehlungen**

---

[1] Ausnahmen bestätigen die Regel!

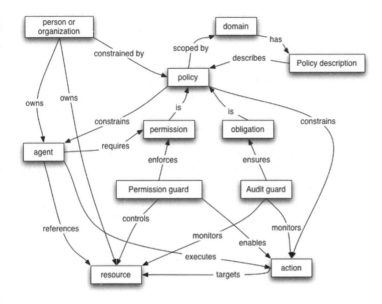

**Abbildung 4.7** *Architekturmodell eines Richtlinien-Modells*

Obwohl die Unternehmen den Empfehlungen der Gremien folgen, können Inkompatibilitäten – trotz bester Absichten – nicht immer verhindert werden. Es können sich durchaus Produkte von Herstellern auf dem Markt befinden, die auf demselben Standard basieren und trotzdem inkompatibel zueinander sind. Die Ursache liegt sowohl im Interpretationsspielraum, den die menschliche Sprache bietet, und in den Freiräumen, den Spezifikationen selber einräumen.

Die Freiräume, welche die Spezifikationen bei ihrer Interpretation erlauben, sind teilweise gewollt beziehungsweise nicht vermeidbar. Während eine zu interpretationsfähige Spezifikation zwar die Gefahr der Inkompatibilität birgt, so kann ein zu stark festgelegter Standard die Weiterentwicklung beziehungsweise Erweiterbarkeit behindern.

Des Weiteren kommt es durchaus vor, dass mehrere Gremien zum selben Thema eine eigene Arbeitsgruppe gründen und dementsprechend eigene „Standards" verabschieden. Oft entsteht dadurch eine Konkurrenzsituation, die bei den potenziellen Benutzergruppen Verunsicherungen hervorrufen kann. Solange die Arbeitsgruppen keine prinzipiellen Meinungsverschiedenheiten haben, kommt es in der Regel zu einer Einigung der Arbeitsgruppen und die Aktivitäten werden koordiniert.

## 4.4.1 W3C – World Wide Web Consortium

Das World Wide Web Consortium ist seit dem weltweiten Erfolg des Internets den meisten Menschen, die sich im Internet bewegen, ein Begriff. Das WWW

**W3C – World Wide Web Consortium**

mit seinen HTML-Browsern, wie man es heute kennt, ist eine Erfindung des W3C beziehungsweise seines Gründers Tim Berners-Lee[1]. Das W3C wurde 1994 von Tim Bernes-Lee am Massachusetts Institute of Technology, Laboratory for Computer Science (MIT/LCS) mit Unterstützung des Europäischen Kernforschungszentrum CERN in Genf, der DARPA (Defense Advanced Research Project Agency) und der Europäischen Union gegründet. Damit ist das W3C die besagte Ausnahme bei den Gremien, die nicht direkt von Wirtschaftsunternehmen abhängig ist.

Beim W3C befassen sich verschiedene Arbeitsgruppen mit den Standards zu den Themen HTML, XML, SOAP und WSDL. Des Weiteren wurde eine Web Services Architecture Working Group gegründet, die sich mit grundlegenden Fragen einer Web-Services-Architektur beschäftigt. Darüber hinaus existieren beim W3C Arbeitsgruppen für Standards wie RDF und OWL, die wahrscheinlich schon in naher Zukunft eine wichtige Rolle im Bereich Semantic Web spielen werden.

## 4.4.2 OASIS

**OASIS** OASIS (Organization for the Advancement of Structured Information Standards) versteht sich als eine nicht profitorientierte Organisation[2], die ihren Schwerpunkt auf Standards zum Thema E-Business legt. Dazu gehören neben Web Services auch Techniken wie UDDI, ebXML sowie WS-BPEL.

Im Unterschied zum W3C wurde OASIS 1993 in Kooperation von Wirtschaftsunternehmen gegründet. Der ursprüngliche Gründungsname lautete SGML Open. Nachdem die Zielsetzung der Organisation sich weiter in Richtung E-Business verschob, wurde 1998 der Name in OASIS geändert, um die neue Zielrichtung zu dokumentieren.

## 4.4.3 IETF

**IETF** Die IETF (Internet Engineering Task Force)[3] agiert im Vergleich zu den beiden vorangegangenen Organisationen relativ unauffällig. Dies könnte daran liegen, dass die Themen, mit denen sich die IETF beschäftigt, in der Regel mehr technikorientiert sind als die anderer Organisationen im Web-Services-Bereich. Dabei werden so wichtige Standards wie TLS (Transport Layer Security), LDAP sowie IPv6 diskutiert.

---

[1] Für eine detaillierte Beschreibung der Geschichte des W3C sei hier auf http://www.w3.org/ verwiesen.
[2] http://www.oasis-open.org/
[3] http://www.ietf.org/

## 4.4.4 UN/CEFACT

Die UN/CEFACT (United Nations / Centre for Trade Facilitation and Electronic Business)[1] ist eine Institution der Vereinten Nationen. Stark vereinfacht lautet der Auftrag der CEFACT, sich mit allen Themen im Bereich E-Business zu befassen, diese zu beobachten, zu analysieren und zu koordinieren – eine Mammutaufgabe. Auch wenn die Mitarbeiter dieser Instutition bereits Gewaltiges geleistet haben, so ist die Geschwindigkeit, mit der die verschiedenen Standards vorankommen, in der Regel sehr langsam. Einer der bekanntesten Standards, an dem CEFACT unter anderem zusammen mit OASIS arbeitet, ist ebXML[2]

**UN/CEFACT**

## 4.4.5 WS-I

Die WS-I (Web Services Interoperability Organization)[3] unterscheidet sich von den anderen hier genannten Organisationen dahingehend, dass sie keine Standards verabschiedet. Die WS-I betrachtet konkrete Spezifikationen und deren Implementierungen verschiedener Hersteller zu Web-Services, beispielsweise SOAP oder WSDL. Der Fokus liegt darauf, die Interoperabilität von Anwendungen, die mit Web-Services-Implementierungen verschiedener Hersteller erstellt wurden, sicherzustellen. Dazu werden so genannte Profiles definiert, mit denen beschrieben wird, wie die Implementierungen der unterschiedlichen Hersteller zu nutzen sind, damit die Interoperabilität erhalten bleibt.

**WS-I**

Die bloße Existenz dieser Organisation führt zu heftigen Debatten über die Sinnhaftigkeit von Web Services. Für Gegner der Web Services beweist der Bedarf an einer solchen Organisation bereits das Scheitern des Web-Services-Konzepts, da die wichtige Anforderung der Interoperabilität nicht per se erfüllt ist.

Die Befürworter von Web Services sehen darin jedoch etwas sehr Positives. Da fast alle großen IT-Unternehmen diese Organisation unterstützen, wird damit der Wille zur Zusammenarbeit zum Wohle der Nutzer dokumentiert. Solange es niemanden gelingt zu zeigen, wie Interoperabilität per se zu erreichen ist, bleibt der Ansatz, miteinander zu kommunizieren, einer der am vielversprechendsten.

Trotzdem kann es als peinlich für die Standardisierungsgremien, die keine eindeutigen Spezifikationen veröffentlicht haben, und die implementierenden Firmen, die sehr kreativ bei der Interpretation der obiger Spezifikationen

---

[1] http://www.unece.org/

[2] ebXML steht dabei für Electronic Business XML, das heißt XML für elektronische Geschäftsprozesse, siehe http://www.ebxml.org/.

[3] http://www.ws-i.org/

**Tabelle 4.1** *CORBA im Vergleich zu Web Services*

|  | CORBA | Web Services |
|---|---|---|
| Protokoll | IIOP, GIOP | SOAP, HTTP, XML Schema |
| Endpunktrefernzierung | IOR, URL | URL |
| Schnittstellenbeschreibung | IDL | WSDL |
| Naming, Verzeichnis | Naming Service, Interface Repository, Trader Service | UDDI |
| Nutzlast | binär | XML |

gewesen sind, gesehen werden, dass die Notwendigkeit der WS-I überhaupt besteht.

Zusätzlich ist zu beachten, dass durch die WS-I eine zeitliche Verzögerung von ein bis zwei Jahren entsteht, da die Schleife Spezifikation, Umsetzung, Fehlersuche und wieder Spezifikation einfach viel Zeit benötigt.

## 4.5 CORBA

**SOA bedingt nicht WS**

Web-Services-Architekturen sind nicht die erste Realisierung einer SOA. Es existierten schon vor Web Services Konzepte, die ähnliche Probleme adressierten und zumindest theoretisch auch erfolgreich gelöst haben. Einige der bekannteren Konzepte sind (ohne Anspruch auf Vollständigkeit):

> COM/DCOM (Microsoft[1])

> RMI (Sun[2])

> CORBA (OMG[3])

Da die beiden ersten Techniken den Makel der Plattformabhängigkeit besitzen, soll hier lediglich auf CORBA als eine plattformunabhängie Lösung eingegangen werden [4].

Der erste ofizielle CORBA-Standard (Version 1.0) wurde 1991 veröffentlicht. Kern dieser Spezifikation war das Objektmodell. Wie die meisten neuen Technologien hatte CORBA mit vielen Vorbehalten zu kämpfen. Die schwerwiegendsten Argumente gegen CORBA waren anfangs, dass die Spezifikation nicht vollständig war und keine befriedigende Abbildung der Datentypen zu anderen Programmiersprachen existierten. Mit jeder weiteren Version wurden die Spezifikation zwar immer vollständiger, allerdings auch umfangreicher und komplizierter. Des Weiteren hatte CORBA-Nutzer (Anwen-

---

[1] http://www.microsoft.com/com/

[2] http://java.sun.com/rmi/

[3] http://www.corba.org/

[4] Ein interessanter Artikel zu diesem Thema ist unter ([dJ02]) zu finden.

dungsentwickler) lange damit zu kämpfen, dass die ORB-Implementierungen verschiedener Hersteller nicht interoperabel waren.

## 4.6 Mythen und Legenden

Seit dem Erscheinen der Web Services in der IT-Landschaft ranken sich eine Reihe von Mythen und Legenden um dieses Technik. In diesem Abschnitt sollen einige kurz angesprochen und richtig gestellt werden – allerdings ohne jeden Anspruch auf Vollständigkeit.

## Web Services sind einfach!

In Kapitel 2 auf Seite 9 wird als ein wesentliches Merkmal einer SOA die Einfachheit vorgestellt. Allerdings ist unter Einfachheit nicht zu verstehen, dass die Architektur beziehungsweise die Konzepte der konstituierenden Spezifikationen einfach im Sinne von komplexitätsarm zu verstehen sind. Die Einfachheit der Web Services liegt in der strikten Trennung der einzelnen Aspekte einer SOA in dedizierte Spezifikationen. Die Gesamtarchitektur der Web Services und jedes einzelne Konzept sind mit Sicherheit nicht einfach. Die Zuständigkeiten sind nur klar getrennt.

**Trennung von Zuständigkeiten**

Zum jetzigen Zeitpunkt muss diese Aussage jedoch etwas revidiert werden. Es existieren zurzeit noch viele konkurrierende und überlappende Spezifikationen. Nimmt man jedoch das Beispiel SAML (siehe Abschnitt 9.9 auf Seite 231) und WS-Security (siehe Abschnitt 9.7 auf Seite 226), so besteht Hoffnung, dass andere Spezifikationen diesem Beispiel folgen und überlappende Definitionen aufteilen.

## Web Services benötigen keine Programmierung!

Eine der großen Versprechungen zu Beginn der Web Services war, dass alles mithilfe von Generatoren erzeugt werden könnte. Man benötigt einen Generator, um aus einer Programmschnittstelle des Dienstanbieters eine Schnittstellenbeschreibung in Form eines WSDL-Dokuments zu erzeugen. Anschließend wird ein zweiter Generator mit diesem WSDL-Dokument gefüttert, der daraus alle benötigten Programmteile (unter anderem einen Proxy) erstellt, die zur Kommunikation benötigt werden.

**Generatoren für einfache Probleme**

Solange mithilfe von Web Services nur einfache Beispielanwendungen, wie Temperaturumrechnung und Aktienkursabfragen, implementiert werden sollten, war diese Annahme sicher richtig. Allerdings war auch ziemlich schnell klar, dass die meisten Anwendungen, die für die Wirtschaft relevant sind,

> über eigene Datentypen verfügen müssen, die dem Kommunikationspartner zumindest erklärt werden müssen,

> mehrere Web Services nutzen, die miteinander korreliert werden müssen

> zu den eigentlichen Nutzdaten auch noch weitere Kontextinformationen übertragen müssen.

**Die Realität ist nicht einfach**

Dies alles ohne zusätzliche Programmierung zu lösen, ist zwar der Traum der IT, allerdings ist zurzeit noch nicht abzusehen, wann dies Wirklichkeit wird.

## Web Services sind nicht sicher!

Sicherheit ist ein zentrales Thema, dessen erfolgreiche Umsetzung mit darüber entscheiden wird, ob Web Services eine Technik mit Zukunft sind oder nicht. Dieses Thema umfasst im Wesentlichen die Aspekte Transportsicherheit und Systemsicherheit.

Wenn mithilfe von Web Services Daten ausgetauscht werden, so müssen diese eventuell verschlüsselt oder elektronisch unterschrieben werden[1]. Die Kommunikationskomponente SOAP der Web Services stellt beispielsweise selber keine Mechanismen zur Verschlüsselung zur Verfügung. Wurde anfangs die Möglichkeit als Kommunikationsprotokoll HTTP über Port 80 zu verwenden noch als Vorteil betrachtet, so wurde dies jedoch bald mehr als ein Risiko eingestuft. Es wurde oft zunächst davon ausgegangen, dass ein **Dokumente und Dienste** Web-Server für HTML-Seiten und Web Services genutzt wird. Bedenkt man jedoch, dass Web Services für eine gänzlich andere Zielgruppe entwickelt wurden, so wird schnell klar, dass es mehr als sinnvoll erscheint, die Infrastruktur für die Bereitstellung von HTML-Dokumenten und Web-Services zu trennen.

## Web Services sind per definitionem interoperabel!

Betrachtet vor dem Hintergrund, dass unsere Gesellschaft immer dynamischer wird, ist die Interoperabilität ein wichtiges Argument bei der Auswahl der Technik. Proprietäre Systeme können ein Hindernis darstellen, wenn mehrere Partner aufgrund einer neu geschmiedeten Allianz über ihre eigenen Systeme hinaus Informationen austauschen müssen. Da Web Services **XML und Interoperabilität** auf XML basieren, wurde mitunter der Eindruck vermittelt, dass damit alle Interoperabilitätprobleme per se gelöst seien. Allerdings lag das eigentliche Problem nicht darin, dass ein XML-Dokument auf einem anderen System

---

[1] Eine detaillierte Diskussion erfolgt im Kapitel 9 auf Seite 205.

nicht gelesen werden könnte. Vielmehr lag die Schwierigkeit darin begründet, dass Hersteller von Software-Systemen die Struktur einer SOAP-Nachricht oder einer WSDL-Schnittstellenbeschreibung aufgrund einer zukunftsfähigen Spezifikation festlegen müssen.

Mit diesem wichtigen Attribut *zukunftsfähig* wird beschrieben, dass zukünftige, signifikante Änderungen nicht notwendigerweise dazu führen, dass die neue Version zu älteren Versionen inkompatibel wird. Allerdings bedeutet dies in der Regel, dass eine Spezifikation damit einen gewissen Spielraum zur Interpretation bereitstellen muss. Und da die Hersteller sich bei der Entwicklung ihrer Produkte nicht immer in die Karten schauen lassen, hat dies zu Web-Services-Implementierungen geführt, die nicht interoperabel waren.

Im Rahmen der Web Services versucht man dieser Herausforderung zu begegnen, indem die Hersteller ein gemeinsames Gremium gründeten (WS-Interoperability) mit dem Ziel, Interoperabilität zu erreichen. Vergleicht man den Grad der Interoperabilität von Web-Services-Implementierungen von vor zwei Jahren mit heute, so bleibt nur festzustellen, dass dieser Ansatz zumindest erste Erfolge zeigt.

**Standards für gesicherte Interoperabiliät**

## Web Services sind an HTTP gebunden!

Die Fähigkeit über HTTP Nachrichten austauschen zu können, war beziehungsweise ist ein großer Vorteil von Web Services. Damit ist es möglich, über ein Protokoll zu kommunizieren, für das in den meisten Unternehmen bereits eine entsprechende Infrastruktur vorhanden ist. Allerdings sind Web Services respektive SOAP nicht auf HTTP beschränkt.

**Transport von Nachrichten**

Die SOAP-Spezifikation schreibt kein bestimmtes Transportprotokoll für eine SOAP-Nachricht vor. Selbst das Verschicken einer SOAP-Nachricht, die auf einem Blatt Papier steht und per Brief verschickt wird, ist eine SOAP-Kommunikation. Woraus folgt, dass die Post ein potenzieller Kandidat für eine Web-Services-Infrastruktur ist. Es muss lediglich noch sichergestellt werden, dass die Nachricht beim Empfänger per OCR-System in die Anwendung eingespielt werden kann[1].

HTTP wird nur beispielhaft in der Spezifikation genannt, um zu zeigen wie eine SOAP-Nachricht in HTTP eingebettet wird – das so genannte Binden (Binding). Im Kapitel 8 auf Seite 171 werden ein paar Protokolle zwecks Performancebetrachtung verwendet und diskutiert.

---

[1] Unter der Annahme, dass irgendwann nicht nur das Kuvertieren von Briefen vollautomatisch erfolgen kann, sondern auch der inverse Vorgang.

# Web Services sind synchrone RPC-Aufrufe!

**Beantwortung von Nachrichten**

SOAP und damit Web Services sind nachrichtenorientiert, das heißt, es wird beschrieben, wie Nachrichten als XML-Dokument verschickt werden können. SOAP schreibt nicht vor, dass eine versendete Nachricht auch eine Nachricht als Antwort empfangen muss. Es wird nur beschrieben, wie eine SOAP-Nachricht aussieht.

Die Beschreibung des SOAP-RPC-Protokolls ist lediglich ein Beispiel, wie ein synchroner Aufruf nachgebildet werden kann. Dazu definiert die SOAP-Spezifikation drei Nachrichtentypen (*receive, response* und *fault*). Jeder ist jedoch frei, sein eigenes RPC-Protokoll zu definieren. Allerdings könnte dieses zu Interoperabilitätsproblemen führen. Eine nachrichtenorientierte Architektur mithilfe von Web Services aufzubauen, ist durchaus möglich. Ob dabei eine asynchrone Kommunikation mithilfe eines HTTP-Aufrufs realisiert werden kann, ist allerdings sehr fraglich, da es einer sehr weiten Definition des Begriffs „asynchron" bedarf und zusätzlich noch von der Architektur abhängt. Man sieht dies bereits an der Frage, wie dem Klienten irgendwann später eine Antwort zugeschickt werden kann.

**Synchrone und asynchrone Kommunikation**

# Web Services sind Punkt-zu-Punkt-Verbindungen!

Reduziert man Web Services auf die drei Basiskomponenten *SOAP*, *WSDL* und *UDDI*, so ist diese Aussage eventuell noch korrekt. Allerdings bilden diese Komponenten nur die Basis des Web Services Stack. Es existiert eine Vielzahl von Spezifikationen, die es ermöglichen, einzelne Web Services zu einem komplexen System mit beispielsweise Routing-Funktionalität zusammenzufassen. Im Rahmen dieses Buches werden die BPEL-Spezifikation in Kapitel 10 auf Seite 239 und WS-Transaction in Kapitel 11 auf Seite 275 vorgestellt.

# Web Services sind langsam!

Neben dem Thema Sicherheit war und ist Performance einer der großen Kritikpunkte im Zusammenhang mit Web Services. In Kapitel 8 auf Seite 171 wird dies detailliert betrachtet. Es kann aber schon vorab verraten werden, dass Web Services besser sind als ihr Ruf. Bei Performancebetrachtungen lohnt sich, einen Blick auf die SOAP-Nachricht und das Transportprotokoll, mit dem die Nachricht verschickt wird, zu werfen. SOAP ist eine XML-Anwendung, das heißt, mit SOAP werden Texte versendet[1], die meist sowohl menschen- als auch maschinenlesbar sind. Selbstbeschreibende Textdoku-

**Mehraufwand durch Standards**

---

[1] Unter der Annahme, dass die XML-Repräsentation mit den spitzen Klammern gewählt worden ist.

mente haben gegenüber binären Daten immer den Nachteil, dass die Informationsdichte geringer ist. Damit werden also von vornherein mehr Daten übertragen, was in den meisten Fällen aber nur bei sehr geringer Bandbreite ins Gewicht fällt.

Zudem müssen die SOAP-Nachrichten beim Sender von der Maschine-Darstellung in ein Textdokument konvertiert werden. Beim Empfänger muss der umgekehrte Vorgang stattfinden. Damit sind im Vergleich zu binären Kommunikationstechniken[1] eventuell zwei zusätzliche Schritte erforderlich. Zurzeit erfolgen diese Schritte in der Regel mittels eines zusätzlichen Programms, das das Gesamtsystem belastet und damit das Systemverhalten verschlechtert. Zum Thema Transportprotokoll bleibt eigentlich noch zu sagen, dass man im Falle der Verwendung von HTTP nicht erwarten kann, eine SOAP-Nachricht schneller als eine HTML-Seite austauschen zu können. Wird ein effektiveres Protokoll verwendet, so wird das Systemverhalten positiv beeinflusst werden. Die genauen Zusammenhänge sind in Kapitel 8 auf Seite 171 beschrieben.

**Datenkonvertierung**

## Web Services sind für das Web!

Wenn man den Begriff Web Services das erste Mal hört, liegt der Gedanke nahe, dass es sich hierbei um einen Dienst handelt, den man über das Web, also mithilfe eines Browsers der eigenen Wahl, nutzen kann. Dies dürfte in sehr seltenen Fällen auch der Fall sein, da heutige Browser XML-Dokumente gut darstellen können. Noch seltener sitzt ein Anwender vor diesem Browser und ist in der Lage, eine gültige SOAP-Nachricht an den entsprechenden Dienst zu schicken.

In den allermeisten Fällen ist es aber ein IT-System, das Web Services über ein Netzwerk nutzt. Daher wäre die Wahl des Namens *Net Services* auch viel treffender gewesen. Es wird gesagt, dass Bill Gates den Namen Web Services in einer Telefonkonferenz vorgeschlagen hat, da dieser marketingtechnisch viel besser als die Alternativen sei.

**Net Services**

## 4.7 Zusammenfassung

Web Services sind ihren Kinderschuhen entwachsen. Es existiert ein theoretischer Unterbau in Form von Spezifikationen, die gewährleisten, dass die weitere Entwicklung koordiniert weitergeführt werden kann. Allerdings leidet das Ansehen der Web Services zurzeit darunter, dass es eine schwer überschaubare Anzahl (100+) von Spezifikationen gibt, die sich teilweise oder ganz überlappen und in seltenen Fällen auch widersprechen.

---

[1] Hier ist allerdings auch oft eine entsprechende Serialisierung notwendig.

**Gewinner und Verlierer**

Diese Konkurrenzsituation erschwert es den Unternehmen mitunter, die Web-Services-Techniken zu nutzen, da es ein gewisses Risiko gibt, auf die falsche Spezifikation zu setzen. Allerdings bilden sich bereits sehr deutlich die Spezifikationen heraus, die sich vermutlich durchsetzen werden. So scheint es zurzeit so zu sein, dass sich BPEL gegen BPML durchsetzen wird und dies, obwohl BPML schon wesentlich früher existierte.

Des Weiteren ist ein beliebtes Argument gegen Web Services, dass viele Konzepte beziehungsweise Standards, von denen man aufgrund der Erfahrung mit anderen Techniken wie CORBA weiß, dass sie benötigt werden, noch nicht in ausgereiften Spezifikationen zu finden sind oder nur instabil oder ungenau implementiert worden sind.

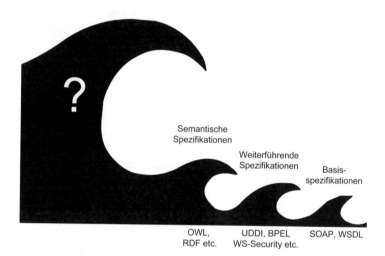

*Abbildung 4.8* Web Services Waves

Starke Argumente für Web Services sind, dass aufgrund der Entscheidung XML als Basis zu nehmen, Web Services eine starke Integrationskraft besitzen (siehe Sicherheit) und sehr flexibel sind. Zudem ist die Gemeinschaft derer, die Web Services unterstützen, immens groß. Praktisch alle Entwickler, die an einem XML-basierten Konzept arbeiten, sind zumindest indirekt an der Weiterentwicklung beteiligt.

**Web Services bedeuten mehr als XML über HTTP**

Dadurch entsteht der Effekt, dass Web Services sich in mehreren Wellen entwickeln (wie in Abbildung 4.8 dargestellt). Die erste Welle umfasste Basistechnologien, die mittlerweile einen gewissen Reifegrad erreicht haben. Die nachfolgende Welle mit weiterführenden Konzepten wie WS-Security oder BPEL ist bereits deutlich zu erkennen. Der Einsatz dieser neuen Konzepte in produktiven Systemen ist in absehbarer Zeit zu erwarten. Die dritte Welle zeichnet sich bereits ab und wird den Aspekt der Semantik in die Web-Services-Welt hineintragen. Allerdings ist zurzeit noch nicht zu entscheiden, in welche Richtung sich die Konzepte entwickeln werden und was die nächste große Welle werden wird.

Entscheidend für den Erfolg der Web Services in der Zukunft wird sein, wie schnell Anforderungen aus realen Anwendungen umgesetzt werden können und ob der Druck auf die großen IT-Firmen sie von entscheidenden proprietären Erweiterungen abhalten wird.

# 5 | SOAP

*„Einmal entsandt, fliegt das Wort unwiderruflich dahin.“*
*Horaz (65 vor Chr. – 8 vor Chr.)*

In diesem Kapitel wird SOAP, die Kommunikationskomponente von Web Services, besprochen. SOAP ist nicht an ein bestimmtes Betriebssystem oder eine Programmiersprache gebunden. Die SOAP-Spezifikation legt ausschließlich fest, wie eine Nachricht aufgebaut sein muss, um als SOAP-Nachricht gelten zu können. Die Umsetzung dieser Nachricht in die entsprechenden Systeme der SOAP-Nutzer (etwa Betriebssystem oder Programmiersprache) ist nicht Gegenstand der Spezifikation. Jedem SOAP-Nutzer bleibt es selbst überlassen, die für ihn optimale Laufzeitumgebung zu nutzen oder selbst zu entwickeln.

Diesem Kapitel liegt die SOAP-Version 1.2 zugrunde.

## Übersicht

## 5.1 Einleitung

Wie bereits in Abschnitt 4.2.1 auf Seite 63 über die Komponenten einer Web-Services-Architektur erläutert, beschreibt SOAP das XML-basierte Nachrichtenformat zur Kommunikation mit Web Services und dessen Einbettung in ein fast beliebiges Transportprotokoll. Ganz zu Anfang stand SOAP daher für „Simple Object Access Protocol". Man war sich bei der Standardisierung beim W3C allerdings sehr schnell einig, dass SOAP schon bald nicht mehr einfach war, und zum Zugriff auf Objekte war es vom ersten Tag an nicht geeignet. Da der Begriff SOAP aber schon eine gewisse Verbreitung gefunden hatte und man sich auf keine Alternative einigen konnte, wurde beschlossen, dass SOAP kein Akronym ist. Heute eignet sich die alte Abkürzung nur noch zur Identifikation von extrem alten Werken über Web Services.

SOAP ist also eine nicht ganz einfache Spezifikation zur Kommunikation mit Diensten in einer auf Basis von Web Services implementierten Service-orientierten Architektur.[1]

## 5.2 Die SOAP-Spezifikationen

Im Idealfall sieht ein Anwendungsentwickler, der eine Web-Services-Schnittstelle entwickelt beziehungsweise eine solche nutzen will, die eigentliche SOAP-Nachricht überhaupt nicht. Es sind jedoch zwei Argumente zu nennen, weshalb man sich trotzdem mit der SOAP-Spezifikation, das heißt mit dem Aufbau einer SOAP-Nachricht beschäftigen sollte. Der erste Grund ist, dass Web Services noch eine sehr junge Technologie sind und eine Reihe von Konzepten existiert, für die es noch keine ausreichende Werkzeugunterstützung gibt. Wichtiger ist noch, als zweiter Punkt, dass eine genaue Kenntnis der SOAP-Spezifikation Voraussetzung ist, um die Potenziale einer SOAP-Kommunikation richtig einschätzen zu können.

Die SOAP Spezifikation der Version 1.2 ist in mehrere Dokumente aufgeteilt; das Literaturverzeichnis enthält die URLs der entsprechenden Internetseiten des W3C.

**SOAP Version 1.2 Part 0 (Primer)** Diese Einführung [ML07] besitzt keinen normativen (verbindlichen) Charakter. Sie ist als ein einfach zu verstehendes Tutorial gedacht, um die nachfolgenden normativen Spezifikationen besser nachvollziehen zu können. Mithilfe zahlreicher Beispiele sollen hauptsächlich technisch orientierte Nutzer in die Thematik eingeführt werden.

**SOAP Version 1.2 Part 1 (Messaging Framework)** Teil 1 der Spezifikation [GHM+07a] legt normativ den Rahmen einer SOAP-Nachricht fest, in-

---

[1] Man kann sich SOAP daher auch als SOA-Protokoll merken.

dem die Elemente einer Nachricht beschrieben werden. Sie normiert, ob diese zwingend vorgeschriebene oder optionale Bestandteile sind. Auch die Regelung, wie eine Nachricht mithilfe eines Transportprotokolls befördert wird, ist Gegenstand von Teil 1 der Spezifikation.

**SOAP Version 1.2 Part 2 (Adjuncts)**  Im Teil 2 der Spezifikation [GHM⁺07b] wird ein Datenmodel für SOAP und ein Codierungsschema für entfernte Methodenaufrufe (RPC – remote procedure call) definiert. Ferner wird speziell für das HTTP-Protokoll beschrieben, wie die in Teil 1 beschriebene Anbindung (binding) an ein Transportprotokoll erfolgen kann.

**XML-binary Optimized Packaging**

**SOAP Message Transmission Optimization Mechanism**

**Resource Representation SOAP Header Block**  Diese drei ergänzenden Spezifikationen legen fest, wie Daten, die nicht beziehungsweise nur schwer innerhalb eines XML-Dokuments darstellbar sind (wie etwa Bilder), als eine Art Anhang oder als Bestandteil des SOAP-„Briefumschlags" an eine SOAP-Nachricht eingebunden und verschickt werden können.

## 5.3  Ein klein wenig Kommunikationstheorie

Um die SOAP-Spezifikation besser nachzuvollziehen, ist es hilfreich, sich klar zu machen, wie eine Kommunikation zwischen zwei Partnern prinzipiell abläuft. Das grundlegende Modell ist in Abbildung 5.1 auf der nächsten Seite schematisch dargestellt. Insbesondere macht es keinerlei Annahmen über die folgenden Punkte:

> welcher Kommunikationskanal verwendet wird (Telefon, Brief, Funk, ...),

> welche Sprache verwendet wird und

> wie die Daten verpackt werden (Gedicht, Prosa, Bild, ...).

Entscheidend ist nur, dass Sender und Empfänger sich auf ein Verfahren einigen und dieses auch einheitlich interpretieren.

In diesem Kommunikationsmodell werden jeweils ein „Sender" und ein „Empfänger" betrachtet. Die beiden Rollen werden im Verlauf der Kommunikation dynamisch zugeordnet.

Im ersten Schritt wählt der Sender einen Kommunikationskanal aus, von dem er weiß, dass der Empfänger darüber erreichbar ist. Anschließend verfasst der Sender die Nachricht in einem Format, das der Empfänger versteht. Bevor die Nachricht nun abgeschickt werden kann, muss der Sender die

**Kommunikation**

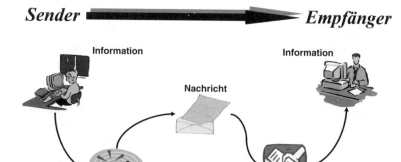

**Abbildung 5.1** *Austausch einer SOAP-Nachricht*

Nachricht so verpacken („serialisieren"), dass sie auf dem gewählten Kanal transportiert werden kann und der Empfänger sie auch als Nachricht erkennt.

Auf der Empfängerseite verläuft der Prozess natürlich in umgekehrter Reihenfolge. Der Empfänger entpackt („deserialisiert") die Nachricht und liest die Botschaft. Da er sich vorher mit dem Sender über das Format geeinigt hat, ist er in der Lage, die Botschaft zu interpretieren.

Ein Beispiel aus dem täglichen Leben ist das Telefonieren. Durch die Wahl des Telefons ist der Kommunikationskanal festgelegt. Durch das Wählen der Telefonnummer wird der Kommunikationskanal geöffnet („bind"). Die Nachricht wird nun in ein Format codiert (hier: Sprache), das der Empfänger versteht. Zum Weitertransport an den Empfänger wird die Sprache (formatierte Nachricht) in elektrische Signale verpackt, die über die Telefonleitung verschickt werden. Auf der Empfängerseite erfolgen diese Schritte nun in umgekehrter Reihenfolge. Anschließend verarbeitet der Empfänger die Nachricht und sendet das Ergebnis – nun selbst als Sender – zurück an den ursprünglichen Sender, der nun zum Empfänger wird.

**Intermediäre** Die Nachricht eines Senders kann dabei über verschiedene Zwischenstationen zum Empfänger gelangen. Solche Zwischenstationen können beispielsweise Relay-Stationen sein, die das Signal verstärken oder auch so genannte Gateways, die die Nachricht auf ein anderes Transportsystem setzen. Im SOAP-Konzept werden Sender („sender"), Empfänger („receiver") und Zwischenstationen („intermediaries") mit dem Überbegriff *Knoten* („node") bezeichnet. Dabei muss jeder Knoten eindeutig über einen URI (Universal Resource Identfier) identifizierbar sein.

## 5.4 Aufbau einer SOAP-Nachricht

Die grundlegende Spezifikation für den Aufbau einer SOAP-Nachricht ist „SOAP Version 1.2 Part 1: Messaging Framework". Eine SOAP-Nachricht ist somit prinzipiell wie in Abbildung 5.2 aufgebaut.

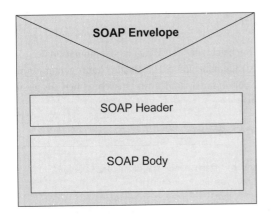

*Abbildung 5.2* Grundlegender Aufbau einer SOAP-Nachricht

Eine SOAP-Nachricht ist ein XML-Dokument, das aus drei Teilen besteht:

> SOAP Envelope

> SOAP Header

> SOAP Body

Der SOAP Envelope (wörtlich: (Brief-)Umschlag) enthält die eigentliche Nachricht – den Brief. Der Envelope bildet das Wurzelelement des XML-Dokuments. In ihm sind die anderen beiden Teile der SOAP-Nachricht gekapselt. Im folgenden Listing 5.1 ist das „Envelope"-Element dargestellt:

**SOAP Envelope**

*Listing 5.1* XML-Struktur eines SOAP Envelopes

```
<env:Envelope
xmlns:env="http://www.w3.org/2003/05/soap-envelope">
    <!- SOAP Header -->
    <!- SOAP Body -->
</env:Envelope>
```

Mit der Wahl des URI http://www.w3.org/2003/05/soap-envelope wird festgelegt, welche Version der SOAP-Spezifikation in der konkreten SOAP-Nachricht verwendet wird. Zugleich definiert dieser URI den Namensraum („namespace") im XML-Dokument, der an das Präfix env gebunden ist. In diesem Fall ist der URI auch ein dereferenzierbarer URL (Uniform Resource Locator), der zur Schemadefinition von SOAP 1.2 führt.

Anhand des URI kann der Empfänger der Nachricht erkennen, dass es sich um eine SOAP-Nachricht der SOAP Version 1.2 handelt. Eine SOAP-Nachricht der Version 1.1 würde die URI `http://schemas.xmlsoap.org/soap/envelope/` enthalten.

## 5.4.1 SOAP Header

Der erste Teil einer SOAP-Nachricht, der SOAP Header, ist ein optionales (das heißt nicht verpflichtendes) Element. Ein SOAP Header kann genau einmal in einer SOAP-Nachricht vorkommen, und zwar ausschließlich als erstes Kindelement des SOAP Envelopes.

**Listing 5.2** *Struktur eines SOAP Header*

```
<env:Header>
  <m:authentication xmlns:m="http://www.soa-buch.de/Annahme"
      env:role="http://www.soa-buch.de/Admin"
      env:mustUnderstand="true">
    <m:security-token>
      sj4hgf922ehjcwx9xbb320fcbc8bhw
    </m:security-token>
  </authentication>
  <n:authorization
      xmlns:n="http://www.soa-buch.de/Annahme"
      env:role="http://www.soa-buch.de/Admin"
      env:mustUnderstand="true">
    <n:rights>
      110101101
    </n:rights>
  </authorization>
</env:Header>
```

In Listing 5.2 ist die Struktur eines SOAP-Header-Elements dargestellt. Der Inhalt des SOAP-Header-Elements ist nicht in der SOAP-Spezifikation definiert, diese stellt lediglich die Möglichkeit zur Verfügung, den Header durch weitere Information anzureichern. Mögliche Inhalte des SOAP-Header-Elements werden üblicherweise in begleitenden Spezifikationen wie dem eingangs erwähnten *Resource Representation Header Block* definiert. Im vorliegenden Beispiel besteht der Inhalt des Header-Elements aus sicherheitsrelevanten Informationen. Im ersten Kindelement, „authentication", wird Code übertragen, der den Absender identifiziert („security token"). Das zweite Kindelement, „authorization", enthält kodierte Informationen über die Rechte des Absenders.

Das Übertragen von Sicherheitsinformationen ist ein typisches Anwendungsgebiet für den SOAP Header. Trotzdem können beliebige Informationen übertragen werden. Alle Elemente, die direkte Kindelemente des Header-Elements sind, müssen einen Namensraum (namespace) spezifizieren. Der Namensraum muss nicht mit einer auflösbaren Adresse (URL) assoziiert sein – die Angabe eines URI genügt.

SOAP Header

Eine SOAP-Nachricht muss nicht immer direkt vom Sender zum Empfänger übertragen werden. Sie kann ihr Ziel auch über mehrere Zwischenstationen (englisch: *intermediaries*) erreichen. SOAP-Header-Elemente können direkt an solche Zwischenstationen adressiert sein. Jede dieser Zwischenstationen muss dann in der Lage sein, die an sie gerichteten Header-Elemente zu verstehen und zu verarbeiten. Wenn eine der Zwischenstationen ein oder mehrere Header-Elemente bearbeitet hat, dann muss das entsprechende Element aus der Nachricht entfernt beziehungsweise modifiziert werden. Zur genaueren Bestimmung, wie ein Header-Element verarbeitet werden muss, können für jedes Kindelement weitere Attribute spezifiziert werden:

**role** Dieses Attribut spezifiziert den Empfänger beziehungsweise die Zwischenstation, die dieses Header-Element verarbeiten darf. Die Spezifikation definiert drei Standardrollen, um verschiedene Zwischenstationen zu identifizieren. Der Empfänger ist beispielsweise mit `http://www.w3.org/2003/05/soap-envelope/role/ultimateReceiver` identifiziert. Darüber hinaus ist es möglich, andere Zwischenstationen über einen gültigen URI zu adressieren.

**mustUnderstand** Dieses optionale Attribut kann die Werte `true` oder `false` annehmen. Ist der Wert dieses Attributs `true`, so muss der adressierte Knoten diesen Header-Eintrag auswerten können. Andernfalls wird die weitere Bearbeitung der SOAP-Nachricht unterbrochen und eine Fehlermeldung zurück zum Absender geschickt. Wird der Wert `false` angegeben, so ist freigestellt, ob das Kindelement ausgewertet wird oder nicht.

## 5.4.2 Der SOAP Body

SOAP Body

Das zweite Kindelement einer SOAP-Nachricht ist der SOAP Body. Dieser ist zwingend erforderlich und muss auch immer genau mit `Body` bezeichnet werden. Wie alle XML-Elemente unterscheiden auch die Elementbezeichner der SOAP-Spezifikation Groß- und Kleinschreibung. In Listing 5.3 ist der Aufbau des SOAP Body einer SOAP-Nachricht dargestellt.

**Listing 5.3** *Aufbau des SOAP Body*

```
<env:Body>
  <m:nutzlast xmlns:m="http://www.soa-buch.de/">
    <m:msg>Hier steht die eigentliche Information,
          die transportiert werden soll!
    </m:msg>
  </m:nutzlast>
</env:Body>
```

**Nutzlast**  Der SOAP Body enthält die zu übertragende Information, das heißt die eigentlichen Nutzdaten (payload) der Nachricht. Wie aus Listing 5.3 auf der vorherigen Seite zu ersehen ist, wird in einer SOAP-Nachricht intensiver Gebrauch von XML-Namensräumen gemacht. Für den Inhalt dieses SOAP Body ist dies nicht zwingend notwendig. Für komplizierter aufgebaute Nachrichten ist dies jedoch unabdingbar, da sich ansonsten die Struktur kaum noch eindeutig formulieren ließe.

Der Inhalt des SOAP Body selbst muss ein wohl geformtes XML-Dokument darstellen – mit Ausnahme des Prologs, der an dieser Stelle nicht vorhanden sein darf. Eine SOAP-Nachricht muss gültig gegen das normative SOAP-Schema sein. Der eigentliche Inhalt des SOAP Body wird hier nicht näher spezifiziert, da dieser anwendungsbezogen variiert.

Mit anderen Worten, der Inhalt der Nachricht (SOAP Body) ist Teil eines individuellen Vertrags zwischen den Kommunikationspartnern. Abhängig davon, welche Partner in welchem Kontext kommunizieren, ist die Struktur der Information im Voraus zu vereinbaren.

Mit SOAP lassen sich also alle Informationen verschicken, die sich als XML-Dokument darstellen lassen. Beispiele dafür sind HTML-Seiten, PDF-Dokumente, Verträge beziehungsweise Bestellformulare. Problematisch wird jedoch der Versand binärer Daten, die nicht unmittelbar als XML dargestellt werden können. Um derartige Dateien trotzdem mit SOAP versenden zu können, gibt es mehrere Ansätze (zum Beispiel die eingangs erwähnten drei Zusatzspezifikationen), die in diesem Buch aufgrund des Umfangs jedoch nicht umfassend diskutiert werden.

**SOAP-Stilrichtungen**  In Listing 5.4 auf der nächsten Seite ist eine SOAP-Nachricht (ohne optionalen Header) dargestellt, mit der eine HTML-Seite übertragen wird. Diese Form der SOAP-Kommunikation, bei der ein Dokument (HTML-Seite) ausgetauscht wird, wurde in der Vergangenheit oft als *document-style* bezeichnet und ist mittlerweile zur standardmäßigen Form des Nachrichtenaustauschs avanciert. Die Bezeichnung hält sich immer noch hartnäckig in der verfügbaren Literatur, weshalb sie sich an dieser Stelle wiederfindet. Der wesentliche Punkt bei *document-style* ist, dass die gesamte Nutzlast als ein einziger Parameter gesehen werden kann. Eine Struktur wird vom Standard nicht vorgegeben. Die Alternative war der *rpc-style*, bei dem genau ein Element mit dem aufzurufenden Methodennamen und den Parametern als Subelemente vorgegeben war. Vor der Verwendung des *rpc-style* sollte man sich mit dieser Variante aus Gründen der Interoperabilität sehr genau beschäftigen. Vorgestellt wird der *rpc-style* in Abschnitt 5.5 auf Seite 93.

Die Auswertung, was genau mit der Information des Dokuments zu geschehen hat, erfolgt später in der Anwendung, die das Dokument erhalten hat. Die Laufzeitumgebung, die das Dokument vom Kommunikationskanal

**Listing 5.4** *Beispiel einer SOAP-Nachricht im* document style *mit einer HTML-Seite als Nutzlast*

```
<env:Envelope
xmlns:env="http://www.w3.org/2003/05/soap-envelope">
<env:Body>
  <html>
    <head>
        <meta name="Author" content="Ingo">
    </head>
    <body>
        Willkommen bei http://www.soa-buch.de/
    </body>
  </html>
</env:Body>
</env:Envelope>
```

entgegennimmt, interpretiert die Nachricht nicht, sondern reicht sie lediglich an die Anwendung weiter.

## 5.4.3 SOAP-Fehler

Bei einer Kommunikation können immer, das heißt an beliebiger Stelle in der Kommunikationskette, Fehler auftreten. Diesem Thema ist in Teil 1 der SOAP-Spezifikation ein eigenes Kapitel gewidmet (siehe [GHM+07a, Abschnitt 5.4]). Die erste Festlegung bestimmt, dass im Falle eines Fehlers ein SOAP Fault Block als einziges Kindelement des SOAP Body übertragen werden darf. Der Namensraum des Fault Blocks muss mit dem URI `http://www.w3.org/2002/12/soap-envelope` definiert werden. In einem Fault Block können beziehungsweise müssen die in Tabelle 5.1 gezeigten Elemente auftreten.

**SOAP-Fehler**

**Tabelle 5.1** *Elemente des SOAP Fault Block*

| Elementname | verpflichtend | Beschreibung |
|---|---|---|
| Code | Ja | Eine von der SOAP-Spezifikation festgelegte Codierung der Fehlerquelle. |
| Reason | Ja | Textuelle Beschreibung des aufgetretenen Fehlers. |
| Node | Nein | Beschreibt, an welcher Stelle der SOAP-Kommunikation der Fehler aufgetreten ist. |
| Role | Nein | Beschreibt die Rolle des Node, bei dem der Fehler aufgetreten ist. |
| Detail | Nein | Enthält weitere Informationen zum aufgetretenen Fehler. Der Inhalt des Detailelements kann von der Anwendung frei festgelegt werden. |

**Tabelle 5.2** *SOAP Fault Code*

| SOAP Fault Code | Beschreibung |
|---|---|
| VersionMismatch | Der Knoten in der SOAP-Kommunikation erwartet eine andere SOAP-Version. |
| MustUnderstand | Ein Knoten kann ein Pflichtelement eines SOAP-Header-Eintrags nicht auswerten. |
| DataEncodingUnknown | Es sind Datentypen aufgetreten, die nicht in eine SOAP-Nachricht übersetzt werden können. |
| Sender | Die SOAP-Nachricht konnte vom Sender nicht verarbeitet werden. |
| Receiver | Die SOAP-Nachricht konnte vom Empfänger nicht verarbeitet werden. |

Für jedes Element existieren Festlegungen, wie es zu strukturieren und wie der Wert der Information zu übertragen ist. Für die zwei Pflichtelemente wird die Struktur nachfolgend im Detail beschrieben. Die optionalen Elemente können bei Bedarf im Teil 1 der Spezifikation nachgelesen werden. Das Element Code besteht aus den folgenden zwei Kindelementen:

**Value** enthält den Fehlercode der Fehlermeldung und ist verpflichtend. Die möglichen Fehlercodes sind durch die Spezifikation vorgegeben und in der nachfolgenden Tabelle aufgelistet.

**Subcode** ist ein optionales Kindelement von Code. Es ermöglicht die genauere Spezifikation des Fehlercodes im Element Value.

**Aufbau SOAP Fault**    Wichtig ist, an dieser Stelle festzuhalten, dass das Element Subcode rekursiv aufgebaut ist. Das Element Subcode ist von seiner Struktur her analog zum Code-Element aufgebaut. Der Hauptunterschied besteht darin, dass für das Kindelement Value des Elements Subcode keine vorbelegten Fehlerklassen, wie in Tabelle 5.2 dargestellt, definiert sind.

Als zweites verpflichtendes Element in einem Fault Block ist das Element Reason vorgeschrieben. Dieses Element ist im Unterschied zum Code-Element nicht primär für die Auswertung durch eine Anwendung gedacht. Es enthält ein oder mehrere Kindelemente Text, in denen sich eine *für Menschen* lesbare Beschreibung des aufgetretenen Fehlers befindet.

Jedes Kindelement Text sollte (muss aber nicht) dieselbe Fehlerbeschreibung in einer anderen Sprache (Deutsch, Englisch, ...) enthalten. Deshalb muss für jedes Text-Element ein eindeutiges Attribut xml:lang definiert werden. Die in Listing 5.5 auf der nächsten Seite gezeigte SOAP-Fehlernachricht veranschaulicht diesen Zusammenhang.

*Listing 5.5* Struktur der SOAP-Fehlermeldung

```
<?xml version='1.0'?> <env:Envelope
    xmlns:env="http://www.w3.org/2003/05/soap-envelope"
    xmlns:rpc='http://www.w3.org/2003/05/soap-rpc'>
<env:Body>
    <env:Fault>
        <env:Code>
            <env:Value> </env:Value>
            <env:Subcode>
                <env:Value> </env:Value>
            </env:Subcode>
        </env:Code>
        <env:Reason>
            <env:Text xml:lang="en-us">Description</env:Text>
            <env:Text xml:lang="de-de">Beschreibung</env:Text>
        </env:Reason>
    </env:Fault>
</env:Body> </env:Envelope>
```

## 5.5  Remote Procedure Call mit SOAP

Die standardmäßig vorherrschende Form des Nachrichtenaustauschs, der oben erwähnte konversationsorientierte Nachrichtenaustausch (document-style) ist für den Austausch von Dokumenten oder Daten zwischen zwei Anwendungen am besten geeignet. Diesem Ansatz liegt der Gedanke zugrunde, dass einfach beliebiger XML-Inhalt in SOAP-Nachrichten ausgetauscht wird, deren Semantik aber nicht beschrieben ist, sondern in der Verantwortung der Anwendungen liegt.

Einen etwas anderen Ansatz verfolgt der Remote Procedure Call. Hier geht man davon aus, dass die ausgetauschten Nachrichten konform zu einer vordefinierten Beschreibung des Funktionsaufrufs sowie der zu erwartenden Rückantwort sind.

Speziell für diesen Anwendungsfall, nämlich dass mithilfe von SOAP ein RPC-Mechanismus zur Verfügung gestellt werden soll, wird in der Spezifikation *SOAP Version 1.2 Part 2: Adjuncts* (vergleiche [GHM$^+$07b, Kapitel 4]) eine besondere Syntax festgelegt.

Bei der Kommunikation während eines RPC-Mechanismus kann man drei Arten unterscheiden:

1. **Anfrage (Request)**  Der Anfrager ruft eine Methode des Anbieters auf und übergibt dazu die geforderten Parameter in der richtigen Reihenfolge.

2. **Antwort (Response)**  Die Anfrage des Dienstnutzers konnte vom Anbieter fehlerfrei bearbeitet werden und das Ergebnis wird nun vom Anbieter an den Anfrager übergeben.

**3. Fehlerfall (Fault)** An irgendeiner Stelle des RPC-Aufrufs ist ein Fehler aufgetreten, der an den Dienstnutzer weitergereicht wird, damit dieser entsprechende Maßnahmen einleiten kann.

Im Folgenden wird die Syntax der Dienstanfrage, der Rückantwort sowie des Fehlerfalls genauer betrachtet. Als Beispiel soll zunächst eine in der Programmiersprache Java verfasste Methode dienen, die ein Dienstanbieter als Web Service verfügbar machen möchte.

**Listing 5.6** *Service-Methode des Providers*

```
public class Auftragsannahme {
    public String bestellen(String nr) {
        // führt die Bestellung durch
        // ...
        return Auftragsnummer();
    }
}
```

Listing 5.6 zeigt eine Java-Klasse, mit der ein Anbieter den Service Auftragsannahme zur Verfügung stellt. Dieser Service stellt eine Methode mit dem Namen bestellen bereit, mit der ein Dienstnutzer (etwa ein Zubehörhändler) eine Bestellung durchführen kann. Dazu benötigt der Anfragende die Artikelnummer (nr) des Zubehörs, das bestellt werden soll. Die Methode bestellen führt alle notwendigen Schritte zur Bestellabwicklung durch und liefert das Lieferdatum als String zurück. Nun weiß der Dienstnutzer, wann er mit der Lieferung des Zubehörteils rechnen kann. Eine zur SOAP-Spezifikation 1.2 konforme Laufzeitumgebung kann daraus folgenden SOAP Request (Listing 5.7) generieren:

**Listing 5.7** *Struktur des SOAP Request*

```
<?xml version='1.0' ?>
<env:Envelope
  xmlns:env="http://www.w3.org/2003/05/soap-envelope">
  <env:Header>
    <t:transaction
        xmlns:t="http://thirdparty.example.org/Auftragsabwicklung"
        env:encodingStyle="http://example.com/encoding"
        env:mustUnderstand="true"/>
  </env:Header>
  <env:Body>
    <m:bestellen
      env:encodingStyle="http://www.w3.org/2003/05/soap-encoding"
      xmlns:m="http://ws.soa-buch.de/Annahme/">
      <m:nr>2934758</m:nr>
    </m:bestellen>
  </env:Body>
</env:Envelope>
```

Nach dem Prolog in der ersten Zeile wird das Hauptelement einer SOAP-Nachricht definiert – der SOAP Envelope. Die SOAP-Nachricht in Listing 5.7 auf der vorherigen Seite enthält einen SOAP Header, der anzeigt, dass die Bestellung im Rahmen einer größeren Transaktion, der Auftragsabwicklung, abläuft. Daran schließt sich der SOAP Body an, der den eigentlichen RPC-Request enthält. Die Spezifikation legt fest, dass das erste Kindelement des SOAP Body den Namen der Methode übernimmt, die aufgerufen werden soll (`bestellen`). Zudem ist vorgeschrieben, dass zugleich ein Namespace definiert werden muss. Als URI wird der URL des Buchversenders SOA-Buch verwendet. Mit dem Element `<m:nr>2934758</m:nr>` wird ein möglicher Wert für das Beispiel aufgeführt.

Der Elementname entspricht hierbei dem Parameternamen der Methode.

---

**Anmerkung**

Die Beispiele in diesem Abschnitt sollen die Struktur eines SOAP-RPC illustrieren. Deshalb werden sie möglichst einfach gehalten. Im Moment stellt sich die Frage: Woher weiß die Laufzeitumgebung, dass die Methode `bestellen` der Klasse `Auftragsannahme` gemeint ist und nicht eine gleichnamige Methode einer anderen Klasse? Diese wichtige Frage kann im Moment noch nicht beantwortet werden. Laut SOAP-Spezifikation ist die Identifikation des Service-Endpunkts (service endpoint, hier die Klasse `Auftragsannahme`) eine Aufgabe des Transportprotokolls und nicht der SOAP-Nachricht selbst. Diese Festlegung entkoppelt den Auftrag vom Auftragnehmer (Dienstanbieter) und eröffnet die Möglichkeit, denselben Auftrag auch an andere Anbieter umzuleiten, die den gleichen Dienst anbieten.

---

Als Nächstes gibt Listing 5.8 auf der nächsten Seite die Struktur der SOAP-Antwort (Response) auf die Anfrage wieder. Diese Rückantwort wird versandt, wenn kein Systemfehler aufgetreten ist. Das heißt, die Nachricht wurde erfolgreich an den Provider übermittelt, die Anwendung des Providers arbeitete fehlerfrei und generierte die Antwort an den Dienstnutzer ebenfalls ohne Probleme.

Die SOAP-Struktur in Listing 5.8 auf der nächsten Seite zeigt eine große Ähnlichkeit mit der Request-Struktur aus Listing 5.7 auf der vorherigen Seite. Das erste Kindelement des SOAP Body hat wieder den Namen der Methode, die aufgerufen wurde. Doch diesmal wurde das Wort `Response` angehängt, um klarzustellen, dass es sich hier um die Antwort (Response) auf den Request `bestellen` handelt. Innerhalb der Antwort finden sich zwei Rückgabewerte, die – analog zu den Aufrufparametern in Listing 5.7 auf der vorherigen Seite – Kindelemente von `<m:bestellenResponse>` sind. Oft muss einer der Rückgabewerte als besonderer Rückgabewert des RPCs gekennzeichnet werden und die SOAP-Spezifikation erlaubt die Auszeichnung dieses besonderen Rückgabewerts. Im Beispiel ist der Wert `auftragsnummer` als Rückgabewert des RPC-Aufrufs gekennzeichnet. Die Kennzeichnung erfolgt durch das Ele-

**Listing 5.8** *Struktur der SOAP Response*

```xml
<?xml version='1.0' ?>
<env:Envelope
  xmlns:env="http://www.w3.org/2003/05/soap-envelope">
  <env:Header>
    <t:transaction
      xmlns:t="http://thirdparty.example.org/Auftragsabwicklung"
      env:encodingStyle="http://example.com/encoding"
      env:mustUnderstand="true"/>
  </env:Header>
  <env:Body>
    <m:bestellenResponse
      env:encodingStyle="http://www.w3.org/2003/05/soap-encoding"
      xmlns:rpc="http://www.w3.org/2003/05/soap-rpc"
      xmlns:m="http://ws.soa-buch.de/Annahme">
        <rpc:result>m:auftragsnummer</rpc:result>
        <m:datum>11.04.2009</m:datum>
        <m:auftragsnummer>4711</m:auftragsnummer>
    </m:bestellenResponse>
  </env:Body>
</env:Envelope>
```

ment `rpc:result`, das den Namen des auszuzeichnenden Werts enthält. Die Aufrufparameter sind in der Antwort nicht mehr enthalten, da sie die Nachricht nur unnötig vergrößern würden.

**SOAP-Fehler**  Natürlich kann es bei einem RPC-Aufruf auch einmal zu einem Fehler kommen. Fehler während der Bearbeitung eines Aufrufs können beispielsweise falsche Eingabeparameter oder eine fehlerhafte Anwendung sein. SOAP bietet dem Dienstanbieter die Möglichkeit, den Dienstnutzer über das Auftreten eines Fehlers zu informieren.

Listing 5.9 auf der nächsten Seite zeigt eine Fehlermeldung, mit welcher der Dienstanbieter dem Nutzer mitteilt, dass er eine ungültige Bestellnummer angegeben hat. Das erste Kindelement von Fault namens Code beschreibt zum einen, dass der Fehler beim Sender der Nachricht liegt. Dies wird durch das Kindelement `env:Value` mit dem Wert `env:Sender` angezeigt. Das optionale `env:Subcode`-Element beschreibt in diesem Beispiel den aufgetretenen Fehler genauer. Hierzu bedient es sich des RPC-spezifischen `rpc:BadArguments`-Fehlers. Auf das Code-Element folgt eine für menschliche Leser (etwa einen Entwickler) gedachte ausführlichere Beschreibung im Reason-Element. Wie man sieht, kann hier die Fehlermeldung in verschiedenen Sprachen aufgeführt werden. Im Element `env:Detail` sind schlussendlich applikationsspezifische Informationen zum aufgetretenen Fehler enthalten.

Da RPC-orientierte SOAP-Kommunikation zurzeit den mit Abstand häufigsten Kommunikationsstil in den Web-Service-Projekten darstellt, wird ausschließlich diese in den nachfolgenden Abschnitten behandelt.

**Listing 5.9** *Struktur des SOAP-RPC-Fehlerfalls*

```
<?xml version='1.0' ?>
<env:Envelope xmlns:env="http://www.w3.org/2003/05/soap-envelope"
              xmlns:rpc='http://www.w3.org/2003/05/soap-rpc'>
  <env:Body>
   <env:Fault>
      <env:Code>
        <env:Value>env:Sender</env:Value>
        <env:Subcode>
         <env:Value>rpc:BadArguments</env:Value>
        </env:Subcode>
      </env:Code>
      <env:Reason>
       <env:Text xml:lang="en-US">Processing error</env:Text>
       <env:Text xml:lang="de">Verarbeitungsfehler</env:Text>
      </env:Reason>
      <env:Detail>
       <e:myFaultDetails
         xmlns:e="http://ws.soa-buch.de/Annahme/faults">
         <e:message>Artikelnummer nicht gueltig</e:message>
         <e:errorcode>0815</e:errorcode>
       </e:myFaultDetails>
      </env:Detail>
   </env:Fault>
  </env:Body>
</env:Envelope>
```

## 5.6 Codierung und Datentypen

In Listing 5.10 auf der nächsten Seite wird das obige Beispiel um weitere Methoden ergänzt. Zusätzlich wird die Möglichkeit verwendet, dass in objektorientierten Sprachen Methoden überladen werden können. Im Beispiel von Listing 5.10 auf der nächsten Seite wurde die Methode getBestellStatus mit unterschiedlichen Signaturen deklariert. Ein nahe liegender Ansatz ist es, die Anzahl der Parameter und die Parameternamen zur Unterscheidung heranzuziehen. Mit diesem Vorgehen ist es beispielsweise möglich, die Methode getBestellStatus in mehreren Varianten anzubieten. Bei gleichen Parameternamen (siehe Variante 2 und 3 von getBestellStatus in Listing 5.10 auf der nächsten Seite) wäre dies hingegen nicht umsetzbar.

Aus diesem Grund wurde der Ansatz gewählt, die Methoden mit gleicher Parameteranzahl anhand der Argument-Datentypen zu unterscheiden. Wie also kann die Laufzeitumgebung entscheiden, in welchen Datentyp dieser Wert umgewandelt werden muss, damit er von der Anwendung verarbeitet werden kann? Diese Möglichkeit müsste die Laufzeitumgebung des Programms bereitstellen, was aber dazu führen würde, dass die Unabhängigkeit von der Programmiersprache in SOAP gefährdet wäre.

Die Voraussetzung, um den Datentyp eines Parameters zur Laufzeit bestimmen zu können, ist das Konzept der Metadaten in der jeweiligen Program-

**Datentypen**

*Listing 5.10* Varianten für überladene Funktionen

```
public class Annahme {
    public String bestellen(String nr){
        // führt die Bestellung durch
        return Auftragsnummer;
    }
    public String getBestellStatus(String nr, String Nr){
        // ermittelt den Status, für einen bestimmten Artikel
    }
    public String getBestellStatus(String nr){
        // ermittelt den Status
    }
    public String getBestellStatus(int nr){
        // ermittelt den Status
    }
    public Kundendaten getKundendaten(int nr){
        // ermittelt die Kundendaten
    }
}
```

miersprache. So ist es beispielsweise in Java möglich, den Datentyp einer Variablen zur Laufzeit über die *Reflection API* zu ermitteln. Aber nicht jede Programmiersprache verfügt über diese Möglichkeit, weshalb dies ebenfalls kein akzeptabler Ansatz ist. An beiden Beispielen wird deutlich, dass die Information über den Datentyp mithilfe von Metadaten (Daten über Daten) realisiert werden muss.

**Metadaten** Die Frage ist nur: Wie werden diese Metadaten zur Verfügung gestellt? Die Antwort lautet: selbstbeschreibendes XML. Mit anderen Worten: Die Information wird bereits in der SOAP-Nachricht selbst codiert. In Listing 5.11 wird dies zum Beispiel in Zeile neun mit dem Element

```
<m:nr xsi:type="xsd:string">
```

dargestellt.

*Listing 5.11* Der um Datentyp-Informationen erweiterte RPC-Request

```
<?xml version='1.0' ?>
 <env:Envelope xmlns:env="http://www.w3.org/2003/05/soap-envelope">
    <env:Body>
        <m:bestellen
          env:encodingStyle="http://www.w3.org/2003/05/soap-encoding"
            xmlns:m="http://ws.soa-buch.de/Annahme/"
            xmlns:xsi="http://www.w3c.org/2001/XMLSchema-instance"
            xmlns:xsd="http://www.w3c.org/2001/XMLSchema">
            <m:nr xsi:type="xsd:string">2934758</m:nr>
        </m:bestellen>
    </env:Body>
</env:Envelope>
```

Damit die Laufzeitumgebung die Attribut-Information xsi:type auswerten kann, muss festgelegt werden, welche Codierung (encoding) zur Anwendung kommt. In der SOAP-Spezifikation ist keine bestimmte Codierung vorgegeben.

Im Folgenden wird beispielhaft ein so genanntes *SOAP Encoding* vorgestellt. Die bereits in der Spezifikation definierte Codierung entwickelt jedoch kein eigenes Datentypsystem, sondern referenziert die XML-Schemadefinition (vergleiche [BM04]). Allerdings ist die Schemadefinition für diesen Zweck bei weitem zu mächtig – deshalb wird sie durch das SOAP Encoding etwas eingeschränkt.

In dem Beispiel in Listing 5.11 auf der vorherigen Seite wird auch gezeigt, wie die Festlegung der Codierung erfolgt – über das Attribut `encodingStyle`. Der Wert `http://www.w3.org/2003/05/soap-encoding` ist durch die SOAP-Spezifikation vordefiniert und zeigt an, dass die Datentypdefinition basierend auf XML-Schema verwendet wird.

**Encoding**

In dem XML-Dokument werden noch die Namensraum-Prefixe `xsi` und `xsd` definiert, damit diese in dem XML-Dokument verwendet werden können. An welcher Stelle in der SOAP-Nachricht dies erfolgt, ist unerheblich. Die SOAP-Spezifikation legt für das SOAP Encoding 44 einfache (elementare) Datentypen (simple datatypes) fest. Soll ein eigener komplexer Datentyp verwendet werden, so muss dieser zunächst definiert werden. Um selbst definierte Datentypen beschreiben zu können, bietet SOAP zwei Typen von komplexen (*compound, complex*) Datentypen an: Strukturen (*structs*) sowie ein- und mehrdimensionale Felder (*array*). Die konkrete Umsetzung in die SOAP-Struktur ist herstellerabhängig. Allerdings sind die Implementierungen der großen Hersteller zueinander kompatibel.

---

**Anmerkung**

Bei der Implementierung eines Web Services muss darauf geachtet werden, welche Datentypen von der zu verwendenden Laufzeitumgebung bereits unterstützt werden.

---

## 5.7 Transportprotokolle

Nachdem nun gezeigt wurde, was alles mit einem SOAP-Aufruf übertragen werden kann, muss noch geklärt werden, wie die Nachricht zum Empfänger gelangt. Bei einem Brief ist die Sache – zumindest für den Schreiber – recht einfach: Der Brief wird in einen Briefkasten geworfen. Die Postinfrastruktur sorgt dafür, dass der Brief zugestellt wird. Die Postmitarbeiter verfahren dabei nach exakt beschriebenen Dienstvorschriften (Protokollen), die sicherstellen, dass der Brief tatsächlich ankommt. Im Bereich des Datenaustausches zwischen zwei Anwendungen konnte sich eine Vielzahl von Protokollen etablieren – um hier nur einige zu nennen:

> HTTP, Hypertext Transfer Protocol [FGM+99]

> SMTP, Simple Mail Transfer Protocol [Kle01]

> FTP, File Transfer Protocol [PR85]

> JMS, Java Messaging Service [HBS+02]

> RMI, Remote Message Invocation

So unterschiedlich diese Verfahren auch sind – sie beschreiben allesamt, wie eine jeweilige Nachricht auszutauschen ist. Diese Protokolle kapseln das unterliegende technische Verfahren, wie die Daten physikalisch, etwa über TCP/IP übertragen werden. Dies ist völlig analog zu den Dienstvorschriften bei der Briefbeförderung. Das Transportmittel (Fahrrad, Auto, Flugzeug) wird in Abhängigkeit der lokalen Gegebenheiten gewählt.

**Unabhängigkeit vom Transportprotokoll** Keine der SOAP-Spezifikationen schreibt vor, mit welchem Protokoll die Nachrichten übertragen werden sollen. In Teil 1 der SOAP-Spezifikation (vergleiche [GHM+07a, Kapitel 4]) wird in Kapitel 4, *SOAP Protocol Binding Framework*, lediglich beschrieben, wie eine SOAP-Nachricht mithilfe eines Protokolls übertragen werden soll. Dieses standardisierte Binden hat den Vorteil, dass Laufzeitumgebungen, die unabhängig voneinander entwickelt wurden, die SOAP-Nachricht im Protokoll auch erkennen können. In Teil 2 der SOAP-Spezifikation (vergleiche [GHM+07b]) wird beispielhaft für HTTP beschrieben, wie diese Anbindung an das Protokoll gemäß der Spezifikation aus Teil 1 aussehen könnte. Damit ist insbesondere nicht vorgeschrieben, dass die Kommunikation nur über HTTP erfolgen soll. Entscheidend ist, dass die Nachricht gemäß den SOAP-Vorgaben „eingepackt" wurde.

Die Wahl des Transportprotokolls hängt von den jeweiligen Anforderungen ab. Wenn ein Protokoll benötigt wird, das praktisch überall zur Verfügung steht, so ist HTTP sicherlich eine gute Wahl. Wird allerdings ein gewisses Maß an Übertragungssicherheit (ähnlich einem Einschreiben) benötigt, dann sollte eher ein Messaging-System wie WebSphereMQ gewählt werden. Aufgrund seiner Herkunft aus dem Internet-Umfeld ist das zurzeit am häufigsten genutzte Transportprotokoll für SOAP-Nachrichten natürlich HTTP.

Deshalb zeigen die Listings 5.12 auf der nächsten Seite und 5.13 auf der nächsten Seite ein Beispiel für einen SOAP-RPC-Request, der mittels eines HTTP Request übertragen wird. Die ersten drei Zeilen, also bis zur ersten Leerzeile, geben den HTTP Header wieder. Ab der fünften Zeile folgt die eigentliche SOAP-Nachricht.

**SOAPAction** Bei SOAP 1.1 war es üblich, den HTTP-Block um einen SOAP-spezifischen Eintrag zu erweitern: Der *SOAPAction*-Eintrag im HTTP Header soll dazu dienen, die „Absicht" des SOAP Request anzuzeigen. Einige SOAP-Laufzeitumgebungen tragen als Wert die komplette URL des SOAP Request ein. Somit wäre es beispielsweise möglich, dass ein Netzwerk-Dispatcher oder der Web

Server den Request auf bestimmte Maschinen umleitet, um eine optimale Verarbeitung zu erreichen.

Solange dieser Eintrag im Rahmen der SOAP-Spezifikation freiwillig ist, kann sich ein Provider nicht auf die Verfügbarkeit verlassen. Er ist daher aus praktischer Sicht zurzeit nur eingeschränkt nutzbar. Bei SOAP 1.2 gibt es SOAPAction nicht mehr. Allerdings ist es möglich, den MIME-type um einen Action-Parameter zu erweitern und die entsprechenden Metadaten dort zu übertragen.

**Listing 5.12** *Eine SOAP-Nachricht, eingebettet in einen HTTP Request*

```
POST /bestellen HTTP/1.1
Content-Type: application/soap+xml;charset=utf-8
Content-Length: nnnn

<?xml version='1.0' ?>
<env:Envelope
  xmlns:env="http://www.w3.org/2003/05/soap-envelope">
    <env:Body>
        <m:bestellen
          env:encodingStyle="http://www.w3.org/2003/05/soap-encoding"
            xmlns:m="http://ws.soa-buch.de/Annahme">
            <m:nr>FT35ZBQ</m:nr>
        </m:bestellen>
    </env:Body>
</env:Envelope>
```

Die entsprechende SOAP Response wird mittels einer HTTP Response übertragen. Die Struktur der HTTP Response ist in Code 5.13 dargestellt.

**Listing 5.13** *HTTP Response als Übermittler einer SOAP Response*

```
HTTP/1.1 200 OK
Content-Type: application/soap+xml;charset=utf-8
Content-Length: nnnn

<?xml version='1.0' ?>
<env:Envelope
    xmlns:env="http://www.w3.org/2003/05/soap-envelope">
    <env:Body>
        <m:bestellenResponse
          env:encodingStyle="http://www.w3.org/2003/05/soap-encoding"
            xmlns:rpc="http://www.w3.org/2003/05/soap-rpc">
            xmlns:m="http://ws.soa-buch.de/Annahme/"
            <rpc:result>m:auftragsnummer</rpc:result>
            <m:datum>11.04.2009</m:datum>
            <m:auftragsnummer>4711</m:auftragsnummer>
        </m:bestellenResponse>
    </env:Body>
</env:Envelope>
```

## 5.8 Service-Endpunkte

Nachdem nun geklärt wurde, wie eine SOAP-Nachricht aufgebaut und an ein Transportprotokoll zu binden ist (gezeigt am Beispiel von HTTP), bleibt noch zu klären, wie der Serviceaufruf den Service findet. In dem Beispiel zu RPC über HTTP wurde dieser Aspekt noch außen vorgelassen, da es zunächst um die SOAP-Nachricht selbst ging.

**Service-Endpunkt**  Der Provider muss die richtige Stelle angeben, an die der SOAP Request gerichtet werden soll. Diejenige Instanz, die den Request entgegennimmt und die die Service-Methode zur Verfügung stellt, wird in der Literatur als „Service-Endpoint" bezeichnet. Der Service-Endpoint aus unserem Beispiel ist der vollqualifizierte Klassenname (`Auftragsannahme`). Dazu gehören in Java der package-Name (der in diesem Beispiel nicht vergeben wurde) und eine URL für das Transportprotokoll HTTP. Im Beispiel ergibt sich also die Beschreibung `http://ws.soa-buch.de/Annahme`.

Die Logik ist analog zu der aus dem Bereich der Servlet-Technologie. Der erste Teil `http://ws.soa-buch.de/` ist der URL, der den Server identifiziert. Dieser Server muss wiederum so eingerichtet sein, dass er aus dem zweiten Teil `Auftragsannahme` entnehmen kann, dass es sich um einen SOAP-Aufruf handelt. Die genaue Umsetzung der Zugriffslogik ist herstellerabhängig. In der Regel führt dies zu keinen Kompatibilitätsproblemen zwischen den SOAP-Laufzeitumgebungen der verschiedenen Hersteller, da jeder Provider, der diesen Service anbietet, seine eigene URL hat und sein System die Service-Endpunkte korrekt auflösen kann.

## 5.9 Nachrichten synchron und asynchron übermitteln

Bei der Auswahl eines geeigneten Transportprotokolls sollte immer im Hinterkopf behalten werden, dass die SOAP-Spezifikation keine synchrone bidirektionale Kommunikation vorschreibt. In der Spezifikation wird beschrieben, wie eine SOAP-Nachricht aufzubauen ist. Wann beziehungsweise ob es auf diese Nachricht eine Antwort gibt, wird nicht von der Spezifikation behandelt. Eine Kommunikation mittels SOAP kann deshalb sowohl synchron als auch asynchron (Messaging) erfolgen. Es ergeben sich natürlich unmittelbar folgende Fragen:

1.  Wie wird ein asynchroner Aufruf mit JMS implementiert?

2.  Wie wird ein asynchroner Aufruf mit HTTP implementiert?

Um diese Fragen zu beantworten, muss zuerst geklärt werden, was eigentlich unter synchron beziehungsweise asynchron genau verstanden wird. Auf den ersten Blick scheint diese Frage einfach zu beantworten zu sein. Wenn sich allerdings Kollegen aus dem Bereich Messaging (WebSphereMQ) mit Kollegen aus der Anwendungsentwicklung unterhalten, wird schnell klar, dass sich deren Definitionen unterscheiden.

Im Web-Services- beziehungsweise SOAP-Umfeld wird eine Kommunikation als synchron bezeichnet, wenn der Dienstnutzer mit dem Aufruf auch eine Antwort vom Dienstanbieter erwartet. Eine asynchrone Kommunikation erwartet jedoch keine Antwort.

Die Implementierung eines asynchronen Aufrufs mit APIs wie JMS (vergleiche [HBS⁺02]), die in ihrer Architektur asynchrone Nachrichtenübertragung explizit unterstützen, stellt keine Schwierigkeit dar. Innerhalb von JMS werden die Nachrichten an so genannte *Queues* (eine Art Briefkasten) versandt, die den Empfang der Nachricht sicherstellen. Der Empfänger selbst muss dabei im Moment des Nachrichtenempfangs nicht aktiv sein.

**Asynchroner Aufruf**

Mit HTTP ist es streng genommen nicht möglich, eine asynchrone Kommunikation zu implementieren. Eine Lösung für Arme kann erreicht werden, indem eine Methode genutzt wird, die keine Rückgabe deklariert. Leider verhindert dies nicht, dass die Anwendung des Anfragenden blockieren kann, wenn etwa die Anwendung des Dienstanbieters blockiert. Dies ist ein Verhalten, das aus Sicht einer asynchronen Kommunikation in der Anwendungsentwicklung nicht akzeptabel ist.

Aus diesem Grund bleibt als einzige Möglichkeit die Realisierung eines tatsächlichen Callbacks durch den Dienstanbieter. Die Grundlage dafür bildet *WS-Addressing* (siehe nächster Abschnitt), welches die protokollunabhängige Definition von Service-Endpunkten ermöglicht. Somit kann ein Dienstnutzer alternative Transportprotokolle (zum Beispiel SMTP) für die verzögerte Antwort auf einen asynchronen Aufruf spezifizieren. Basierend auf diesem Ansatz wurde von einer Vielzahl von Firmen die *Web Service Notification* in Form von drei Spezifikationen aus der Taufe gehoben. Weitere Details dazu finden sich im Abschnitt 14.2.3 auf Seite 354.

## 5.10 WS-Addressing

Die vorangegangenen Abschnitte führen klar aus, dass die SOAP-Spezifikation vor allem ein Protokoll für die Kommunikation in heterogenen Systemen definiert. Trotz dieses grundlegenden Ansatzes sind Teile der relevanten Informationen zur Kommunikation bei SOAP ausschließlich in der darunterliegenden Transport-Schicht angesiedelt. Dies betrifft vor allem das Routing und die Nachrichtenidentität. Ursache dafür war die ursprünglich feste Bindung von Web-Service-Kommunikation an das HTTP-Transportprotokoll in den Anfangszeiten der XML-basierenden Kommunikation. Mittlerweile werden derartige Protokolle aber auch in lose gekoppelten nachrichtenorientierten Systemen verwendet, die eigene performante Transportformate einsetzen. Deren Funktionsumfang hat somit Einfluss auf die SOAP-Übertragung, was dem ursprünglichen Gedanken von SOAP klar widerspricht. Viele verteilte Software-Systeme verwenden zudem alternative Nachrichtenaustausch-Paradigmen in ihren Architekturen, wie zum Beispiel das *Publish-Subscribe*-Pattern. Der Einsatz von SOAP mit solchen Transportprotokollen ist dann nur mit properitären Erweiterungen von SOAP umsetzbar, zu Lasten der Interoperabilität.

**Fehlende Metadaten über Endpunkte**

Als weiteres Problem der klassischen Web-Service-Mechanismen wurde frühzeitig identifiziert, dass Endpunkte nur durch eine URI in der WSDL-Datei identifiziert werden (siehe Abschnitt 5.8 auf Seite 102). Hier fehlt die Möglichkeit, zusätzliche Metadaten (zum Beispiel Informationen zur Authentifizierung) auf standardisierte Art und Weise zum Bestandteil der Angaben über den Endpunkt zu machen.

Mit der zunehmenden Akzeptanz von Web-Service-Technologien in der Vergangenheit stellten sich die geschilderten Mängel der SOAP-Spezifikation als zunehmend problematisch heraus. Aus diesem Grund entwickelten BEA, IBM, Microsoft, SAP und Sun den gemeinsamen *WS-Addressing*-Standard, welcher im August 2004 beim W3C eingereicht wurde und seit Mai 2006 den Status einer *W3C Recommendation* hat [HRG06]. Die zugehörige Arbeitsgruppe hat im September 2007 ihre Arbeit eingestellt, womit WS-Addressing als stabil betrachtet werden kann.

**Ziele von WS-Addressing**

Alle relevanten Web-Service-Pakete (unter anderem von Apache, IBM, Microsoft und Sun) unterstützen mittlerweile den Standard, er bildet außerdem die Grundlage für eine Vielzahl anderer Spezifikationen. *WS-Addressing* unterstützt alle existierenden SOAP- und WSDL-Versionen und verfolgt folgende Ziele:

> Neutrale Formulierung von Service-Endpunkten als XML-Dokument

> Direkte Kodierung von Informationen in SOAP, die bisher in der Transportschicht angesiedelt waren

  – Absender- und Empfänger-Endpunkt

  – Ziel-Endpunkt für die Antwortnachricht

  – weitere Metadaten, zum Beispiel Policy-Informationen

> Übertragung von SOAP-Nachrichten durch multiple Zwischenknoten (Firewall, Gateway), unabhängig vom Transportprotokoll

> Ende-zu-Ende-Identifikation von Nachrichten

> Unterstützung von asynchronen und Publisher-Subscriber-Interaktionsmustern

WS-Addressing führt dazu zwei neue Konzepte ein: Die Endpunkt-Referenz (*endpoint reference*) sowie zusätzliche Nachrichten-Adressierungseigenschaften (*message addressing properties*).

Eine Endpunkt-Referenz ist ein XML-Dokument, welches alle notwendigen Informationen für die Kommunikation mit einem Web Service enthält. Zusätzliche Metadaten für die Kommunikation mit dem beschriebenen Dienst können als Referenz-Parameter (*reference parameters*) für den jeweiligen Endpunkt im Dokument formuliert werden, und werden bei der Nachrichtenübertragung auf eigenständige SOAP-Header-Elemente abgebildet. Zudem kann das Dokument auf Grundlage der letzten Spezifikation der Arbeitsgruppe [GHRÜY07] die WSDL-Informationen des Dienstes enthalten, und somit die WSDL-Datei als einzig notwendige Informationsquelle für einen Dienst verlustfrei ersetzen.

**Endpoint Reference**

Ein Referenz-Parameter beschreibt spezifische Details des jeweiligen Aufrufs. Ein Beispiel findet sich in Listing 5.14. Das dargestellte Dokument ist typischerweise das Ergebnis einer vorangegangenen Aktion, zum Beispiel einer Eingabemaske. In diesem Fall wurde dabei eine Endpunktbeschreibung generiert, die die konkrete Sitzung des Client mit dem Server referenziert, und somit einen Verweis auf serverseitige Zustandsdaten (wie zum Beispiel einen Warenkorb) liefert.

**Reference Parameter**

*Listing 5.14* *WS-Addressing: Beispiel für ein Endpunkt-Referenz-Dokument*

```
<wsa:EndpointReference xmlns:wsa="..." xmlns:example="...">
    <wsa:Address>http://example.org/bookStoreService</wsa:Address>
    <wsa:ReferenceProperties>
        <example:subsidiary>foo street</example:subsidiary>
    </wsa:ReferenceProperties>
    <wsa:ReferenceParameters>
        <example:session>42bdjhd8hw</example:session>
    </wsa:ReferenceParameters>
</wsa:EndpointReference>
```

Da der Web-Service-Client laut WS-Addressing-Spezifikation die jeweiligen Metadaten uninterpretiert zu übertragen hat, lässt sich mithilfe von derartigen Referenz-Eigenschaften ein transparentes Session-Konzept für Aufrufe realisieren, ohne dass auf transportspezifische Mechanismen wie HTTP-Cookies zurückgegriffen werden muss. Ein entsprechendes Endpunkt-Dokument würde üblicherweise durch eine Factory-Funktion generiert werden.

Weitere Möglichkeiten zur Anwendung von WS-Addressing finden sich bei der Spezifikation von Sicherheits- und Policy-Informationen. Beispielsweise könnte ein Authentifizierungsvorgang einen Referenz-Parameter erzeugen, der wahlweise einen Verweis auf die Login-Sitzung oder die Nutzerdaten gleich direkt enthält. Spezifikationen wie WS-Security, WS-Policy und WS-Coordination nutzen genau diesen Ansatz, um ihre spezifischen Informationen in die SOAP-Pakete einzubetten.

**Message Addres-
sing Properties**

Das zweite relevante Konzept neben den Endpunkt-Referenzen sind die von WS-Addressing definierten zusätzlichen Adressierungsinformationen. Diese umfassen diverse Angaben für die SOAP-Interaktion bezüglich Routing und Kommunikationspfad. All diese Angaben finden ihre Entsprechung in standardisierten SOAP-Header-Elementen (siehe auch Listing 5.15 auf der nächsten Seite):

**Ziel-Adresse ('To')** des Empfängers als URI. Diese Angabe ist von der Empfänger-Angabe auf der Transport-Ebene unabhängig. Sie entspricht im klassischen SOAP der HTTP-Request-URL und muss in jeder WS-Addressing-konformen Nachricht vorhanden sein. Durch die Kodierung des Empfänger-Endpunktes innerhalb des SOAP-Headers kann die Nachricht potenziell über verschiedene Zwischenstationen und Transportprotokolle hin zu ihrem Endziel übertragen werden.

**Quell-Endpunkt ('From')** des Absenders als Endpunkt-Referenz. Dieser wird als Ziel für die Antwort-Nachricht verwendet, wenn kein expliziter Antwort-Endpunkt gesetzt ist.

**Nachrichten-ID ('MessageID')** als URI. Diese dient zur Identifikation der Nachricht in Zeit und Raum. Eine wiederholte Übertragung der gleichen Nachricht (zum Beispiel im Fehlerfall) muss mit derselben Nachrichten-ID erfolgen. Wenn ein Antwort-Endpunkt spezifiziert wurde, muss der Server die Nachrichten-ID der Anfrage im 'RelatesTo'-Feld der Antwortnachricht mit übertragen.

**Antwort-Endpunkt ('ReplyTo')** als Endpunkt-Referenz. Wenn diese optionale Angabe fehlt, wird die Antwortnachricht an den Absender-Endpunkt geschickt. Die Angabe eines Antwort-Endpunktes setzt die Angabe einer Nachrichten-ID voraus.

**Fehler-Endpunkt ('FaultTo')** ist der Endpunkt, welcher Fehler-Nachrichten des Servers entgegennimmt. Wenn diese optionale Angabe fehlt, werden Fehler entweder an den Antwort-Endpunkt oder den Absender-Endpunkt geschickt. Die Angabe eines Fehler-Endpunktes setzt die Angabe einer Nachrichten-ID voraus.

**Action-Element ('Action')** definiert analog zum HTTP-Header-Element *SOAPAction* aus SOAP 1.1 die angedachte Service-Aktivität, welche typischerweise an ein Element aus der zugehörigen WSDL-Datei gebunden wird.

**Relationship-Element ('RelatesTo')** definiert den Kontext für eine Nachricht als Kombination aus Kontext-Typ und Wert. Der Standard gibt einen Kontext-Typ vor, mit dem die Nachrichten-ID einer Anfrage im Antwortpaket referenziert werden kann. Dies ermöglicht die Implementierung asynchroner SOAP-Antwort-Nachrichten, wie sie beispielsweise in Message-Queue-Systemen vorkommen.

Bei HTTP als Transportprotokoll ergibt sich mit der Verwendung von WS-Addressing ein potentielles Problem. Da asynchrone Kommunikationsmuster von diesem Transportprotokoll nicht unterstützt werden, können mehrere Antwortendpunkte technisch nicht umgesetzt werden. Daher wird in WS-Addressing eine spezielle URI für einen *anonymen Endpunkt* definiert. Bei der Verwendung dieses Endpunktes muss das Transportprotokoll eigene Out-of-Band-Mechanismen einsetzen, um die jeweiligen Antwort- oder Fehler-Nachrichten an den Klienten zu übertragen. Im Falle von HTTP werden dabei HTTP-GET/POST-Mechanismen eingesetzt.

**Listing 5.15** *WS-Addressing: Beispiel für SOAP 1.2-Nachricht mit WS-Addressing-Informationen*

```
<S:Envelope xmlns:S=http://www.w3.org/2003/05/soap-envelope
  xmlns:wsa="http://www.w3.org/2005/08/addressing"
  xmlns:example="...">
  <S:Header>
    <wsa:MessageID>
      uuid:6B29FC40-CA47-1234-ABCD-00DD010662DA
    </wsa:MessageID>
    <example:subsidiary>foo street</example:subsidiary>
    <example:session>42bdjhd8hw</example:session>
    <wsa:ReplyTo>
      <wsa:Address>http://example.org/customerNotify</wsa:Address>
    </wsa:ReplyTo>
    <wsa:To>http://example.com/Purchasing</wsa:To>
    <wsa:Action>http://example.com/SubmitOrder</wsa:Action>
  </S:Header>
  <S:Body>
  ...
  </S:Body>
</S:Envelope>
```

Zusammengefasst kann festgestellt werden, dass WS-Addressing mittlerweile eine hohe Relevanz für die Entwicklung komplexer SOA-Architekturen im Web-Service-Umfeld besitzt. Durch die flexible Festlegung der Kommunikationsteilnehmer in den verschiedenen Rollen können neue Interaktionsmuster (Publish/Subscribe, One-Way, asynchrone Aufrufe) und lang laufende Anfragen für SOAP standardisiert umgesetzt werden.

Eine zunehmende Anzahl von erweiterten Standards (zum Beispiel WS-Notification, WS-Policy) setzt auf den Mechanismen von WS-Addressing auf. Die Relevanz der Spezifikation zeigt sich zusätzlich in der Menge der verfügbaren Implementierungen in den diversen Web Services Toolkits. Für zukünftige Versionen von SOAP und WSDL ist daher eine Übernahme von WS-Addressing-Konzepten zu erwarten.

## 5.11   SOAP-Verwandte

**XML-RPC und REST:
Einfache Alter-
nativen zu SOAP**

Das Akronym SOAP stand wie zu Anfang des Kapitels bereits geschrieben
ursprünglich für „Simple Object Access Protocol". Diese Abkürzung wurde
aber gestrichen, da SOAP zwar ein Protokoll ist, die übrige Bedeutung jedoch
allgemein als falsch angesehen werden kann. Insbesondere für den Anfänger
ist das Attribut „simple" nicht immer nachvollziehbar und Objekte konnten
noch nie direkt angesprochen werden.

Im Folgenden werden daher zwei einfache Alternativen zu SOAP vorgestellt.
XML-RPC kann man zumindest die Eigenschaft „simple" durchaus zuschrei-
ben. Es dient zum entfernten Methodenaufruf und nutzt XML-Nachrichten,
die synchron über HTTP versendet werden. Die zweite Alternative, REST,
ist kein eigenes Protokoll, sondern ein Architekturstil, der definiert, wie
existierende Web-Protokolle verwendet werden können, um unter anderem
möglichst einfach Web Services zu realisieren.

## 5.11.1   XML-RPC

XML-RPC [Win99] wurde 1998 von Dave Winer entwickelt. Es dient zum
einfachen, entfernten Methodenaufruf (remote procedure call) und verwendet
XML-Nachrichten, die synchron über HTTP versendet werden. XML-RPC ist
im Gegensatz zu SOAP nicht vom W3C standardisiert und wird von weniger
Anwendungen und Entwicklungswerkzeugen unterstützt. XML-RPC ist vergleichbar mit einer vorläufigen, inoffiziellen SOAP-Version, verwendet jedoch
kürzere Elementnamen und unterstützt keine XML-Namensräume. Das Ziel
von XML-RPC ist es, eine einfach zu erlernende und zu benutzende Alternative zu SOAP zu bieten. Dies wird durch ein übersichtliches Typsystem,
wenige Operationen und die Einschränkung auf synchrone Methodenaufrufe
über das HTTP-Protokoll erreicht.

Der Vorteil von SOAP, nicht an ein Transportprotokoll gebunden zu sein sowie
auch asynchronen Nachrichtenaustausch zu unterstützen, wird von seinen
Kritikern häufig auch als großer Nachteil angeführt, da es die Komplexität
der Spezifikation erhöht und seine Verwendung erschwert. Zwar können ein
asynchroner Nachrichtenaustausch und beispielsweise der Einsatz von Message-Queues Vorteile bieten, die meisten Problemstellungen sind jedoch auch
mittels synchroner RPCs lösbar. HTTP ist darüber hinaus im Gegensatz zu
spezieller Middleware, die Message-Queues unterstützt, auf praktisch jeder
Plattform (auch auf einem modernen Mobiltelefon) verfügbar.

Das Beispiel 5.16 auf der nächsten Seite führt einen Methodenaufruf bei
einem fiktiven Wetterdienst aus. Der erste Textblock ist ein HTTP-POST-Kom-
mando, das dazu genutzt wird, um die Nutzdaten aus dem zweiten Textblock
an einen Server zu übermitteln. Auf den ersten Textblock wird nicht weiter
eingegangen, er enthält lediglich Pflichtfelder, die beispielsweise das Format

**Listing 5.16** *Beispiel XML-RPC-Anfrage*

```
POST /RPC2 HTTP/1.1
Host: YourWeatherServer.de
User-Agent: Telnet/1.0
Content-Type: text/xml
Content-length: nnn

<?xml version="1.0"?>
<methodCall>
  <methodName>weatherReport.getTemperatureByZip</methodName>
  <params>
    <param>
      <value><int>4711</int></value>
    </param>
  </params>
</methodCall>
```

der Nutzdaten (Content-Type) sowie seine Länge (Content-Length) angeben. Der zweite Textblock enthält das XML-Dokument, mit dem der XML-RPC Aufruf beschrieben wird. Es besteht aus einem einzelnen Pflichtelement (methodCall) mit dem Pflichtelement methodName, das den Namen der Methode angibt und einer je nach Methode optionalen Liste von Parametern (param), die im Element params anzugeben sind.

XML-RPC ist wie SOAP unabhängig von Betriebssystemen oder Programmiersprachen. Der Aufbau des Methodennamens ist daher nicht fest vorgeschrieben. Lediglich die zu verwendenden Buchstaben, Ziffern und Sonderzeichen sind definiert. In diesem Beispiel wird eine Methode zur Abfrage der Temperatur an einem Ort aufgerufen. Der Ort wird mittels seiner Postleitzahl angegeben und das Land wird hier zur Vereinfachung nicht betrachtet. Der Typ des Parameters wird mittels eines Elements (hier int) im Element value angegeben. Im Gegensatz zu SOAP haben die Parameter keine Namen.

Wie bereits in Abschnitt 5.6 auf Seite 99 erwähnt, unterstützt SOAP den **Typsystem** Einsatz des Typsystems von XML-Schema und bietet somit bereits mehr als 40 elementare Datentypen, beispielsweise für Datumsangaben oder Fließkommazahlen. XML-RPC reduziert diese Komplexität auf sechs elementare und zwei komplexe Datentypen. Als elementare Datentypen werden Zeichenketten (string), Ganz- und Fließkommazahlen (integer, double), Wahr-/Falsch-Werte (boolean), Datumsangaben (nach *ISO8601*) und Binärwerte (mittels *BASE64* kodiert) unterstützt. Komplexe Datentypen werden für zusammengesetzte Datentypen verwendet und können so genannte Structs sein, auf deren Felder mittels eines Namens zugegriffen werden kann, sowie Arrays sein, deren Felder mittels eines Indizes referenziert werden.

Das in Listing 5.17 auf der nächsten Seite dargestellte Beispiel zeigt eine mögliche Antwort auf die zuvor gestellte Anfrage. Es besteht wieder aus zwei Teilen. Der obere Teil stammt vom HTTP-Protokoll und beschreibt die Nutzdaten im zweiten Textblock. Die Nutzdaten bestehen wie bereits die Anfrage

*Listing 5.17* Beispiel XML-RPC-Antwort

```
HTTP/1.0 200 OK
Server: someApp/1.0
Date: Mon, 28 Mar 2005 15:40:47 GMT
Content-Type: text/xml
Content-Length: nnn

<?xml version="1.0"?>
<methodResponse>
    <params><param><value>
        <struct>
            <member>
                <name>DegreeCelsius</name>
                <value><double>21.3</double></value>
            </member>
            <member>
                <name>timestamp</name>
                <value><dateTime.iso8601>
                    20050328T15:00:00
                </dateTime.iso8601></value>
            </member>
        </struct>
    </value></param></params>
</methodResponse>
```

aus einem XML-Dokument. Das Element `MethodResponse` mit dem darauf folgenden Element `params` gibt an, dass der Aufruf der Methode erfolgreich war. Kommt es bei einem Methodenaufruf zu einem Fehler, weil beispielsweise eine ungültige Postleitzahl angegeben wurde, so enthält `MethodResponse` ein Fault-Element vergleichbar mit SOAP (siehe Abschnitt 5.4.3 auf Seite 91). In diesem Beispiel wird ein Struct-Element zurückgegeben. Es enthält zwei Member mit Name und Wert. Das erste Member-Element mit dem Namen `DegreeCelsius` gibt die Temperatur als Fließkommazahl zurück. Das zweite Member-Element mit dem Namen `timestamp` liefert den Zeitstempel der Messung.

**Remote Skripting mittels DCOP-Adapter**

Implementierungen von XML-RPC, sowohl als Client als auch als Server, sind für die meisten Programmiersprachen verfügbar. Ein besonders interessantes Einsatzfeld findet sich im Open-Source-Betriebssystem Linux. Hier kann XML-RPC unter anderem verwendet werden, um im K-Desktop-Environment (KDE), einer graphischen Desktopumgebung, Remote-Skripting für Makros über einen Adapter für das Desktop Communication Protocol (DCOP) zu realisieren.

**Fazit**

XML-RPC ist im Vergleich zu SOAP zwar einfacher, im täglichen Einsatz bleibt jedoch selbst einem Anwendungsentwickler die XML-Repräsentation eines Methodenaufrufs verborgen, da diese automatisch von Hilfsprogrammen abgebildet wird. Kritiker von XML-RPC führen an, dass es praktisch kein relevantes Szenario gibt, bei dem eine XML-Nachricht von Hand erstellt werden muss. Eine einfache XML-Repräsentation bietet somit keine Vorteile.

Das Gegenteil ist sogar der Fall. Das vereinfachte Typsystem erschwert die Nutzung mittels Programmiersprachen, da viele Typen nicht direkt abbildbar sind. Zur Darstellung einer URL kann beispielsweise in Java die Klasse `java.net.URL` genutzt werden. Ein derartiges URL-Objekt kann in SOAP auf den Datentyp `anyURI` direkt abgebildet werden. In XML-RPC ist eine direkte Abbildung nicht möglich, eine URL ist hier lediglich ein String-Datentyp. Dieser String muss vom Programmierer selbst wieder auf ein URL-Objekt abgebildet werden. Letztlich steigt somit der Aufwand für den Programmierer.

## 5.11.2 REST

„REpresentational State Transfer", kurz REST, wurde von Roy Thomas Fielding 2000 in seiner Dissertation [Fie00, Kapitel 5] beschrieben. Im Gegensatz zu SOAP und XML-RPC ist REST kein Protokoll sondern ein Architekturstil, der definiert, wie existierende Web-Protokolle verwendet werden können, um unter anderem möglichst einfach Web Services zu realisieren. SOAP hat durch seine Unabhängigkeit vom Transportmedium und die Erweiterungsmöglichkeiten zum Ziel, möglichst viele Arten von verteilten Anwendungen zu unterstützen. REST fokussiert hingegen nur Anwendungen im World Wide Web.

**REST ist kein Protokoll**

Ist eine Anwendung konform zum REST-Architekturstil, wird sie als RESTful bezeichnet. Eine derartige Anwendung verwaltet eine beliebige Menge von Ressourcen. Eine Ressource kann nach Definition vom W3C prinzipiell alles sein, ihre Repräsentation muss jedoch mittels einer URL zugreifbar sein. Amazon.com gehört zu den populärsten Anbietern einer REST-Anwendung. Ressourcen sind hier beispielsweise Bücher und Warenkörbe.

**Listing 5.18** *Beispiel REST-Aufruf bei Amazon.com*

```
http://webservices.amazon.com/onca/xm?Service=AWSECommerceService&
SubscriptionId=...&Operation=ItemSearch&
SearchIndex=Books&ResponseGroup=Request,Small&
Version=2005-03-23&Keywords=Web-Service...
```

Das hier dargestellte Beispiel führt eine Suche mittels des Amazon Web Services[1] aus. Zuvor ist jedoch eine Registrierung bei Amazon notwendig und die hieraus resultierende `SubscriptionId` ist entsprechend einzutragen. Im Gegensatz zu SOAP und XML-RPC gibt es keine speziellen Datentypen und es wird für die Anfrage lediglich eine URL statt eines XML-Dokuments verwendet. Diese URL wird mittels einer HTTP-GET Operation an den Server übermittelt. Dieser liefert die Repräsentation der Ressource zurück, die in diesem Fall das Ergebnis der Suchanfrage zu Büchern über Web Services und SOA enthält. In welchem Format das Ergebnis der Anfrage zurückgeliefert

**Keine Datentypen**

---

[1] Erhältlich unter der URL `http://www.amazon.com/webservices/`.

wird, ist in REST nicht vorgeschrieben. Für semi-strukturierte Daten in XML ist somit nicht definiert, wie diese im Detail aufgebaut sein müssen. Welche Elementnamen verwendet werden, bleibt folglich der Anwendung überlassen.

**Listing 5.19** *Antwort auf die REST-Anfrage*

```
<ItemSearchResponse xmlns="http://webservices.amazon.com/
                           AWSECommerceService/2005-03-23">
...
  <Items>
    <Request>
      <ItemSearchRequest>
        <Keywords>web service soa</Keywords>
        <SearchIndex>Books</SearchIndex>
      </ItemSearchRequest>
    </Request>
    <TotalResults>47</TotalResults>
    <Item>
      ...
      <DetailPageURL>http://www.amazon.com/exec/...</DetailPageURL>
      <ItemAttributes>
        <Title>Service Orientierte Architekturen...</Title>...
      </ItemAttributes>
    </Item>
...
```

Das in Listing 5.19 dargestellte XML-Fragment zeigt einen Ausschnitt der Antwort des Amazon Servers. Diese Antwort kann mittels eines Programms oder eines XML-Stylesheets in eine HTML-Seite transformiert werden. Interessant ist vor allem die URL im Element DetailPageURL. Diese verweist wiederum auf eine Ressource, in diesem Fall auf ein konkretes Buch. Die Repräsentation des Buchs könnte ebenfalls Verweise auf Ressourcen enthalten, beispielsweise auf Rezensionen des Buches oder ähnliche Bücher. Indem ein Client einer URL in einer Repräsentation folgt, ändert er seinen Zustand. Daher stammt die Bezeichnung *representational state transfer*.

**Web-Services-Aufrufe können als Link dargestellt werden**

Im Gegensatz zu SOAP und XML-RPC kann ein Aufruf eines Web Services mittels REST durch einen Link auf einer Webseite dargestellt werden. Programmierkenntnisse sind für die Anfrage nicht erforderlich und das Ergebnis ist bei einfachen XML-Dokumenten ebenfalls leicht zu verarbeiten. Aufgrund dieser Einfachheit wurden Anfang 2005 bei Amazon.com mehr Web-Service-Aufrufe mittels REST verzeichnet als mit SOAP. Mittels einer HTTP-GET-Operation wird jedoch lediglich eine Repräsentation einer Ressource abgefragt, ohne diese zu verändern. Zur Manipulation von Ressourcen werden in REST die HTTP-Operationen PUT, POST und DELETE verwendet. Diese lassen sich jedoch nicht mit Links in HTML-Seiten erzeugen. Amazon.com bietet daher alle seine Funktionen mittels GET-Operationen an. Zur weiteren Beschreibung von REST sind die folgenden Beispiele daher fiktiv.

**Listing 5.20** *REST und PUT*

```
PUT /xyzBuchladen.de/Buecher/WSSOA HTTP/1.1
...
```

Zur Erzeugung einer Ressource wird in Listing 5.20 die HTTP-PUT-Operation verwendet. Der Name der Ressource wird mittels der URL angegeben. Die Nutzdaten der HTTP-PUT-Operation enthalten Daten zur Ressource, beispielsweise den Preis des Buches und eine Zusammenfassung. PUT kann ebenfalls zum Ersetzen einer Ressource verwendet werden. Sollen Veränderungen an einer Ressource vorgenommen werden, wird HTTP-POST verwendet. Die Nutzdaten beschreiben hierbei, wie die Ressource verändert werden soll.

**Erzeugung von Ressourcen**

**Änderung von Ressourcen**

**Listing 5.21** *REST und POST*

```
POST /xyzBuchladen.de/Buecher/WSSOA HTTP/1.1
...
rezension=/Buecher/WSSOA/Rezensionen/Jack
```

In Listing 5.21 wird ein Verweis auf eine Rezension von Jack mittels HTTP-POST zu dem Buch hinzugefügt. Da HTTP zustandslos ist, muss jede REST-Operation alle Informationen enthalten, um sie auszuführen. Falls für eine HTTP-GET-Operation mehrere Parameter und zusätzlich Autorisierungsinformationen übertragen werden müssen, wird die entsprechende URL daher häufig sehr lang.

REST stellt eine interessante Alternative zu SOAP und XML-RPC dar, da sich Web-Services-Aufrufe sehr einfach als HTTP-Operationen, beispielsweise als Link, erstellen lassen. Da hierzu weder Programmierkenntnisse noch spezielle Entwicklungswerkzeuge benötigt werden, eignet sich REST auch für kleinere Projekte, wie beispielsweise private Homepages, die Börsenkurse oder Wetterinformationen einbinden. Nicht zu unterschätzen ist jedoch der Aufwand zur Verarbeitung der Antwort vom Server. Eine automatische Erstellung von so genannten Stubs, die für Programmierer einen entfernten Methodenaufruf kapseln und ähnlich einfach wie einen lokalen Aufruf gestalten, ist mit REST selbst nicht möglich, da REST einen Architekturstil und kein konkretes Protokoll definiert. Anwendungen, die den Architekturstil von REST umsetzen, haben unter anderem wegen des Einsatzes von HTTP dennoch zahlreiche Vorteile. Sie können durch den Einsatz von SSL/TLS (HTTPS) einfach für Punkt-zu-Punkt-Verbindungen abgesichert werden. Ein „Trial&Error" bei der Entwicklung mithilfe eines Browsers ist fast trivial. Einfach URL im Browser eingeben, das Ergebnis wird halbwegs lesbar dargestellt. Durch diese sehr niedrige Einstiegshürde ist REST im privaten Umfeld sehr beliebt und erlaubt vorallem sehr schnelle Umsetzungen von „Quick&Dirty"-Lösungen.

**Fazit**

## 5.12 Zusammenfassung

SOAP ist eine XML-Anwendung und definiert ein plattform- und programmiersprachenunabhängiges Konzept zur Übertragung von Daten. Die Spezifikation legt fest, dass eine vollständige SOAP-Nachricht aus den Hauptelementen `Envelope`, `Body` und einem optionalen `Header`-Element besteht. Das `Envelope`-Element stellt das Wurzelelement jeder SOAP-Nachricht dar; die beiden anderen sind die Kindelemente. Prinzipiell können beliebige XML-Dokumente mit SOAP übertragen werden.

In einigen Fällen beschreibt der Inhalt des SOAP-Bodys einen Methodenaufruf. Für diesen Fall ist es von Vorteil, eine vordefinierte Syntax im XML-Dokument zu haben. Aufgrund dieser Vereinbarung können verschiedene Softwareentwickler ihre Systeme auf einen RPC-Aufruf vorbereiten, ohne sich vorher im Detail absprechen zu müssen. Der Austausch der Adresse des Service-Endpoints reicht aus, um den Service direkt nutzen zu können. Da SOAP „nur" das Nachrichtenformat beschreibt, kann eine SOAP-Nachricht mithilfe eines beliebigen Transportprotokolls übertragen werden. Das verwendete Transportprotokoll ist für die SOAP-Nachricht also transparent und SOAP-Nachrichten können für synchrone und asynchronen Kommunikationen eingesetzt werden.

# 6 | Web Services Description Language

*„Sage nicht immer, was du weißt, aber wisse immer, was du sagst."*
*Matthias Claudius, deutscher Dichter (1740 – 1815)*

Die plattformunabhängige Beschreibung von Schnittstellen ist ein wichtiger Baustein für eine Service-orientierte Architektur. Eine derartige Spezifikation beinhaltet alle wesentlichen Informationen, um die entfernte Dienstschnittstelle ohne weiteres Implementationswissen nutzen zu können. Auf diese Weise können Anwendungen flexibel aus Diensten unterschiedlicher Kommunikationspartner zusammengesetzt werden.

Die Web Services Description Language (WSDL) ermöglicht sowohl die abstrakte Beschreibung von Schnittstellen mit ihren Operationen, als auch die konkrete Beschreibung technischer Informationen zum Aufruf des Dienstes. Zusammen mit SOAP bildet WSDL die Grundlage für interoperable Web-Services-Umgebungen. Das vorliegende Kapitel führt in diese Schnittstellenbeschreibungssprache ein.

## Übersicht

## 6.1 Einleitung

Die Web Services Description Language, kurz WSDL, ist eine XML-Sprache zur Beschreibung von Web-Service-Schnittstellen. Sie unterliegt der Standardisierung beim W3C. Die Version 1.1 der WSDL-Spezifikation existiert seit 2001, und ist in allen gebräuchlichen Web-Service-Umgebungen standardmäßig in Verwendung. Der Nachfolger-Standard WSDL 2.0 hat seit März 2006 den Status einer *W3C Recommendation* und wurde im Juni 2007 überarbeitet – allerdings mit sehr schleppender Verbreitung in realen Systemen. Im Folgenden bezieht sich der Text, sofern nicht anders angegeben, auf die aktuelle Version WSDL 2.0 ([BL07], [CMRW07] und [CHL$^+$07]).

**Abstrakte und konkrete Beschreibung**

Web Services werden in WSDL aus zwei Blickwinkeln beschrieben: abstrakt auf der Ebene der Funktionalität und konkret auf der Ebene der technischen Details. Hierzu wird die Beschreibung der Funktionalität, die ein Web Service anbietet, von den technischen Details über den Ort und die Art und Weise, wie ein Dienst angeboten wird, getrennt. Die Konstrukte von WSDL ermöglichen es hierbei, einzelne Bestandteile der abstrakten oder konkreten Beschreibung im anderen Kontext wiederzuverwenden.

Eine semantische Beschreibung der Dienstfunktionalität („Was wird getan") ist nicht Aufgabe der WSDL (und daher auch nicht Teil der Spezifikation), ist aber durchaus in entsprechenden Erweiterungen der WSDL realisiert (siehe auch Abschnitt 14.1 auf Seite 336).

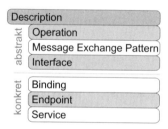

**Abbildung 6.1** *Überblick über die WSDL-Komponenten*

**WSDL-Komponenten**

Für die Beschreibung eines Dienstes stehen in der WSDL die in der Abbildung 6.1 aufgeführten Komponenten zur Verfügung. Die WSDL orientiert sich am abstrakten Datenmodell des *XML Information Set*, [CT04]. Als Darstellungsform der Beispiele für die einzelnen Komponenten ist im Folgenden die XML-Repräsentation gewählt.

**Beispiel**

Das folgende einfache Beispiel soll die Konzepte der WSDL-Schnittstellenbeschreibung verdeutlichen. Dieser exemplarische Web Service soll es ermöglichen, nach Büchern in einem Buchkatalog zu suchen. Um die Suche durchzuführen, stellt der Nutzer des Web Service eine Anfrage mit den Suchbegriffen, wie zum Beispiel Titel und Autor oder auch nur einem Stichwort. Die Anfrage wird dann vom Web Service bearbeitet und mit einer Trefferliste beantwortet, die den Suchkriterien entsprechende Bücher referenziert. Um diesen Web

Service überhaupt konsumieren zu können, benötigt der Nutzer Antworten auf verschiedene Fragen, wie zum Beispiel: „Wo finde ich den Dienst?" und „Wie kommuniziere ich mit dem Dienst?" Diese Antworten liefert die WSDL-Beschreibung des Dienstes, die in Form eines XML-Dokumentes bereitgestellt wird.

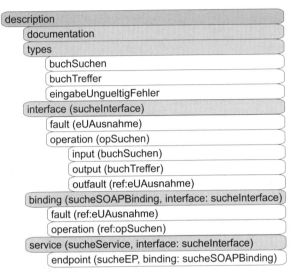

**Abbildung 6.2** *Schematischer Aufbau des WSDL-Beispiels*

In Abbildung 6.2 wird der schematische Aufbau der zu unserem Suchdienst für Bücher gehörenden WSDL-Datei grafisch dargestellt. Hierbei wird zunächst die Unterteilung des Dokumentes in verschiedene Komponenten deutlich:

**documentation** -Abschnitt, enthält textuelle Anmerkungen des Anbieters zum Dienst.

**types** -Abschnitt, beschreibt die Nachrichten, die der Dienst sendet und empfängt.

**interface** -Abschnitt, beschreibt die abstrakte Funktionalität eines Dienstes.

**binding** -Abschnitt, beschreibt wie der Dienst aufgerufen wird.

**service** -Abschnitt, beschreibt wo der Dienst sich befindet.

Die Anordnung der Komponenten in der WSDL-Datei ist an keine bestimmte Reihenfolge gebunden. Die einzige Ausnahme ist das description-Element, das als Wurzelelement des XML-Dokuments an erster Stelle im Dokument steht.

## 6.2 Abstrakte Beschreibung der Dienstfunktionen

**description**

Eine WSDL-Spezifikation wird durch ein XML-Element umrahmt, welches die verschiedenen Abschnitte der WSDL-Beschreibung als Kind-Elemente enthält. Listing 6.1 verdeutlicht den schematischen Aufbau einer solchen WSDL 2.0 Datei.

**Listing 6.1** *Aufbau einer WSDL 2.0 Datei*

```
<description
      targetNamespace="xs:anyURI" >
  <documentation />?
  [ <import /> | <include /> ]*
  <types />?
  [ <interface /> | <binding /> | <service /> ]*
</description>
```

**interface**

Die prinzipielle Funktionalität eines Web Service wird durch die Beschreibung seiner Schnittstellen definiert. Eine derartige Schnittstelle wird in WSDL 1.1 als portType, in WSDL 2.0 als interface bezeichnet. Jede Schnittstelle fasst eine Menge von Operationen zusammen, und ist somit vergleichbar mit Interface-Definitionen in Corba IDL oder in Programmiersprachen wie Java. WSDL erlaubt überdies die Definition einer beliebigen Anzahl von Fehlerkomponenten, so genannter faults, direkt innerhalb der Schnittstellenbeschreibung. Die Fehlerkomponenten können dann in allen Operationen der Schnittstelle verwendet werden.

**operation**

Jede einzelne Operation einer solchen Schnittstelle definiert sich durch eine Menge von XML-Nachrichten, welche im Rahmen des Operationsaufrufes zwischen Dienstnutzer und Dienstanbieter ausgetauscht werden. Die Beschreibung der funktionalen Schnittstelle erfolgt somit vollkommen unabhängig vom eventuell verwendeten Transportprotokoll (zum Beispiel HTTP oder SMTP) oder der Kodierung der XML-Strukturen bei der Übertragung. Ausschließlich die definierten XML-Strukturen dienen als Vorlage für auszutauschende Nachrichten zwischen Dienstanbieter und Dienstkonsumenten. Mit jeder Operation ist in WSDL 2.0 überdies ein *Message Exchange Pattern* verknüpft, welches unter anderem die Reihenfolge der Nachrichten festlegt (vergleiche Abschnitt 6.4 auf Seite 123).

**Listing 6.2** *Definition der Operationen im interface-Element*

```
<interface name="sucheInterface">
    <fault name="eUAusnahme" element="bsns:eingabeUngueltig"/>
    <operation name="opSuchen"
        pattern="http://www.w3.org/2004/03/wsdl/in-out">
      <input messageLabel="In" element="bsns:buchSuchen"/>
      <output messageLabel="Out" element="bsns:buchTreffer"/>
      <outfault ref="tns:eUAusnahme" messageLabel="Out"/>
    </operation>
  </interface>
```

In unserem Beispiel (siehe Listing 6.2 auf der vorherigen Seite) besitzt die Schnittstelle `sucheInterface` des Web Service eine einzige Operation, nämlich `opSuchen`. Die Definition der Operation enthält wiederum eine Referenz auf eine Eingabe- und eine Ausgabe-Nachricht. Hier liegt offensichtlich ein Request-Response-Muster für die Interaktion vor. Als Eingabe wird der im Abschnitt `types` definierte Typ `buchSuchen` definiert. Die Ausgabenachricht der Operation definiert sich anhand des Typs `buchTreffer`. Für den Fall, dass beim Aufruf ein Fehler auftritt, wird der Fehler `eUAusnahme` referenziert. Dieser gibt Informationen über den aufgetretenen Fehler unter Verwendung des Typs `eingabeUngueltigFehler` zurück.

**types**

Wie bereits am Beispiel zu erkennen ist, werden die Nachrichten im Normalfall anhand separat deklarierter Typdefinitionen definiert. Die Definition dieser Datentypen erfolgt im `types`-Abschnitt der WSDL-Datei. Obwohl dies zunächst nach einer überflüssigen Indirektion in der Schnittstellenspezifikation aussieht, ist ein ähnliches Vorgehen auch bei anderen Schnittstellenbeschreibungssprachen üblich. Die zentrale Definition der verschiedenen Nachrichtentypen erlaubt eine leichte Wiederverwendung in mehreren Operationen, oder sogar in mehreren Schnittstellenspezifikationen.

In Listing 6.3 auf der nächsten Seite werden für dieses Beispiel drei Typen definiert, die bereits aus der Spezifikation der Operation bekannt sein sollten:

1. `buchSuchen`,

2. `buchTreffer` und

3. `eingabeUngueltigFehler`.

`buchSuchen` wird verwendet, um die Suchkriterien des Benutzers aufzunehmen, `buchTreffer` stellt die Trefferliste dar, die der Benutzer als Ausgabe erhält. `eingabeUngueltigFehler` definiert die Nachricht, die im Falle eines Fehlers an den Benutzer gesendet wird.

`buchSuchen` und `buchTreffer` nutzen den Datentyp `BuchTyp`, der somit nicht nur zur Angabe der Suchkriterien verwendet wird, sondern auch für die Elemente der Trefferliste, die als Ergebnis der Transaktion übermittelt werden.

**XML-Schema**

Die strukturelle Spezifikation der benötigten Datentypen wird in WSDL vorzugsweise mit *XML-Schema* vorgenommen. Obwohl auch alternative Datenmodelle und Schemasprachen jenseits des XML-Infosets durch den WSDL-Erweiterungsmechanismus (vergleiche hierzu auch Abschnitt 6.6 auf Seite 126) möglich sind, definiert die Spezifikation selbst lediglich die Verwendung von XML-Schema. Dies stellt auch den typischen Anwendungsfall in der Praxis dar. Im Abschnitt `types` können XML-Schema-Dokumente entweder direkt oder mithilfe des schemaeigenen Import-Mechanismus in die Schnittstellenbeschreibung eingebunden werden.

**Listing 6.3** *Definition der Datentypen im types-Element*

```
<types>
    <xs:schema xmlns:xs="http://www.w3.org/2001/XMLSchema"
        targetNamespace="http://www.example.com/buch/suche.xsd"
        xmlns="http://www.example.com/buch/suche.wsdl">
        <xs:element name="buchSuchen" type="AnfrageTyp"/>
        <xs:element name="buchTreffer" type="AntwortTyp"/>
        <xs:element name="eingabeUngueltigFehler"
          type="xs:string"/>

        <xs:complexType name="BuchTyp">
          <xs:sequence>
            <xs:element name="Autor" type="xs:string"/>
            <xs:element name="Titel" type="xs:string"/>
            <xs:element name="ISBN" type="xs:string"/>
            <xs:element name="Preis" type="xs:double"/>
            <xs:element name="Stichwort" type="xs:string"/>
          </xs:sequence>
        </xs:complexType>

        <xs:complexType name="AnfrageTyp">
          <xs:sequence>
            <xs:element name="Buch" type="BuchTyp"/>
          </xs:sequence>
        </xs:complexType>
        <xs:complexType name="AntwortTyp">
          <xs:sequence>
            <xs:element name="Buch" type="BuchTyp"
              maxOccurs="unbounded"/>
          </xs:sequence>
        </xs:complexType>
    </xs:schema>
</types>
```

Listing 6.4 illustriert die Syntax des WSDL-Typmechanismus zum Einbinden externer XML-Schemata. Hier können zentrale Formatdefinitionen referenziert und somit wiederverwendet werden.

**Listing 6.4** *WSDL-Typen*

```
<description>
  <types>
    <documentation />?
    <xs:import namespace="xs:anyURI"
      schemaLocation="xs:anyURI"?/>*
    <xs:schema targetNamespace="xs:anyURI" />*

  </types>
</description>
```

## 6.3 Konkrete Beschreibung des Endpunktes

**binding**

Nachdem nun auf abstrakter Ebene die Schnittstellen, Operationen und zugehörigen Nachrichten beschrieben wurden, wird im Abschnitt `binding` der WSDL-Datei festgelegt, welches Protokoll für den Nachrichtenaustausch verwendet wird. Weiterhin können pro Operation zusätzliche Detailinformationen bzgl. Transport und Kodierung der Nachrichten angegeben werden.

**Listing 6.5** *Definition der Protokolle im binding-Element*

```
<binding name="sucheSOAPBinding"
    interface="tns:sucheInterface"
    type="http://www.w3.org/2004/08/wsdl/soap12"
    wsoap:protocol="http://www.w3.org/.../bindings/HTTP">
  <operation ref="tns:opSuchen"
    wsoap:mep="http://www.w3.org/.../mep/request-response"/>
  <fault ref="tns:eUAusnahnme" wsoap:code="soap:Sender"/>
</binding>
```

In Listing 6.5 wird das vom Web Service verwendete Protokoll durch eine Bindung an das SOAP-Protokoll (siehe Kapitel 5 auf Seite 83) definiert. Mit dem Element `fault` wird dabei kein neuer Fehler, sondern der SOAP-Fehlercode zur bereits spezifizierten Fehlernachricht definiert.

Trotz der Tatsache, dass Web Services typischerweise unter Verwendung des SOAP-Protokolls implementiert werden, ist dies aus Sichtweise von WSDL keinesfalls die einzige Möglichkeit. Die abstrakte Beschreibung der Schnittstelle könnte auch auf ein völlig anderes Nachrichtenformat als SOAP abgebildet werden, wenn der `binding`-Abschnitt passend formuliert wird. In der Praxis ist der Anwendungsfall dieser Komponente im WSDL aber eher die Abbildung abstrakter WSDL-Strukturen auf verschiedene Kodierungsverfahren komplexer Datentypen im SOAP-Protokoll (`rpc-style`, `document-style`). Hier lag leider in der Vergangenheit eine häufige Ursache für Interoperabilitätsprobleme in Web-Service-Umgebungen, da verschiedene Hersteller unterschiedliche Verfahren bevorzugten. Mit der Etablierung des WS-I (siehe Abschnitt 4.4.5 auf Seite 73) wird diese Problematik aber mittlerweile zentral geregelt.

**Service**

Nachdem nun Nachrichtenstrukturen und Kodierung festgelegt wurden, muss zuletzt spezifiziert werden, wo der Web Service physikalisch erreicht werden kann.

**Listing 6.6** *Definition der Zugriffspunkte im service-Element*

```
<service name="sucheService" interface="tns:sucheInterface">
  <endpoint name="sucheEP"
    binding="tns:sucheSOAPBinding"
    address="http://www.example.com/buch/suche"/>
</service>
```

Mittels service-Elementen in der WSDL-Datei kann daher für jedes Interface eines Dienstes eine Menge von Zugangspunkten (endpoints) festgelegt werden, über die der Dienst erreicht werden kann. Hier liegt einer der großen Unterschiede zwischen WSDL und anderen Schnittstellenbeschreibungssprachen, wie zum Beispiel IDL. Durch die explizite Angabe möglicher Endpunkte kann ein Dienstkonsument allein auf Basis einer WSDL-Beschreibung mit einem Web Service kommunizieren. Sowohl der Aufbau der auszutauschenden Nachrichten, als auch die zu kontaktierende „Gegenstelle" sind in einem Dokument vereint. Klassische Middleware (CORBA, J2EE) trennt die Beschreibung der Schnittstellen und die Mechanismen zur Kontaktierung einer spezifischen Dienstinstanz. Abhängig vom Anwendungsfall kann dies durchaus die bessere Architektur darstellen. WSDL ermöglicht daher beide Herangehensweisen mit identischen Sprachmitteln.

Das Listing 6.6 auf der vorherigen Seite zeigt für unser Beispiel, dass der Suchdienst für Bücher unter der Adresse http://www.example.com/buch/suche erreicht werden kann.

**Dokumentation**

Als optionaler Bestandteil einer WSDL-Spezifikation enthält der Abschnitt documentation zusätzlich eine textuelle Beschreibung des Dienstes. In diesem Element können vom Anbieter des Dienstes weitere Angaben zur Nutzung des Dienstes und seinen Schnittstellen gemacht werden. Außerdem können hier beispielsweise Ansprechpartner genannt werden, damit Nutzer des Dienstes bei Bedarf Kontakt zum Anbieter aufnehmen können. Allerdings handelt es sich hierbei um eine unstrukturierte Möglichkeit. Eine detaillierte Beschreibung oder fachliche Anleitung kann an dieser Stelle nicht sinnvoll abgelegt werden.

**Listing 6.7** *Dokumentation im documentation-Element*

```
<documentation>
   Dies ist die Beschreibung des Buch-Suche Web Service.
   Bei Problemen wenden Sie sich bitte an support@soa-buch.de
</documentation>
```

Eine beispielhafte Dokumentation des beschriebenen Buch-Web-Services ist in Listing 6.7 dargestellt.

Zusammengefasst hat der Dienstkonsument damit alle Informationen zur Nutzung des Web Service in einer WSDL-Datei zur Verfügung. Typische WSDL-Tools ermöglichen, ähnlich wie in klassischer Middleware, anhand einer WSDL-Spezifikation die Generierung von Proxy- und Stub-Klassen für eine ausgewählte Programmiersprache und Laufzeitumgebung. Somit können Dienstanbieter und Dienstkonsument anhand der gleichen Schnittstellendefinition jeweils ihre Implementierungen für sich ableiten. Fatalerweise hat sich in einigen Programmiersprachen auch der entgegengesetzte Trend entwickelt, aus annotierten Klassen mit ihren Schnittstellen die WSDL-Definition für eine Dienstimplementierung abzuleiten. Die praktische Erfahrung der letzten Jahre zeigt, dass solche WSDL-Spezifikationen zu Interoperabilitätsproblemen führen, da die generierten XML-Schema-Typdefinitionen potenziell keine Entsprechung in der Programmiersprache des Client haben. Ein populäres Beispiel ist die Übertragung von Listen-Strukturen zwischen Java- und .NET-Anwendungen – der Leser sei hier auf entsprechende Artikel im Internet verwiesen.

In den nun folgenden Abschnitten werden die bis hierhin eher kompakt zusammengefassten Eigenschaften einer WSDL-Spezifikation formaler betrachtet; dabei wird auf einige spezielle Aspekte des Standards genauer eingegangen.

## 6.4 Austauschmuster für Nachrichten

Zur näheren Spezifizierung des Nachrichtenflusses zwischen einem Dienstanbieter und einem Konsumenten definiert die WSDL 2.0 eine Reihe abstrakter *Message Exchange Patterns (MEPs)*, die in einer WSDL-Beschreibung referenziert und umgesetzt werden können. Die MEPs sind als vordefinierte Spracherweiterung Teil der WSDL. Sie werden über die `pattern`-Eigenschaft der Komponente *Interface Operation* (siehe Abschnitt 6.7.2.1 auf Seite 130) mit einer WSDL-Beschreibung verknüpft.

**Nachrichtenfluss**

MEPs beschreiben die Interaktion mit einem Web Service auf der Ebene der Schnittstelle. Sie legen zum Beispiel die Reihenfolge und die Häufigkeit von Nachrichten fest, die während der Inanspruchnahme eines Dienstes ausgetauscht werden können. So kann durch ein MEP spezifiziert werden, zu welchen zusätzlichen Knoten vom Dienstanbieter einzelne Nachrichten verschickt, oder von welchen zusätzlichen Knoten Nachrichten durch den Dienstanbieter empfangen werden.

Ein MEP legt darüber hinaus fest, nach welchen Regeln Fehlercodes generiert werden, wenn während der Kommunikation oder der Dienstausführung ein Fehler auftritt. Die Spezifikation definiert hierfür drei Regeln:

**Regeln für Fehlercodes**

**Kein Fehler** bezeichnet, dass keine Fehlernachrichten versendet werden.

**Nachricht triggert Fehler** besagt, dass als Antwort auf jede beliebige Nachricht (inklusive der ersten) genau eine Fehlernachricht folgen kann. Die Fehlernachricht muss an den Sender der Ursprungsnachricht gerichtet sein.

**Fehler ersetzt Nachricht** legt fest, dass jede beliebige Nachricht außer der ersten durch eine Fehlernachricht, die an denselben Zielknoten gerichtet ist, ersetzt werden kann.

Wird eine Fehlernachricht erzeugt, so terminiert dies immer den Nachrichtenaustausch.

**MEPs aus WSDL 2.0**  Die aktuelle WSDL Version legt folgende MEPs fest:

> In-Only

> Robust In-Only

> In-Out

> In-Optional-Out

> Out-Only

> Robust Out-Only

> Out-In

> Out-Optional-In

Die Patterns In-Only und Robust In-Only sowie Out-Only und Robust Out-Only unterscheiden sich lediglich in der Möglichkeit, als Antwort auf eine Nachricht eine Fehlernachricht zu senden. Diese ist bei den „robusten" Varianten gegeben. Dieselbe Fehlerregel kommt auch bei den MEPs In-Optional-Out sowie Out-Optional-In zum Tragen. Bei den MEPs Out-In sowie In-Out wird im Fehlerfall die Regel *Fehler ersetzt Nachricht* angewandt, In-Only und Out-Only erzeugen keine Fehler.

## 6.5 Modularisierung von WSDL-Beschreibungen

**Wiederverwendung**  Die WSDL unterstützt den Ansatz der Wiederverwendung von Teilen eines Dokumentes durch das Konzept der Modularisierung. Diese Aufteilung in mehrere Dokumente erleichtert die Wartbarkeit und auch die Lesbarkeit einer WSDL-Beschreibung. Verschiedene einzelne Komponenten einer Dienstbeschreibung können strukturell gruppiert, von anderen Komponenten getrennt und dann je nach Bedarf in ein bestehendes WSDL-Dokument eingebunden werden.

Für das Einbinden von Dokumentteilen stehen in WSDL zwei Mechanismen zur Verfügung: include und import. Diese beiden Mechanismen unterscheiden sich bezüglich der Namensraumzugehörigkeit der durch sie eingebundenen Komponenten. Während sich im Falle des include-Mechanismus die eingebundenen Komponenten im selben Ziel-Namensraum befinden wie die Komponenten der inkludierenden Beschreibung, so ist der Ziel-Namensraum der durch import eingebundenen Komponenten unterschiedlich. Diese Unterscheidung bezüglich der Ziel-Namensräume wurde in Analogie zu XML-Schema in WSDL eingeführt.

## 6.5.1  Include

**Gleicher Namensraum**

Der include-Mechanismus stellt eine Möglichkeit dar, verschiedene Komponenten einer Dienstdefinition in unabhängige WSDL-Dokumente aufzuteilen. Der include-Mechanismus der WSDL wurde analog zum include-Mechanismus aus XML-Schema gestaltet. Mit seiner Hilfe ist es möglich, Komponenten aus WSDL Beschreibungen einzubetten, die den Zielnamensraum mit der inkludierenden Beschreibung teilen.

Die Komponenten der eingebetteten Beschreibung werden dadurch Teil des Komponentenmodells der inkludierenden Beschreibung. Eingebundene Komponenten können über ihren qualifizierten Namen von anderen Komponenten referenziert werden.

**Listing 6.8** *WSDL-include-Element*

```
<include location="xs:anyURI">
  <documentation/>?
</include>
```

Die als Wert des erforderlichen location-Attributs angegebene URI muss dereferenzierbar sein und ein WSDL-Dokument identifizieren. Konzeptionell entspricht dieser Attributwert der Lokation von Informationen hinsichtlich des Namensraums, der durch das targetNS-Attribut (Ziel-Namensraum) der description-Komponente (siehe Abschnitt 6.7 auf Seite 127) identifiziert wird.

Der Forderung nach demselben Ziel-Namensraum wird dadurch Rechnung getragen, dass der Wert des targetNS-Attributs des eingebundenen WSDL-Dokuments mit dem Wert des targetNS-Attributs von description übereinstimmen muss.

## 6.5.2  Import

**Unterschiedlicher Namensraum**

Wie auch bereits der include-Mechanismus unterstützt der import-Mechanismus die Aufteilung eines WSDL-Dokuments in verschiedene Dokumente. Im Gegensatz zu dem eben vorgestellten Ansatz ist es hiermit jedoch möglich, Komponenten aus anderen Ziel-Namensräumen je nach Bedarf einzubinden. Die importierten Komponenten können dann mit ihrem qualifizierten Namen referenziert werden.

Eine WSDL-Beschreibung darf auf keine Komponenten in einem anderen Namensraum verweisen, bevor dieser nicht durch den import-Mechanismus dem WSDL-Dokument bekannt gemacht worden ist. Komponenten in einem anderen Namensraum müssen zwingenderweise auf diese Weise in ein WSDL-Dokument eingebunden werden, andernfalls sind sie nicht verfügbar.

*Listing 6.9* WSDL-import-Element

```
<import
     namespace="xs:anyURI"
     location="xs:anyURI"? >
   <documentation />?
</import>
```

Der Wert des für das `import`-Element erforderlichen `namespace`-Attributs ist eine URI. Der Wert dieser URI zeigt an, dass im aktuellen WSDL-Dokument möglicherweise Referenzen auf WSDL-Komponenten in diesem Namensraum enthalten sind. Dies ist jedoch nicht zwingend der Fall. Der angezeigte Namensraum muss zum Ziel-Namensraum des umgebenden WSDL-Dokuments unterschiedlich sein.

Das `location`-Attribut ist für das `import`-Element optional. Der Wert dieses Attributs beschreibt analog zu `include` einen Ort, der Informationen bezüglich des durch das `namespace` Attribut bezeichneten Namensraums bereithalten kann.

## 6.6 Erweiterungsmechanismus

**Offenes Inhaltsmodell**

Die WSDL stellt zwei verschiedene Mechanismen bereit, um die Sprache zu erweitern. Zum einen ist der WSDL ein offenes Inhaltsmodell zu Eigen. Dies bedeutet, es können Elemente und Attribute aus anderen Namensräumen in ein WSDL-Dokument eingebunden werden. Dies ist an jeder Stelle eines WSDL-Dokumentes erlaubt. Zum anderen stellen die so genannten *Feature- und Property-Komponenten* eine Möglichkeit zur Erweiterung dar. In beiden Fällen wird eine URI dafür verwendet, die Bedeutung der jeweiligen Erweiterung näher zu spezifizieren. Für erweiterte Elemente und Attribute stellt diese URI gleichzeitig den Namensraum der Erweiterung dar, Features und Properties werden durch diese URI identifiziert (in der XML-Darstellung ist dies der Wert des `uri`-Attributs). Mithilfe der URI sollte weiterhin ein Dokument dereferenzierbar sein, welches eine genauere Beschreibung der Erweiterung enthält.

**Features und Properties**

**Feature-Komponente**

Eine Feature-Komponente dient dazu, zusätzliche Funktionalität zu beschreiben, die mit der Kommunikation zwischen Dienstanbieter und Konsument verbunden sein kann. Das bedeutet, dass auf diese Weise etwa die Möglichkeit zur Absicherung der Kommunikation durch kryptografische Mittel (vergleiche Kapitel 9 auf Seite 205) oder auch Routinginformationen angezeigt werden können. Ob die Benutzung dieses Features für die Kommunikation zwingend notwendig ist oder nicht, wird durch den Wert des Attributs `required` angegeben, welches neben dem Namen des Features zwingend vorhanden sein muss. Der Name (dargestellt durch das Attribut `uri`) identifiziert das Feature; sein Wert muss eine URI sein.

Der Anwendungsbereich eines Features erstreckt sich zum einen auf alle Komponenten, die in der Komponente, für die das Feature angegeben wurde, enthalten sind. Zum anderen ist ein Feature auch auf eine andere Komponente anwendbar, wenn sie auf die das Feature beinhaltende Komponente verweist. Sollte ein Feature mehrfach angegeben sein, so hat der Wert des lokalen Features Vorrang vor dem Wert der hierarchisch übergeordneten Komponenten (vergleiche Sichtbarkeit bei Programmiersprachen). Feature-Komponenten sind für alle Elemente aus dem WSDL-Komponentenmodell außer `types`, `property` und `feature` erlaubt.

Unter einer *Property* versteht die WSDL 2.0 einen benannten und referenzierbaren Wert, der die Interaktion zwischen Sender und Empfänger beeinflusst. Beispielsweise kann hiermit die maximale Anzahl der wiederholt zu sendenden Nachrichten im Falle eines Netzausfalls bei verlässlicher Kommunikation spezifiziert werden. An dieser Stelle kann entweder direkt ein bestimmter Wert stehen oder eine Referenz auf einen XML-Schema-Typ. Properties werden, ebenso wie Features, mit einer URI benannt und können so an anderer Stelle referenziert werden. Ebenso hat auch hier der lokale Wert der Property Vorrang vor dem Wert einer hierarchisch übergeordneten Komponente, falls ein Property mehrfach angegeben ist. Properties können ebenfalls an alle Elemente des WSDL-Komponentenmodells außer `types`, `property` und `feature` angebracht werden.

**Property-Komponente**

## 6.7 Das WSDL-Komponentenmodell

Der WSDL liegt ein Komponentenmodell zugrunde, das heißt Gegenstand der Betrachtung ist eine Menge von Komponenten zu Aspekten des Web Services mit jeweils zugehörigen Eigenschaften. WSDL bietet für jede Komponente eine *XML Information Set* – (kurz *Infoset*) – Repräsentation sowie eine Abbildung zwischen der Infoset-Repräsentation und den verschiedenen Komponentenmerkmalen. Die Konstruktion der Infoset-Darstellung selbst ist jedoch nicht Bestandteil der WSDL.

Die Description-Komponente ist die Hauptkomponente einer WSDL-Beschreibung. Sie fungiert als Container für die beiden Komponentenkategorien *WSDL-Komponenten* und *Typsystem-Komponenten*.

**WSDL-Hauptkomponente**

Die Kategorie der WSDL-Komponenten besteht aus folgenden drei Elementen:

**Interfaces**  versammeln eine Menge benannter Schnittstellendefinitionen.

**Bindings**  enthalten eine Menge benannter Bindings-Definitionen.

**Services**  umfassen eine Menge benannter Service-Definitionen.

Die WSDL unterscheidet zwischen so genannten *übergeordneten Komponenten* und *untergeordneten Komponenten*. Zu den übergeordneten Komponenten zählen *Interface*, *Binding* und *Service*, zu den untergeordneten Komponenten zählen *Operation*, *Fault* und *Endpoint*.

Die Typsystem-Komponenten definieren Einschränkungen für den Inhalt einer Nachricht. Zu ihnen zählen:

**Elementdeklarationen** als eine Menge benannter Elementdeklarationen.

**Typdefinitionen** als eine Menge benannter Typdefinitionen.

Elementdeklarationen und Typdefinitionen unterscheiden sich in der Menge der durch sie spezifizierten Eigenschaften. Die Elementdeklarationen definieren jeweils den lokalen Namen, den Namensraum-Namen, die Kindelemente und Attribute eines Element Information Item. Die Typdefinitionen hingegen definieren nur Kindelemente und Attribute.

Die in der Description-Komponente versammelten Mengen von Angaben umfassen sowohl diejenigen, die in der Komponente selbst definiert wurden, als auch importierte oder inkludierte Definitionen. Auf der Ebene des Komponentenmodells wird keine Unterscheidung vorgenommen.

**Eindeutige Identifizierbarkeit**

Jede WSDL- oder Typ/Element-Komponente muss durch ihren qualifizierten Namen eindeutig identifiziert werden, das heißt zwei verschiedene Komponenten derselben Art (etwa `Binding`, `Service` oder `Interface`) im selben Zielnamensraum müssen einen eindeutigen Namen besitzen. Jedoch können verschiedene Komponenten verschiedener Art denselben qualifizierten Namen haben.

In manchen Situationen kann es notwendig sein, die Äquivalenz zweier Komponenten zu bestimmen.[1] Der WSDL-Standard gibt dafür folgende Definition vor:

**Definition Äquivalenz von Komponenten**

*Zwei Komponenten sind äquivalent, wenn die Merkmale beider Komponenten übereinstimmen. Die Merkmale der Komponenten stimmen genau dann überein, wenn die Werte der jeweils einander entsprechenden Merkmale dieselben sind.*

Für die *übergeordneten Komponenten* bedeutet dies: Sie sind äquivalent, wenn die Werte der Merkmale `name` und `targetNamespace` übereinstimmen, vorausgesetzt, die Komponenten gehören dem selben Typ an.

---

[1] Bei einer Schnittstelle werden beispielsweise alle äquivalenten Operationen als eine Operation behandelt. Ferner existiert die Beschränkung, dass das Komponentenmodell zweier Schnittstellenfehler äquivalent sein muss, sobald sie in ihrem Namen und ihrem Zielnamensraum übereinstimmen. Ist dies nicht der Fall, ist das WSDL-Dokument fehlerhaft.

## 6.7.1 Symbolbereiche und Namensauflösung

Die WSDL definiert drei so genannte *Symbolbereiche*. Dieses Konzept, das in etwa eine Partitionierung eines Namensraums darstellt, wird in XML-Schema eingeführt. Es besagt, dass innerhalb eines bestimmten Symbolbereichs alle Namen eindeutig sind. Der gleiche Name kann aber in mehreren Symbolbereichen präsent sein, ohne dass dies einen Konflikt zur Folge hat (vergleiche [Min02, Seite 405f]). Für jede übergeordnete Komponente in WSDL existiert also ein eigener Symbolbereich, innerhalb dessen alle qualifizierten Namen, das heißt alle Tupel aus dem *lokalen Namen* und dem *Ziel-Namensraum*, eindeutig sein müssen. Wird XML-Schema als Typsystem verwendet, so gibt es sechs weitere Gültigkeitsbereiche:

**Symbolbereiche**

**Gültigkeitsbereiche**

> globale Element-Deklarationen

> globale Attribut-Deklarationen

> benannte Elementgruppen

> benannte Attributgruppen

> Typdefinitionen

> Key Constraints

Innerhalb einzelner WSDL-Komponenten finden sich des Öfteren Referenzen auf andere Komponenten, speziell in serialisierten WSDL-Dokumenten. Diese Referenzen, bestehend aus qualifizierten Namen, müssen aufgelöst werden können. Die Auflösung verläuft wie folgt:

**Auflösung von Referenzen**

Zunächst wird das entsprechende Merkmal der übergeordneten Komponente untersucht. Wenn zum Beispiel der qualifizierte Name einer Schnittstelle aufgelöst werden soll, wird zunächst das Interfaces-Merkmal der Definitions-Komponente betrachtet. Wenn das entsprechende Merkmal keine Komponente mit dem gesuchten qualifizierten Namen enthält, dann kann die Referenz nicht aufgelöst werden und im WSDL-Dokument liegt ein Fehler vor.

## 6.7.2 Interface

WSDL kennt als eine Erweiterungsmöglichkeit das Konzept der Schnittstellenerweiterung: Ein Interface kann eine beliebige Menge anderer Schnittstellen erweitern. Es enthält dann seine eigenen Komponenten (das heißt Fehlerkomponenten, Operationen, Features und Properties) zuzüglich der Komponenten derjenigen Schnittstelle, die es erweitert. Die von der erweiterten Schnittstelle geerbten Operationen können nicht verändert werden, das heißt, das Überladen von Operationen ist nicht erlaubt. Wenn bei einer Erweiterung die Äquivalenz von zwei oder mehr Operationen festgestellt

**Schnittstellenerweiterung**

wird, so werden die zueinander äquivalenten Operationen als eine einzelne Komponente behandelt. Zwei nicht äquivalente Operationen mit demselben Namen führen zu einem Fehler. Es empfiehlt sich daher, die Namen von Interface-Operation-Komponenten im selben Namensraum so weit möglich eindeutig zu halten. Diese Empfehlung gilt analog auch für `fault`, `feature` und `property`- Komponenten. Um Zyklenbildung im Rahmen der Erweiterung zu vermeiden, ist es untersagt, dass sich Schnittstellen direkt oder indirekt gegenseitig erweitern.

**Referenzierbarkeit** Ein Interface ist ein benanntes Konstrukt und kann durch seinen qualifizierten Namen von anderen Komponenten referenziert werden. Ein möglicher Anwendungsfall hierfür sind Binding-Komponenten, welche sich auf Schnittstellen beziehen und diese zu diesem Zweck referenzieren.

***Listing 6.10*** *WSDL-interface-Element*

```
<description>
  <interface
      name="xs:NCName"
      extends="list of xs:QName"?
      styleDefault="list of xs:anyURI"? >
    <documentation />?
    [ <fault /> | <operation /> | <feature /> | <property /> ]*
  </interface>
</description>
```

Listing 6.10 zeigt strukturell die XML-Repräsentation einer Interface-Komponente. Das optionale `styleDefault`-Attribut dient als Vorgabestil für das `style`-Attribut aller in der Schnittstelle versammelten Operationen, sofern diese keinen Wert spezifizieren (vergleiche die Beschreibung des Attributs in Abschnitt 6.7.2.1 auf der nächsten Seite).

## 6.7.2.1   Interface Operation

**Angebotene Operation** Die *Interface-Operation-Komponente* im WSDL-Komponentenmodell stellt eine Operation dar, die von einer gegebenen Schnittstelle angeboten wird. Wie bereits oben erwähnt, entspricht eine Operation einer Interaktion mit einem Service und besteht aus einer Menge von Nachrichten. Diese Nachrichten können sowohl aus regulären Nachrichten als auch aus Fehlernachrichten bestehen und werden zwischen dem Web Service und anderen an der Interaktion Beteiligten (beispielsweise dem Dienstkonsumenten) während der Ausführung der Operation ausgetauscht.

Listing 6.11 auf der nächsten Seite veranschaulicht den allgemeinen Aufbau der Interface-Operation-Komponente, die in der XML-Repräsentation mithilfe des `operation`-Kindelements von `interface` dargestellt wird. Die (erforderliche) Angabe eines Message Exchange Patterns in einer Operation durch

**Listing 6.11** *WSDL-Interface-Operation-Komponente*

```
<description>
  <interface>
    <operation
          name="xs:NCName"
          pattern="xs:anyURI"
          style="list of xs:anyURI"?
          safe="xs:boolean"? >
      <documentation />?
      [ <feature /> | <property /> |
        [ <input /> | <output /> | <infault /> | <outfault /> ]+
      ]*
    </operation>
  </interface>
</description>
```

das `pattern`-Attribut zeigt an, dass das referenzierte MEP für diese Interaktion vom anbietenden Service verwendet wird (vergleiche Abschnitt 6.4 auf Seite 123).

Interface-Operation-Komponenten befinden sich innerhalb des Symbolbereichs (vergleiche Abschnitt 6.7.1 auf Seite 129) der Interface-Komponente. Dies bedeutet, dass es innerhalb eines WSDL-Dokuments durchaus zwei verschiedene Interface-Komponenten geben kann, die Operationen mit demselben Namen beinhalten können. Anders ausgedrückt verbietet die WSDL nicht, zwei Interface-Operation-Komponenten mit demselben lokalen Namen innerhalb desselben Zielnamensraum zu haben, solange sie in verschiedenen Interface-Komponenten liegen. Wie bereits oben erwähnt, ist es jedoch empfehlenswert, die Namen für Interface-Operation-Komponenten eindeutig zu halten, um mögliche daraus resultierende Fehler bei der Schnittstellenerweiterung von vornherein auszuschließen.

**Gleichnamige Operationen in verschiedenen Schnittstellen**

Mithilfe des optionalen `safety`-Attributs kann eine Operation als *sicher* (frei von Seiteneffekten) im Sinne der Architektur des WWW markiert werden (vergleiche [CMRW07, Abschnitt 2.4]). Dies bedeutet, dass der Aufrufer durch die Verwendung der Operation keine Verpflichtungen eingeht, die über die einzelne Interaktion hinausgehen. Es wird kein Zustand einer Ressource verändert. Bei einem Kaufvertrag wäre dies beispielsweise nicht der Fall. Hier würde der Zustand eines Teilnehmers oder einer teilnehmenden Ressource verändert, gleichzeitig würde Verantwortung über die Konsequenzen der einzelnen Interaktion übernommen. Eine per HTTP GET getätigte Interaktion gilt als sicher und seiteneffektfrei, der Umkehrschluss ist allerdings nicht gültig. Hat das Attribut den Wert *false*, so bedeutet dies, dass keine Aussage über die Seiteneffektfreiheit einer Operation getroffen wird.

**Seiteneffektfreiheit**

Der Wert des optionalen `style`-Attributs einer Interface-Operation-Komponente referenziert die Regeln, die zum Erzeugen von Nachrichten verwendet werden. Der Wert des Attributs setzt sich aus einer Menge von URIs zusammen. Sämtliche durch die einzelnen URIs referenzierten Regeln müssen

**Regeln zur Nachrichtenerzeugung**

befolgt werden, andernfalls liegt ein Fehler vor. WSDL kennt hierfür die vordefinierten Stile *RPC-Stil*, *Set-Attribute-Stil* und *Get-Attribute-Stil*.

## 6.7.2.2 Interface Fault

**Fehlerkomponente für Schnittstellen**

Kommt es während der Verarbeitung einer Operation seitens des Dienstanbieters zu einem Fehler, beispielsweise verursacht durch einen Fehler in den Eingabedaten, oder möchte der Dienstanbieter die Kommunikation aus einem anderen Grund beenden, etwa wegen eines Rechnerneustarts, so sollte dies dem Dienstaufrufer mitgeteilt werden. Für diesen Zweck stellt die WSDL die Möglichkeit zur Verfügung, die möglichen Fehlernachrichten, die für die Operationen einer Schnittstelle infrage kommen, in der so genannten *Interface-Fault-Komponente*, einer Fehlerkomponente für Schnittstellen, zu definieren und zu benennen. Diese benannten Fehlerkomponenten können dann in allen Operationen der Schnittstelle referenziert und verwendet werden.

Eine strukturelle Darstellung der Fehlerkomponente für Schnittstellen ist in Listing 6.12 aufgeführt. Mit dem optionalen Attribut element kann auf eine Elementdeklaration, etwa eines Schemas, verwiesen werden.

**Listing 6.12** *WSDL-Interface-Fault-Komponente*

```
<description>
  <interface>
    <fault
        name="xs:NCName"
        element="xs:QName"? >
      <documentation />?
      [ <feature /> | <property /> ]*
    </fault>
  </interface>
</description>
```

## 6.7.3 Message Reference

**Nachrichteninhalt spezifizieren**

Um eine Nachricht, die bei der Ausführung einer Operation versendet wird, näher zu spezifizieren, kann die *Message-Reference-Komponente* herangezogen werden. Sie verbindet ein Message Exchange Pattern (vergleiche Abschnitt 6.4 auf Seite 123) mit einem so genannten *Nachrichtentyp*. Der Nachrichtentyp entspricht einer Elementdeklaration, beispielsweise in XML-Schema, und definiert so den Nachrichteninhalt. Gesendete Nachrichten müssen dann konform zu dieser Inhaltsdefinition aufgebaut sein. Die Verknüpfung Nachrichtentyps mit dem MEP erfolgt durch das so genannte *Message Label*.

Listing 6.13 auf der nächsten Seite zeigt zwei Message-Reference-Komponenten, dargestellt durch die XML-Elemente input und output. Die Richtungen der Nachrichten in WSDL werden immer aus der Sicht der Dienstes gesehen. Ist der Service selbst Empfänger der Nachricht, so ist die Richtung *in*, die Message-Reference-Komponente wird durch das Element `input` repräsentiert. Ist der Service der Sender der Nachricht, so wird als Richtung *out* angenommen, die Message-Reference-Komponente wird durch das Element `output` repräsentiert.

Zur Komponente gehört weiterhin das optionale Attribut `messageLabel`. Es gibt an, welche Rolle diese Nachricht im MEP der jeweiligen Operation spielt. Das Attribut kann weggelassen werden, wenn für die zugehörige Nachrichten-Richtung eines MEP genau eine Nachricht mit einem gegebenen Wert vorgesehen ist. In diesem Fall erhält es den Wert des Message Labels aus dem referenzierten MEP. Das Message Label jeder Message-Reference-Komponente innerhalb einer Interface-Operation-Komponente muss eindeutig sein.

**Listing 6.13** *WSDL-Message-Reference-Komponente*

```
<description>
  <interface>
    <operation>
      <input
            messageLabel="xs:NCName"?
            element="union of xs:QName, xs:token"? >
        <documentation />?
        [ <feature /> | <property /> ]*
      </input>
      <output
            messageLabel="xs:NCName"?
            element="union of xs:QName, xs:token"? >
        <documentation />?
        [ <feature /> | <property /> ]*
      </output>
    </operation>
  </interface>
</description>
```

Das zweite optionale Attribut einer Message-Reference-Komponente ist das Attribut `element`. Mithilfe dieses Attributs kann auf eine in XML-Schema definierte Elementdeklaration der Description-Komponente (vergleiche Abschnitt 6.7 auf Seite 127) verwiesen werden, die den Nachrichteninhalt näher spezifiziert.

## 6.7.4 Fault Reference

Die *Fault-Reference-Komponente* definiert Fehler in Fehlernachrichten für Fehler, die im Zusammenhang mit einer Nachricht stehen, die an einer Operation beteiligt ist. Zu diesem Zweck verknüpft sie einen in einer Interface-Fault-Komponente definierten Typen mit einer Fehlernachricht, die in einem MEP

**Fehlerkomponente für Operationen**

definiert ist, über deren Message Label. WSDL definiert als vorgefertigte Erweiterungen zwei so genannte *Fault-Patterns*, die ein MEP verwenden kann:

**fault-replaces-message** Die Fehlernachricht tritt an die Stelle der Nachricht. Sie wird in dieselbe Richtung versandt wie die ursprüngliche Nachricht, die sie ersetzt.

**message-triggers-fault** Die Fehlernachricht folgt auf die Nachricht, auf die die Fehlernachricht verweist. Die Fehlernachricht wird also in die entgegengesetzte Richtung versandt wie die Nachricht, Empfänger ist der Sender der ursprünglichen Nachricht.

Es ist durchaus möglich, dass mit einer Nachricht mehrere Fehlernachrichten verknüpft werden.

***Listing 6.14*** *WSDL-Fault-Reference-Komponente*

```
<description>
  <interface>
    <operation>
      <infault
          ref="xs:QName"
          messageLabel="xs:NCName"? >
        <documentation />?
        [ <feature /> | <property /> ]*
      </infault>*
      <outfault
          ref="xs:QName"
          messageLabel="xs:NCName"? >
        <documentation />?
        [ <feature /> | <property /> ]*
      </outfault>*
    </operation>
  </interface>
</description>
```

Die Übersicht in Listing 6.14 zeigt die XML-Darstellung der Fault-Reference-Komponente. Diese wird repräsentiert durch die XML-Elemente `infault` beziehungsweise `outfault`, je nach Richtung, in welche die Fehlernachricht versendet wird. Das bedeutet, wird die Regel *Fault Replaces Message* angewendet, so kommt das Element `outfault` zum Tragen. Im Falle von *Message triggers Fault* wird das Element `infault` verwendet.

Die Verknüpfung der Interface-Fault-Komponente mit der Fehlernachricht erfolgt zum einen mithilfe des erforderlichen `ref`-Attributs. Sein Wert verweist auf eine Fault-Komponente der jeweils zugehörigen Interface-Komponente und legt hiermit auch den Inhalt der Fehlernachricht fest. Das optionale `messageLabel`-Attribut dient der Identifizierung der Nachricht des MEP. Es kann weggelassen werden, wenn im MEP für die gegebene Richtung genau eine Nachricht definiert wird.

# 6.7.5 Binding

Die *Binding-Komponente* drückt die genauen technischen Details zu einem Web Service aus. Das bedeutet, an dieser Stelle wird Information versammelt, die für einen Aufruf des Web Service nötig ist. Dazu gehören etwa Informationen zum verwendeten Nachrichten- und Transportprotokoll (zum Beispiel SOAP, HTTP und MIME). Eine Binding-Komponente kann hierbei eine gesamte Schnittstelle mit all ihren Operationen und darüber hinaus einzelne Operationen dieser Schnittstelle sowie auch Fehler näher beschreiben. Die detaillierte Beschreibung einer einzelnen Operation oder eines Fehlers erfolgt durch die Elemente BindingOperation beziehungsweise BindingFault, die jeweils der Binding-Komponente hinzugefügt werden. Eine Binding-Komponente ist ein benanntes Konstrukt und kann über ihren qualifizierten Namen etwa von einer Endpoint-Komponente (siehe Abschnitt 6.7.6.1 auf Seite 138) referenziert werden.

**Technische Details**

**Listing 6.15** *WSDL-binding-Element*

```
<description>
  <binding
      name="xs:mySOAPBinding"
      interface="xs:myInterface"?
      type="http://www.w3.org/2004/08/wsdl/soap12" >
    <documentation />?
    [ <fault /> | <operation /> | <feature /> | <property /> ]*
  </binding>
</description>
```

Listing 6.15 illustriert eine Binding-Komponente in ihrer XML-Repräsentation. Die Komponente muss zwingend einen Namen sowie einen Typ aufweisen, ausgedrückt durch die Attribute name und type. Mit dem Typ einer Binding-Komponente sind bindingspezifische Details verbunden, wie etwa das verwendete Nachrichtenformat (im Beispiel: SOAP 1.2).

Das optionale interface-Attribut referenziert die Schnittstelle, deren Nachrichtenformat und Transportprotokoll hier näher spezifiziert wird.

Möchte man eine wiederverwendbare Binding-Komponente erstellen, so wird keine Schnittstelle angegeben. In einem solchen Fall wird durch das Binding vielmehr Information spezifiziert, die als unabhängig von einer einzelnen Schnittstelle oder Operation anzusehen ist.

# 6.7.5.1 Binding Operation

Die *Binding-Operation-Komponente* beschreibt die technischen Details einer ganz konkreten Operation einer bestimmten Schnittstelle für einen speziellen Endpunkt (vergleiche Abschnitt 6.7.6.1 auf Seite 138). Hierzu zählen unter an-

**Konkrete Operation**

derem das verwendete Nachrichtenformat sowie die Protokollinteraktionen, die mit der Operation verbunden sind.

Die Verknüpfung der technischen Information der Binding-Operation mit der konkreten Operation, welche hierdurch näher spezifiziert wird, erfolgt mithilfe des `ref`-Attributs, welches zwingend vorhanden sein muss (vergleiche Listing 6.16).

**Listing 6.16** *WSDL-Binding-Operation-Komponente*

```
<description>
  <binding>
    <operation
          ref="xs:QName" >
      <documentation />?
      [ <input /> | <output /> | <feature /> | <property /> ]*
    </operation>
  </binding>
</description>
```

## Binding Message Reference

**Nachrichtenformat**   Die *Binding-Message-Reference-Komponente* verknüpft eine bestimmte Nachricht einer Operation mit einem spezifischen Nachrichtenformat.

**Listing 6.17** *WSDL-Binding-Message-Reference-Komponente*

```
<description>
  <binding>
    <operation>
      <input
            messageLabel="xs:NCName"? >
        <documentation />?
        [ <feature /> | <property /> ]*
      </input>
      <output
            messageLabel="xs:NCName"? >
        <documentation />?
        [ <feature /> | <property /> ]*
      </output>
    </operation>
  </binding>
</description>
```

Listing 6.17 veranschaulicht eine mögliche XML-Darstellung der Binding-Message-Reference-Komponente. Sie wird im Beispiel durch die Elemente `input` und `output` repräsentiert, die anzeigen, ob der Service als Empfänger der Nachricht (input) oder als Sender der Nachricht (output) fungiert. Das `messageLabel`-Attribut der Elemente ist optional, wenn das Message Exchange Pattern der spezifizierten Operation genau eine Nachricht mit einer gegebenen Richtung vorsieht. Andernfalls beschreibt es die Rolle der Nachricht im Message Exchange Pattern der Operation.

## Binding Fault

Die *Binding-Fault-Komponente* dient der Verbindung eines Fehlers innerhalb einer Schnittstelle mit einem bestimmten Nachrichtenformat. Dies bedeutet, wenn als Teil eines Nachrichtenaustauschs ein Fehler auftritt, dann beschreibt diese Komponente die Formatierung der Fehlernachricht.

**Fehlerformat**

**Listing 6.18** *WSDL-Binding-Fault-Komponente*

```
<description>
  <binding>
    <fault
         ref="xs:QName" >
      <documentation />?
      [ <feature /> | <property /> ]*
    </fault>
  </binding>
</description>
```

Die Übersicht in Listing 6.18 zeigt eine Binding-Fault-Komponente mit ihrer Verknüpfung zu einer Interface-Fault-Komponente mithilfe des `ref`-Attributs, die zwingend vorhanden sein muss. Die Verknüpfung besagt, dass die referenzierte Interface-Fault-Komponente durch die Komponente näher spezifiziert wird.

## 6.7.6  Service

Die WSDL-*Service-Komponente* umfasst eine Menge von so genannten *Endpunkten* (siehe Abschnitt 6.7.6.1 auf der nächsten Seite), also (physikalisch) unterschiedliche Orte, an denen eine Schnittstelle eines Dienstes angeboten wird. Anders ausgedrückt dient sie der Gruppierung von Endpunkten, die eine gemeinsame Schnittstelle implementieren.

**Endpunkte gruppieren**

**Listing 6.19** *WSDL-Service-Komponente*

```
<description>
  <service
       name="xs:NCName"
       interface="xs:QName" >
    <documentation />?
    <endpoint />+
    [ <feature /> | <property /> ]*
  </service>
</description>
```

In Listing 6.19 auf der vorherigen Seite ist die Struktur der Service-Komponente dargestellt. In seiner Eigenschaft als benanntes Konstrukt muss der Service einen Namen aufweisen, repräsentiert durch das `name`-Attribut, über den er von anderen Komponenten referenziert werden kann. Über das zwingend erforderliche `interface`-Attribut wird die Schnittstelle angegeben, die der Service instanziiert. Darüber hinaus beinhaltet der Service, wie bereits erwähnt, mindestens eine Kindkomponente, die einen Endpunkt repräsentiert (siehe Abschnitt 6.7.6.1).

### 6.7.6.1 Endpoint

**Charakteristika eines Endpunkts beschreiben**

Die Spezifizierung der genauen technischen Charakteristika eines konkreten so genannten *Endpunkts*, an dem ein Dienst angeboten wird, erfolgt mithilfe der *Endpoint*-Komponente, die eine Unterstruktur der Service-Komponente darstellt. Unter einem Endpunkt versteht man hier eine konkrete Software-Komponente auf einem Rechner, die sich hinter einer bestimmten Netzwerkadresse verbirgt und den Dienst zur Verfügung stellt.

**Listing 6.20** *WSDL-Endpoint-Komponente*

```
<description>
  <service>
    <endpoint
        name="xs:NCName"
        binding="xs:QName"
        address="xs:anyURI"? >
      <documentation />?
      [ <feature /> | <property /> ]*
    </endpoint>
  </service>+
</description>
```

Die XML-Darstellung eines Endpunkts in Listing 6.20 verdeutlicht die Verknüpfung zwischen einer Binding-Komponente und der Netzwerkadresse. Neben dem zwingend vorhandenen `name`-Attribut verfügt die Komponente über eine zwingend vorhandene Referenz auf eine Binding-Komponente mittels des `binding`-Attributs. Optional kann über das Attribut `address` eine Referenz auf eine Netzwerkadresse angegeben werden. Hierbei muss eine absolute URI verwendet werden, die die Netzwerkadresse des Dienstes unter Einbezug des Bindings repräsentiert.

### 6.8 Zusammenfassung

Die Beschreibung der verfügbaren verteilten Schnittstellen ist eine zwingende Voraussetzung für ein offenes, dynamisches und heterogenes Service-orientiertes System. Eine neutrale und vollständige Schnittstellenbeschreibung erlaubt es voneinander unabhängigen Parteien miteinander zu kommunizieren. Ein Dienst kann dabei auf den unterschiedlichen Systemen, von denen er angeboten wird, vollkommen unterschiedlich implementiert sein – wichtig ist nur, dass er die Schnittstelle unterstützt. Auf diese Weise können Systeme flexibel aus unterschiedlichen Komponenten zusammengesetzt werden.

Die in diesem Kapitel vorgestellte WSDL stellt ein XML-Vokabular zur Beschreibung von Web-Service-Schnittstellen mit ihren Operationen und Eigenschaften dar. Sie verfolgt dabei den Ansatz, die technische Beschreibung eines Dienstes (wie etwa die genaue Netzwerkadresse, das Nachrichtenformat und das Übertragungsprotokoll) von der abstrakten Beschreibung der Funktionalität eines Dienstes zu trennen. Dies ermöglicht eine wiederverwendbare, modulare Schnittstellenbeschreibung, deren Bestandteile in mehreren WSDL-Dokumenten verwendet werden können.

In der Grundidee von Web-Service-Architekturen sind WSDL-Beschreibungen im laufenden Betrieb das Ergebnis einer Anfrage an ein UDDI-Verzeichnis. Sie fungieren in einer Service-basierten Architektur somit als Instanz der Dienstbeschreibung (siehe Abschnitt 2.5.1 auf Seite 15).

Das folgende Kapitel dieses Buches beschreibt daher die Verzeichnisdienste innerhalb einer SOA und geht detailliert auf die Möglichkeiten, und auch auf die Unzulänglichkeiten von UDDI-Verzeichnissen unter anderem im Bezug auf WSDL ein.

# 7 | Verzeichnisdienste für Web Services

*„... suchet, so werdet ihr finden ... "*
*Matthäus 7,7*

Verzeichnisdienste bieten eine durchsuchbare Übersicht über sämtliche Ressourcen in einem Netzwerk und machen diese Übersicht Benutzern und Applikationen zugänglich.

Wegen ihrer Übersichtsfunktion sind sie deshalb ein unverzichtbarer Bestandteil von Service-orientierten Architekturen. Aus diesem Grund werden in diesem Kapitel *Web Services Inspection Language* (WS-Inspection) und *Universal Description, Discovery & and Integration* (UDDI), zwei der für Service-orientierte Architekturen wichtigsten Verzeichnisdienste, vorgestellt.

Des Weiteren werden Nutzungsszenarien präsentiert, um Möglichkeiten zum gewinnbringenden Einsatz von Verzeichnisdiensten im Rahmen von SOA aufzuzeigen.

## Übersicht

## 7.1 Einleitung

Wie bereits eingangs in Kapitel 2 auf Seite 9 erwähnt, sind Verzeichnisdienste eine zentrale Komponente einer Service-orientierten Architektur, da sie es überhaupt erst ermöglichen, eine lose Koppelung von Diensten zu realisieren. Das hervorstechendste Merkmal der losen Kopplung von Diensten in Service-orientierten Architekturen ist das dynamische Suchen, Finden und Nutzen von Diensten.

Soll eine Service-orientierte Architektur mehr als nur eine sehr geringe Anzahl von Diensten umfassen, wird ein Verzeichnisdienst als zentrale Anlaufstelle zur Suche von Diensten zwingend notwendig. Dieser Verzeichnisdienst fungiert quasi als „gelbe Seiten" für Dienste und ermöglicht durch standardisierte Schnittstellen und entsprechende interne Datenstrukturen eine strukturierte Suche nach dem passenden Dienst.

In diesem Kapitel sollen verschiedene Verzeichnisdienste vorgestellt werden, die in Service-orientierten Architekturen von Bedeutung sind. Zu diesen gehören die *Web Services Inspection Language* (WS-Inspection) und *Universal Description, Discovery & and Integration* (UDDI).

Darüber hinaus werden Nutzungsszenarien für die einzelnen Verzeichnisdienste dargestellt und Möglichkeiten für eine kombinierte Nutzung mehrerer Verzeichnisdienste beschrieben.

## 7.2 Web Services Inspection Language

**WS-Inspection**  Neben UDDI (siehe Abschnitt 7.3 auf Seite 145) existiert mit WS-Inspection ein weiteres, wesentlich simpleres Konzept zum Auffinden von Web Services. Die Ansätze der beiden Technologien sind dabei von Grund auf verschieden. UDDI setzt auf wenige zentralisierte Verzeichnisse, in denen verschiedenste Anbieter ihre Dienste veröffentlichen, wohingegen WS-Inspection mit vielen dezentralisierten, kleineren Verzeichnissen arbeitet, in denen nur einer oder wenige Anbieter ihre Dienste veröffentlichen (siehe Abbildung 7.1 auf der nächsten Seite).

**dezentrales Konzept**  Das dezentrale Konzept der WS-Inspection sucht jedoch eines der Hauptprobleme, die momentan mit den Implementierungen von UDDI-Verzeichnissen einhergehen, nämlich die ungenügende Moderation der Verzeichnisse und die damit verbundene Unzuverlässigkeit der Suchergebnisse, zu umgehen. Außerdem ermöglicht es WS-Inspection potenziellen Kunden, Dienste genau bei den Anbietern zu suchen, denen sie Vertrauen entgegenbringen.

**Nutzung**  WS-Inspection ist vollständig dokumentenbasiert. Die Funktionsweise besteht darin, dass auf der Website des Anbieters in einem Dokument mit vordefiniertem Namen Informationen über die angebotenen Dienste veröffentlicht werden. Der Nutzer ruft dieses Dokument unter Verwendung des HTTP-Proto-

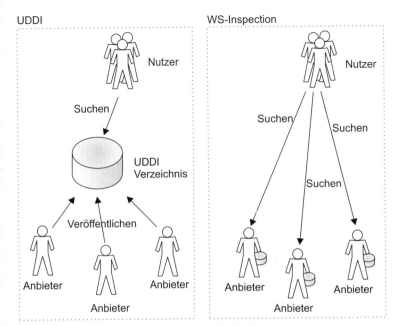

**Abbildung 7.1** *Vergleich von UDDI und WS-Inspection*

kolls auf und erhält somit eine Liste der Web Services und eine Beschreibung im WSDL-Format. Die von Microsoft und IBM entwickelte WS-Inspection-Spezifikation definiert das XML-Dokumentenformat für die WS-Inspection-Datei und Regeln für das Auffinden der WS-Inspection Dateien.

## 7.2.1 Das WS-Inspection-Datenmodell

Das WS-Inspection-Datenmodell ist sehr einfach gehalten und besteht aus den in Abbildung 7.2 in UML [RQZ07] abgebildeten Datenstrukturen.

**Abbildung 7.2** *Das WS-Inspection-Datenmodell*

Das WS-Inspection-Dokument besteht aus einem *Inspection* Element, welches beliebig viele *Service*- oder *Link*-Elemente beinhalten kann. *Service*-Elemente dienen der Definition von Diensten und enthalten deren technische Beschreibung. *Link* Elemente verweisen auf externe Datenquellen. Dies können andere WS-Inspection-Dokumente oder UDDI-Verzeichnisse sein.

Unter Zuhilfename des *Link*-Elements können Hierarchien von WS-Inspection-Dokumenten aufgebaut werden, um die Verwaltung der Dokumente zu vereinfachen oder etwa ein Kategorisierungssystem aufzubauen.

WS-Inspection-Dokumente können außerdem um Elemente aus anderen Namensräumen erweitert werden, damit zusätzliche Informationen zu einem Dienst aufgenommen werden können. Der WS-Inspection-Standard enthält bereits Erweiterungen für UDDI und WSDL, sodass die entsprechenden Informationen im WS-Inspection-Dokument abgelegt werden können.

**Listing 7.1** *Beispiel für ein WS-Inspection-Dokument*

```
<inspection
  xmlns="http://schemas.xmlsoap.org/ws/2001/10/inspection/">
  <service>
    <description
      referencedNamespace="http://schemas.xmlsoap.org/wsdl/"
      location="http://test.uddi.microsoft.com/inquire.asmx?WSDL"/>
  </service>
  <service>
    <description referencedNamespace="urn:uddi-org:api">
      <wsiluddi:serviceDescription
        location="https://uddi.ibm.com/ubr/publishapi">
        <wsiluddi:serviceKey>
          14949B50-4507-11D7-BC51-000629DC0A53
        </wsiluddi:serviceKey>
      </wsiluddi:serviceDescription>
    </description>
  </service>
  <link referencedNamespace="http://schemas.xmlsoap.org/ws/
    2001/10/inspection/"
    location="http://wetter.fmi.uni-passau.de/inspection.wsil"/>
</inspection>
```

In Listing 7.1 ist ein Beispiel für ein WS-Inspection-Dokument abgebildet. Es werden zwei Dienste angeboten. Der erste Dienst verweist auf die WSDL-Beschreibung der Inquiry API der UDDI Test Registry der Firma Microsoft. Der zweite Service wird unter Verwendung der Erweiterungsfunktionen der WS-Inspection-Spezifikation dargestellt. Der angebotene Dienst ist die Publishing API des UDDI- Business-Registry-Knotens der Firma IBM. Mit dem *serviceKey* kann der Nutzer die technische Beschreibung des Dienstes aus einem UDDI-Verzeichnis abrufen. Außerdem enthält das Dokument einen *link* auf ein weiteres WS-Inspection-Dokument eines anderen Anbieters.

## 7.2.2 Die Veröffentlichung von WS-Inspection-Dokumenten

WS-Inspection-Dokumente werden im Basisverzeichnis des Webservers der Unternehmung veröffentlicht. Das WS-Inspection-Dokument muss den Namen *inspection.wsil* haben, damit es von Nutzern gefunden werden kann. Werden weitere Unterverzeichnisse auf dem Webserver öffentlich bekannt gemacht, wie beispielsweise `http://www.soa-buch.de/finance/`, dann sollte auch hier ein WS-Inspection-Dokument abgelegt werden.

Des Weiteren ist es möglich, eine Hierarchie von WS-Inspection-Dokumenten zu schaffen, indem durch die Verwendung des *link*-Elementes in einem übergeordneten WS-Inspection-Dokument Verweise auf untergeordnete WS-Inspection-Dokumente angebracht werden.

**Hierarchien**

WS-Inspection-Dokumente müssen keine statischen Dokumente sein, sie können durchaus dynamisch erzeugt werden. Beispielsweise könnte eine Generierung aus einem internen UDDI-Verzeichnis oder anderen Verzeichnissen erfolgen. Somit könnte eine Untermenge von Web Services nach außen angeboten werden.

## 7.3  UDDI

Ziel dieses Kapitels ist es, einen Überblick über *Universal Description Discovery & Integration*, kurz *UDDI*, zu geben. Dabei soll dieses Kapitel eine technische Einführung in die Thematik bieten, bevor in Abschnitt 7.4 auf Seite 161 auf Nutzungsszenarien für UDDI eingegangen wird.

### 7.3.1  Das UDDI-Prinzip

Bevor nun beschrieben wird, wie UDDI aufgebaut ist, soll geklärt werden, welche Arten von Informationen durch den Verzeichnisdienst bereitgestellt werden können. Dazu ist es wichtig zu verstehen, dass das UDDI-Konzept über das Einführen einer Datenstruktur hinausgeht.

Als langfristiges Ziel wird angestrebt, ein beliebiges Unternehmen und seine Dienstleistungen mithilfe von Anwendungen in einem UDDI-Verzeichnis finden zu können. Stark vereinfacht ausgedrückt, ermöglicht UDDI das Veröffentlichen und Auffinden eines Web Services im Web. Dazu stellt der Anbieter die WSDL-Beschreibung seines Dienstes in das UDDI-Verzeichnis (eine Datenbank) ein. Ein potenzieller Nutzer kann diesen Dienst im UDDI-Verzeichnis finden und die Schnittstellenbeschreibung in Form des WSDL-Dokuments anfordern.

**Langfristige Ziele**

So einfach dieser Vorgang aus technischer Sicht klingen mag, es ist eine Vielzahl von bisher meist nur unzureichend beantworteten Fragen zu klären. Zurzeit steckt die Entwicklung des UDDI-Konzepts noch in den Anfängen. Dabei sind es nicht die technischen Fragen, die ernsthafte Probleme bereiten.

**Offene Fragen**

Einige der wichtigsten Fragen sind:

> Wie ist die Qualität der Web Services?

> Wie erfolgt die Abrechnung eines genutzten Web Service?

> Wer trägt die Verantwortung für einen Web Service?

Es handelt sich also primär um rechtliche und wirtschaftliche Aspekte. Die Beantwortung dieser Fragen ist eine der Herausforderungen, die gemeistert werden müssen, bevor Web Services spontan und dynamisch sowie über Staatsgrenzen hinweg genutzt werden können.

Einen einfachen Zugang zum Prinzip von UDDI erhält man durch den Vergleich mit der Funktionsweise von Telefonbüchern. Ein Telefonbuch entspricht dabei einer der vier Haupttabellen der UDDI-Datenbank. Diese Haupttabellen werden, gemäß des Sprachgebrauchs in Datenbanken, als Entitäten bezeichnet.

**White Pages**  Mithilfe der White Pages können Unternehmen, die einen Web Service in ein UDDI-Verzeichnis einstellen, Informationen über sich selbst bereitstellen. Aufgrund dieser Informationen kann ein potenzieller Web-Service-Nutzer (Requestor) eine erste Entscheidung fällen, ob er den Dienst dieses Unternehmens nutzen möchte. Als ein anschauliches Beispiel soll hier die Seite http://www.whitepages.com/ genannt werden.

**Yellow Pages**  In einigen Fällen ist allerdings der Name eines Unternehmens, das einen Dienst anbietet, nicht bekannt. Ein Requestor wird jedoch in der Regel wissen, zu welcher Kategorie ein potenzieller Dienstanbieter (Provider) gehört. Das heißt, der Requestor weiß, welche Art von Dienst er nutzen möchte. Mithilfe der Yellow Pages erhält ein Requestor die Dienste aller Anbieter nach Branchen (Geschäftsfeldern) gruppiert. Für dieses Konzept ist die Seite http://www.yellowpages.com/ ein gutes Beispiel.

**Green Pages**  Ein weiteres Konzept sind die Green Pages. Damit können Beschreibungen zu jedem einzelnen Dienst hinterlegt werden. Sollte ein Requestor also wissen, was für einen Service er benötigt, aber weder einen oder mehrere Anbieter kennen noch wissen, zu welcher Branche ein Provider gehört, dann kann er jeden Service von Hand durchsuchen.

**Service Type Registration**  Abgerundet wird das Ganze mit der Service Type Registration. Während die Green Pages primär für den menschlichen Nutzer der UDDI gedacht sind, finden sich in der Service Type Registration die Informationen in maschinenlesbarer Form. Beide Entitäten verweisen aufeinander.

Aus den vier Entitäten ist ersichtlich, dass es zwei Arten von Nutzern von UDDI gibt. Dies ist zum einen ein Mensch, der Informationen über einen

Web Service beziehungsweise das anbietende Unternehmen erhalten möchte. Der andere Nutzer eines UDDI-Verzeichnisses ist eine Anwendung, die eine bestimmt Funktionalität benötigt. Die entsprechenden technischen Informationen zur Nutzung des gefundenen Dienstes werden dann über den im UDDI abgelegten Verweis auf das WSDL-Dokument erlangt.

Zur Vision der Web Services gehört eine Anwendung, die beim Ausfall eines Dienstes einen oder mehrere Dienste mithilfe einer UDDI findet, die genau die verlorene Funktionalität übernehmen.

Aus diesem Grunde bietet ein Provider in der Regel zwei zielgruppenorientierte Zugänge zur UDDI-Registry an. Der für den menschlichen Nutzer gedachte Zugang ist in vielen Fällen mithilfe einer webbasierten Anwendung realisiert.

**UDDI bietet zielgruppenorientierte Zugänge**

Der andere Zugang ist maschinenorientiert und für Anwendungen gedacht, die automatisiert Dienste finden wollen. Die zur Nutzung notwendigen Schnittstellen-Informationen werden nach erfolgreicher Suche über die WSDL-Datei bestimmt.

Ein UDDI-Verzeichnis bietet daher zur automatisierten Suche eine Vielzahl von standardisierten Web Services für Anwendung an.

Auch wenn die Datenstruktur von UDDI standardisiert ist, kann sich die Darstellung in einem Browser sehr stark – abhängig vom Broker – unterscheiden. Zudem ist die Struktur der UDDI-Inhalte als XML-Dokument definiert und damit flexibel erweiterbar.

## 7.3.2 Technischer Überblick über UDDI

Die treibenden Kräfte der UDDI-Spezifikation sind unter anderem Branchengrößen wie Microsoft und IBM. Ursprünglich wurde der Spezifikationsprozess von einer eigenständigen Organisation (uddi.org) koordiniert. Um die Effizienz der Arbeitsgruppe zu steigern, ist diese mittlerweile in dem Industriekonsortium OASIS[1] aufgegangen.

Seit Frühling 2005 ist Version 3 des UDDI-Standards von der OASIS verabschiedet. Aus diesem Grund bezieht sich dieser technische Überblick auf Version 3 des UDDI Standards [OAS04a].

UDDI steht für Universal Description, Discovery and Integration. Mit dieser zwar etwas sperrigen Bezeichnung sind die drei Schwerpunkte dieser Komponente (Beschreiben, Entdecken und Integrieren) und deren Anspruch (universal) sehr gut beschrieben. Besonders der Anspruch der Universalität ist durchaus ernst gemeint, so ist das UDDI-Konzept nicht auf das Publizieren und Finden von Web-Service-Angeboten beschränkt. Alles, was sich in Form

---

[1] http://www.oasis-open.org/

eines XML-Dokuments darstellen lässt, kann mithilfe des UDDI-Konzepts veröffentlicht und gefunden werden.

**Komponenten**    UDDI selbst besteht aus zwei Komponenten:

1. Dem UDDI-XML-Schema, welches das Datenmodell von UDDI definiert und die folgenden 6 Datenstrukturen bereitstellt: *businessEntity, businessService, bindingTemplate, tModel, operationalInfo* und *publisherAssertion*.

2. Der UDDI-API, einer Anzahl von Anwendungsschnittstellen, die selbst Web Services sind und somit das SOAP-Protokoll des W3C verwenden. Die Schnittstellen dienen der Suche, Veröffentlichung oder Verwaltung von Daten im Verzeichnis. Nutzer von UDDI, die Informationen suchen oder veröffentlichen möchten, senden SOAP-Nachrichten an einen UDDI-Server, der seinerseits mit Ergebnissen antwortet, die in der Metasprache XML formuliert sind.

Diese zwei Komponenten von UDDI werden in den folgenden Abschnitten im Detail beschrieben.

### 7.3.3    UDDI-XML-Schema

Das Datenmodell von UDDI wurde entwickelt mit der Intention, die Hauptfunktionen von UDDI, nämlich die standardisierte Suche, Verwaltung, Kategorisierung und Katalogisierung von Web Services, optimal zu unterstützen.

**Datenmodell**    Das Datenmodell begnügt sich dabei nicht mit einer bloßen technischen Beschreibung von Web Services, es erlaubt darüber hinaus die Erfassung von Informationen über die Anbieter der Dienste. Des Weiteren wird die Kategorisierung von Anbietern und Diensten ermöglicht. Diese Kategorisierung wird unerlässlich, wenn in größeren Verzeichnissen gesucht werden soll beziehungsweise der Suchende den Anbieter oder den konkreten Namen eines Dienstes nicht kennt und nach einer bestimmten Kategorie von Diensten suchen möchte.

**Modellierung in UDDI**    Wie in Abbildung 7.3 auf der nächsten Seite erkennbar, stehen die 4 Datentypen miteinander in Beziehung. Mit dem *businessEntity*-Datentyp können Unternehmen oder Organisationen modelliert werden.

Bieten Unternehmen Dienste an, werden diese zunächst abstrakt als Dienstegruppe mittels *businessService* abgebildet. Dies ist nützlich, wenn es verschiedene Zugangsmöglichkeiten für ein und denselben Dienst gibt, oder mehrere Web Services zu einem Angebot gehören sollen.

Um technische Informationen für den Aufruf von Web Services zu modellieren, werden die *bindingTemplate*- und *tModel*-Datentypen verwendet. Im *bindingTemplate* sind konkrete Informationen über den Aufruf des Dienstes

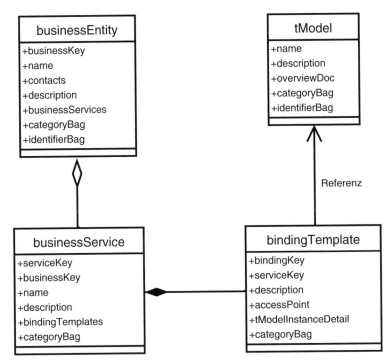

**Abbildung 7.3** *Das UDDI-Datenmodell*

enthalten, wie beispielsweise die URL, über die der Web Service erreicht werden kann. Das *bindingTemplate* referenziert ferner ein oder mehrere *tModels*, die eine eindeutige, durch Mensch und Maschine lesbare technische Beschreibung des Dienstes beinhalten. Zu diesen Informationen gehört beispielsweise die Schnittstellenbeschreibung eines Web Services.

## 7.3.3.1  Die businessEntity-Datenstruktur

Wie bereits erwähnt, werden mit der *businessEntity*-Datenstruktur Organisationen und Unternehmen modelliert.

Eine *businessEntity* wird durch das *businessKey* Attribut eindeutig bezeichnet und enthält neben dem Namen der Organisation noch die Kontaktdaten der Ansprechpartner und eine Beschreibung. Die angebotenen Dienste werden als *businessService*-Datenstrukturen innerhalb der *businessServices*-Auflistung aufgeführt.

Die *businessEntity*-Datenstruktur enthält, wie in Abbildung 7.4 auf der nächsten Seite dargestellt, die folgenden Felder:

**Felder**

**businessKey**  dient der eindeutigen Kennzeichnung einer *businessEntity*. Der Wert ist einzigartig in einem UDDI-Verzeichnis.

**name**  spezifiziert den Namen der *businessEntity*.

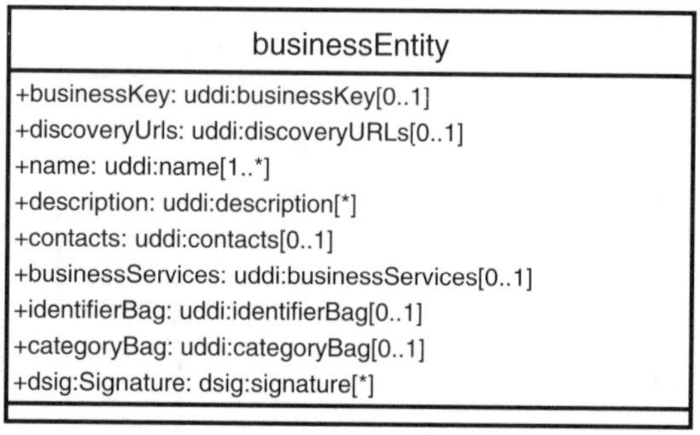

```
                businessEntity
+businessKey: uddi:businessKey[0..1]
+discoveryUrls: uddi:discoveryURLs[0..1]
+name: uddi:name[1..*]
+description: uddi:description[*]
+contacts: uddi:contacts[0..1]
+businessServices: uddi:businessServices[0..1]
+identifierBag: uddi:identifierBag[0..1]
+categoryBag: uddi:categoryBag[0..1]
+dsig:Signature: dsig:signature[*]
```

**Abbildung 7.4** *Die* businessEntity-*Datenstruktur*

**discoveryURLs** ist optional und gibt andere Wege an, über die angebotene Dienste aufgelistet werden können. Dies ist eine Liste von URLs.

**description** beinhaltet eine Beschreibung der *businessEntity*.

**contacts** listet die Kontaktdaten der Ansprechpartner für die *businessEntity* auf.

**businessServices** enthält eine Liste von *businessService*-Datenstrukturen, also die Dienste, welche die *businessEntity* anbietet.

**identifierBag** ermöglicht die Angabe weiterer Daten, die eine *businessEntity* eindeutig kennzeichnen. Dies kann beispielsweise die Umsatzsteuer-Identifikations-Nummer des Unternehmens sein.

**categoryBag** dient der Kategorisierung der *businessEntity*. Hier kann beispielsweise die Branche oder die geografische Lage der Organisation aufgeführt werden.

**dsig:Signature** kann verwendet werden, um eine *businessEntity* mit einer digitalen Signatur zu versehen.

Beispiel

Das in Listing 7.2 auf der nächsten Seite aufgeführte Beispiel verdeutlicht die Nutzung der *businessEntity*-Datenstruktur. Es handelt sich hier um den *businessEntity*-Eintrag des „IBM Business Registry Node". Dies ist im Element *name* erkennbar.

Der Eintrag wird über den *businessKey* eindeutig gekennzeichnet und enthält eine Beschreibung, Informationen über Ansprechpartner und nicht zuletzt die angebotenen Dienste.

In dem Element *categoryBag* wird die Organisation als „IBM UDDI Node" kategorisiert. Nutzer bekommen also bei einer Suche nach „IBM UDDI Node" oder der ID des *tModels* alle Organisationen angezeigt, die sich in diese Kategorie eingeordnet haben. Die Kategorisierung geschieht immer mittels tModels.

**Listing 7.2** *Beispiel für eine* businessEntity

```
<businessEntity businessKey="1B51FFEA-9101-43D0-BAB9-4C579...">
  <discoveryURLs>
    <discoveryURL useType="businessEntity">
        http://uddi.ibm.com/ubr/uddiget?businessKey=...
    </discoveryURL>
  </discoveryURLs>
  <name>IBM UDDI Business Registry Node</name>
  <description>
    This provider represents the IBM node of the
    UDDI Business Registry
  </description>
  <contacts>
    <contact useType="UDDI Support">
      <personName>UDDI Support</personName>
      <email useType="help">uddisupt@us.ibm.com</email>
    </contact>
  </contacts>
  <businessServices>...</businessServices>
  <categoryBag>
    <keyedReference
      tModelKey="UUID:327A56F0-3299-4461-BC23-5CD513E95C55"
      keyName="IBM UDDI Node" keyValue="node"/>
  </categoryBag>
</businessEntity>
```

## 7.3.3.2 Die businessService-Datenstruktur

Mit der *businessService*-Datenstruktur wird ein Dienst dargestellt, der von einer *businessEntity* angeboten wird. Die *businessService*-Datenstruktur definiert den angebotenen Dienst auf logischer beziehungsweise betriebswirtschaftlicher Ebene. Ein *businessService* kann also als ein Produkt, welches von einer Unternehmung angeboten wird, verstanden werden. Das Produkt kann sich hierbei aus einem oder mehreren Web Services zusammensetzen.

Beispielsweise könnte ein Unternehmen den Dienst „Gehaltsrechner" anbieten, der die Berechnung des Netto-Lohns aus dem Brutto-Lohn ermöglicht und umgekehrt. Dieses Produkt würde zunächst als *businessService* modelliert. Aus einer betriebswirtschaftlichen Perspektive betrachtet, handelt es sich hierbei um ein Produkt. Technisch gesehen beinhaltet ein Gehaltsrechner aber mehrere Web Services, mit denen Berechnungen durchgeführt werden können. Unterhalb der *businessService*-Datenstruktur würden dann die Web Services modelliert, aus denen sich das Produkt „Gehaltsrechner" zusammensetzt.

Eine *businessService*-Datenstruktur wird durch ihren *serviceKey* eindeutig gekennzeichnet. Des Weiteren wird der *businessService* durch das Attribut *name* benannt und mit *description* näher beschrieben. Die technischen Informationen der Dienste, aus denen sich ein *businessService* zusammensetzt, sind in *bindingTemplates* abgelegt.

**Datenstruktur**

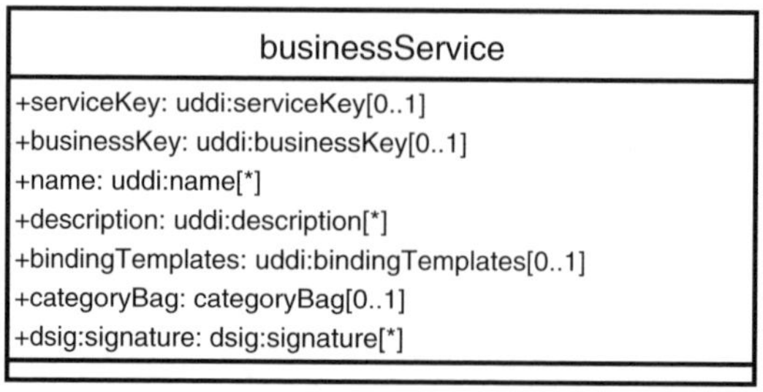

```
┌─────────────────────────────────────────────────┐
│                 businessService                   │
├─────────────────────────────────────────────────┤
│ +serviceKey: uddi:serviceKey[0..1]                │
│ +businessKey: uddi:businessKey[0..1]              │
│ +name: uddi:name[*]                               │
│ +description: uddi:description[*]                  │
│ +bindingTemplates: uddi:bindingTemplates[0..1]    │
│ +categoryBag: categoryBag[0..1]                   │
│ +dsig:signature: dsig:signature[*]                │
└─────────────────────────────────────────────────┘
```

**Abbildung 7.5** *Die* businessService-*Datenstruktur*

**Felder**

Die *businessService*-Datenstruktur enthält, wie in Abbildung 7.5 dargestellt, die folgenden Felder:

**serviceKey** bezeichnet den *businessService* eindeutig.

**businessKey** gibt an, zu welcher *businessEntity* der *businessService* gehört.

**name** spezifiziert den Namen des *businessService*.

**description** beinhaltet eine Beschreibung des *businessService*.

**bindingTemplates** listet die technischen Beschreibungen der im *business-Service* enthaltenen Web Services auf.

**categoryBag** dient der Kategorisierung des *businessService*.

**dsig:Signature** kann verwendet werden, um eine *businessEntity* mit einer digitalen Signatur zu versehen.

**Beispiel**

Im Beispiel in Listing 7.3 wird der *businessService* „Publish to the IBM UDDI Business Registry Node" dargestellt. Der *businessService* wird eindeutig durch seinen *serviceKey* gekennzeichnet. Im Element *bindingTemplates* sind die verschiedenen Web Services aufgeführt, aus denen sich der *businessService* zusammensetzt.

**Listing 7.3** *Beispiel für einen* businessService

```
<businessService serviceKey="14949B50-4507-11D7-BC51-00062...">
  <name>Publish to the IBM UDDI Business Registry node</name>
  <description>
    Publish to the IBM UDDI Business Registry node
  </description>
  <bindingTemplates>
    <bindingTemplate bindingKey="14A0...">...</bindingTemplate>
    <bindingTemplate bindingKey="14B7...">...</bindingTemplate>
    <bindingTemplate bindingKey="14B9...">...</bindingTemplate>
  </bindingTemplates>
</businessService>
```

## 7.3.3.3 Die bindingTemplate-Datenstruktur

Die *bindingTemplate*-Datenstruktur enthält die zur Nutzung eines Dienstes nötigen technischen Details. Ein *bindingTemplate* enthält zunächst einmal die Adresse, über die ein Dienst aufgerufen werden kann. Meist wird es sich hierbei um eine URL handeln. Die weitere technische Beschreibung des Dienstes erfolgt unter Zuhilfenahme von *tModels*, die vom *bindingTemplate* referenziert werden.

```
┌─────────────────────────────────────────────────────────────┐
│                      bindingTemplate                          │
├─────────────────────────────────────────────────────────────┤
│ +bindingKey: uddi:bindingKey[0..1]                            │
│ +serviceKey: uddi:serviceKey[0..1]                            │
│ +description: uddi:description[*]                             │
│ +accessPoint: uddi:accessPoint[0..1]{oder hostingRedirector}  │
│ +hostingRedirector: uddi:hostingRedirector[0..1]{oder accessPoint} │
│ +tModelInstanceDetails: uddi:tModelInstanceDetails[0..1]      │
│ +categoryBag: uddi:categoryBag[0..1]                          │
│ +dsig:Signature: dsig:signature[*]                           │
└─────────────────────────────────────────────────────────────┘
```

**Abbildung 7.6** *Die* bindingTemplate-*Datenstruktur*

Die *bindingTemplate*-Datenstruktur enthält, wie in Abbildung 7.6 dargestellt, die folgenden Felder:

**Felder**

**bindingKey** dient der eindeutigen Kennzeichnung des *bindingTemplates*.

**serviceKey** referenziert den *businessService*, zu dem das *bindingTemplate* gehört.

**description** beinhaltet eine Beschreibung des *bindingTemplate*.

**accessPoint** spezifiziert die Adresse im Netzwerk, über die der Dienst erreicht werden kann. Dies kann beispielsweise eine URL oder eine E-Mail-Adresse sein.

**hostingRedirector** wird in Version 3 von UDDI nicht mehr verwendet, da seine Funktionalität mittlerweile durch *accessPoint* abgedeckt ist.

**tModelInstanceDetails** enthält eine Liste mit einem oder mehreren *tModels*. Die Summe der *tModels* bildet die technische Schnittstellenbeschreibung des Web Services.

**categoryBag** dient der Kategorisierung des *bindingTemplates*.

**dsig:Signature** kann verwendet werden, um ein *bindingTemplate* mit einer digitalen Signatur zu versehen.

**Beispiel**  Das Beispiel in Listing 7.4 stellt das *bindingTemplate* eines der Web Services dar, die zu dem in Listing 7.3 auf Seite 152 dargestellten *businessService* gehören.

Der Text im Element *description* beschreibt diesen Web Service als Teil der UDDI 2.0 Publishing API des IBM UDDI Business Registry Nodes.

Die Adresse, über die auf den Web Service zugegriffen werden kann, kann dem Element *accessPoint* entnommen werden und lautet `https://uddi.ibm.com/ubr/publishapi`. Des Weiteren ist zu erkennen, dass das Protokoll *HTTPS* verwendet werden soll.

Eine genaue Schnittstellenbeschreibung ist jedoch zunächst nicht zu erkennen. Diese bietet hingegen das im Element *tModelInstanceDetails* referenzierte *tModel* an, jedoch ist dieses kein Kind-Element von *bindingTemplate*.

**Listing 7.4** *Beispiel für ein* bindingTemplate

```
<bindingTemplate bindingKey="14B7B3B0-4507-11D7-BC51-00062...">
  <description>
    Publish to the IBM UDDI Business Registry node
    using UDDI 2.0
  </description>
  <accessPoint URLType="https">
    https://uddi.ibm.com/ubr/publishapi
  </accessPoint>
  <tModelInstanceDetails>
    <tModelInstanceInfo tModelKey="UUID:A2F36B65-2D66-408..."/>
  </tModelInstanceDetails>
</bindingTemplate>
```

## 7.3.3.4  Die tModel-Datenstruktur

**tModel**  tModels werden in UDDI verwendet, um einzigartige Konzepte oder Konstrukte darzustellen. Sie beinhalten einen in ihrem UDDI-Verzeichnis eindeutigen Schlüssel, des Weiteren mehrere Elemente, die zur Beschreibung des dargestellten Konzeptes dienen.

Ein *tModel* kann beispielsweise dazu verwendet werden, darzustellen, dass ein Web Service die ebXML-Spezifikation verwendet. Es stellt also eine Struktur dar, die nicht nur Wiederverwendung und dadurch eine Standardisierung in einem Software-System erlaubt, sondern darüber hinaus die Möglichkeit schafft, Web Services auf technischer Ebene miteinander zu vergleichen und automatisiert zu prüfen, wie ein Web Service angesprochen werden muss und welche Spezifikationen und Konstrukte er verwendet. Um dies zu ermöglichen, sind *tModels* keine Kind-Elemente von *businessEntity-*, *businessService-* und *bindingTemplate*-Strukturen.

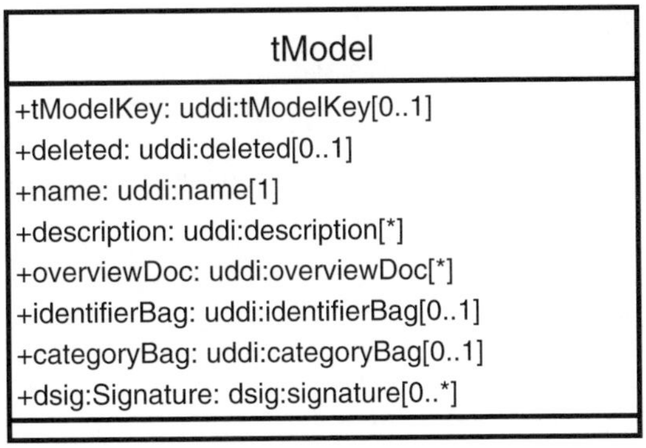

```
┌─────────────────────────────────────────────┐
│                    tModel                     │
├─────────────────────────────────────────────┤
│ +tModelKey: uddi:tModelKey[0..1]              │
│ +deleted: uddi:deleted[0..1]                  │
│ +name: uddi:name[1]                           │
│ +description: uddi:description[*]             │
│ +overviewDoc: uddi:overviewDoc[*]             │
│ +identifierBag: uddi:identifierBag[0..1]      │
│ +categoryBag: uddi:categoryBag[0..1]          │
│ +dsig:Signature: dsig:signature[0..*]         │
└─────────────────────────────────────────────┘
```

**Abbildung 7.7** *Die* tModel-*Datenstruktur*

Die *tModel*-Datenstruktur enthält die wie in Abbildung 7.7 dargestellt, die folgenden Felder:   **Felder**

**tModelKey**  dient der eindeutigen Kennzeichnung eines *tModels*.

**deleted**  gibt an, ob das *tModel* „logisch gelöscht" wurde. *tModels* können in UDDI-Verzeichnissen nicht vollständig gelöscht werden, da sonst Verweise aus anderen Datenstrukturen ins Leere zeigen würden. Mit dem Attribut *deleted* können *tModels* deshalb als gelöscht markiert werden.

Ist ein *tModel* als gelöscht markiert, wird es bei der Suche nach *tModels* einer bestimmten Kategorie nicht mehr als Treffer angezeigt. Dennoch ist es weiterhin möglich, die Eigenschaften unter Angabe des *tModelKeys* abzurufen.

**name**  enthält den Namen des *tModels*. Dieser sollte in Form einer URI angegeben werden.

**description**  beinhaltet eine Beschreibung des *tModels*.

**overviewDoc**  ist ein optionales Attribut, welches zur näheren Beschreibung eines Web Services durch den Verweis auf externe Dokumente verwendet werden kann.

**identifierBag**  ermöglicht die Angabe weiterer Daten, die ein *tModel* eindeutig kennzeichnen.

**categoryBag**  dient der technischen Beschreibung des *tModels*. Mittels Verweisen im *categoryBag* kann auf technische Konzepte, beispielsweise Spezifikationen wie die SOAP-Spezifikation, verwiesen werden.

**dsig:Signature**  kann verwendet werden, um ein *tModel* mit einer digitalen Signatur zu versehen.

Das Beispiel in Listing 7.5 auf der nächsten Seite zeigt das im *bindingTemplate* in Listing 7.4 auf der vorherigen Seite referenzierte *tModel*.   **Beispiel**

***Listing 7.5*** *Beispiel für ein* tModel

```
<tModel tModelKey="UUID:A2F36B65-2D66-4088-ABC7-914D0E05EB9E">
  <name>uddi-org:publication_v2</name>
  <description>
    UDDI Publication API Version 2 - Core Specification
  </description>
  <overviewDoc>
    <description>This tModel defines the publication Version 2
      API calls for interacting with a V2 UDDI node.
    </description>
    <overviewURL>
      http://www.uddi.org/wsdl/publish_v2.wsdl
    </overviewURL>
  </overviewDoc>
  <categoryBag>
    <keyedReference tModelKey="UUID:C1ACF26D-9672-4404-9..."
      keyName="types" keyValue="specification"/>
    <keyedReference tModelKey="UUID:C1ACF26D-9672-4404-9..."
      keyName="types" keyValue="xmlSpec"/>
    <keyedReference tModelKey="UUID:C1ACF26D-9672-4404-9..."
      keyName="types" keyValue="soapSpec"/>
    <keyedReference tModelKey="UUID:C1ACF26D-9672-4404-9..."
      keyName="types" keyValue="wsdlSpec"/>
  </categoryBag>
</tModel>
```

Das *tModel* beschreibt die Schnittstellen der UDDI 2.0 Publication API. Über die im Element *overviewURL* angegebene URL kann die WSDL-Schnittstellenbeschreibung des Web Services eingesehen werden.

Im *categoryBag* wird des Weiteren auf technische Konzepte hingewiesen, die für das dargestellte *tModel* von Bedeutung sind. Dies sind das allgemeine Konzept der *Spezifikation* sowie die konkreten Spezifikationen von *XML*, *SOAP* und *WSDL*.

Somit wird umfassend angegeben, welche Schnittstellen ein Web Service besitzt und welche Voraussetzungen für den Aufruf desselben erfüllt werden müssen.

An diesem Beispiel werden die Vorteile der Unabhängigkeit der *tModel*-Datenstruktur von den anderen UDDI-Datenstrukturen deutlich. Oft verwendete Konzepte wie zum Beispiel die XML-Spezifikation müssen nur einmalig als *tModel* angelegt werden und können dann von jedermann referenziert werden. Somit kann ein *tModel* zum Merkmal einer Gattung von *tModels* werden. Die Wiederverwendung spart zudem Speicherplatz im Verzeichnis.

## 7.3.3.5 Weitere Datenstrukturen

Neben den in den vorhergehenden Abschnitten aufgeführten Datenstrukturen gibt es zwei weitere Datenstrukturen, nämlich *publisherAssertion* und *operationalInfo*. Auf diese soll hier nur kurz eingegangen werden.

Die *publisherAssertion*-Struktur dient dazu, eine Relation zwischen zwei *businessEntity*-Strukturen zu definieren, wobei dies von beiden Partnern der Beziehung getan werden muss, um eine gültige Verbindung zu schaffen. Ein Beispiel für ein *publisherAssertion*-Szenario wäre, wenn mehrere Tochterfirmen jeweils eigene *businessEntity*-Strukturen definiert haben, aber die Zugehörigkeit der Tochterfirmen zu einer einzigen Organisation dargestellt werden soll.

**publisherAssertion**

Die *operationalInfo*-Struktur wird verwendet, um Veränderungen im UDDI-Verzeichnis zu speichern. Wird ein Datensatz im Verzeichnis verändert, wird in einer *operationalInfo*-Datenstruktur abgespeichert, wann, von wem und an welchem UDDI-Knoten die Datenstruktur erstellt und verändert wurde.

**operationalInfo**

## 7.3.4 UDDI-API

Die UDDI-API dient der Interaktion zwischen UDDI Client und UDDI Server. UDDI wurde mit dem Ziel entworfen, es einer möglichst großen Zahl unterschiedlichster IT-Systeme zu erlauben, mit UDDI-Verzeichnissen zu kommunizieren. Deshalb unterscheidet sich die Spezifikation der UDDI-API insofern von einer klassischem API-Spezifikation, als sie auf dem *Document Exchange Model* (DEM) beruht. Die Kommunikation zwischen Client und Server findet also allein durch den Austausch von XML-Dokumenten über standardisierte Internet-Protokolle statt. Mit diesem Verfahren können nahezu beliebige IT-Systeme auf den unterschiedlichsten Plattformen mit dem UDDI-Verzeichnis kommunizieren.

Die UDDI-API-Spezifikation beinhaltet in der aktuellen Version Funktionen sowohl für den UDDI Server als auch für den UDDI Client.

Die Funktionen für den Server – in der Spezifikation Node genannt – beinhalten Funktionen für die Suche, Veröffentlichung, Verwaltung, Abonnement und Replikation. Allerdings muss nur ein Teil der UDDI Server APIs von UDDI-Standard-konformen UDDI-Implementierungen zwingend zur Verfügung gestellt werden. Diese APIs sind die Inquiry und die Publication APIs. Die Inquiry und Publication APIs sollen aus diesem Grund später näher betrachtet werden.

**UDDI Server APIs**

> UDDI Server APIs (Node API Sets)

    – UDDI Inquiry

- UDDI Publication

- UDDI Security

- UDDI Custody Transfer

- UDDI Subscription

- UDDI Replication

**UDDI Client APIs**  Die Funktionen für den Client umfassen Funktionen für den Abonnement-Push-Dienst und Funktionen für die Validierung von Referenzen.

> Client APIs (Client API Sets)

- UDDI Subscription Listener

- UDDI Value Set

## 7.3.4.1  Die UDDI Inquiry API

Die UDDI Inquiry API enthält Funktionen, die die Suche in UDDI-Verzeichnissen ermöglichen.

**find_binding**  Wird verwendet, um bestimmte Bindings in einem registrierten *businessService* zu finden. Gibt eine *bindingDetail*-Datenstruktur zurück.

**find_business**  Wird verwendet, um Informationen über ein oder mehrere Unternehmen zu erhalten. Gibt eine *businessList*-Datenstruktur zurück.

**find_relatedBusinesses**  Wird verwendet, um Informationen über *businessEntity*-Datenstrukturen zu erhalten, die in Verbindung mit einer bestimmten *businessEntity* stehen, deren Schlüsselwert in der Anfrage übergeben wurde. Die *relatedBusinesses*-Funktionalität wurde in UDDI-Version 2 eingeführt und wird verwendet, um die Registrierung von Geschäftsbereichen zu verwalten und sie anschließend ausgehend von Hierarchien in der Organisation oder Beziehungen zu Geschäftspartnern in Beziehung zu setzen. Gibt eine *relatedBusinesses*-Datenstruktur zurück.

**find_service**  Wird verwendet, um bestimmte *businessService*-Datenstrukturen in einer registrierten *businessEntity* zu finden. Gibt eine *serviceList*-Datenstruktur zurück.

**find_tModel** Wird verwendet, um eine oder mehrere *tModel*-Datenstrukturen zu finden. Gibt eine *tModelList*-Struktur zurück.

**get_bindingDetail** Wird verwendet, um die vollständigen *bindingTemplate* Informationen zu erhalten, die geeignet sind, eine oder mehrere Anfragen an den Dienst zu stellen. Gibt eine *bindingDetail*-Datenstruktur zurück.

**get_businessDetail** Wird verwendet, um die vollständigen *businessEntity* Informationen für ein oder mehrere Unternehmen oder Organisationen zu erhalten. Gibt eine *businessDetail*-Datenstruktur zurück.

**get_businessDetailExt** Wird verwendet, um erweiterte *businessEntity* Informationen zu erhalten. Gibt eine *businessDetailExt*-Datenstruktur zurück.

**get_operationalInfo** Wird verwendet, um Metadaten, die den Basisdatentypen (*businessEntity*, *businessService*, *bindingTemplate* und *tModel*) zugeordnet sind, zu erhalten. Gibt eine *operationalInfo*-Datenstruktur zurück.

**get_serviceDetail** Wird verwendet, um alle Einzelheiten für eine bestimmte Menge von registrierten *businessService*-Daten zu erhalten. Gibt eine *serviceDetail*-Datenstruktur zurück.

**get_tModelDetail** Wird verwendet, um alle Einzelheiten für eine bestimmte Menge von *tModel*-Daten zu erhalten. Gibt eine *tModelDetail*-Datenstruktur zurück.

## Muster für die Nutzung der UDDI Inquiry API

Für die Nutzung der UDDI Inquiry API beschreibt die UDDI-Spezifikation Muster, mit deren Hilfe Informationen im UDDI-Verzeichnis gesucht und abgerufen werden können. In Abbildung 7.8 auf der nächsten Seite wird beispielhaft die Nutzung der UDDI Inquiry API dargestellt.

**Browse Pattern**

Zunächst einmal wird ein Nutzer mit relativ groben Suchkriterien unter Zuhilfenahme der *find_xx*-Funktionen im UDDI-Verzeichnis nach Organisationen oder Unternehmen suchen und ausgehend von den Ergebnissen die Suchkriterien Schritt für Schritt verfeinern, bis das gewünschte gefunden wurde. Dieser iterative Prozess ist im *browse Pattern* (siehe Abbildung 7.8 auf der nächsten Seite) abgebildet. Als Ergebnis des browse-Prozesses erhält der Benutzer Daten in Form eines der Basisdatentypen *businessEntity*, *businessService*, *bindingTemplate* und *tModel*.

**Drill-down Pattern**

Mittels des *drill-down Patterns* kann der Client weitere Detailinformationen über die im *browse Pattern* gewonnenen Daten erhalten, indem die *get_xx*-Funktionen der UDDI Inquiry API mit dem eindeutigen Schlüssel, den jedes

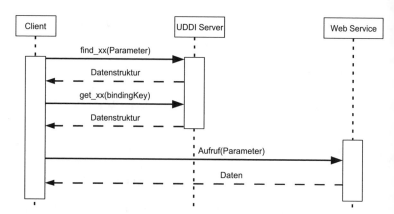

**Abbildung 7.8** *Muster für die Nutzung der UDDI Inquiry API*

Objekt im UDDI-Verzeichnis besitzt, aufgerufen werden. So können beispielsweise alle registrierten Daten einer *businessEntity* abgerufen werden.

**Invocation Pattern** Das *invocation Pattern* dient dem Aufruf des gefundenen Web Service. Der Client interagiert zunächst unter Zuhilfenahme der im drill-down Pattern gewonnenen und zwischengespeicherten bindingTemplate-Daten direkt mit dem Web Service. Schlägt der Aufruf des Web Services fehl, soll eine erneute Anfrage an das UDDI-Verzeichnis unter Verwendung des *bindingKeys* des gewünschten *bindingTemplates* erfolgen. So erhält der Nutzer aktuelle bindingTemplate-Daten, mithilfe derer er die Verbindung zum Web Service herstellen kann.

## 7.3.4.2  Die UDDI Publication API

Die Funktionen, die Bestandteil der UDDI Publication API sind, werden zum Veröffentlichen und Aktualisieren von Informationen in einem UDDI-Verzeichnis verwendet.

**add_publisherAssertions** Dient dazu, *Publisher Assertions* zur Liste der *publisherAssertions* einer *businessEntity* hinzuzufügen.

**delete_binding** Dient dazu, ein existierendes *bindingTemplate* aus dem Verzeichnis zu entfernen.

**delete_business** Dient dazu, ein existierendes *businessEntity*-Objekt aus dem Verzeichnis zu löschen.

**delete_publisherAssertions** Dient dazu, bestimmte *publisherAssertions* aus der Liste der *publisherAssertions* eines bestimmten Publishers zu löschen. Wenn dies geschieht, wird die Beziehung zweier *businessEntitys*, die über die mittlerweile gelöschte *publisherAssertion* miteinander in Verbindung standen, zerstört.

**delete_service**  Dient zum Löschen eines *businessService* aus der Registry.

**delete_tModel**  Wird verwendet, um bestehende Informationen über ein *tModel* zu verstecken. Ein auf diese Weise verstecktes *tModel* kann zwar referenziert oder über die *get_tModelDetail*-Funktion angesprochen werden, wird jedoch nicht mehr von der *find_tModel*-Funktion gefunden. Grundsätzlich können *tModels* nicht vollständig aus einem UDDI-Verzeichnis gelöscht werden.

**get_assertionStatusReport**  Wird verwendet, um einen Statusbericht für alle *publisherAssertions* eines Publishers zu erhalten.

**get_publisherAssertions**  Gibt alle *publisherAssertions* eines bestimmten Publishers in Form einer *publisherAssertions*-Datenstruktur zurück.

**get_registeredInfo**  Gibt eine kurze Liste mit allen Unternehmen und *tModels*, die von einem bestimmten Publisher verwaltet werden, zurück.

**save_binding**  Wird verwendet, um eine neues *bindingTemplate* zu speichern oder ein existierendes *bindingTemplate* zu ändern.

**save_business**  Wird verwendet, um eine neue *businessEntity* zu speichern oder eine existierende *businessEntity* zu ändern.

**save_service**  Wird verwendet, um einen neuen *businessService* zu speichern oder einen existierenden *businessService* zu ändern.

**save_tModel**  Wird verwendet, um ein neues *tModel* zu speichern oder ein existierendes *tModel* zu ändern.

**set_publisherAssertions**  Wird verwendet, um alle *publisherAssertions* eines Publishers zu speichern. Alle vorhandenen *publisherAssertions* werden ersetzt und alte *publisherAssertions*, die nicht bestätigt wurden, entfernt.


## 7.4   Nutzungsszenarien für UDDI

Nachdem die Funktionsweise von UDDI beschrieben wurde, sollen nun Möglichkeiten für die Nutzung von UDDI in Form mehrerer Szenarien beschrieben werden. UDDI ist momentan noch eine relativ junge Technologie, deren Potenzial momentan noch wesentlich unterschätzt wird. Daher ist es wichtig, Szenarien zu entwickeln, in denen die Nutzung von UDDI-Verzeichnissen nutzbringend ist.

Nachfolgend sind einige Szenarien für den Einsatz von UDDI-Verzeichnissen dargestellt.

## 7.4.1 Die UDDI Business Registry (UBR)

Die *UDDI Business Registry (UBR)* ist ein öffentlicher UDDI-Verzeichnisdienst, der ursprünglich von den Unternehmen IBM, Microsoft, NTT-Communications und SAP betrieben wurde. Im Januar 2006 wurde die *UBR* weitgehend eingestellt [Mic05], da sich bis auf SAP alle Beteiligten aus dem Projekt zurückgezogen haben.

**Ziele der UBR**

Ziel der *UBR* war es, einen Internet-weiten, kostenlosen und öffentlichen UDDI-Verzeichnisdienst anzubieten, in dem Unternehmen und andere Anbieter sich und ihre Dienste registrieren, sodass sie von Partnerunternehmen und Kunden gefunden und genutzt werden können. Des Weiteren sollten Applikationen aller Art über das Internet die für sie passenden Web Services ähnlich wie mit einer Suchmaschine finden und nutzen können.

Die *UBR* diente dazu, UDDI-Konzepte im Feldtest auf ihre Robustheit und Skalierbarkeit zu überprüfen. Weiter sollte die *UBR* ein Beispiel für die Interoperabilität der UDDI-Technologie sein. Mit den vier Knoten der *UBR* sollte außerdem die Replikation großer UDDI-Verzeichnisse getestet werden.

**Aufbau der UBR**

Wie in Abbildung 7.9 zu sehen ist, bestand die *UBR* aus vier Knoten, die ihre Einträge untereinander replizierten. Nutzern der *UBR* standen also an allen Knoten die gleichen Informationen zur Verfügung. Das Vorhandensein von mehreren Knoten ermöglichte zudem eine gewisse Fehlertoleranz, da bei einem Ausfall eines der Knoten über die verbleibenden weiterhin auf die UBR zugegriffen werden konnte.

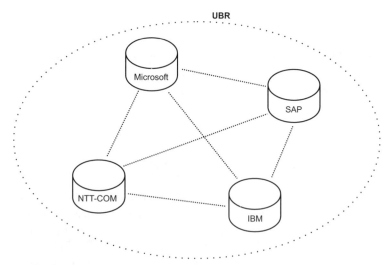

**Abbildung 7.9** *Die UDDI Business Registry*

**Zugriffspunkte**

Die *UBR* bestand aus zwei Verzeichnissen – einem Test- und einem produktiven Verzeichnis. Zum Zeitpunkt des Erscheinens dieses Buches verbleibt einzig der Knoten der SAP unter der Adresse http://uddi.sap.com/.

Neben dem Zugriff unter Verwendung der UDDI-API konnte die *UBR* auch über ein Web Interface genutzt werden.

Die *UBR* wurde in ihrer ursprünglichen Form fünf Jahre lang betrieben und beherbergte rund 50 000 Einträge. Nach Darstellung der Betreiber wurde die *UBR* eingestellt, da die gesetzten Ziele – nämlich die Demonstration der Alltagstauglichkeit und Interoperabilität – erreicht waren.

**Fazit UBR**

Kritiker der *UBR* argumentieren, dass gerade die Offenheit der UBR zu ihrem Niedergang geführt hat. Da keine administrative Instanz existierte, die in das Verzeichnis eingetragene Daten pflegte oder etwa Anforderungen und Standards vorgab, sei die Qualität der Verzeichnisdaten nicht ausreichend gewesen. Viele Einträge der *UBR* seien entweder Beispieleinträge oder veraltet gewesen.

Der *UBR* ist zugute zu halten, dass sie es ermöglichte, die von der SOA-Gemeinschaft gehegte Vision eines zentralen, öffentlichen Verzeichnisses von Web Services in die Tat umzusetzen und auf ihre Alltagstauglichkeit zu untersuchen.

Es zeigte sich, dass die dynamische Auswahl öffentlicher Web Services beim Betrieb Service-orientierter Architekturen nicht Realität ist und es auch in näherer Zukunft nicht werden wird, da dieses Szenario von den Akteuren aus vielfältigen Gründen, wie etwa der Servicequalität oder der rechtlichen Rahmenbedingungen nicht angenommen wird. Potenzielle Nutzer von Web Services – insbesondere solche aus dem kommerziellen Sektor – möchten beispielsweise vor deren Nutzung mit dem Anbieter Kontakt aufnehmen und die Nutzungsbedingungen aushandeln.

Zudem wurde deutlich, dass eine stringente Pflege der Verzeichnisdaten zwingend erforderlich ist, um den Wert des Verzeichnisses zu erhalten.

Die *UBR* stellte die erste große Implementierung eines UDDI-Verzeichnisses dar. Im Rahmen der verschiedenen Nutzungsszenarien, die in diesem Kapitel vorgestellt werden, kann sie als branchenunabhängiger, also horizontaler, öffentlicher Marktplatz charakterisiert werden.

## 7.4.2   UDDI als branchenspezifischer Marktplatz

Neben branchenunabhängigen Marktplätzen können auch branchenspezifische Marktplätze mit UDDI realisiert werden. Auf solchen vertikalen Marktplätzen werden nur Produkte angeboten, die zu einer bestimmten Branche gehören.

Branchenspezifische Marktplätze besitzen neben ihrer Beschränkung auf eine Branche spezielle Regeln für die Benutzung des Marktplatzes. Diese Regeln müssen von allen Teilnehmern des Marktplatzes befolgt werden, damit alle Beteiligten den größtmöglichen Nutzen aus dem Marktplatz ziehen können.

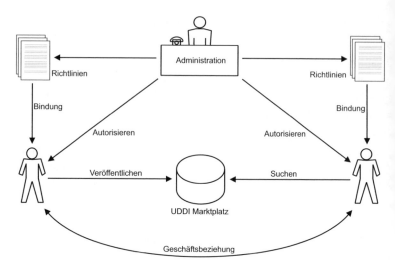

**Abbildung 7.10** *Schema eines vertikalen Marktplatzes*

**Überwachung**  Typischerweise gibt es eine Institution, die die Einhaltung der Regeln im Marktplatz überwacht. Eine weitere Aufgabe dieser Institution ist die Autorisierung neuer Teilnehmer, die meist gewisse Aufnahmebedingungen erfüllen müssen, beispielsweise die Zugehörigkeit zur entsprechenden Branche. Des Weiteren könnten Mitgliedsbeiträge erhoben werden.

Branchenspezifische Marktplätze verwenden üblicherweise spezielle Taxonomien, um Einträge im Verzeichnis zu kategorisieren und somit die Suche zu vereinfachen.

Zusätzlich können solche Marktplätze Bewertungssysteme und andere Erweiterungen enthalten, um den Wert des Marktplatzes weiter zu steigern. Ein branchenspezifischer Marktplatz unter Verwendung von UDDI ist in der Abbildung 7.10 dargestellt.

## 7.4.3 UDDI im Intranet

Die Nutzung von UDDI-Verzeichnissen im Intranet stellt ein weiteres Nutzungsszenario dar. UDDI-Verzeichnisse können im Intranet auf vielfältige Art und Weise genutzt werden. UDDI kann als internes Verzeichnis für Web Services und andere Dienste dienen, die von verschiedenen Abteilungen der Unternehmung angeboten werden. Dieses zentrale Verzeichnis ermöglicht es Programmierern und anderen Nutzern sowie Unternehmensanwendungen, welche automatisiert Dienste suchen, auswählen und nutzen, auf alle Dienste, die in der Unternehmung angeboten werden, zuzugreifen.

**Referenzliste**  Eine weitere Funktion für ein internes UDDI-Verzeichnis ist seine Funktion als Referenzliste. Wird in einer Unternehmung Software unter Verwendung von Web Services entwickelt, kann ein UDDI-Verzeichnis aufgebaut werden,

das die für die Softwareentwicklung freigegebenen Web Services nebst deren
technischer Beschreibung enthält. Somit wird eine einheitliche Basis für die
Softwareentwicklung geschaffen.

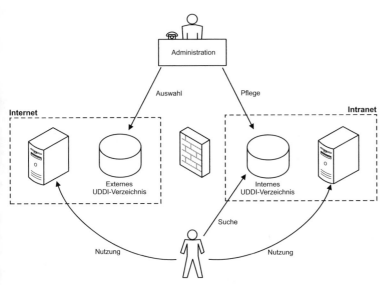

**Abbildung 7.11** *Schema eines internen UDDI-Verzeichnisses*

Das Konzept der Referenzliste kann dahingehend erweitert werden, dass für
die unternehmensinterne Nutzung eine Menge von Web Services freigegeben
und diese dann im unternehmenseigenen UDDI-Verzeichnis veröffentlicht
werden. Zu den freigegebenen Web Services können dabei nicht nur interne
Web Services zählen, sondern es können durchaus auch externe Web Services im internen UDDI-Verzeichnis veröffentlicht werden. Das interne UDDI-
Verzeichnis wird dadurch quasi zum Proxy für externe UDDI-Verzeichnisse.
Die Verwendung von UDDI im Intranet wird in Abbildung 7.11 schematisch
dargestellt.

## 7.4.4   UDDI in B2B- und EAI-Szenarien

Analog zu dem in Abschnitt 7.4.3 auf der vorherigen Seite beschriebenen
Szenario kann ein UDDI-Verzeichnis als Proxy für Dienste fungieren, die an
Kunden oder Partnerunternehmen im Rahmen von B2B- und EAI-Projekten
angeboten werden. Typischerweise sollen nicht alle intern im Unternehmen
verfügbaren Dienste extern angeboten werden, sondern nur die Teilmenge,
die für die Kunden relevant ist. Zusätzlich wird oft gewünscht, die Mächtigkeit der Dienste zu reduzieren und Zugriffe genauer zu protokollieren.
Kunden und Partnern soll darüber hinaus kein direkter Zugriff auf das
unternehmensinterne UDDI-Verzeichnis gewährt werden.

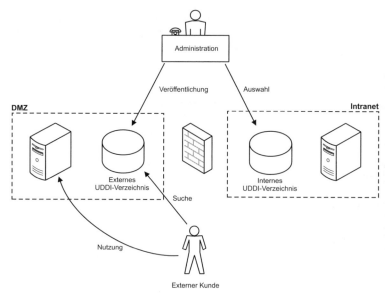

**Abbildung 7.12** *Schema eines UDDI-Proxy*

Als Lösung für dieses Dilemma kann im Extranet oder der DMZ des Unternehmens ein UDDI-Verzeichnis aufgebaut werden mit dem Ziel, eine bestimmte Anzahl von Web Services nach außen anzubieten. Ein Beispiel für eine solche Lösung ist in Abbildung 7.12 zu finden.

## 7.5   Erfolg von Verzeichnisdiensten

Trotz der Tatsache, dass ein Verzeichnisdienst ein zentraler Bestandteil einer Service-orientierten Architektur ist, ist zu beobachten, dass diese als einzige Komponente des Konzeptes Probleme haben, sich richtig durchzusetzen. So sind die bekanntesten öffentlichen UDDI-Instanzen in der letzten Zeit wieder abgestellt worden und auch innerhalb von Firmen ist kein Siegeszug zu beobachten.

### 7.5.1   Verzeichnisdienste in Firmen

Innerhalb von Firmen wird auf das Prinzip der losen Kopplung oft absichtlich verzichtet, da es als Risiko gesehen wird und mit Nachteilen hinsichtlich Performance und Netzwerklast in Verbindung gebracht wird. In den meisten Fällen ist wohl bekannt, wer welchen Dienst aufruft. Eine unvorhergesehene Popularität eines Dienstes wird vom Anbieter selten als Chance und oft als Gefahr für die Verfügbarkeit betrachtet. Gleichzeitig ist meist nicht geregelt, wer für die zusätzlich benötigten Ressourcen zu zahlen hat. Da zusätzlich vor einer Nutzung eines Dienstes entsprechende „Service-Level Agreements" ausgehandelt werden[1], was heute nur ganz selten maschinell geschieht, wird die Notwendigkeit eines Verzeichnisdienstes innerhalb von Firmen oft nicht eingesehen.

Trotz dieser Gründe entspricht dieser Verzicht auf die Nutzung der losen Kopplung nicht der Philosophie einer SOA, da man sich Performance auf Kosten der Flexibilität (einem der Hauptziele von SOA) erkauft.

**Performance vs. Flexibilität**

Die Nutzung eines Dienstverzeichnisses nimmt derzeit trotzdem in vielen Firmen zu, da eine solche Registry als Dokumentationsmedium oft gut geeignet ist. Will man ein übergreifendes Anforderungsmanagement implementieren und diese Anforderungen über Dienste abdecken, so ist eine Voraussetzung eine gute Dokumentation der bestehenden Dienste – etwas strenger kann die Existenz einer gepflegten Registry sogar als notwendige Voraussetzung für eine SOA-Governance gesehen werden.

**Anforderungsmanagement**

## 7.5.2 Öffentliche Verzeichnisdienste

Der sehr schleppende Erfolg von öffentlichen Verzeichnissen für Dienste liegt an einer Vielzahl von Gründen. Zum einen sind die Zugriffszahlen stark gesunken, da die meisten Sucher nach ein paar wenig erfolgreichen Anfragen keine weiteren Versuche unternommen haben. Dies liegt nicht nur an der Kombination aus Komplexität und mangelhafter, schwer zu benutzender Tools, sondern auch an einigen konzeptionellen Punkten. So ist zum Beispiel das Thema Billing, also Bezahlen von genutzten Diensten nicht allgemein gelöst. Auch werden SOAP-basierte Dienste von Programmen genutzt und können ohne Unterstützung von Tools kaum von normalen Benutzern aufgerufen werden.

Aufgrund der fehlenden wirtschaftlichen Basis haben Firmen nur sehr wenige kommerzielle Dienste für private Endbenutzer erstellt und brauchen für diese auch keine Registrierung in einem öffentlichen Verzeichnis. Die wenigen verfügbaren Angebote werden über andere Werbung verbreitet und in eigenen Formaten von den Firmen dokumentiert.

**Wirtschaftliche Basis**

In einem B2B-Umfeld wären die Voraussetzungen deutlich besser, allerdings ticken die Uhren da etwas langsamer und entsprechende Verträge werden hier eher bidirektional geschlossen. Auch eine Suche nach passenden Diensten ist hier seltener.

---

[1] Siehe hierzu auch Abschnitt 12.2.1 auf Seite 310.

### 7.5.3   WS-Discovery

Eine mögliche Lösung, um in kleineren Umgebungen mit schlecht gepflegten Verzeichnissen oder in neuer Zusammenstellung (zum Beispiel Adhoc-Netzen) zu agieren, stellt WS-Discovery [MK09] dar. Diese Spezifikation bietet eine Möglichkeit, um bestehende Dienste in der eigenen Umgebung – also im lokalen Netz – dynamisch zu finden, wofür ein Multicast-Protokoll definiert wird. Dies hat den Vorteil, dass die Existenz eines zentralen Verzeichnisdienstes nicht notwendig ist und entsprechende Dienste damit auch nicht irgendwo registriert sein müssen.

Damit es zur eigentlichen Kommunikation zwischen Anbieter und Nutzer kommt, sind zwei verschiedene Wege vorgesehen. Zum einen kann der suchende Nutzer eine Nachricht an alle im lokalen Netz schicken. Jeder möglicherweise passende Dienst kann dann diese Anfrage beantworten. Um den Netzwerkverkehr zu reduzieren, gibt es noch eine zweite Alternative. Dienste können auch selbstständig eine Gruppe von möglichen Nutzern im Netz ebenfalls durch einen Multicast über ihre Existenz informieren.

**Discovery Proxy**

In größeren Netzen ist zusätzlich vorgesehen, einen sogenannten Discovery Proxy zu nutzen. Dieser speichert entsprechende Multicast-Pakete und informiert mögliche Nutzer von Diensten über seine Existenz, damit diese über Unicast-Pakete direkt mit ihm kommunizieren können und so weniger Nachrichten an alle Teilnehmer des Netzes notwendig sind.

**Caveat: WS-Discovery und Sicherheit**

WS-Discovery ermöglicht also, dass sich Dienste in lokalen Netzen schnell und ohne großen Aufwand finden. Für die weitere Kommunikation sieht es die Nutzung anderer Spezifikationen wie zum Beispiel SOAP und WSDL vor. Es sollte aber beachtet werden, dass zusätzliche Schritte für eine sichere Umgebung notwendig sind. WS-Discovery stellt keine Anforderungen bezüglich Sicherheit an die beteiligten Endpunkte (also sowohl Nutzer als auch Anbieter von Diensten). Hier sind eventuell weitere Maßnahmen notwendig.

## 7.6   Zusammenfassung

Dieses Kapitel hat gezeigt, dass es momentan zwei Verfahren gibt, Verzeichnisdienste in Service-orientierten Architekturen zu realisieren. Dennoch sind beide Verfahren noch relativ weit von einer großflächigen Nutzung entfernt.

WS-Inspection kann als erster Schritt hin zu öffentlichen UDDI-Marktplätzen im Internet gewertet werden, da mit WS-Inspection Unternehmen mit relativ geringem Einsatz von Arbeit und Kapital ihre Dienste auf ihrer Website präsentieren und dadurch Kunden und Partnern zugänglich machen können.

Im nächsten Schritt können dann UDDI-Verzeichnisse eingesetzt werden, wenn das Konzept von „Web-Services-Marktplätzen" eine größere Verbreitung erfahren hat.

UDDI besitzt im Gegensatz zu WS-Inspection definierte Schnittstellen für Suche, Verwaltung und Replikation – ein Vorteil, der vor allem bei größeren Verzeichnissen von großem Wert sein wird.

UDDI ist also definitiv ein zentraler Baustein einer Service-orientierten Architektur.

# 8 | Leistungsaspekte von Web Services

*„Halte Dir die rasende Schnelligkeit der Zeit vor Augen."*
*Lucius Annaeus Seneca (4 vor Chr. bis 65 nach Chr.)*

XML ist zu gesprächig, umfangreich und ohnehin langsam. Dies ist ein Vorurteil, das oft zu hören ist. Da bei Web Services alle Dokumente grundsätzlich XML-Dokumente sind, müssen diese Aussagen in Bezug auf Web Services besonders untersucht werden. Hier liegt es nahe, zum Vergleich verschiedene Transportprotokolle unterhalb von SOAP zu verwenden und die Performance der einzelnen (sonst identischen) Implementierungen zu messen. Diese Ergebnisse kann man gut mit Lösungen vergleichen, die mit CORBA oder in Java mit RMI implementiert worden sind. Eine Auswahl entsprechender Messungen und Ergebnisse veranschaulicht das Verhalten der Techniken. Vertiefende Untersuchungen und praktische Messungen hat Christine Nübling in ihrer Diplomarbeit [Nüb04] gemacht, die auf Ergebnissen von Barbara Rudolph [Zen02] aufsetzt. Dieses Kapitel basiert in Teilen auf diesen Arbeiten.

## Übersicht

# 8.1  Vorbemerkung

Nachdem das Moore'sche Gesetz [Moo65] seit nunmehr über 40 Jahren gilt, müssen zwangsläufig alle Aussagen bezüglich Geschwindigkeit und Performance in der IT nach sehr kurzer Zeit kritisch betrachtet werden. Dies gilt daher auch für die Messungen aus diesem Kapitel, die mehrheitlich aus dem Jahr 2004 stammen und damit als historische Daten eingestuft werden können.

Die Messungen, die diesem Kapitel zugrunde liegen, sind allerdings sehr umfangreich und eine vollständige Wiederholung würde mehrere Monate intensiver Arbeit bedeuten. Da einzelne Überprüfungen gezeigt haben, dass sich die Grundaussagen nicht signifikant geändert haben, wurde beschlossen, dieses Kapitel nicht zu löschen und den etwas antiquierten Datenbestand inkaufzunehmen. Die Versuchsaufbauten sind hier kurz und in den in der Übersicht des Kapitels genannten Diplomarbeiten detailliert beschrieben. Eine entsprechende erneute vollständige Messung kann daher recht problemlos (bei signifikantem Zeitaufwand) vorgenommen werden.

Die erste Hälfte des Kapitels ist mehrheitlich unabhängig von diesen Messungen und hat auch heute noch Gültigkeit.

# 8.2  Einleitung

Die Definitionen des Begriffs Performance sind sehr vielfältig und oft unklar, weil er nicht nur im Bereich der Informatik, sondern auch in der Betriebswirtschaft und der Psychologie verwendet wird.

Performance heißt übersetzt Leistung. Für dieses Buch wurde die Definition des Duden Informatik herangezogen. Dieser definiert Leistung in [CS03, Seite 364] als

**Definition Leistung**

*Geschwindigkeit und Qualität, mit der ein Auftrag oder eine Menge von Aufträgen von einer Datenverarbeitungsanlage verarbeitet wird.*

Daraus ergeben sich zwei Aspekte der Performance. Der eine Aspekt betrachtet die Geschwindigkeit, eine messbare Größe. Der andere Aspekt bezieht sich auf nicht direkt messbare Größen – die der Qualität. In den folgenden Abschnitten werden deshalb quantitative und qualitative Performance-Kriterien getrennt voneinander betrachtet.

**Leistungsermittlung**

Leistung ist relativ. Um die Leistung eines Systems zu ermitteln, muss demnach ein Vergleich stattfinden. Eine Möglichkeit zu vergleichen erreicht man zum einen dadurch, dass man für ausgewählte Kriterien Zielwerte bestimmt, die vom getesteten System erreicht werden müssen.

Eine andere Möglichkeit der Leistungsermittlung besteht darin, Werte von verschiedenen Systemen zu sammeln und diese in Beziehung zu setzen.

Benutzen Tester unterschiedliche Methoden zur Leistungsermittlung, können diese durchaus zu verschiedenen Aussagen über das gleiche System kommen.

Ist zum Beispiel die vom Testenden gesetzte Anforderung an eine Datenbank, innerhalb einer Millisekunde eine Einfügeoperation zu tätigen, die getestete Datenbank benötigt jedoch zwei Millisekunden, so ist sie nicht ausreichend performant. Ist diese Datenbank jedoch um 15 % schneller als alle mitgetesteten Referenzdatenbanken, so kann ein anderer Tester dieselbe Datenbank als sehr performant bezeichnen.

Zusammenfassend ist Performance eine erbrachte Leistung, die anhand von bestimmten Kriterien gemessen und im Vergleich zu Sollwerten oder Referenzsystemen bewertet wird. Performance setzt sich aus dem Erfüllungsgrad quantitativer und qualitativer Kriterien zusammen. Eine ganze Reihe qualitativer Anforderungen sind in der ISO9000 und im Duden definiert. Beispiele sind Anpassbarkeit, Fehlertoleranz, Portabilität, Wartbarkeit und Wiederverwendbarkeit. Da diese nur sehr schwer gemessen und verglichen werden können, beschränkt sich der nächste Teil auf ausschließlich quantitative Kriterien.

**Qualitative Kriterien**

## 8.3 Grundlagen

Bei jeder Messung ist es wichtig, sich gleich am Anfang zu überlegen, was überhaupt gemessen wird. Um diese Frage besser beantworten zu können, werden im folgenden Abschnitt zuerst die Begriffe *Skalierbarkeit* und *Performance* näher betrachtet.

Danach untersucht Abschnitt 8.4 auf Seite 179 genauer, welche quantitativen Anforderungen an Systeme gestellt werden können und welche Anforderungen bei Rechnersystemen auftreten können.

Am Ende des Kapitels werden einige praktische Messungen ausgewählter Kriterien vorgestellt. Dazu wurde eine exemplarische Architektur gewählt und ein entsprechender Prototyp implementiert. Vor den eigentlichen Messungen wird in Abschnitt 8.5 auf Seite 181 der genaue Aufbau des Prototypen dargelegt.

### 8.3.1 Skalierbarkeit

Der Begriff der *Skalierbarkeit* hat seinen Ursprung in dem der *Skala*. Dabei handelt es sich laut [Dud01] um eine

*vollständige Reihe zusammengehöriger, sich abstufender Erscheinungen; Stufenleiter.*

**Definition
Skala**

Unter *skalieren* findet sich an gleicher Stelle folgende Definition

**Definition skalieren**

*(Verhaltensweisen, Leistungen o. Ä.) in einer statisch verwendbaren Skala von Werten einstufen.*

*Skalierung* bezeichnet laut [Bro98, Band 20, Seite 282] ein

**Definition Skalierung**

*Verfahren zur Herstellung einer Skala zur Messung von Merkmalen und ihren spezifischen Ausprägungen bei den jeweiligen Untersuchungseinheiten (v. a. nicht beobachtbare Sachverhalte wie zum Beispiel Einstellungen, Meinungen). Dabei wird versucht, alle möglichen Aussagen zum Untersuchungsgegenstand auf der Skala abzubilden, wobei häufig die Extreme (zum Beispiel extrem positive oder extrem negative Einstellungen) die Endpunkte der Skala bilden.*

In der Informatik wird der Begriff Skalierung oft leicht abgewandelt verwendet. So gibt es bei Wikipedia unter Skalierbarkeit folgenden auf die Technik gekürzten Eintrag:[1]

**Definition Skalierung in der Informatik (Wikipedia)**

*Skalierbarkeit bezeichnet das Verhalten von Programmen oder Algorithmen bezüglich des Ressourcenbedarfs bei wachsenden Eingabemengen, also die Performance und die Komplexität: Ein Software-Produkt skaliert „gut", wenn es beispielsweise bei der zehnfachen Nenn-Last (das heißt Leistung) mit circa den zehnfachen Ressourcen auskommt. Ein „schlecht" skalierendes Produkt hingegen würde vielleicht bei doppelter Last bereits die zehnfachen Ressourcen benötigen und bei zehnfacher Last komplett versagen.*

Übertragen auf verteilte Architekturen bedeutet der Begriff der Skalierbarkeit die Möglichkeit, ein System im laufenden Betrieb zu erweitern, auszubauen beziehungsweise unter Umständen auch zu verkleinern, also zu skalieren.[2] Hierbei kann es sich grundsätzlich sowohl um Hardware- als auch um Software-Erweiterungen handeln. Im Zusammenhang mit XML-basierten Web-Diensten wird hier jedoch nur der Aspekt der softwaremäßigen Skalierbarkeit betrachtet. Unter Skalierungstransparenz versteht man die Möglichkeit, Skalierungen vorzunehmen, ohne dass Änderungen an der Gesamtstruktur des Systems oder den Anwendungsprogrammen nötig sind (vergleiche hierzu auch [SW04]).

**Skalierungstransparenz**

Konnotiert mit dem Begriff der Skalierbarkeit ist der Wunsch – oder vielmehr die Erwartung –, dass sich Änderungen an einen Parameter des Systems in einer vorhersehbaren und vorhersagbaren Weise auf die anderen Parameter auswirken. Betrachtete Parameter können hierbei sein:

---

[1] http://de.wikipedia.org/wiki/Skalierbarkeit

[2] Vergleiche hierzu [You96]: „The ability to retain performance levels when adding additional processors."

> Netzwerkkapazität

> Durchsatz

> Antwortzeitverhalten

> Anzahl der Knoten im System

> Replikationsdauer

Als ideales Maß für die Skalierung ist hierbei linearer Performancezuwachs anzusehen, dies wird jedoch in der Praxis selten erreicht.[1]

## 8.3.2  Performance

In [CS03] findet man unter Performance die folgende Definition:

*Performance: Leistungsniveau, -stärke eines Rechners (EDV).*

Im Zusammenhang mit verteilten Systemen, was bei einer SOA fast immer vorliegt, bezeichnet der Begriff Performance die Leistungsfähigkeit eines verteilten Systems respektive einer verteilten Anwendung, also einer Anwendung, die in einem Netzwerk verbundener Rechnern läuft.

Um die Performance einer verteilten Anwendung einschätzen zu können, müssen verschiedene Faktoren berücksichtigt werden. Die folgende stichpunktartige Übersicht greift Einzelaspekte heraus, die nachfolgend näher erläutert werden:

> Performance der Nachrichtenübermittlung

  - zurückzulegende Netzwerkstrecke

  - Geschwindigkeit[2] des Netzwerkes

  - Overhead der eingesetzten Kommunikationsprotokolle

> Performance eines Web-Dienstes

  - vorhandenes Rechnersystem, auf welchem der Web-Dienst zur Ausführung kommt

  - Performance der Kommunikationsinfrastruktur des Web-Dienstes

---

[1] Das Optimum, also der linearen Performancezuwachs, beschreibt das Amdahl'sche Gesetz. Es ist in [Mä00, Seite 444] beschrieben. Eine andere Erklärung dafür, bekannt als „Minskys Conjecture", findet sich in [HB84, Abschnitt 1.3.4].

[2] Der Geschwindigkeitsbegriff umfasst die Facetten Übertragungsgeschwindigkeit und Latenzzeit vor Beginn der Kommunikation.

- verwendete Programmiersprache (interpretiert vs. nativ ausgeführt, …)

> Performance des Back-End-Systems

- vorhandenes Rechnersystem, auf welchem das Back-End-System zur Ausführung kommt

- Performance der Schnittstelle, mit der das Back-End-System an den Web-Service angebunden ist

## 8.3.3 Einflussfaktoren auf die Leistungsfähigkeit

Bei der Nachrichtenübermittlung haben verschiedene Faktoren Einfluss auf die Leistungsfähigkeit. Die Performance einer Architektur mit Web-Service-Techniken hängt stark von der eingesetzten Infrastruktur ab. Darunter fällt **Netzwerk** beispielsweise die zurückzulegende Netzwerkstrecke. Bei paketvermittelten Transportprotokollen kann die Netzwerkstrecke aufgrund der dort eingesetzten dynamischen Routingprotokolle, wie etwa dem *Border Gateway Protocol*, kurz BGP [RL95][1], unter Umständen stark variieren.

Die Geschwindigkeit des Netzwerkes selbst ist in hohem Maße bestimmt durch die eingesetzte Netzwerkinfrastruktur (zum Beispiel Kupferkabel oder Glasfaserkabel) und beeinflusst weiterhin die Leistungsfähigkeit eines Netzwerkes bei der Nachrichtenübermittlung.

Der Architekt hat zumeist keine Möglichkeit, auf die Leistungsfähigkeit des einzusetzenden Netzwerkes sowie der zurückzulegenden Netzwerkstrecke Einfluss zu nehmen. Die Geschwindigkeit der Netzwerkinfrastruktur kann daher als fest vorgegebener Parameter angesehen werden. Damit ist auch der Einfluss auf die zurückzulegende Netzwerkstrecke seitens des Architekten als gering einzustufen, speziell da die zu benutzenden Netzwerk-Transportprotokolle, zum Beispiel TCP/IP auf den Schichten 3 und 4 des OSI-Basisreferenzmodells (vergleiche [ISO94]), meist bereits vorgegeben sind.

**Kommunika-** Einzig der Aspekt des Kommunikationsoverheads liegt in seinem Einfluss-
**tionsprotokoll** bereich, den er durch die Wahl des Kommunikationsprotokolls beeinflussen kann. Jedes Kommunikationsprotokoll bringt an ein zu übertragendes Datenpaket protokollrelevante Information in Form eines *Headers* an; die

---

[1] Die ursprüngliche Version des Routingprotokolls findet sich in RFC 1105 [LR89], die aktuelle Version ist in RFC 1771 [RL95] erläutert. Mithilfe eines Routingprotokolls tauschen so genannte *Autonome Systeme* im Internet, zumeist Spezialgeräte (Router), Informationen über die Erreichbarkeit von Netzen untereinander und über die Verteilung von Paketen aus. Autonome Systeme besitzen typischerweise Verantwortung für die Konnektivität eines IP-Netzwerks.

eigentlichen Nutzdaten werden dann im Datenbereich, *Body*, des Protokolls übertragen. Je mehr Protokolle in die Übertragung eines Pakets involviert sind, desto mehr protokollrelevante Information, genannt *Overhead*, wird an das Paket angebracht.

Der Architekt kann ein geeignetes Kommunikationsprotokoll für die eingesetzte Infrastruktur wählen. Hierunter fallen beispielsweise Transportprotokolle der Schicht 5 des OSI-Basisreferenzmodells wie HTTP [FGM$^+$99] und FTP [PR85] und Kommunikationsprotokolle höher gelegener Schichten wie beispielsweise SOAP.

Zum Zeitpunkt der Messungen verwendeten die am weitest verbreiteten SOAP-Implementierungen, Apache Axis und Microsoft .NET, das Transportprotokoll HTTP, welches seinerseits wiederum das Transportprotokoll TCP/IP benutzt. Der Kommunikationsoverhead ist hier also identisch. Seitens der Industrie gibt es jüngst jedoch Anstrengungen, SOAP direkt über TCP zu übertragen, wie es zum Beispiel bei der internen Kommunikation von Indigo von Microsoft vorgesehen ist.

Auf die Performance eines Web-Dienstes selbst kann der Architekt durchaus Einfluss nehmen, denn diese hängt wiederum von mehreren Faktoren ab. Zum einen stellt die Leistungsfähigkeit des vorhandenen Rechnersystems, des Computers, auf welchem der Web-Dienst zur Ausführung kommt, einen sehr gewichtigen Faktor dar. Die eingesetzte Hardware, etwa der Prozessor und der Hauptspeicher, stellt einen bestimmenden Faktor für die Ausführungsgeschwindigkeit eines Dienstes dar. Hier sollte der Architekt eine für seine Ansprüche geeignete Auswahl treffen und bei der Wahl des Rechnersystems auf seine Leistungsfähigkeit achten.

**Rechnersystem**

Die Performance der *Kommunikationsinfrastruktur*, mit deren Hilfe der Web-Dienst erreichbar ist, stellt einen weiteren Aspekt dar. Die eingesetzte Kommunikationsinfrastruktur, mit deren Hilfe ein Aufrufer mit dem Diensterbringer kommuniziert, wirkt auf die Leistungsfähigkeit eines Web-Dienstes, da eintreffende Nachrichten vor der Verarbeitung zunächst entgegengenommen und entpackt werden müssen. Falls eine Nachricht kodiert ist, bedeutet dies, dass diese zunächst dekodiert werden muss; die Nutzdaten müssen aus der Protokolldarstellung entnommen werden. Im Fall des Sendens einer Nachricht müssen diese Schritte reziprok angewendet werden.

**Kommunikationsinfrastruktur**

Es gibt hierbei verschiedene Ansätze. Verwendet man etwa die `SOAP::Lite` Bibliothek der Programmiersprache *Perl*, so kommuniziert der Dienst direkt über einen Socket im Betriebssystem, die Performance des Web-Dienstes hängt also überwiegend vom Dienst selbst ab. Verwendet man hingegen die Apache-Axis[1]-SOAP-Implementierung, so läuft diese in einem Servlet-Container ab und ist entweder mithilfe eines rudimentären Web-Servers, der mit dem Servlet-Container ausgeliefert wird, oder durch den Web-Server des

---

[1] http://ws.apache.org/axis/

Apache-Projekts ansprechbar. Die Performance der beiden Web-Server und des Servlet Containers beeinflussen also in diesem Fall die Performance des Dienstes. Bei Microsofts .NET-Infrastruktur sind Web-Dienste ebenfalls mithilfe eines Web-Servers, des *Internet-Information-Servers*, erreichbar. Auch hier spielt die Performance des Web-Servers eine Rolle für die Gesamtperformance des Systems und des Dienstes selbst. Bei der Zusammenstellung einer Kommunikationsinfrastruktur für eine *verteilte Anwendung* sollte der Architekt deren Performance in Erwägung ziehen.

**Programmiersprache**

Ferner übt die verwendete *Programmiersprache* Wirkung auf die Leistungsfähigkeit eines Web-Dienstes aus. Kommt eine interpretierte Programmiersprache wie beispielsweise *Python* oder Perl[1] zum Einsatz, so wirkt sich die Zeit, die zum Laden des Interpreters und zur Interpretation der Sprache verwendet werden muss, auf die Performance des Dienstes aus. Programme in interpretierten Programmiersprachen benötigen typischerweise mehr Ausführungzeit als nativ ausgeführte Programme.

Auch in *hybriden* Programmiersprachen wie *Java* respektive *C#* gehaltene Programme – wie sie in den Plattformen Apache Axis und Microsoft .NET zum Einsatz kommen – benötigen längere Ausführungszeiten als kompilierte Programme, sie sind jedoch schneller als vollständig interpretierte Sprachen. Hier wirkt sich die Interpretationsdauer der Zwischenrepräsentation der Sprachen auf die Performance eines Dienstes aus. Hybride Programmiersprachen sind zwischen interpretierten und kompilierbaren Programmiersprachen anzusiedeln, da sie native (Übersetzung des Quellcodes in binäre Zwischenrepräsentation (zum Beispiel Java Bytecode [LY99], Microsoft Intermediate Language [Lid02] und [BH03])) und auch interpretative (tatsächliche Ausführung der Zwischenrepräsentation auf Zielmaschine) Anteile in sich vereinigen. Letztlich kann der Architekt mit der Selektion der Programmiersprache für einen Web-Dienst, wie bereits vorstehend erläutert, Einfluss auf dessen Ausführungsgeschwindigkeit ausüben.

**Back-End-System**

Innerhalb des *Back-End-Systems* beeinflusst vor allem das eingesetzte Rechnersystem die Performance des Systems. Hier ist aber zusätzlich noch die Leistungsfähigkeit der Schnittstelle, mit deren Hilfe das Back-End-System angebunden ist, ein maßgeblicher Faktor für die Performance des gesamten Systems. Im Allgemeinen unterliegen Schnittstellen von Back-End-Systemen einer hohen Last, da sie meist die einzige Zugriffsmöglichkeit auf ein Back-End-System darstellen und damit einer hohen Anzahl an Zugriffen unterliegen.

Der Architekt einer verteilten Anwendung kann üblicherweise wenig Einfluss auf die Leistungsfähigkeit eines Back-End-Systems nehmen, da hier meist das verwendete Rechnersystem sowie die Schnittstelle fest vorgegebene Parame-

---

[1] Allerdings nimmt Perl hier eine Zwischenrolle ein, da Perl einen internen Bytecode verwendet. Zusätzlich gibt es Programme, die Perl-Code vorübersetzen und Binärprogramme erzeugen.

ter sind. Hat er jedoch Einfluss auf die Schnittstelle des Back-End-Systems, so sollte er gegebenenfalls mithilfe von ausgiebigen Tests Schwachstellen erkennen und beeinflussen, um deren Performance dadurch so positiv wie möglich zu gestalten.

Dabei spielt die Anzahl und die Performance der zur Kommunikation eingesetzten Komponenten eine Rolle. Wird etwa ein Web-Server als Kommunikationskomponente eingesetzt, so muss eine eintreffende Nachricht, die durch einen Dienst weiterverarbeitet werden soll, vom Web-Server, der die Anfragen nur entgegennimmt, an den ausführenden Dienst selbst weitergereicht werden. Man kann also sagen, dass die Dienste als ausführbare Komponenten in den Web-Server integriert werden. Auch hier spielt die Performance der Schnittstelle eine Rolle.

Ferner besitzen die eingesetzten Web-Server selbst zumeist unterschiedliche Leistungsumfänge[1], die sich unter anderem auch auf die Performance des Web-Servers selbst auswirken.

Zusammenfassend ist festzustellen, dass eine Web-Services-Architektur prinzipiell für die Entwicklung verteilter Anwendungen geeignet ist. Der Architekt hat über verschiedene Parameter Einflussmöglichkeit auf die Performance des Systems, von der Zusammenstellung des Rechnersystems über die Programmiersprache, das Design der Schnittstellen bis hin zu den verwendeten Kommunikationsprotokollen. Das frühe Stadium der Technik – die Standards befinden sich zum Großteil noch in der Entwicklung und es gibt kaum einsetzbare Implementierungen – bietet zwar noch keine vollwertige Unterstützung für Funktionalitäten wie Transaktionen und Lastverteilung, wie sie für eine Vielzahl verteilter Applikationen nötig sind. Die Entwicklung solcher Erweiterungen und deren transparente Nutzung ist aber mit wachsendem Reifegrad der Standards und der Technik durchaus zu erwarten und in einigen Beta-Versionen neuer Softwareprodukte zu erkennen. Erweiterungen dieser Art sollten sich an den bestehenden Standards orientieren und in das derzeit existierende Rahmenwerk modular einbinden lassen, um auf Dauer erfolgreich sein zu können. Diese Beta-Versionen und fehlende Unterstützung mancher Anforderungen wie zum Beispiel im Umfeld von Transaktionen erschweren eine vergleichbare Messung.

## 8.4 Quantitative Anforderungen

Nach Rechenberg [RP02] kann man die quantitativen Anforderungen an ein Rechensystem in drei Klassen unterteilen: Kenngrößen zur Zeit, zum Durchsatz und zur Auslastung.

---

[1] Hierunter fallen beispielsweise Aspekte wie Komprimierung sowie Unterstützung von Authentisierung oder Transaktionen durch einen Web-Server.

## 8.4.1 Kenngrößen zur Zeit

Zu dieser Klasse gehören Antwortzeit, Bedienzeit, Wartezeit und Latenzzeit.

**Definition Bedienzeit**

*Die Bedienzeit ist die Zeit, die die CPU zur Abarbeitung eines Programms benötigt.*

**Definition Wartezeit**

*Die Wartezeit beschreibt die Zeit, in der ein Programm auf seine Ausführung wartet.*

Bedienzeit und Wartezeit ergeben zusammen die *Antwortzeit*. Nach [CS03] ist die

**Definition Antwortzeit**

*Antwortzeit ist die „Zeit, die ein Auftrag vom Zeitpunkt seines Eintreffens bis zum Abgang nach erfolgter Bearbeitung im Datenverarbeitungssystem verbringt."*

**Latenzzeit**

Jedes Protokoll, das Nutzdaten überträgt, benötigt irgendeine Kennzeichnung des gesendeten Inhaltes, sei es die Zieladresse, die Paketnummer oder andere, für die korrekte Übertragung der Nutzdaten notwendige Angaben. Diese Kennzeichnungen werden als *Overhead* bezeichnet. Die *Latenzzeit* gibt die Zeit an, die eine Nachricht ohne Nutzlast, nur bestehend aus Overhead, vom Sender zum Empfänger benötigt. Diese Zeit kann nicht unterschritten werden. Sie ist nützlich, um Antwortzeiten verschiedener Systeme, respektive verschiedener Nutzlasten, zu interpretieren beziehungsweise vergleichbar zu machen. Dabei ist zu beachten, dass bei jedem versandten Paket Overhead anfällt und die Latenzzeit aufsummiert werden muss, wenn mehrere Pakete verschickt werden.

## 8.4.2 Kenngrößen zum Durchsatz

**Bandbreite**

Der Durchsatz beschreibt die Anzahl der pro Zeiteinheit bearbeiteten Aufträge. Der theoretische Höchstwert des Durchsatzes in einem Netzwerk ist die *Bandbreite*. Sie beeinflusst die Antwortzeit eines Web Services maßgeblich, da die vom Service übertragene Antwort nie schneller übertragen werden kann, als die Bandbreite des Übertragungsmediums, wie beispielsweise ein Kabel, zulässt.

**Verlustrate**

Zu den Kenngrößen des Durchsatzes gehört nach Rechenberg [RP02] auch die *Verlustrate*. Diese beschreibt die Menge verloren gegangener oder abgewiesener Aufträge pro Zeiteinheit.

## 8.4.3   Kenngrößen zur Auslastung

Das Verhältnis des tatsächlichen Durchsatzes zum theoretischen Maximal-
wert entspricht der *Auslastung* oder auch Effizienz eines Systems. Bei der
Suche nach Engpässen in einem System ist dieser Wert der maßgebliche
Indikator, da ein System nur so performant sein kann wie seine schwächste
Komponente.

**Auslastung**

In diese Klasse gehören auch die Auslastung der CPU sowie der *Speicherver-
brauch* eines Programms zur Laufzeit.

Die Auslastung eines Systems steht immer in Bezug zur *Nutzlast,* die verarbeitet wird. Deshalb muss bei der Auslastung die Nutzlast mit angegeben
werden, um aussagekräftige Ergebnisse zu erhalten.

**Nutzlast**

Das Verhältnis der Auslastung zur Nutzlast, mit der gemessen wurde, ergibt
die *Skalierbarkeit* eines Systems. Idealerweise skaliert ein Programm linear,
sodass das Verhältnis von Auslastung zur Nutzlast gleich bleibt oder sogar
sinkt. Ein schlechtes Skalierverhalten zeichnet sich durch eine überpropor-
tional steigende Auslastung aus.

**Skalierbarkeit**

Es kann durchaus vorkommen, dass die Auslastung sich gar nicht verändert
oder erst ab einer gewissen Nutzlast ansteigt. Deshalb skaliert ein Programm
nicht unbedingt nur gut oder schlecht. Eine Aussage über die Skalierbarkeit
muss in solchen Fällen die Nutzlast miteinbeziehen. „Skaliert linear bis zu
einer Nutzlast von einem Megabyte" wäre eine solche Aussage.

## 8.5   Architektur des Prototyps

Der vorliegende Abschnitt beschreibt den Aufbau der Web-Services-Infrastruktur, wie sie hier für die Perfromancemessungen eingesetzt wurde.

Da neben applikationsseitigen Sicherheitsmerkmalen auch Mechanismen auf
der Ebene der Kommunikationsinfrastruktur, also die für den Benutzer transparente Leitungssicherheit, betrachtet werden, muss bei der Kommunikationsinfrastruktur darauf geachtet werden, dass Unterstützung für derartige
Mechanismen vorhanden ist.

Für die Performancebetrachtungen dieses Abschnitts ist es vonnöten, eine
Infrastruktur auszuwählen, die modular aus mehreren Komponenten zusammengesetzt werden kann. Die einzelnen Komponenten sollen dabei aber auch
unabhängig voneinander betrieben werden können, sodass Unterschiede in
der Performance je nach Komplexität der Infrastruktur offensichtlich werden.

**Infrastruktur**

Die Wahl der in diesem Kapitel eingesetzten Kommunikationsinfrastruktur
fiel unter Berücksichtigung der Randbedingung, dass frei verfügbare Produkte mit hohem Marktanteil genutzt werden sollten, auf den Apache Web-Ser-

ver[1], die Tomcat Servlet Engine[2] und Apache Axis[3]. Alle drei Komponenten wurden durch das *Apache-Projekt* entwickelt.

Der Apache Web-Server ist ein extrem stabil laufender Server, der als alleinstehendes Produkt betrieben werden kann. Er lässt sich aber auch gut in den Websphere Application Server von IBM integrieren und wurde daher als Web-Server ausgewählt.[4] Es ist weiterhin ein Modul für den Apache Web-Server verfügbar, *mod_SSL*, das ihn der Kommunikation über das Protokoll Secure Sockets Layer (SSL) [FKK96] beziehungweise *Transport Layer Security (TLS)* [DA99] befähigt.

Die Tomcat Servlet Engine, die in der Programmiersprache Java vorliegt, dient als Container für die SOAP-Kommunikationsinfrastruktur Apache Axis. Sie ist einerseits über ein Modul an den Apache Web-Server anbindbar, andererseits besitzt sie selbst einen rudimentären Web-Server, über den sie per HTTP ansprechbar ist. Dadurch lässt sich die Performance der Servlet Engine selbst sowie im Zusammenspiel mit dem Apache Web-Server beobachten und messen.

**Axis**  Als SOAP-Kommunikationskomponente kommt *Apache Axis* zum Einsatz. Axis ist ein in der Programmiersprache Java geschriebener SOAP-Prozessor, der sich als Servlet in die Tomcat Servlet Engine integrieren lässt. Apache Axis unterstützt vollständig die SOAP Version 1.1 und weitreichend die Version 1.2.

Axis bietet für Web-Dienste, die zur Ausführung konfiguriert wurden, die automatische Generierung von WSDL-Beschreibungen. Es besitzt weiterhin eine Eigenschaft, die von Programmierern bei der Entwicklung von Web-Diensten oft eingesetzt wird: Es erlaubt das Einbinden von Web-Diensten, die noch nicht die Zwischenrepräsentation der Java Programmiersprache, den Bytecode, überführt wurden, sondern vielmehr noch im Source Code vorhanden sind. Diese Web-Dienste können von Axis, sofern sie in der Dateiendung `.jws` (Java Web Service) vorliegen, zur Laufzeit in die Java-Zwischenrepräsentation überführt und aus dieser heraus schlussendlich ausgeführt werden. Damit gehen jedoch Auswirkungen auf die Performance einher, die nachfolgend in Abschnitt 8.6.3 auf Seite 187 diskutiert werden.

Abbildung 8.1 auf der nächsten Seite zeigt den vollständigen Aufbau der Kommunikationsinfrastruktur. Durch die Pfeile dargestellt ist der exemplarische Nachrichtenfluss beim Aufruf eines Web-Dienstes.

**Web-Server**  Der Apache Web-Server, im Bild links dargestellt, wurde für den Prototypen so konfiguriert, dass er über zwei Ports von außen zugreifbar ist. Über Port

---

[1] Erhältlich unter der URL `http://httpd.apache.org/`.

[2] Erhältlich unter der URL `http://jakarta.apache.org/tomcat/`.

[3] Erhältlich unter der URL `http://ws.apache.org/axis/`.

[4] Ferner ist der Apache Web-Server zurzeit der am weitesten verbreitete Web-Server im Internet (siehe http://news.netcraft.com/).

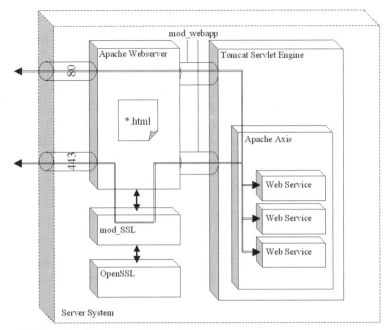

**Abbildung 8.1** *Aufbau der Infrastruktur*

80 trifft unverschlüsselter HTTP-Netzverkehr zunächst im Web-Server ein. Nachrichten an einen Web-Dienst, die der Apache Web-Server an der URL erkennt, leitet er über einen internen Kommunikationsweg, der durch das Modul mod_webapp bereitgestellt wird, an die Tomcat Servlet Engine weiter. Die Nachricht wird dann durch die Tomcat Servlet Engine dem Apache Axis Servlet zugeleitet. Das Axis Servlet leitet die Nachricht schlussendlich an den dafür zuständigen Web-Dienst weiter. Nach dem Ausführen wird die Nachricht in die entgegengesetzte Richtung, durch Apache Axis und die Tomcat Servlet Engine hindurch zurück an den Apache Web-Server geleitet, der sie seinerseits wiederum an den Anfrager zurücksendet.

Über Port 443, in der Abbildung unterhalb von Port 80 dargestellt, trifft durch die Protokolle SSL [FKK96] beziehungsweise TLS [DA99] gesicherter HTTP-Netzverkehr am Apache Web-Server ein. Hierbei wird die Nachricht zunächst mithilfe einer Verschlüsselungskomponente, dem Apache-Modul *mod_SSL*, dechiffriert. Das Apache-Modul bedient sich hierfür der Open-Source-Bibliothek *OpenSSL*[1], welche ihrerseits die Routinen zur Ver- und Entschlüsselung bereitstellt. Danach wird die Nachricht unverschlüsselt – analog zum bereits beschriebenen Vorgehen – an die Tomcat Servlet Engine weitergeleitet, wo sie ihren Weg zum Web-Dienst durch das Apache Axis Servlet findet. Die Rückantwort findet auf reziprokem Weg statt, vor dem Versenden der Nachricht an den Konsumenten bedient sich der Apache-Web-Server wiederum des mod_SSL Moduls, um die Nachricht zu verschlüsseln.

**Verschlüsselung**

---

[1] Siehe http://www.openssl.org/.

Zusätzlich zu der in der Abbildung dargestellten Architektur wurde für die in Abschnitt 8.6.3 auf Seite 187 durchgeführten Performancemessungen der rudimentäre Web-Server der Servlet Engine Tomcat direkt über Port 8080 angesprochen.

**Ports**    Bei den Ports 80 und 443 und 8080 handelt es sich um bei der Internetbehörde *Internet Assigned Numbers Authority (IANA)* registrierte Ports. Die Ports 80 und 443 zählen hierbei zu den *well known* oder *System* Ports, Port 8080 zählt zu den *User* Ports. Eine Auflistung der durch die IANA registrierten Ports ist unter der URL `http://www.iana.org/assignments/port-numbers` zu finden.

## 8.6  Messungen

Um die Performance eines Systems zu bestimmen, kann dies mit analytischen Methoden, Simulation oder Messungen untersucht werden. Da analytische Verfahren und Simulationen sich für allgemeine Aufgabenstellungen wie die Untersuchung von Web Services nur bedingt eignen, wurde das Verhalten von Web Services in der Diplomarbeit von Christine Nübling an der Fachhochschule Furtwangen durch umfangreiche Messungen genauer untersucht.

Bei dieser Aufgabe stellt man sehr schnell fest, dass es eine umfangreiche Sammlung von Einflussfaktoren gibt und es schwer zu bestimmen ist, was gerade genau gemessen wird. Nicht sonderlich überraschend ist eine gewisse Korrelation zur Geschwindigkeit der beteiligten Computer. Messungen haben ergeben, dass die Leistungsfähigkeit des Servers einen sehr starken Einfluss hat, die des Clients aber nur eine sehr geringe – und diese Tatsache ist sicherlich schon nicht mehr so ganz offensichtlich.

Hier stellt sich auch die Frage, wie man die Leistungsfähigkeit eines Rechners überhaupt messen kann. Aus diesem Grund wurde beschlossen, an dieser **SPEC**    Stelle für die Geschwindigkeit eines Computers dessen SPEC-Wert, der in Abschnitt 8.6.1 auf der nächsten Seite beschrieben wird, zu verwenden.

Allerdings gibt es auch eine ganze Reihe anderer Faktoren. In Kapitel 4 auf **Transportprotokoll**    Seite 61 wurde dargelegt, dass Web Services unabhänig vom verwendeten Transportprotokoll sind. Dieses hat einen ganz erheblichen Einfuss auf die gemessene Performance und schwankt stark je nach Anwendungsfall. So wird man feststellen, dass HTTP in den meisten Fällen aus Performance-Gesichtspunkten ein denkbar schlechtes Protokoll ist.

Ein weiterer Faktor ist die Laufzeitumgebung. So gibt es eine Vielzahl von Bibilotheken, die SOAP sprechen können, und oft laufen diese innerhalb einer weiteren Umgebung wie zum Beispiel einem Applikations-Server, der selbst wiederum einen starkten Einfluss haben kann.

Zum Schluss gibt es auch noch Effekte durch die Netzwerkinfrastruktur oder Besonderheiten durch bestimmte Paketgrößen. Als Beispiel sei hier die „HTTP-Continuation" genannt.

## 8.6.1 SPEC

Die *System Performance Evaluation Cooperation*, kurz SPEC, ist ein Zusammenschluss vieler Firmen, die es sich zum Ziel gesetzt haben, Performance objektiv bewertbar zu machen. Die SPEC gibt es seit 1988. Seither hat sie viele Benchmarks entwickelt und gesammelt, die jeweils für bestimmte Aufgaben wie Gleitkomma- oder Integerberechnungen die Performance ermitteln. **Benchmark**

Die Programme für die Benchmarks werden von einem Komitee ausgewählt und etwa alle drei Jahre aktualisiert, um mit der Entwicklung der Hardware mithalten zu können. Die aktuelle SPEC-Benchmarksuite umfasst zwölf Programme zur Integer- und vierzehn zur Gleitkomma-Performancemessung.

Die Bewertung der Messwerte geschieht bei SPEC durch einen Vergleich mit einer Referenzmaschine mit 296 MHz Taktfrequenz und 256 Megabyte Hauptspeicher. Die genauen Daten zu dieser Maschine finden sich unter `http://www.spec.org/cpu2004/`.

So objektiv die SPEC ihre Benchmarks auch hält, es gibt immer wieder Kritikpunkte. Die Benchmarks sind bekannt, jeder Hersteller könnte in seinen Compilern die Benchmarks erkennen, für die eigene CPU optimieren und damit zwar gute, jedoch nicht der Realität entsprechende Werte erreichen. Prozessoren, die so große Caches haben, dass sie ganze Unterprogramme speichern können, sparen die Zeit, die für das Ein- und Auslagern in diesen Cache benötigt wird und werden damit wesentlich schneller [HH00, Seite 78 bis 83]. **Objektivität**

## 8.6.2 Ping-Messungen

Das erste Ziel zur Messung der Performance von Web Services war eine reproduzierbare und vergleichbare Messung. Diese sollte genauso bei vergleichbaren Techniken, die einen RPC ermöglichen, wie CORBA und RMI genutzt werden können. Daher bietet sich als Erstes eine Messmethode an, die in einer Netzwerkschicht unterhalb der hier verwendeten Protokolle anzusiedeln ist.

Zur Netzwerkdiagnose besteht die Möglichkeit, mit dem Programm Ping die Erreichbarkeit und Antwortzeit eines einzelnen Rechners überprüfen zu können. Ping nutzt hierzu das *Internet Control Message Protocol* (ICMP) nach RFC 792 [Pos81], ein Protokoll, welches einen integralen Bestandteil des Internet Protocols (IP) darstellt und in jeder Implementierung von IP vorhanden **ICMP** ist. ICMP-Pakete werden als Nutzlast von IP-Paketen übertragen (vergleiche [ZCC01, Seite 97]). ICMP sieht das Konzept einer *Echo*-Nachricht vor, die sich das Ping-Programm zunutze macht; der Inhalt eines ICMP-Echo-Pakets wird durch den das Paket empfangenden Computer unverändert an den Sender zurückgeschickt. Ping verschickt eine variable Anzahl von ICMP-Paketen mit beliebigem Inhalt an einen Computer und misst die Antwortzeit. In manchen, zumeist speziell zur Verwendung im Internet entworfenen Computern ist die ICMP-Echo-Antwort bereits in der Netzwerkschnittstelle selbst implementiert, sie wird dort nicht durch das Betriebssystem erzeugt (vergleiche [ZCC01, Seite 678]). In diesem Fall wird der Unterschied zwischen der Antwortzeit von ICMP und einem darüberliegenden Protokoll noch etwas größer sein.

**SOAPing**  In Analogie zur vorstehend beschriebenen Möglichkeit, die Antwortzeit eines Computers mithilfe des Programms Ping festzustellen, wird im Folgenden ein Echo-Service für SOAP, nachfolgend *SOAPing* genannt, implementiert. Der SOAP-Echo-Service nimmt eine beliebige Anzahl an SOAP-Paketen mit beliebigem Inhalt entgegen und retourniert diesen unverändert an den Aufrufer. Mithilfe des SOAP-Echo-Dienstes wird lediglich die Verfügbarkeit des SOAP-Protokollstacks überprüft, nicht die über den Web-Dienst angesprochene Funktionalität. Genau genommen stellt zwar der Echo-Service selbst einen Web Service dar, jedoch ist seine Implementierung durch das SOAP-Framework selbst ebenso denk-, vorstell- und wünschbar wie die des ICMP-Echos durch die Netzwerkschnittstelle.

***Listing 8.1*** *Implementierung des SOAP-Echo-Service*

```
public class Ping {
    public String ping(String packet) {
        return(packet);
    }
}
```

Listing 8.1 zeigt die Implementierung des SOAP-Echo-Web-Dienstes. Der Echo-Dienst ist aufgrund seiner einfachen Struktur als praktisch plattform- und programmiersprachenunabhängig einzustufen.

Der SOAPing Client, dessen Implementierung nachfolgend in Grundzügen dargestellt wird, ist in seinem Verhalten durch eine Reihe von Kommandozeilenparametern steuerbar.

Die Zeitmessung für den SOAPing wird durch den aufrufenden Client vorgenommen. Dieser sendet in der in Kapitel 5 auf Seite 83 erläuterten Kodierung für RPC-Aufrufe eine SOAP-Nachricht an den SOAP-Echo-Service.

*Listing 8.2* Implementierung des SOAPing Client

```
public class SOAPing {
    public static void main(String argv[]) {
        //...
        Thread[] threads = new Thread[config.noThreads];
        for (int i = 0; i < config.noThreads; i++) {
            threads[i] = new Thread(new SendPing(config));
            //...
        } //for
        //...
        Config preloadConfig = (Config)config.clone();
        preloadConfig.noPackets = preload;
        Thread preT = new Thread(new SendPing(preloadConfig),
            "preload-Thread" );
        preT.start();
        //...
        preT.join();
        //...
        for (int i = 0; i < config.noThreads; i++)
            threads[i].start();
        //...

        for (int i = 0; i < config.noThreads; i++)
                threads[i].join();
        //...
        // Berechne Minimum, Maximum, mdev und Aufrufe/Sekunde
        //...
    } //main()
} //class SOAPing
```

## 8.6.3 Transportprotokolle und Overhead

Nachfolgend werden zwei der in Abschnitt 8.2 auf Seite 172 festgelegten
Leistungsaspekte näher beleuchtet. Zunächst wird aus dem Gebiet der Nachrichtenübermittlung der Aspekt des Overheads der eingesetzten Kommunikationsprotokolle näher untersucht. Anschließend wird die Leistungsfähigkeit
der Kommunikationsinfrastruktur eines Web-Dienstes beleuchtet.

Das Nachrichtenprotokoll SOAP ist flexibel bezüglich des Transportprotokolls,
mit dessen Hilfe es über das Netzwerk übermittelt wird. Die SOAP-Spezifikation [GHM+07a, Abschnitt 1.4] erwähnt die Möglichkeit des Transports
von SOAP über die Protokolle HTTP sowie über TCP. Die Flexibilität von
SOAP erlaubt den Transport über ein beliebiges Protokoll, denkbar sind an
dieser Stelle etwa auch FTP und SMTP. Die IETF arbeitet gegenwärtig an einer
Transportmöglichkeit von SOAP über BEEP (siehe [OR02]), was in [Nüb04]
ebenfalls getestet und gemessen wurde.

Das SOAP-Nachrichtenprotokoll und die einzelnen Transportprotokolle sind
hierbei in einer *Mehrschichtenstruktur*, wie sie in [SW04, Seite 207 ff] beschrieben wird, angeordnet. Angewendet auf die hier vorliegenden Protokolle
bedeutet dies, dass SOAP hinsichtlich der entsprechenden Rangordnung *über*

**Protokollschichten**

der jeweiligen Transportschicht eingeordnet wird (die hierarchisch tiefer liegenden Schichten dienen der Erfüllung der Transportfunktion). SOAP bedient sich für den Transport also der Dienste der jeweils darunterliegenden Schicht, welche sich wiederum der darunterliegenden Schicht bedient. Jede verwendete Schicht fügt hierbei spezifische Protokollinformation zu den reinen Nutzdaten hinzu. Betrachtet man schließlich SOAP selbst als Protokoll, so fügt auch SOAP zu den Nutzdaten Protokollinformation hinzu.

Engt man den Betrachtungsraum auf die im Prototypen vorliegende Architektur und die dort verwendeten Kommunikationsprotokolle ein, so ergibt sich ein Schichtenbild, das in der Abbildung 8.2 dargestellt ist. Die Abbildung stellt die Mehrschichtenstruktur der im Prototyp benutzten Protokolle einschließlich der Ethernetprotokolle dar.

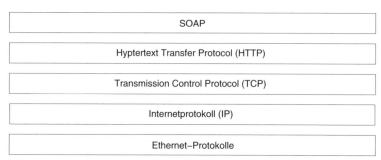

**Abbildung 8.2** *im Prototyp verwendete Kommunikationsprotokolle*

Die zusätzlich zu den ausschließlich applikationsseitigen Nutzdaten übertragene Information, die rein zum Zweck der Transmission der Nutzdaten dient, kann umfangreich sein. Daher wurde im Rahmen dieser Messungen mit dem Werkzeug *Ethereal*[1] ein Mitschnitt des bei einem SOAP-Aufruf übertragenen Netzwerkverkehrs erstellt. Der Mitschnitt ist in Abbildung 8.3 auf der nächsten Seite dargestellt, sein Inhalt wird im Folgenden erläutert.

**SOAPing Netzwerkrepräsentation**
Abbildung 8.3 auf der nächsten Seite stellt die Netzwerkrepräsentation des Aufrufes des SOAPing Clients aus Listing 8.3 dar.

**Listing 8.3** *Aufruf des SOAPing Clients*

```
java SOAPing -s 10
    http://53.16.71.44:8080/axis/servlet/AxisServlet/urn:Ping
```

Mithilfe der SOAPing-Anwendung wurden umfangreiche Messungen durchgeführt, deren Ergebnisse nachfolgend vorgestellt werden. Die Messungen dieses Kapitels stellen einen systematisch detaillierten Ausschnitt der in Abschnitt 8.8 auf Seite 199 durchgeführten Messungen zur Skalierbarkeit

---

[1] Erhältlich unter http://www.ethereal.org/, den Nachfolger *Wireshark* gibt es unter http://www.wireshark.org/.

| Offset | Hex-Wert | | | | | | | | Text |
|---|---|---|---|---|---|---|---|---|---|
| 00000000 | 0020 | E0C1 | 2774 | 2080 | AD30 | 8F28 | 0800 | 4500 02E3 5F61 4000 8006 | #...'t...0.(..E..._a@... |
| 00000018 | A030 | 3510 | 4737 | 3510 | 472C | 098B | 1F90 | 9677 1487 F83E 4C4E 5018 | .05.G75.G,.....w...>LNP. |
| 00000030 | 4470 | 3355 | 0000 | 504F | 5354 | 202F | 6178 | 6973 2F73 6572 766C 6574 | Dp3U..POST /axis/servlet |
| 00000048 | 2F41 | 7869 | 7353 | 6572 | 766C | 6574 | 2F75 | 726E 3A50 696E 6720 4854 | /AxisServlet/urn:Ping HT |
| 00000060 | 5420 | 2F31 | 2E30 | 0D0A | 436F | 6E74 | 656E | 742D 5479 7065 3A20 7465 | TP/1.0..Content-Type: te |
| 00000078 | 7874 | 2F78 | 6D6C | 3B20 | 6368 | 6172 | 7365 | 743D 7574 662D 380D 0A41 | xt/xml; charset=utf-8..A |
| 00000090 | 6363 | 6570 | 743A | 2061 | 7070 | 6C69 | 6361 | 7469 6F6E 2F73 6F61 702B | ccept: application/soap+ |
| 000000A8 | 786D | 6C2C | 2061 | 7070 | 6C69 | 6361 | 7469 | 6F6E 2F64 696D 652C 206D | xml, application/dime, m |
| 000000C0 | 756C | 7469 | 7061 | 7274 | 2F72 | 656C | 6174 | 6564 2C20 7465 7874 2F2A | ultipart/related, text/* |
| 000000D8 | 0D0A | 5573 | 6572 | 2D41 | 6765 | 6E74 | 3A20 | 4178 6973 2F62 6574 6133 | ..User-Agent: Axis/beta3 |
| 000000F0 | 0D0A | 486F | 7374 | 3A20 | 3533 | 2E31 | 362E | 3731 2E34 343A 3830 3830 | ..Host: 53.16.71.44:8080 |
| 00000108 | 0D0A | 4361 | 6368 | 652D | 436F | 6E74 | 726F | 6C3A 206E 6F2D 6361 6368 | ..Cache-Control: no-cach |
| 00000120 | 650D | 0A50 | 7261 | 676D | 613A | 206E | 6F2D | 6361 6368 650D 0A53 4F41 | e..Pragma: no-cache..SOA |
| 00000138 | 5041 | 6374 | 696F | 6E3A | 2022 | 220D | 0A43 | 6F6E 7465 6E74 2D4C 656E | PAction: ""..Content-Len |
| 00000150 | 6774 | 683A | 2034 | 3035 | 0D0A | 0D0A | 3C3F | 786D 6C20 7665 7273 696F | gth: 405....<?xml versio |
| 00000168 | 6E3D | 2231 | 2E30 | 2220 | 656E | 636F | 6469 | 6E67 3D22 5554 462D 3822 | n="1.0" encoding="UTF-8" |
| 00000180 | 3F3E | 0A3C | 736F | 6170 | 656E | 763A | 456E | 7665 6C6F 7065 2078 6D6C | ?>.<soapenv:Envelope xml |
| 000001B0 | 6E73 | 3A73 | 6F61 | 7065 | 6E76 | 3D22 | 7470 | 3A2F 2F73 6368 656D 6D61 | ns:soapenv="http://schem |
| 000001C8 | 6173 | 2E78 | 6D6C | 736F | 6170 | 2E6F | 7267 | 2F73 6F61 702F 656E 7665 | as.xmlsoap.org/soap/enve |
| 000001E0 | 6C6F | 7065 | 2F22 | 2078 | 6D6C | 6E73 | 3A78 | 7364 3D22 6874 7470 3A2F | lope/" xmlns:xsd="http:/ |
| 000001F8 | 2F77 | 7777 | 2E77 | 332E | 6F72 | 672F | 3230 | 3031 2F58 4D4C 5363 6865 | /www.w3.org/2001/XMLSche |
| 00000210 | 6D61 | 2220 | 786D | 6C6E | 733A | 7873 | 693D | 2268 7474 703A 2F2F 7777 | ma" xmlns:xsi="http://ww |
| 00000228 | 772E | 7733 | 2E6F | 7267 | 2F32 | 3030 | 312F | 584D 4C53 6368 656D 612D | w.w3.org/2001/XMLSchema- |
| 00000240 | 696E | 7374 | 616E | 6365 | 223E | 0A20 | 3C73 | 6F61 7065 6E76 3A42 6F64 | instance">. <soapenv:Bod |
| 00000258 | 793E | 0A20 | 203C | 7069 | 6E67 | 2073 | 6F61 | 7065 6E76 3A65 6E63 6F64 | y>. <ping soapenv:encod |
| 00000270 | 696E | 6753 | 7479 | 6C65 | 3D22 | 6874 | 7470 | 3A2F 2F73 6368 656D 6173 | ingStyle="http://schemas |
| 00000288 | 2E78 | 6D6C | 736F | 6170 | 2E6F | 7267 | 2F73 | 6F61 702F 656E 636F 6469 | .xmlsoap.org/soap/encodi |
| 000002B8 | 6E67 | 2F22 | 3E0A | 2020 | 203C | 7061 | 636B | 6574 2078 7369 3A74 7970 | ng/">. <packet xsi:typ |
| 000002E8 | 653D | 2278 | 7364 | 3A73 | 7472 | 696E | 6722 | 3E58 5858 5858 5858 5858 | e="xsd:string">XXXXXXXXX |
| 00000300 | 583C | 2F70 | 6163 | 6B65 | 743E | 0A20 | 203C | 2F70 696E 673E 0A20 3C2F | X</packet>. </ping> . </ |
| 00000318 | 736F | 6170 | 656E | 763A | 426F | 6479 | 3E0A | 3C2F 736F 6170 656E 763A | soapenv:Body>.</soapenv: |
| 00000330 | 456E | 7665 | 6C6F | 7065 | 3E | | | | Envelope> |

**Legende:**

| | |
|---|---|
| spezifische Information der Ethernet Protokolle | ☐ |
| spezifische Information des Internet Protocols | ▨ |
| spezifische Information des Transmission Control Protocols | ▓ |
| spezifische Information des HyperText Transfer Protocols | ☐ |
| spezifische Information des SOAP Protokolls | ⬚ |
| Applikationsseitige Nutzdaten | ▒ |

**Abbildung 8.3** *Netzwerkdump eines SOAP-Aufrufs*

dar. So lässt sich der Performancebegriff auf die Fixierung eines Skalierungsparameters zurückführen.

Die Abbildungen 8.4 auf der nächsten Seite, 8.5 auf der nächsten Seite und 8.6 auf Seite 191 stellen die gesammelten Ergebnisse der Performance-Messung eines SOAP-Echo-Dienstes dar. Eine ausführliche Darstellung der entsprechenden Listings ist in [Zen02] zu finden. Als Client wurde der SOAPing zum Erzeugen der Nachrichten und zur Messung der Performance genutzt.

**Messung: Kompilierter Echo-Dienst**

Der Echo-Service wurde auf der in Abschnitt 8.5 auf Seite 181 vorgestellten SOAP-Infrastruktur auf Basis von Apache Tomcat und Apache Axis ausgeführt. Die Ergebnisse basieren auf insgesamt 30 Einzelmessungen à 1000 Aufrufen bei einer Paketgröße von dreitausend Bytes, deren Ergebniskurven für die Darstellung überlagert wurden, um störende Netzwerkeffekte weitestgehend ausschließen zu können. Die Paketgröße von dreitausend Bytes wurde gewählt, da die im Prototypenszenario betrachteten SOAP-Aufrufe zur Ermittlung einer Sachnummer und die durch Web-Dienste zu verarbeitenden übermittelten XSLT-Dokumente durchschnittlich bei dieser Größe liegen.

Der Echo-Service war bereits vorkompiliert und der Apache-Axis-Laufzeitumgebung bekannt.

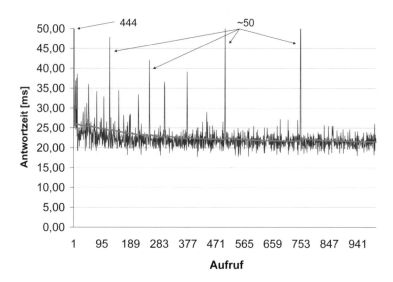

*Abbildung 8.4* SOAP Performance während eines Aufrufs

**Ergebnisse**

Der Abbildung 8.4 zu entnehmen ist die signifikant lange Antwortzeit beim ersten Anruf (Mittelwert der ersten 30 Messungen: 443,8 ms. Unsicherheit des Mittelwertes: $\frac{443,8}{\sqrt{30}} = 81,03$ ms. Standardabweichung dieses Messwertes: 12,1. Relative Messunsicherheit: $\frac{12,1}{443,8} = 2,7$ %) des Echo-Services gegenüber aller folgenden Aufrufe (Mittelwert der 30 Messungen: 22,3 ms. Unsicherheit dieser Werte: $\frac{22,3}{\sqrt{30*999}} = 0,1$ ms. Standardabweichung dieser Werte: 3,2. Relative Messunsicherheit: $\frac{3,2}{22,3} = 14,4$ %).

Dies resultiert aus der Tatsache, dass die Axis-Laufzeitumgebung beim initialen Aufruf zunächst einen Ladevorgang für den Bytecode durchführen muss,

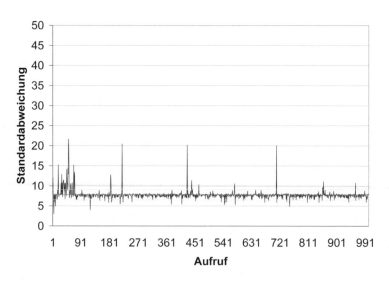

*Abbildung 8.5* Standardabweichung während eines Aufrufs

8 | Leistungsaspekte von Web Services

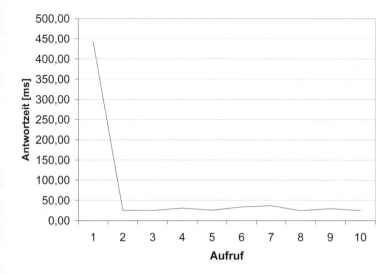

**Abbildung 8.6** *SOAP Performance der ersten zehn Aufrufe*

der Bytecode zur Ausführung interpretiert werden muss und innerhalb der Ausführungsumgebung Verwaltungsinformationen erzeugt werden müssen.

Danach bewegt sich die durchschnittliche Antwortzeit in den oben angegebenen Bandbreiten. Auffallend sind jedoch die sporadisch auftretenden „Ausreißer" (Peaks).

In Abbildung 8.5 auf der vorherigen Seite ist die Standardabweichung innerhalb der dreißig Einzelmessungen dargestellt, die sich relativ stabil um den Mittelwert von 7,8 ms (bei einer Standardabweichung von 1,3; Unsicherheit des Mittelwertes: 1,4 ms; relative Messunsicherheit: 16,7 %) bewegt. Neben dem Mittelwert der Standardabweichung stellt das Diagramm auch die sich aus der Varianz ergebenden Ober- und Untergrenzen durch die grauen Linien dar.

Aufgrund des Kurvenverlaufs der Standardabweichung sind nunmehr die in Abbildung 8.4 auf der vorherigen Seite dargestellten Peaks als Einzelphänomene einzustufen, da sich an den Ausschlagspunkten auch die Standardabweichung deutlich verändert (das heißt die Ausreißer in den Messwerten treten nicht systematisch an derselben Messstelle auf.).

Auch systematische Untersuchungen nach möglichen Ursachen wie etwa Prozessumschaltung, Netzwerkverkehr durch das Betriebssystem oder parallel laufende Prozesse liefern keine stichhaltigen Erklärungen.

Abbildung 8.6 greift nochmals die Frühphasen der Kommunikation anhand der ersten zehn Aufrufe heraus. Sie zeigt, dass nach der Initialisierung alle weiteren Aufrufe etwa dieselbe Antwortzeit besitzen.

Die nachfolgenden Abbildungen 8.7 auf der nächsten Seite, 8.8 auf der nächsten Seite und 8.9 auf Seite 193 versammeln die Ergebnisse eines SOAP

**Messung: Nicht kompilierter Echo-Dienst**

Pings gegenüber einem SOAP-Echo-Service, der noch nicht vorkompiliert im Framework vorhanden ist. Die Architektur entspricht derjenigen der letzten Abbildungen.

Seitens des Axis Frameworks wird beim ersten Aufruf des Dienstes der Quell-code transparent in Java Bytecode übersetzt und in einem Zwischenspeicher (Cache) abgelegt, woraus alle weiteren Aufrufer bedient werden.

Für die nachfolgenden Messergebnisse wird wieder dieselbe Grundgesamt-heit von dreißig Messungen à 1000 Aufrufen herangezogen.

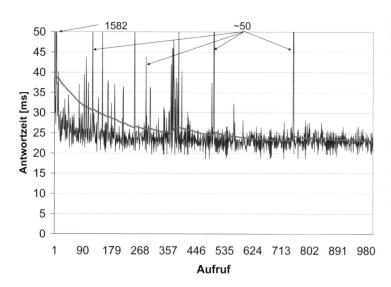

**Abbildung 8.7** *SOAP Performance eines nicht vorkompilierten Aufrufs*

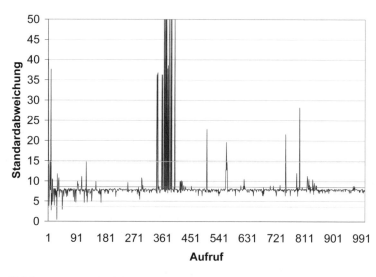

**Abbildung 8.8** *Standardabweichung eines nicht vorkompiliert Aufrufs*

8 | Leistungsaspekte von Web Services

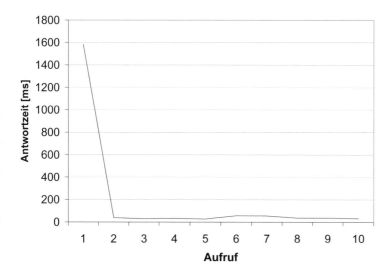

**Abbildung 8.9** *SOAP Performance der ersten Aufrufe, nicht vorkompiliert*

Abbildung 8.7 auf der vorherigen Seite mit 8.9 lässt deutlich die sich aus dem notwendigen Kompilierungsvorgang ergebende Antwortzeit erkennen. Nur anfänglich höher, pendeln sich die Werte dann aber etwa beim gleichen Mittelwert wie beim vorher übersetzten Fall ein. **Ergebnisse**

Darüber hinaus gelten hinsichtlich der beobachteten Störgrößen die bereits getroffenen Aussagen zur mangelnden Systematisierung fort.

Abschließend wird noch das Performanceverhalten eines aus dem Cache bezogenen Web-Dienstes untersucht. **Messung: Echo-Dienst im Cache**

Auch diese Untersuchung beruht auf dreißig Messreihen à 1000 Aufrufen, die Architektur ist entsprechend der in den vorangegangenen Beispielen.

Auf den ersten Blick verwundert die hohe durchschnittliche Antwortzeit von 434,8 ms (bei einer Standardabweichung von 9,2. Unsicherheit des Mittelwertes: 79,4 ms. Relative Messunsicherheit: 2,1 %) beim ersten Aufruf. **Ergebnisse**

Eine Erklärung hierfür liefert wieder der zu veranschlagende Zeitbedarf bei der Erzeugung der serverseitig notwendigen Verwaltungsstrukturen. Daher entspricht der gemessene Mittelwert im Rahmen der Messtoleranz dem in der ersten Messreihe für bereits vorkompiliert der Architektur übergebene Web-Dienste ($434.8 \pm 9.2$ vs. $443.8 \pm 12.1$).

Als Fazit aus den vorangegangenen Messungen gewinnt der Aspekt der serverseitigen Zwischenspeicherung dieser Verwaltungsdaten an Bedeutung. So ist ihre Verweildauer durch den Administrator idealerweise unter Einbezug der Aufruffrequenz des Web Dienstes so zu bemessen, dass das zeitaufwändige Neuanlegen der Verwaltungsstrukturen vermieden wird. Andernfalls degradiert die Performance des Web-Dienstes auf das für den ersten Aufruf beobachtbare Antwortzeitverhalten. **Optimierung durch den Administrator**

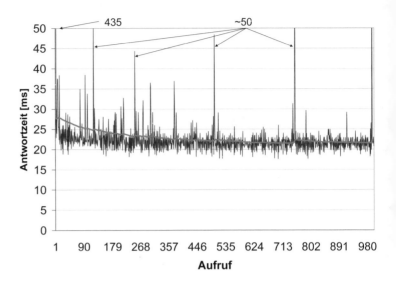

*Abbildung 8.10* *SOAP Performance während eines Aufrufs (mit Cache)*

## 8.6.4 Baum-Messungen

Der Vor- und gleichzeitig auch Nachteil beim Einsatz von SOAPing ist, dass hierbei nur rein die Übertragung beachtet wird. Business-Logik oder Serialisierung von Datenstrukturen wird hierbei vollkommen ignoriert. Aus diesem Grund ist ein wesentlicher Punkt in der bereits angesprochenen Arbeit von Christine Nübling die Untersuchung der Auswirkungen der unterschiedlichen Techniken auf der Anwendungsebene.

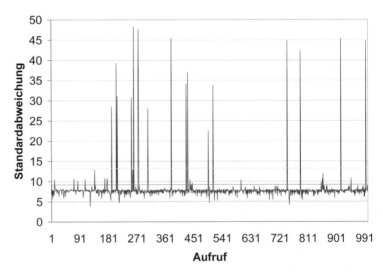

*Abbildung 8.11* *Standardabweichung während eines Aufrufs (mit Cache)*

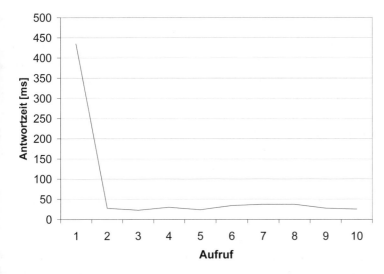

**Abbildung 8.12** *SOAP Performance der ersten zehn Aufrufe (mit Cache)*

Web Services haben als Hauptcharakteristikum den Einsatz von XML zur Kommunikation mit anderen Komponenten. XML-Nachrichten und -Dokumente sind hierarchisch aufgebaut und bilden Baumstrukturen ab. Diese können flach und breit sein, tief und schmal oder ausgewogen.

**Baumstrukturen**

Von Interesse ist die Überlegung, ob diese Strukturen Auswirkungen auf die Antwortzeiten haben. These ist, dass, da alle Daten serialisiert über die Leitungen verschickt werden, der Unterschied in der Antwortzeit nur durch die Art des Serialisierens bedingt ist.

Um dies zu testen, wurden drei hierarchisch strukturierte Nachrichten mit der Nutzlast von je einem Megabyte beim Versenden beobachtet. Dabei wurden die Knoten einmal in Reihe angeordnet, (Baumtiefe von 1024, 1 Kind pro Knoten), einmal nebeneinander (Baumtiefe 1, 1024 Kinder pro Knoten) und einmal möglichst gleich verteilt (Baumtiefe 5, 4 Kinder pro Knoten).

**Testbäume**

Eine Messung umfasste pro Protokoll und Baumtiefe drei Durchgänge, bei der jeweils 300 Bäume verschickt wurden. Die 300 Bäume pro Messdurchgang konnten in Probemessungen als die Anzahl Bäume bestimmt werden, die fehlerfrei einen Messdurchgang absolvieren konnten.

**Messung**

Um die Verfälschung der Ergebnisse durch Ausreißer bei dieser relativ geringen Menge an Messwerten zu minimieren, wurden die Modalwerte als Vergleichsgröße herangezogen. Die anfangs in Mikrosekunden gemessenen Antwortzeiten wurden hierzu auf Millisekundenebene betrachtet, um eindeutigere Werte zu bekommen.

Wegen der hohen Speicherbelastung und der daraus resultierenden Instabilität der Programme wurde der Java Virtual Machine ein Speicherminimum von 200 MB zugewiesen.

**Modifizierte Testbäume**

Im zweiten Durchlauf wurde die Nutzlast auf neun Bytes pro Knoten gesenkt, um eine Gesamtlast von 9.000 Bytes pro Nachricht zu erreichen. Bei den Auswertungen wurde jedoch festgestellt, dass der Overhead von fünfzehn Bytes pro Knoten, der durch die Elementtags entsteht, nicht eingerechnet worden war. Die tatsächliche Größe des Baumes wurde neu berechnet und ergab 24.576 Bytes.

Bäume von der Größe eines Megabytes wurden im Anschluss genutzt, um die Unterschiede in der Serialisierung möglichst deutlich hervorheben. Hier wurde daher auch auf lange Vergleiche mit den Ping-Zeiten verzichtet. Es war bei diesen Messungen festzustellen, dass die Nutzlast fast keinen Einfluss auf die Serialisierungszeit hat. Dies verdeutlicht gleichzeitig, dass die Wahl des XML-Parsers eine (oder machmal sogar die) entscheidende Rolle spielen kann.

Interessant für weitere Messreihen ist sicherlich auch die Entwicklung der Antwort- und Serialisierungszeiten von kleinen zu großen Bäumen, um ein deutlicheres Bild des Skalierverhaltens dieser Art von Nachrichten zu erhalten.

Ein Ping kommt letzten Endes einem bereits serialisierten Baum gleich, da Letzterer nach der Serialisierung ebenfalls eine Menge unstrukturierter Nutzlast darstellt (siehe auch 8.6.2 auf Seite 185). Deshalb kann anhand der zweiten Baummessung und des Zusammenhangs zwischen Ping- und Baummessungen eine Aussage über die Skalierbarkeit der Bäume versendenden Web Services gemacht werden.

## 8.7 Analyse der Messungen

Die bisherigen Angaben stellen im Wesentlichen Ergebnisse von Messungen dar, die noch ausführlicher in den beiden Diplomarbeiten dargestellt sind. Dieser Abschnitt hat das Ziel, diese Ergebnisse auf den Punkt zu bringen und einige Resultate zu deuten. Es muss gleich zu Beginn angemerkt werden, dass dies nicht vollständig objektiv geht, da bei faktisch allen Messungen eine Vielzahl von Einflussfaktoren zu beachten ist und der ausschlaggebende Flaschenhals ist oft nur schwer zu finden.

Als Beispiel für diese Faktoren sei nur erwähnt, dass bei vielen Messungen die Tatsache, dass zwei Rechner direkt mit einem Cross-over-Kabel, über einen Hub oder über einen teureren Switch verbunden waren, sehr deutliche Unterschiede in den Ergebnissen verursachte.

## 8.7.1 Ping-Messungen

Allen RPC-artigen Techniken ist gemeinsam, dass sie die Funktionalität eines ICMP-Pings anbieten können. Hierunter versteht man einen Aufruf, der mit der gleichen (unbearbeiteten) Nutzlast beantwortet wird. Daher wird dies auch oft als Echo-Dienst bezeichnet. Diese Messungen wurden gemacht, um die Performance der Transport-Schicht der Ansätze zu vergleichen.

Das wohl aussagekräftigste Bild der hier vorgestellten Messungen ist in Abbildung 8.13 gegeben. Es zeigt die Anwortzeiten in Abhängigkeit der Paketgröße bei einem Echo-Dienst beim Einsatz von fünf verschiedenen Übertragungsprotokollen. Auch wenn der Vorwurf, Äpfel mit Birnen zu vergleichen, nicht ganz aus der Welt zu weisen ist, da mehrere Aspekte auf einmal in einer Darstellung zu finden sind, so lassen sich doch die meisten Aussagen sehr gut belegen.

**Vergleich von Übertragungsprotokollen**

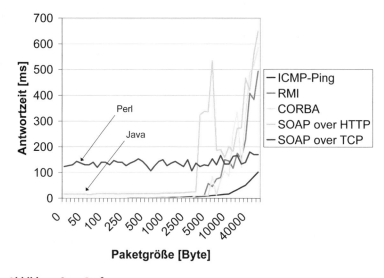

**Abbildung 8.13** *Performancemessung*

Als Erstes ist festzustellen, dass in allen Fällen ICMP am schnellsten war, was auch zu erwarten war, da alle anderen Protokolle auf der IP-Schicht aufsetzen. Dieser Wert ist aber trotzdem von Interesse, da er als bestmöglicher Wert für die anderen Alternativen gesehen werden kann. Gleichzeitig mithilfe der ICMP-Werte die Plausibiltät der anderen Ergebnisse getestet werden.

Als Zweites ist festzuhalten, dass bei sehr kleiner Nutzlast die in Perl geschriebene Implementierung von SOAP über TCP am schlechtesten war, da etwa 100 ms für das Laden des Perl-Interpreters (beziehungsweise das Erzeugen eines neuen Prozesses zur Beantwortung der Anfrage) gebraucht werden. Startet man eine Menge von Prozessen als Pool vor Beginn der Messung, wie dies der Web-Server der HTTP-Lösung implizit macht, so war „SOAP über TCP"-Lösung bei den meisten Messungen am schnellsten.

Des Weiteren ist festzuhalten, dass die HTTP-basierte Lösung am aufwändigsten war. Es gab sowohl Ausreißer bei bestimmten Paketgrößen als auch Schwierigkeiten wie die HTTP-Continuation. Bei sehr voluminösen Nachrichten zeigte sich HTTP auch als suboptimales Protokoll. Zusammenfassend kann gesagt werden, dass HTTP sich nur anbietet, wenn andere Faktoren (also nicht Performance) wie Firewalls diese Lösung zur einfachsten machen.

Sonst war festzustellen, dass CORBA, RMI und SOAP auf der Transportebene nicht so unterschiedlich waren, dass eine Technik als klarer Sieger oder Verlierer zu identifizieren war.

## 8.7.2   Baum-Messungen

Ein reiner Echo-Dienst ist nur in den seltesten Fällen wirklich nützlich. Meist sind Datenstrukturen zu übertragen. Diese müssen für den Versand vorbereitet und „verpackt" werden. Dieser Vorgang wird oft als Serialisierung (Umwandlung der Datenstruktur in eine Folge von Zeichen) beziehungsweise Deserialisierung bezeichnet.

Hier konnte festgestellt werden, dass Bäume sich sehr gut für diese Aufgabe anbieten, da mit nur drei Parametern eine flexible Struktur dargestellt werden kann. Bei diesen Parametern handelt es sich um

1. Tiefe des Baums,

2. Anzahl der Knoten auf einer Ebene und

3. die Größe der einzelnen Knoten.

Es war zu vermuten, dass die XML-basierte Technik SOAP bei solchen Strukturen am langsamsten ist. Dies war aber nur sehr gering der Fall. RMI war hier oft marginal schneller, jedoch spielte dies keine Rolle, da meist andere Faktoren dies überdeckten. XML war weit besser als sein Ruf. Es sollte aber an dieser Stelle nicht vergessen werden, dass SOAP, obwohl das O mal für Objekt stand, nicht in der Lage ist, echte Objekte zu übertragen. Dies hängt unter anderem an der Programmiersprachenunabhängigkeit der Web Services. Daher waren hier vollständige Messungen nicht möglich.

Bei der Messung der Serialisierungsgeschwindigkeit umfangreicher Datenstrukturen von und nach XML war auffällig, dass die Größe der Nutzlast fast keinen Einfluss hat. Allerdings ist die Wahl eines performanten XML-Parsers umso wichtiger, da hier extreme Unterschiede zu messen waren. Aufgrund dieser Erfahrung kann die Performance von Web Services sehr einfach auf die Kombination von XML-Parser und Ping-Messung reduziert werden, um eine erste, gute Näherung zu bekommen.

# 8.8 Skalierbarkeit

Der folgende Abschnitt untersucht den in Abschnitt 8.3.1 auf Seite 173 beschriebenen Aspekt der Skalierung bezüglich der im Prototypen eingesetzten Architektur.

Um die Leistungsfähigkeit von Rechnersystemen beurteilen zu können, wird eine von den einzelnen Hardwareparametern unabhängige Kennzahl benötigt, mit deren Hilfe eine Normierung von gemessenen Werten vorgenommen werden kann. Einen weit verbreiteten Ansatz hierzu stellt die nachfolgend erläuterte *SPEC Benchmark Suite* dar.

**SPEC Benchmark Suite**

[Mä00, Seite 411] beschreibt eine Suite von Benchmark-Tests, die sich zur Bewertung von Einprozessor-Computern eignet, die *SPEC Benchmark Suite* des unabhängigen Gremiums SPEC Group[1]. Anhand dieser Tests, in denen die jeweilige Konfiguration des Rechners offen gelegt werden muss, wurden von den Herstellern aktuell verfügbarer Rechnersysteme umfangreiche Rechnungen durchgeführt. Für die zum Entstehungszeitpunkt dieser Messungen verfügbaren Prozessoren existieren SPEC-Werte, die die Geschwindigkeit des Prozessors, geteilt nach Fließkomma- und Integerberechnungen wiedergeben.

**Messungen**

Gegenstand der Untersuchung im Rahmen dieser Messungen ist auch, inwiefern sich Client- und Serverleistungsfähigkeit auf die Skalierung des Gesamtsystems auswirken. Die in diesem Kapitel durchgeführten Messungen basieren jeweils auf SOAPing-Paketen mit unterschiedlicher Paketgröße, wobei die maximal für die Messungen verwendete Paketgröße bei 65.000 Bytes liegt. Dies liegt in der Implementierung des ICMP-Protokolls begründet. Obwohl in [Pos81] nicht so festgelegt, begrenzen die gängigen Betriebssysteme (unter anderem Solaris, Minix, Linux, Windows, Open MVS, ...)[2] die maximale Länge der bei Ping übertragbaren Daten auf $2^{16}$ Byte. Die Ursache für diese Mimik liegt im Verhältnis von ICMP zu den anderen Protokollschichten begründet, das heißt, dass ICMP auch in Hardware implementiert sein kann, innerhalb welcher im Allgemeinen nur begrenzter Speicher zur Verfügung steht.

**Versuchsanordnung**

Abbildung 8.14 auf der nächsten Seite zeigt die für die Messungen verwendete Versuchsanordnung bestehend aus zwei als Server eingesetzten Maschinen, welche jeweils eine eigenständige Installation des in Abschnitt 8.5 auf Seite 181 beschriebenen Web-Services-Frameworks aufweisen. *Server 1* ist mit einem mit 1,1 GHz getakteten Pentium III Prozessor ausgestattet, *Server 2* mit einer CPU desselben Typs, jedoch einer Taktfrequenz von 600 MHz. Die im Diagramm angegebenen Performancewerte wurden aus der SPEC Datenbank entnommen.

---

[1] Siehe http://www.spec.org/.

[2] Siehe http://www.insecure.org/.

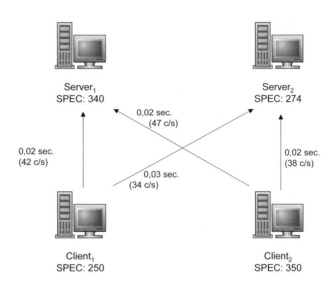

*Abbildung 8.14* Versuchsanordnung mit SPEC-Werten

Als Clients dienten zwei schwächer ausgestattete Maschinen (Laptops) mit SPEC-Werten von 250 beziehungsweise 350 MHz.[1]

**Durchsatz**  An den Verbindungskanten zwischen Aufrufer und Web Service ist der durch Messung ermittelte mögliche Durchsatz, gemessen in Aufrufen pro Sekunde (calls per second), annotiert. Diese Werte wurden durch eintausend Messungen mit dem SOAPing-Werkzeug ermittelt, wobei konstant eine Paketgröße von dreitausend Bytes zugrunde gelegt wurde.

**Ergebnisse**  Die in Abbildung 8.14 dargestellten Ergebnisse offenbaren eine gute Korrelation der Performance der untersuchten Web-Dienste mit der Leistungsfähigkeit der diesen Dienst beherbergenden Servermaschine. So entspricht der Durchsatz in Dienstaufrufen pro Sekunde der um 20 Prozent schnelleren Servermaschine (Server 1) im Rahmen der Messungenauigkeit (Standardabweichung: 3,8. Unsicherheit des gemessenen Mittelwertes: 1,3 ms) exakt dem durch SPEC nachgewiesenen Leistungszuwachs.

Andererseits zeigt die Betrachtung der beiden Clients, dass die Auswahl dieser Maschinen nur geringfügigen Einfluss auf die Gesamtperformance ausübt. So führt eine um 40 Prozent schnellere Clientmaschine (350 gegenüber 250 SPEC-Marks) lediglich zu einem Leistungszuwachs von ungefähr 10 Prozent (vergleiche die im Diagramm dargestellten Kommunikationsbeziehungen zwischen Client 1 beziehungsweise Client 2 und Server 1).

**Performanceindikator**  Abschließend lässt sich daher festhalten, dass einerseits durch die Verwendung von SPEC auf der Seite des Servers eine realitätsnahe und brauchbare

---

[1] Die Geschwindigkeit dieser Prozessoren entspricht zwar nicht mehr ganz dem Stand der Technik, dies spielt, wie man anhand der Skalierbarkeitsuntersuchung erkennen kann, aber keine Rolle.

Abschätzung der Leistungsfähigkeit eines Web-Dienstes erzielt werden kann, und andererseits, dass das Leistungsvermögen des Clients nur marginalen Einfluss auf die Gesamtperformance einer verteilten Web-Service-Umgebung ausübt.

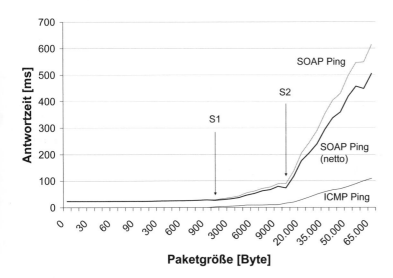

**Abbildung 8.15** *Antwortzeiten SOAP Ping vs. ICMP Ping*

In Abbildung 8.15 dargestellt ist das Antwortzeitverhalten des SOAP Pings gegenüber der des in Abschnitt 8.6.3 auf Seite 187 beschriebenen ICMP Pings. Dargestellt sind die über die Paketgröße skalierten Antwortzeiten sowie die um die ICMP-Anteile bereinigte Netto-Antwortzeit des SOAPings.

**Vergleich SOAP Ping und ICMP Ping**

Augenfällig ist zunächst ein signifikanter Anstieg im Antwortzeitverhalten ab einer Paketgröße von ungefähr 1.800 Bytes, im Diagramm als *S1* bezeichnet. Dies liegt im verwendeten Transportprotokoll begründet, da ab einer Nutzlast, die 1.460 Bytes übersteigt, weitere HTTP-Pakete versandt werden müssen.

**Ergebnisse**

Auffallend ist weiterhin der signifikant stärkere Anstieg im Antworzeitverhalten des SOAP Ping ab einer Paketgröße von etwa 18.000 Bytes (S2), der sich jedoch, wenngleich auch in geringerem Ausmaß, auch in der Kurve des ICMP Pings wiederfindet. Eine Erklärung hierfür mag sein, dass in der TCP-Implementierung des darunterliegenden Betriebssystems eine nicht dokumentierte festgelegte Anzahl Bytes, die in einen Puffer geschrieben werden kann, überschritten wird und so vor dem Empfang weiterer Bytes zunächst ein Umkopieren und Leeren des Puffers erfolgen muss. Dies lässt sich durch die Belegung des TCP-Kontrollparameters `windowsize` belegen, der die noch mögliche Anzahl empfangbarer Daten angibt. Im rechts von S2 liegenden Betrachtungsraum nimmt dieser Parameter mindestens einmal den Wert 0 an, sodass der Client erst auf eine erneute Anforderung durch den Empfänger mit der Datenübertragung fortfahren kann.

Zusammenfassend lässt sich feststellen, dass durch die Korrelation der SPEC-Werte und der Leistungsfähigkeit des Web-Dienstes konkrete Aussagen über die Skalierbarkeit von Web-Diensten hinsichtlich der benutzten Serverhardware getroffen werden können.

## 8.9 Zusammenfassung

Wie in der Einleitung dieses Kapitels bereits beschrieben, wird XML-basierten Implementierungen oft mangelnde Performance vorgeworfen. Die ausführlichen ASCII-Nachrichten seien nur langsam zu parsen und die zu übertragenden Dokumente seien unnötig lang. Aus diesem Grund wurden entsprechende Web-Services-Implementierungen mit vergleichbaren Versionen, die in Java mit RMI beziehungsweise auf Basis von CORBA geschrieben wurden, verglichen. Für kleine Dokumente bis 65.535 Bytes wurde zusätzlich eine vergleichende Messung mit ICMP, dem theoretischen Optimum, durchgeführt.

Dabei wurde als Erstes deutlich, dass die Netzwerklast und Parameter wie die Größe der Pakete einen extremen Einfluss haben können. Es ist bei allen Implementierungen bereits auf der Netzwerkebene einiges zu erreichen (zumindest unter Nutzung von Informationen wie die typische Paketgrößen der Anwendungen). Aus diesem Grund wurde bei allen Implementierungen auf dieser Ebene nicht optimiert, sondern die Standardeinstellungen der genutzten Betriebssysteme unverändert übernommen.

Als weiteres Ergebnis ist festzuhalten, dass SOAP deutlich besser als erwartet abgeschnitten hat. Es gab sowohl Fälle, in denen SOAP besser als RMI und CORBA war als auch umgekehrt. Das Parsen von XML-Dokumenten war im Vergleich zu anderen Faktoren meist unwesentlich bis nicht messbar.[1]

Viel gravierender und geradezu auffallend war der Nachteil der Nutzung von HTTP unterhalb von SOAP als Transportprotokoll. So war in manchen Messreihen HTTP der entscheidende Flaschenhals. Dies soll nicht bedeuten, dass SOAP immer direkt über TCP implementiert werden soll, aber für eine bedachte Wahl der genutzten Protokolle sensibilisieren.

Zusätzlich war zu beobachten, dass in den meisten Fällen die Performance der Clients gegenüber der des Servers zu vernachlässigen war. Selbst bei einer Eins-zu-eins-Beziehung war der Klient meist nicht ausgelastet. Weitere Messungen ergaben, dass die Leistung des Servers in den meisten Fällen mit seinem SPEC-Wert skaliert. Diese Aussage gilt zumindest für typische Implementierungen auf handelsüblichen Workstations oder PCs mit einer nicht zu teuren Netzwerkinfrastruktur. Der SPEC-Wert ist damit der Hauptindikator für die Performance des Servers.

---

[1] Zumindest bei einer 100-MBit-Verkabelung.

8 | Leistungsaspekte von Web Services

Als Letztes bleibt festzuhalten, dass der verwendete SOAPing eine gute Benchmark zum Vergleichen von RPC-artigen Implementierungen wie den Web Services, RMI und CORBA ist. Zum Messen der Serialisierung von Datenstrukturen und deren Übertragung war die Wahl von Bäumen sinnvoll, da diese sich mit wenigen Parametern den gewünschten Anforderungen anpassen lassen.

# 9 | Web Services und Sicherheit

*„Ohne Sicherheit ist keine Freiheit"*
*Wilhelm von Humboldt (1767 – 1835)*

Fast alle Überlegungen und Ausführungen befassten sich bisher mit „Was sind Web Services?" und „Wie funktionieren sie?". Gegenstand der Betrachtung war die Integration in bestehende Systeme sowie Perspektiven für die Zukunft zu eröffnen. Dabei wurde deutlich, dass diese Techniken im Wesentlichen für den Einsatz in Unternehmen entwickelt wurden und gerade bei der Integration in Unternehmensprozesse ist ein Thema von essenzieller Bedeutung: die Sicherheit! Dieses Kapitel beschreibt daher zuerst wichtige Aspekte und Konzepte zur Umsetzung von Sicherheitsanforderungen. Es wird gezeigt, wie diese in den Web Services Stack integriert werden können und welche Stellen hierfür mögliche Ansatzpunkte darstellen. Es können wesentliche Anforderungen durch bereits etablierte Standards wie zum Beispiel XML-Signatur und XML-Encryption erfüllt werden. Abgerundet wird dieses Kapitel durch Verfahren zur Verwaltung und zum Austausch der benötigten digitalen Schlüssel und einem Ausblick, wie notwendige Sicherheitsanforderungen effizient umgesetzt werden können.

## Übersicht

## 9.1 Einleitung

In den vorhergehenden Kapiteln stand bei allen Diskussionen um Web Services die Technik selbst und die sich dadurch bietenden Möglichkeiten im Vordergrund. Dabei wurde klar, dass Web Services eine gerade für Unternehmen fast ideal geeignete Technik mit enormem Potenzial sind. Die einfache Art und Weise, wie Dienste anderen zur Nutzung überlassen werden können, ist besonders für Software-Entwickler sehr reizvoll. Ein Befehl oder eine Enterprise Java Bean wird als Web Service veröffentlicht und kann direkt verwendet werden; ein Klick mit der Maus, und eine Datenbank ist für jeden zugänglich, ohne mühsam Schnittstellen implementieren zu müssen. Fällt die Wahl des Transportprotokolls auf HTTP – und dies ist zu etwa 90 % der Fall –, so ist es auch ohne größere Probleme möglich, die meisten Firewalls zu durchdringen, ohne sich vertieft mit den damit zusammenhängenden Sicherheitsvorschriften auseinander setzen zu müssen.

Genau in dieser Simplizität liegt aber auch ein wesentlicher Faktor für Erfolg oder Misserfolg der Web Services begraben. Aufgrund der Computer-zu-Computer-Kommunikation sind diese Dienste gerade für Unternehmen von Interesse, die Prozesse mit dieser neuen Entwicklung umsetzen möchten, da keine andere Technik so gute Interoperabilität verspricht und die Simplizität auf kurze Entwicklungszeiten hoffen lässt. Hierbei fallen in immer größerem Umfang sicherheitsrelevante oder kritische Daten an. Gerade durch den Einsatz von Web Services kann jedoch bereits durch eine sehr einfache unbedachte Handlung möglichen Angreifern Tür und Tor geöffnet werden.

Für das Risiko, die Systeme durch Unachtsamkeit oder zu schnelles Handeln leicht angreifbar zu machen, ist nicht eine einzelne, bestimmte Eigenschaft der Web Services verantwortlich. Es ist vielmehr die Summe von einzelnen Faktoren, die jeweils eine mehr oder weniger wichtige Aufgabe vereinfachen. Allerdings gibt es bereits eine Reihe von bewährten und neuen Techniken, die es erlauben, eine sehr sichere Architektur für Web Services zu entwickeln. Nach einem kurzen Überblick über die wichtigsten Aspekte wird in diesem Kapitel eine Auswahl genau dieser Techniken vorgestellt. Zusätzlich werden Ansatzpunkte aufgezeigt, den Einsatz dieser Techniken dennoch möglichst einfach zu gestalten.

## 9.2 Sicherheitsaspekte

Sicherheit ist ein sehr umfangreiches Gebiet, bei dem verschiedene Teilgebiete betrachtet und teilweise einzeln behandelt werden können.

**Sicherheit**    Der Begriff *Sicherheit* verfügt im allgemeinen Sprachgebrauch über drei Bedeutungen. Er wird sowohl im Sinne von „Schutz" (vor Gefährdungen) als auch „Gewissheit" (hinsichtlich einer erhobenen Vermutung) und „Zuverlässigkeit" (hinsichtlich eines erwünschten oder erwarteten Verhaltens) interpretiert.

Wird diese Sinngebung auf Anwendungen der Informations- und Kommunikationstechnik übertragen, so kristallisieren sich verschiedene Sicherheitsanforderungen heraus (vergleiche [Sch96]), denen jedoch nicht allen gleichermaßen durch eine technische Umsetzung genügt werden muss, um von sicherer Datenübertragung sprechen zu können.

**Anforderungen**

> Vertraulichkeit: Eine Nachricht soll ausschließlich für den jeweils adressierten Empfänger lesbar sein.

> Berechtigung: Ein Dienstanforderer muss auch zur Nutzung des angeforderten Dienstes berechtigt sein.

> (Daten-)Konsistenz: Eine versandte Nachricht muss ohne Modifikationen beim Empfänger eintreffen.

> Glaubwürdigkeit: Eine Nachricht muss nachprüfbar durch den vermeintlichen Sender erstellt worden sein. Insbesondere darf es einem potenziellen Eindringling nicht möglich sein, eine andere Identität vorzutäuschen.

> Verbindlichkeit: Der Sender soll im Nachhinein die Urheberschaft einer durch ihn erstellten Nachricht nicht leugnen können.

Während Vertraulichkeit durch klassische Verschlüsselungsmechanismen erreichbar ist, welche die Nachricht vor der Übertragung in eine für Dritte nicht lesbare Darstellung transformieren, lässt sich die Berechtigung zur Nutzung eines Dienstes nicht unmittelbar durch diese Verfahren prüfen. In diesem Falle benötigt der Dienstnutzer vielmehr eine Art digitalen Berechtigungsschein, der ihn als gültigen und zulässigen Nutzer legitimiert.

Dem verständlichen Wunsch nach unverändertem Eintreffen der übermittelten Daten beim Empfänger lässt sich durch ein Echtheitszertifikat nachkommen. Hierbei werden – vergleichbar mit einem Gutachten – charakteristische Eigenschaften des Originals detailliert beschrieben. Durch den Abgleich (Konsistenzprüfung) der eintreffenden Nachricht mit der durch den Absender verfertigten Beschreibung kann so die Echtheit geprüft werden.

Einen denkbaren Anwendungsfall eines solchen Echtheitszertifikates ohne gleichzeitigen Einsatz von Verschlüsselungsmechanismen stellt die Übermittlung von Bestelldaten dar, deren Inhalt kein schutzwürdiges Gut im Sinne der Geheimhaltung verkörpert, sondern lediglich der Sicherheit vor unerwünschter Veränderung bedarf. Gelangt Auftragsinformation zur Kenntnis Dritter, so kann dieser vermeintliche Sicherheitsverlust als wenig kritisch eingestuft werden. Indes würde die unbemerkte Modifikation der übermittelten Bestellmenge einen ernstlichen Eingriff in die Integrität der übermittelten Daten und damit einen empfindlichen Verlust an Sicherheit – im Sinne der Vertraulichkeit – darstellen.

Des Weiteren soll der Sender für den Empfänger nachvollziehbar glaubwürdig der tatsächliche Urheber einer versandten Nachricht sein. Am Beispiel der Bestellung: Neben dem unveränderten Eintreffen der Inhaltsdaten soll auch für den Empfänger glaubhaft feststellbar sein, ob der vorgebliche Absender die Bestellung auch tatsächlich aufgegeben hat.

Mit der Forderung nach Glaubwürdigkeit verbindet sich der Wunsch nach Verbindlichkeit zur intuitiven Vorstellung einer Unterschrift im klassischen Sinne. Sie bestätigt in diesem Fall, wie auch der handschriftliche persönliche Namenszug, rechtsverbindlich die Urheberschaft oder Zustimmung zum Dokumentinhalt.

Zur Realisierung der verschiedenen Sicherheitsaspekte hat sich eine Reihe technischer Lösungen herausgebildet, die sich auf oberster Ebene in zwei Verfahrensklassen einordnen lassen: Kryptographie und digitale Unterschrift.

Während durch kryptographische Bearbeitung der ursprüngliche Nachrichtentext so modifiziert wird, dass er für Dritte nicht (oder nur mit großem Aufwand) lesbar ist, zielt der Einsatz digitaler Unterschriften auf die Bestätigung der Echtheit der inhaltlich unverändert übermittelten Information ab.

## 9.3 Eigenschaften kryptographischer Verfahren

**Symmetrische Verschlüsselung**

Grundsätzlich zerfallen kryptographische Verfahren in die zwei Verfahrensklassen symmetrisch und asymmetrisch. Zunächst wird auf die so genannten *symmetrischen* Verfahren eingegangen. Bei diesem Typus werden sowohl zur Chiffrierung als auch zur Rückgewinnung des Nachrichtentextes identische Schlüssel benutzt, vergleichbar mit einem klassischen Türschloss, oder es ist leicht möglich, aus dem Schlüssel alle benötigten Informationen zur Chiffrierung und Dechiffrierung zu gewinnen. Symmetrische Verfahren sind zwar sehr viel schneller als asymmetrische, verlangen aber nach einem vorherigen Austausch der Schlüsselinformation. Bei netzbasierten Lösungen, also ohne Bote und Post, gibt es keine Alternative zu den asymmetrischen Verfahren. Daher wird im Folgenden der Schwerpunkt auf diesen liegen.

### Asymmetrische Verfahren zur Verschlüsselung

**Asymmetrische Verschlüsselung**

*Asymmetrische* Verfahren, auch als *public-key*-Verfahren bezeichnet, markieren einen dualen Ansatz. Hierbei werden verschiedene Schlüssel zur Ver- und Entschlüsselung benutzt. Jeder Teilnehmer ist im Besitz eines Schlüsselpaares, das aus einem privaten und einem öffentlichen Schlüssel besteht, wobei es technisch nicht möglich sein darf, aus einem Schlüssel den anderen ohne Zusatzinformation zu berechnen. Für den öffentlichen Schlüssel besteht keine Geheimhaltungspflicht, im Gegenteil, er sollte idealerweise zentral – und so für die gesamte interessierte Welt zugänglich – abgelegt sein. Zur Verschlüsselung einer Nachricht verwendet der Sender den öffentlichen Schlüssel des Empfängers, der zur Dechiffrierung seinen privaten Schlüssel verwendet.

Das durch mathematische Verfahren erzeugte Schlüsselpaar ist so aufgebaut, dass zu jedem öffentlichen nur ein passender, das heißt sperrender, privater Schlüssel existiert. Darüber hinaus muss, wie schon gesagt, sichergestellt sein, dass von der Kenntnis des öffentlichen Schlüssels nicht auf den Aufbau des privaten rückgeschlossen werden kann.

Die bekannteste Anwendung asymmetrischer Verschlüsselung dürfte die verbreitete Pretty-Good-Privacy-Architektur, kurz PGP, (vergleiche [Zim95]) sein, welche hauptsächlich zur Sicherung des E-Mail-Verkehrs Anwendung findet. PGP verwendet das historisch gesehen erste asymmetrische Verfahren RSA [RSA78], das nach seinen Entwicklern, Ronald L. Rivest, Adi Shamir und Leonard Adleman, benannt worden ist.

## Asymmetrische Verfahren zur digitalen Signatur

Der Einsatz digitaler Signaturen markiert eine weitere Anwendungsdomäne, durch die die Sicherheit erhöht werden kann. Digitale Signaturen dienen allerdings weniger der Absicherung des Nachrichtenverkehrs vor dem unbefugten lesenden Zugriff Dritter, sondern vielmehr als Garant der Unverändertheit der Nachricht.

**Digitale Signatur**

Damit bietet sich der Einsatz einer solchen Signatur zunächst für all diejenigen Fälle an, in denen die versandten Daten *nicht der Geheimhaltung unterliegen*, aber dennoch das unveränderte Eintreffen dieser Daten sicherzustellen ist. Dies ist praktisch für alle Zustandsänderungen in Geschäftsprozessen, wie beispielsweise der Freigabeerteilung eines Fertigungsauftrags, der Fall. Hier unterliegen die übertragenen Daten nur geringen Einschränkungen hinsichtlich ihrer Verbreitung, oftmals stellen sie sogar schlicht kein für Dritte interessantes Datum dar; dennoch würde das unerkannt veränderte Eintreffen dieser Informationen zu durchaus erheblichen Auswirkungen auf die betroffene Anwendung führen.

Es sollte allerdings beachtet werden, dass Verschlüsseln und Signieren sich nicht ausschließen. Es ist sehr einfach möglich, ein Dokument zuerst zu signieren und dann zu chiffrieren. Theoretisch ist auch die umgekehrte Reihenfolge möglich, da beide Vorgänge mathematisch gesehen identisch sind, allerdings sollte man trotzdem nur unterschreiben, was man auch gelesen hat oder zumindest lesen kann. Es ist ja auch üblich, einen Brief zuerst zu unterschreiben und dann in den Umschlag zu legen und nicht nachträglich den verschlossenen Umschlag mit einer Signatur zu verzieren.

**Signaturvorgang**  Technisch gesehen vollzieht sich der elektronische Signaturvorgang in zwei Schritten. Zunächst wird mithilfe einer mathematischen Funktion (einer so genannten Hashfunktion) aus der bestehenden Nachricht ein eindeutiger Wert berechnet, der später zur Validierung der Integrität herangezogen wird. Dieser Wert fungiert als eindeutig identifizierende charakteristische Eigenschaft der Nachricht, er repräsentiert sie eindeutig wie ein Fingerabdruck. Es ist hierbei leicht einzusehen, dass für die verwendetete Hash- oder auch Einweg-Funktion – eine nicht ganz glückliche Übersetzung des englischen Ausdrucks „one way function" – folgende Eigenschaften gelten sollten:

> Der Hashwert, auch Prüfsumme oder Message Digest genannt, sollte leicht zu berechnen sein.

> Die inverse Funktion oder Relation sollte nicht zu bestimmen sein. Das heißt, dass es praktisch unmöglich sein muss, zu einer gegebenen Prüfsumme einen möglichen Ursprungstext zu erzeugen.

> Änderungen am Ausgangstext führen fast sicher zu einer anderen Prüfsumme.

Der letzte dieser drei Punkte wird oft noch schärfer formuliert: „Jede Änderung am Ausgangstext muss zu einer anderen Prüfsumme führen". Eine solch allgemein gehaltene Aussage ist jedoch nicht haltbar. Es ist theoretisch nicht ausgeschlossen, zwei unterschiedliche Dokumente zu finden, die dieselbe Prüfsumme ergeben. Die Wahrscheinlichkeit hierfür liegt bei $1/2^{AnzahlBitsderPrüfsumme}$.

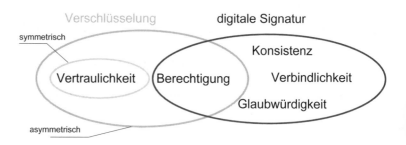

**Abbildung 9.1** *Erfüllung der Anforderungen an sichere Datenübertragung*

Im Hinblick auf die eingangs formulierten Anforderungen für eine sichere Datenübertragung lässt sich feststellen, dass weder Verschlüsselung noch digitale Signatur, wie in Abbildung 9.1 dargestellt, in der Lage sind, eigenständig allen Wünschen gleichermaßen gerecht zu werden.

Verschlüsselung erlaubt neben der Erfüllung der Basisforderung nach *Vertraulichkeit* auch implizit eine Berechtigungsprüfung, falls asymmetrische Verschlüsselung eingesetzt wird. Bei symmetrischen Verschlüsselungsverfahren hingegen ist zwar die Vertraulichkeit gewährleistet, aber der Absender ist nicht notwendigerweise eindeutig bestimmbar, da jeder Kommunikationspartner über denselben geheimen Schlüssel verfügt. Selbst wenn dieser Schlüssel nur im Kreise der Vertrauenswürdigen verbleiben würde, könnte durch den Empfänger der ursprüngliche Sender nicht mehr aus dieser Menge potenziell gleich gestellter Partner ermittelt werden, was letztlich mit der faktischen Aushebelung jeglicher Sicherheitsbestrebungen einhergeht.

Die Verifizierung der Berechtigung liegt daher hauptsächlich in der Domäne digitaler Signaturen. Bei diesem Anwendungsaspekt tritt stärker der Gedanke der Identität und damit die Gewissheit, dass der vorgebliche auch der tatsächliche Verfasser und Sender ist, in den Vordergrund. Zusätzlich verfolgt die digitale Signatur die Intention, Modifikationen, die nach dem Versenden vorgenommen wurden, für den Empfänger aufzudecken und damit die Konsistenz der Nachricht sicherzustellen. Durch den Vergleich des durch den Autor erstellten und mitversandten Nachrichten-Fingerabdrucks mit der durch den Empfänger unter Verwendung derselben mathematischen Funktion erstellten Zusammenfassung lässt sich die Konsistenz von Nachricht und Original ohne größeren Aufwand prüfen.

**Identität des Verfassers**

In der Praxis wird der Grundgedanke digitaler Signaturen mit Ideen der Kryptographie verknüpft, um zusätzlich den Zielen der *Verbindlichkeit* und *Glaubwürdigkeit* zu genügen. Hierzu wird die Prüfsumme zusätzlich verschlüsselt, um sie mit autorenspezifischer Information zu kombinieren.

## 9.4  Nachrichtensicherheit

Wie bei den meisten anderen verteilten Computersystemen können auch bei Web Services Sicherheitsansätze auf allen Schichten des OSI-Schichtenmodells angewandt werden. Und auch in diesem Fall wird meist keine einzelne Schicht für sich die Problematik vollständig lösen und umfassende Sicherheit ermöglichen.

Die einzelnen Ansatzpunkte im Detail zu behandeln würde eine ganze Reihe von Büchern füllen. Aus diesem Grund wird hier nur ein kleiner Ausschnitt behandelt und lediglich Teilaspekte zur Transport- und Nachrichtensicherheit betrachtet. Diese zwei Teilgebiete sind von besonderem Interesse, da die meisten Aussagen nicht allgemein auf die Mehrheit der Computersysteme übertragen werden können.

### 9.4.1  Transportsicherheit

Unter Transportsicherheit versteht man das nicht abhör- und nicht veränderbare Ausliefern von Nachrichten. In der realen Welt kann dies mit einem Briefumschlag verglichen werden. Dieser verhindert, dass ein Dritter eine Sendung verändern oder lesen kann.

**Transport Layer Security**  Der wohl bekannteste Ansatz aus diesem Bereich ist Transport Layer Security, kurz TLS, eine Weiterentwicklung des Secure Socket Layers, kurz SSL. Mit dieser Technik wird ein sicherer Kanal zwischen zwei Parteien ermöglicht. TLS und damit auch SSL können mit einer Rohrpost, die nur zwei Öffnungen hat, verglichen werden. Durch dieses Rohr kann man ein Paket zur anderen Öffnung schicken. Es ist nur sehr schwer möglich, den Inhalt einer Sendung zu identifizieren, eine Änderung ist noch schwerer. Eine Person an der Leitung kann bestenfalls feststellen, dass etwas geschickt wurde. Ein solches Rohr hilft jedoch nur während des Transports. Es schützt das Paket weder vor noch nach der Sendung. Es ist auch später nicht mehr möglich, festzustellen, wann oder ob überhaupt ein Paket durch die Rohrpost geschickt worden ist. Die Frage, wer die Nachricht auf den Weg gebracht haben mag, also das Paket in das Rohr geschoben hat, ist noch viel schwerer zu beantworten.

Diese Aspekte sind direkt auf TLS übertragbar. Es schützt nur den Transport und ist sonst transparent. Das bedeutet, dass eine Nachricht, die mit TLS übertragen wird, nicht gelesen oder verändert werden kann. Sie ist während des Transports verschlüsselt. Nach dem Empfang ist von der genutzten Verschlüsselung nichts mehr zu sehen und die Nachricht liegt im Klartext vor. Wer die Nachricht geschickt hat oder wann die Nachricht angekommen ist, kann ohne zusätzliche Vorkehrungen nicht festgestellt werden.

**Punkt-zu-Punkt-Verbindungen**  Für eine Kommunikation zwischen genau zwei Partnern, wie zum Beispiel einer Bank und genau eines Kunden beim Onlinebanking, ist TLS eine sehr gute Lösung. Da es sich aber um einen echten Kanal zwischen zwei Beteiligten handelt, ist diese Lösung für eine echt verteilte Anwendung, wie sie in einer SOA realisiert wird, meist ungeeignet. Im Web-Services-Umfeld ist es spätestens bei der Nutzung von Intermediären meist nicht mehr möglich, die Daten sicher zu übertragen. Für die Gewährleistung von Sicherheit, genauer der Vertraulichkeit, ist es notwendig, dass Teile einer Sendung verschieden behandelt werden können und somit zum Beispiel ein Beteiligter nur einen Teil lesen kann. In komplexen Web-Services-Szenarien ist es also nicht möglich, eine allgemeine Lösung nur auf Basis von Transportsicherheit zu entwickeln. Um dies zu erreichen, werden Methoden der Nachrichtensicherheit eingesetzt. Abbildung 9.2 auf der nächsten Seite verdeutlicht dieses Tatsache mithilfe des Sicherheits-Kontexts, also dem Bereich, in dem die Daten verschlüsselt sind, was bei TLS jedoch nicht vollständig (zum Beispiel über Intermediäre hinweg) umgesetzt werden kann.

## 9.4.2  TLS und der Sicherheitskontext

Web Services definieren wie bereits erwähnt eine Ende-zu-Ende-Verbindung (siehe Abbildung 9.2 auf der nächsten Seite) und abstrahieren von möglichen Zwischenstationen. Gut zu sehen ist an dieser Abbildung auch das Aufbrechen des Sicherheitskontextes. In der Mitte erhält der Empfänger bei

TLS/SSL definiert Punkt-zu-Punkt-Kommunikation

Web Services definieren Ende-zu-Ende-Kommunikation

**Abbildung 9.2** *Security-Kontext in einer Web-Services-Kommunikation*

der Punkt-zu-Punkt-Verbindung Informationen, die eventuell nicht für ihn bestimmt sind. So könnte zum Beispiel ein Händler die Kreditkartennummer, ihr Verfallsdatum und den Namen des Kunden erhalten. Dies ist in etwa genauso sicher, als wenn jemand einem Dritten seine Kreditkarte aushändigt und dieser Dritte damit kurz den Raum verlässt. Natürlich soll hier niemandem böse Absicht unterstellt werden. Was aber passiert, wenn jemand in die Systeme des Online-Händlers einbricht und die Informationen stiehlt? Eine mögliche Lösung ist, die Daten für die Kreditkartengesellschaft mit einem anderen Schlüssel zu chiffrieren als die Bestelldaten. Damit hat der Händler Zugriff auf die Bestelldaten, aber nicht auf die Kreditkarteninformationen. Mit TLS ist eben dies gerade nicht umsetzbar, da hierbei die gesamte Nachricht verschlüsselt wird.

Hinweis: Dieses Beispiel ist nicht dazu gedacht, die Verwendung von SSL in einem Web-Services-Szenario grundsätzlich zu verneinen. Sollte zwischen den Kommunikationspartnern keine Zwischenstation (Intermediäre) existieren, die die Daten auf Anwendungsebene verarbeitet, beziehungsweise ist der Endpoint auch der Empfänger, so ist SSL ein erprobter und effektiver Weg, zumal es für SSL Hardwarebeschleuniger gibt. Dennoch sind beim Einsatz von TLS/SSL weitere Punkte zu beachten, die im nächsten Abschnitt betrachtet werden.

## 9.4.3   Transportsicherheit, SSL und Web Services

Um die entstehenden Probleme und die Einschränkungen durch SSL zu verstehen, ist eine kurze Beschreibung des Protokolls hilfreich.

Der Secure Socket Layer ist ein ursprünglich durch die Firma Netscape entwickeltes – und später durch die Internet-Standardisierung vorangetriebenes – wie schon beschrieben verbindungsorientiertes Protokoll zur sicheren, verschlüsselten Übertragung beliebiger Daten. Es hat aufgrund seiner Applikationsunabhängigkeit große Verbreitung gefunden und wird meist zum Transport von Web-Inhalten via HTTP, aber auch zum Beispiel zur Übertragung von

**Secure Socket Layer**

E-Mails über das Simple Mail Transfer Protocol (SMTP, [Kle01]) eingesetzt. Darüber hinaus wird es durch alle gängigen Browser unterstützt. Technisch realisiert SSL Sicherheit unter Verwendung symmetrischer Verschlüsselung des kompletten Kommunikationskanals mit vorheriger optionaler wechselseitiger Authentisierung durch Aushandeln eines gemeinsamen Schlüssels. Die Realisierung der SSL-Schicht ist unabhängig vom Applikationsprotokoll ausgelegt und wird ihrerseits (in Abbildung 4.2 auf Seite 66 innerhalb der ganz unten gelegenen Schicht) vom verwendeten Transportprotokoll gekapselt.

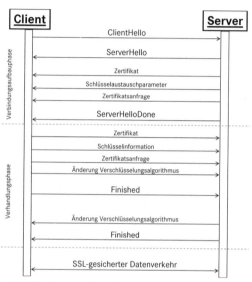

**Abbildung 9.3** *Verbindungsaufbau bei TLS/SSL*

Für die Applikation stellt sich der Kommunikationsverkehr dabei unverändert dar, da erst beim Übergang auf die in der Protokollhierarchie tiefer liegende Schicht die kryptographische Veränderung der Nutzdateninhalte stattfindet. Daher ergibt sich in der Konsequenz kein Veränderungsbedarf für die SOAP-Sende- und -Empfangsknoten. Jedoch ist diese Aussage dahingehend einzuschränken, dass sie nur für die eigentliche Datenübertragungsphase innerhalb des gesamten Kommunikationsablaufs gilt. Abbildung 9.3 zeigt die anderen beiden Kommunikationsphasen: die Verbindungsaufbauphase und die Verhandlungsphase.

**Verbindungsaufbau**    Innerhalb der Verbindungsaufbauphase müssen zunächst kryptographische und protokollabhängige Parameter zwischen Client und Server ausgetauscht werden. Dies geschieht durch die beiden Nachrichten ClientHello und Server-Hello. Die Hello-Nachrichten spezifizieren zunächst die durch den jeweiligen Kommunikationspartner unterstützte SSL-Protokoll-Version.

**ClientHello**    Darüber hinaus enthält ClientHello eine geordnete Liste der durch den Aufrufer unterstützten kryptographischen Algorithmen in der Reihenfolge der präferierten Verwendung. Überdies können als weitere Parameter Listen unter-

stützter Schlüsselaustauschalgorithmen und Kompressionsmethoden übermittelt werden.

Die als ServerHello bezeichnete Antwort enthält durch den Server ausgewähl-
te Elemente aus der Angebotsliste des Aufrufers. Als optionale zusätzliche
Nachrichten werden üblicherweise das Zertifikat des Servers sowie weitere
Informationen und Parameter für den Schlüsselaustausch versandt.

**ServerHello**

Abschließend markiert die durch den Server versandte HelloDone-Nachricht
den Übergang in die Verhandlungsphase. Falls ein solches angefordert wird,
wird zusätzlich ein Zertifikat übermittelt. Im Anschluss daran erfolgt die
Schlüsselübergabe zwischen den Kommunikationspartnern. Ihre inhaltliche
Ausgestaltung variiert mit dem verwendeten Schlüsselaustausch-Algorith-
mus und der gewählten Verschlüsselungsmethode.

**Verhandlung**

Im Rahmen wechselseitiger Berechtigungsprüfung wird anschließend das
Server-Zertifikat durch den Aufrufer angefordert. Zusätzlich kann der Client
optional die Änderung der durch den Kommunikationspartner erfolgten Auswahl aus den angebotenen Verschlüsselungsalgorithmen beantragen.

**Berechtigungsprüfung**

Der Abschluss der Verhandlungsphase wird durch den Aufrufer in Form der
Nachricht Finished signalisiert.

**Finished**

Vor dem ebenfalls durch Finished markierten Abschluss durch den Server
kann dieser die vorgeschlagene Änderung des kryptographischen Verfahrens
annehmen oder verwerfen. Wird diese Entscheidung durch den Aufrufer
akzeptiert und die ausgetauschten Zertifikate wechselseitig als vertrauenswürdig akzeptiert, so ist der SSL-gesicherte Kommunikationskanal etabliert.

Aus dieser Schilderung wird bereits deutlich, dass der unter Sicherheits-
gesichtspunkten relevante Teil SSL-gesicherter Kommunikation zeitlich vor
dem eigentlichen Datenverkehr angesiedelt ist. Aus diesem Grunde lassen
die verfügbaren SOAP-Hochsprachenschnittstellen dieser Zeitspanne kaum
Aufmerksamkeit zuteil werden. Daher müssen die notwendigen Schritte zur
Durchführung des SSL-Handshakes durch den Anwender implementiert werden.

## 9.4.3.1 Asynchroner Aufruf von Diensten

Beim asynchronen Aufruf von Diensten wartet der Sender nicht, bis die
Antwort beim Empfänger ankommt, sondern setzt seine Arbeit umittelbar
fort. Dies ermöglicht eine zeitliche Entkopplung von Zustellung der Nachricht
und deren Bearbeitung. Durch die Tatsache, dass der Sender wärend der
Zustellung nicht blockiert, wird die Implementierung eines Echtzeitsystems
deutlich erleichtert. Gleichzeitig ist es möglich, eine Nachricht an einen
Dienst zu schicken, der zu diesem Zeitpunkt gerade nicht erreichbar ist. Dies
wird typischerweise durch eine Warteschlange (Queue) oder einen Puffer
implementiert. Ein Beispiel für ein asynchrones System sind E-Mails. Diese

**Asynchroner Aufruf**

können verschickt werden, auch wenn der empfangende Rechner gerade ausgeschaltet ist. Die Queues werden in gewissen Intervallen abgearbeitet und die Zustellung kann dadurch auch deutlich zeitversetzt geschehen.

**Ereignisgetriebene Systeme**

Ein Beispiel sind ereignisgetriebene Systeme, die nach dem Abonnieren entsprechende Ereignisse (englisch *Events*) zugestellt bekommen. Dies wird als publish/subscribe bezeichnet. Nachrichten können etwa Systemmeldungen wie die Benachrichtigung einer vollen Festplatte oder die Übermittlung eines bestimmten Aktienkurses sein. Der Sender schickt die entsprechende Nachricht automatisch an die Abonnenten, sofern das abonnierte Ereignis aufgetreten ist, ohne auf deren Antwort zu warten oder überhaupt eine Antwort zu erwarten. Entsprechende Vorgänge sind in WS-Notification spezifiziert.

**Kein asynchroner Aufruf über HTTP**

Ein solcher asynchroner Aufruf von Diensten ist allerdings nicht über alle Protokolle möglich, da viele entweder eine Initialisierungsphase haben oder eine direkte Antwort über denselben Kanal Teil des Protokolls ist. So muss zum Beispiel bei HTTP mindestens auf eine Antwort der Form `200 OK` gewartet werden. Daher kann HTTP auch nicht für asynchrone Aufrufe von Diensten genutzt werden.

**Fehlende Initialisierungsphase**

Da bei asynchronen Aufrufen keine Initialisierungsphase möglich ist, können viele Verfahren zum Schlüsselaustausch zur Chiffrierung von Nachrichten, wie zum Beispiel das später vorgestellte Verfahren von Diffie-Hellman [DH76] und auch SSL, hierfür nicht verwendet werden. Für asymmetrische Aufrufe mit diesen Verfahren müssen die entsprechenden Schlüssel vorher bekannt sein oder über einen entsprechenden Dienst bezogen werden können.

## 9.4.3.2 Zusammenfassung TLS/SSL

Insgesamt offenbart sich die Zusammenarbeit von SSL und SOAP oft als sinnfällig und applikationsseitig leicht handhabbar. Für den praktischen Einsatz sollten allerdings einige Randbedingungen berücksichtigt werden:

> Eine Ende-zu-Ende-Sicherheit ist nur im trivialen Fall einer Punkt-zu-Punkt-Verbindung möglich. Der Sicherheitskontext geht spätestens bei Nutzung von Intermediären verloren.

> Feingranulare Sicherung einer Nachricht ist nicht möglich.

> Die Implementierung des SSL-Handshake muss durch die Applikation erfolgen. Insbesondere ist derzeit keine Integration in den SOAP-Aufruf möglich.

> Durch Beschaffung der vertrauenswürdig signierten Server-Zertifikate ist zusätzlicher organisatorischer Aufwand nötig. Die Gegenzeichnung kann dabei durch eine allgemein als vertrauenswürdig anerkannte Stelle (zum Beispiel durch entsprechende Firmen) erfolgen.

> Die Durchführung des SSL-Handshakes vor jedem SOAP-Aufruf hat negative Auswirkungen auf das Laufzeitverhalten. Dies kommt insbesondere bei einmaligen Kommunikationsvorgängen zum Tragen.

> Eine Strategie zur Ablage der Serverzertifikate an zentraler Stelle ist sinnvoll oder gar organisatorisch notwendig. Hierbei ist zwingend zu klären, welche Organisationsstelle eingehende Zertifikate als vertrauenswürdig einstuft.

> Ein vorheriger Austausch von Zertifikaten ist zwar bei Server-zu-Server-Verbindungen im B2B-Umfeld eine nicht seltene Praxis, dies ist aber mit deutlichem Aufwand verbunden und widerspricht der Idee einer SOA und macht eine lose Kopplung praktisch unmöglich.

> Asynchrone Aufrufe sind nicht möglich.

> Der Absenderbeweis geht verloren.

## 9.4.4 Web-Services-spezifische Besonderheiten

Jenseits der Universalität der skizzierten Ansätze zur Sicherung des allgemeinen Nachrichtenverkehrs ergeben sich bei Verengung des Betrachtungsraumes auf das Web-Services-Basisprotokoll SOAP einige bemerkenswerte Besonderheiten. Am auffälligsten ist sicherlich zunächst die durchgängige Formatierung der übertragenen Daten als XML-Dokument. Zwar handelt es sich dabei lediglich um einen Unicode-Textstrom, jedoch ergibt sich aus dem Aufbau von XML selbst bereits ein Gesichtspunkt, dem bei der Absicherung der Inhalte Aufmerksamkeit zuteil werden muss: die mögliche feingranulare Steuerung der Sicherheit, das heißt, einzelne Dokumentteile können separat mit Sicherheitsmerkmalen versehen werden. Durch die in XML realisierte Separierung von Inhalten und beschreibender Information, welche in XML-Elemente und -Attribute zerfällt, lässt sich bereits intuitiv eine Trennlinie ausmachen. So ist es beispielsweise denkbar, lediglich die Nutzinformation eines Dokuments zu verschlüsseln und dabei die Elementnamen unberührt zu belassen. Genauso können wahlfrei auch ganze Elemente unter Einbeziehung ihrer Kindelemente, und somit auch abgegrenzte Dokumentteile, kryptographisch bearbeitet werden. Schemaerhaltende Verschlüsselung ist allerdings in vielen Fällen nicht möglich. Man überlege sich einfach einmal die Verschlüsselung eines Boole'schen Wertes. Das Ergebnis ist allerdings noch immer ein gültiges, wohl geformtes XML-Dokument.

**Format: XML**

**Teilweise Verschlüsselung von Dokumenten**

Derselbe Freiheitsgrad steht auch für die Anbringung von digitalen Signaturen zur Verfügung. So können sie in variabler Granularität von Einzelelementen bis hin zum gesamten Dokument angebracht werden.

Einen schnellen Einblick in die laufenden Aktivitäten des W3C liefern zu XML-Signaturen `http://www.w3.org/Signature/` und zu XML-Verschlüsselung `http://www.w3.org/Encryption/`. Diese beiden Verfahren und Standards werden im Anschluss noch ausführlicher beschrieben.

## 9.5 XML Digital Signatures

Mit dem W3C-Standard „XML-Signature Syntax and Processing" des W3C wurde dem breiteren Einsatz von XML-Signaturen in der Praxis der Weg geebnet. Es ist abzusehen, dass dieser Mechanismus künftig vermehrt zur Gewährleistung der an digitale Signaturen erhobenen Anforderungen eingesetzt werden wird. Den Erfolg dieser Spezifikation sieht man sehr schnell an der Tatsache, dass SOAP selbst sich nicht mit dem Thema Sicherheit beschäftigt, und WS-Security, dem erfolgversprechendsten Kandidaten zum Schließen dieser Lücke, sich bei Signaturen auf eine Beschreibung beschränkt, wo und unter welchem Namen die Signaturen konform zum XML-Signaturstandard in das SOAP-Dokument eingefügt werden sollen.

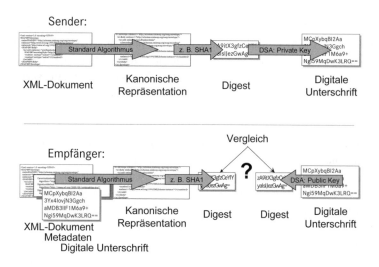

**Abbildung 9.4** *Erzeugung und Validierung von XML-Signaturen*

**Signatur von XML-Dokumenten**

Zur Erzeugung einer digitalen Signatur wie in Abbildung 9.4 für einen Teilbaum eines SOAP-Dokuments ist zunächst das XML-Startelement dieses Teilbaums festzulegen. Naheliegenderweise handelt es sich hierbei zumeist um ein Kindelement von `Body`. Dieses Rumpfelement leitet die Nutzdaten des Dokuments ein. Konzeptionell ist zwar ebenfalls die Signierung von im Header platzierter Metainformation denkbar, jedoch würde durch Anbringung der Signatur Information über diese Metainformation generiert, für die kein SOAP-Standardbehandlungsmechanismus vorgesehen ist. Überdies würde die Bedeutung der Metainformation dadurch hin zur Nutzinformation verschoben. Daher kann es für diesen Spezialfall sinnvoll sein, die (vormalige) Metainformation im SOAP-Rumpf zu platzieren, um eine Gleichbehandlung mit den übrigen signierten Daten zu gewährleisten.

**Umgang mit Format-freiheit**

Vor Erstellung der eigentlichen Signatur tritt noch eine technische Besonderheit zutage, die eine gesonderte Behandlung erforderlich macht. XML ist überwiegend formatfrei ausgelegt, das heißt ausschließlich zur Formatierung dienende Leerzeichen (so genannte „white spaces", definiert durch Syntaxregel 3 der XML-Spezifikation, siehe [SMPY+06]) außerhalb von Elementgrenzen können ohne Informationsverlust weggelassen werden, daher können augenscheinlich verschiedene Dokumente durchaus dieselbe physische Information repräsentieren. Vielmehr noch, XML-Prozessoren ist es sogar freigestellt, diese Formatierungsanteile wegzulassen.

Wird dieser Freiheitsgrad auf die Verwendung digitaler Signaturen bezogen, so ergibt sich hieraus die Gefahr, dass eine inhaltlich unverändert beim Empfänger eintreffende Nachricht „versehentlich" während des Transports XML-konform umformatiert wurde und daher nicht mehr mit der beim Versenden erstellten Signatur übereinstimmt.

**Canonical XML**

Aus diesem Grunde wurde durch das W3C mit Canonical XML (siehe [Boy01]) eine eindeutige normalisierte Repräsentation definiert, welche aus jedem wohl geformten XML-Dokument erzeugt werden kann. In dieser Darstellung sind die möglichen Mehrdeutigkeiten eindeutig aufgelöst, sodass inhaltlich gleiche Dokumente mit unterschiedlicher Formatierung, Codierung und so weiter auf dasselbe kanonische XML-Dokument abgebildet werden. Als Ausgangspunkt des Signierungsvorganges wird daher auf das kanonische XML-Dokument zurückgegriffen.

**Message Digest**

Wie im allgemeinen Fall digitaler Signaturen wird auch für XML-Dokumente oder ihre Teile ein mathematisch berechneter charakteristischer Fingerabdruck zur Generierung der Signatur herangezogen. Die W3C-Spezifikation schlägt als einzigen Algorithmus zur Gewinnung dieses Message Digests den ursprünglich durch das amerikanische Verteidigungsministerium erarbeiteten Secure Hash Algorithm[1] (SHA-1, [EJ01]) vor. Gleichzeitig wird ausdrücklich von der Verwendung des MD5-Algorithmus (vergleiche [Pos92]) abgeraten, da sich dieser anfällig hinsichtlich kryptoanalytischer Angriffe erwiesen hat.

**Erzeugung der Signatur**

Auf dem Message Digest fußend wird schlussendlich unter Verwendung eines geeigneten Signaturalgorithmus die Unterschrift berechnet. In den Erzeugungsvorgang fließt neben dem Fingerabdruck der Nachricht auch der Schlüssel des Unterzeichnenden ein. Im Rahmen der XML-Signaturen wird hierbei explizit auf Public-Key-Verfahren zurückgegriffen.

---

[1] http://www.itl.nist.gov/fipspubs/fip180-1.htm

Spezifikationskonforme Umsetzungen müssen hierbei mindestens den US-amerikanischen Digital Signatures Standard (DSS)[1] und den RSA-Algorithmus (siehe [RSA78] und [KS98]) unterstützen.

**Listing 9.1** *Beispiel eines signierten SOAP-Dokuments*

```
<?xml version="1.0" ?>
<env:Envelope
  xmlns:env="http://www.w3.org/2003/05/soap-envelope">
  <env:Header>
    <ns1:DeliveryNotification env:mustUnderstand="true" env:role=
   "http://www.w3.org/2003/05/soap-envelope/role/ultimateReceiver"
      xmlns:ns1="urn:xmlns:our.soa.book:research">
        <ns1:SendTo URI="MailTo:mario.zengler@our.soa.book"/>
    </n1:DeliveryNotification>
    <wsse:Security
      xmlns:wsse="http://schemas.xmlsoap.org/ws/2002/04/secext">
      <wsse:UsernameToken Id="MyID">
        <wsse:Username>Ingo</wsse:Username>
      </wsse:UsernameToken>
      <ds:Signature
        xmlns:ds="http://www.w3.org/2000/09/xmldsig#">
        <ds:SignedInfo>
          <ds:CanonicalizationMethod
            Algorithm="http://www.w3.org/2001/10/xml-exc-c14n#"/>
          <ds:SignatureMethod Algorithm=
            "http://www.w3.org/2000/09/xmldsig#hmac-sha1"/>
          <ds:Reference URI="#MsgBody">
            <ds:DigestMethod Algorithm=
              "http://www.w3.org/2000/09/xmldsig#sha1"/>
            <ds:DigestValue>LyLsFOPi4wPU...</ds:DigestValue>
          </ds:Reference>
        </ds:SignedInfo>
        <ds:SignatureValue>DJbchm5gK...</ds:SignatureValue>
        <ds:KeyInfo>
          <wsse:SecurityTokenReference>
            <wsse:Reference URI="#MyID"/>
          </wsse:SecurityTokenReference>
        </ds:KeyInfo>
      </ds:Signature>
    </wsse:Security>
  </env:Header>
  <env:Body Id="MsgBody">
    <ns2:OrderRequest xmlns:ns2="urn:xmlns:our.soa.book:order">
      <ns2:ID>7492653</ns2:ID>
      <ns2:Amount>10000</ns2:Amount>
      <ns2:DeliverTo>OurSOABook ...</ns2:DeliverTo>
      <!-- more details omitted for brevity ... -->
    </ns2:OrderRequest>
  </env:Body>
</env:Envelope>
```

---

[1] http://www.itl.nist.gov/fipspubs/fip186.htm

Listing 9.1 auf der vorherigen Seite zeigt beispielhaft eine vollständige SOAP-Nachricht mit signiertem Inhalt (`Body`). Ein dieses Nachrichtenformat akzeptierender Dienst offeriert als (OrderRequest genannter) Service, eine gewisse Anzahl Bücher zu bestellen und an eine Adresse zu liefern. Hierzu werden im Rumpf (`Body`) der Nachricht die notwendigen Parameter übergeben.

Die Signaturdaten werden prinzipiell durch ein eigenes XML-Vokabular dargestellt, welches für die Verwendung im Zusammenspiel mit SOAP durch den Namensraummechanismus in den Header eingebettet wird.

Hierzu wird im SOAP Header ab Zeile 10 das Security-Element nach WS-Security und darin ab Zeile 15 das Signature-Element platziert. Es kapselt die gesamten signaturrelevanten Metadaten wie das verwendete Kanonisierungsverfahren (Zeile 18f) und den Signaturalgorithmus (Zeile 20f). Zusätzlich findet sich dort der Verweis auf das signierte Element. Im Beispiel wurde der gesamte SOAP Body (ab Zeile 37) signiert. Zur Referenzierung wird zunächst mit dem Attribut Id ein Anker (hier mit dem Namen MsgBody) definiert (Zeile 37). Hierauf verweist das Metainformationselement aus Zeile 22ff, welches die konkreten Signaturinformationen beinhaltet. So gibt das Element DigestValue (Zeile 25) den mittels des SHA-1-Verfahrens errechneten Message Digest des verwiesenen Ankerelements wieder.

Die durch den in den Zeilen 20f spezifizierten Signaturalgorithmus erzeugte Signatur wird im Element SignatureValue eingebettet übermittelt.

Message Digest und Signatur werden zur besseren Lesbarkeit und Vorbeugung von Übertragungsproblemen mit dem aus dem E-Mail-Verkehr bekannten base64-Verfahren codiert.

Abschließend sei noch zu den in den Zeilen 19, 21 und 24 in Form von URIs (Uniform Resource Identifier) angegebenen Belegungen des `Algorithm`-Attributs angemerkt, dass diese lediglich der Identifikation der genannten Algorithmen und Verfahren dienen. Ihre Rolle ist daher vielmehr ähnlich den XML-Namensraumbezeichnern zu sehen, als dass sie auf eine dereferenzierbare Ressource verweisen würden.

Der Dienstnutzer übermittelt das SOAP-Dokument inklusive eingebetteter Signatur und signaturrelevanter Metainformation. Der Empfänger vollzieht zur Prüfung der Unterschrift das beim Sender durchgeführte Verfahren mit denselben Parametern nach. Auch er generiert zunächst aus dem eingegangenen SOAP-Aufruf dessen eindeutige kanonische Repräsentation (unter Einsatz des in den Metadaten referenzierten Kanonisierungsverfahrens). Mittels des ebenfalls bekannten Algorithmus gewinnt er eigenständig den charakteristischen Message Digest der empfangenen Nachricht und vergleicht diesen mit einem aus der digitalen Unterschrift gewonnenen Message Digest. Kommen hier asymmetrische Schlüssel zum Einsatz (das heißt unterscheiden sich die von Sender und Empfänger eingesetzten Schlüssel), so nutzt der Empfänger den öffentlich zugänglichen Schlüssel des Senders. Durch die zugrunde liegende mathematische Gesetzmäßigkeit ist hierbei sichergestellt, dass durch Anwendung der beiden unterschiedlichen Schlüssel desselben Schlüsselpaares die ursprüngliche Nachricht oder die entsprechende Prüfsumme wieder erzeugt werden kann.

Stimmt dieser empfängerseitig unabhängig erzeugte Message Digest mit dem aus der SOAP-Nachricht wiederhergestellten Message Digest überein, so liegt keine Datenmodifikation vor, die Integrität ist also gewährleistet.

**Implementierung des W3C-Standards**

Zur Applikationsunterstützung digitaler Signaturen für XML ist primär „lediglich" die Implementierung der in der W3C-Spezifikation genannten Algorithmen notwendig. Hierfür existieren inzwischen einige Referenzimplementierungen (siehe `http://www.w3.org/Signature/`) für die bekannten Programmiersprachen (wie Java oder die C-Sprachfamilie), die in eigene Programme eingebunden werden können.

**Schlüsselverwaltung**

Sinnvollerweise sollte zur Verwaltung der zur Signierung benötigten öffentlichen Schlüssel auf eine zentrale Schlüsselverwaltung (etwa eine Public-Key-Infrastruktur, kurz PKI) zurückgegriffen werden.

Prägendes Merkmal digitaler Signaturen ist, dass durch sie keine Verschlüsselung der Daten erzielt wird. Sie garantieren daher keine Vertraulichkeit. Vielmehr werden Signaturen hauptsächlich dazu benutzt, um die Authentizität der verbindlichen, glaubwürdigen Urheberschaft von Nachrichten und deren Konsistenz überprüfbar zu machen.

Im Zusammenspiel mit kryptographischen Schlüsseln lassen sich durch Signaturen sogar Teile der Berechtigungsprüfung realisieren. Im Kern sind Berechtigungsprüfung und Vertraulichkeit jedoch die Domäne von eigenständigen Verschlüsselungsverfahren. Daher werden die XML-Signaturen um XML Encryption ergänzt, die ebenfalls vom W3C verabschiedet worden sind.

## 9.6   XML Encryption

**XML Encryption**

Im Lichte der diskutierten Eigenschaften der digitalen Signaturen für XML-Nachrichten ist leicht einzusehen, dass XML Encryption ausschließlich auf die Zusicherung von Vertraulichkeit abzielt.

Mithilfe bekannter und erprobter Verschlüsselungsalgorithmen werden die zu übertragenden XML-codierten Daten zunächst verschlüsselt, um dann nach erfolgreicher Übertragung auf der Gegenseite wieder dechiffriert und somit für die verarbeitende Applikation wieder lesbar zu werden.

**Teilweise Verschlüsselung von XML-Dokumenten**

Analog zur digitalen Signatur kann auch hier die Verschlüsselungsgranularität durch den Anwender variiert werden. Neben der frei festlegbaren Bearbeitung von Dokumentteilen (XML-Teilbäumen) ist auch die selektive Verschlüsselung von Elementinhalten ohne Modifikation der bezeichnenden Tags möglich. Wie schon gesagt, muss in diesem Fall aber darauf geachtet werden, dass die Wertemenge des Inhalts umfangreich genug ist. Es ergibt keinen Sinn, Boole'sche Werte für sich zu chiffrieren.

Auch XML-Verschlüsselungstechniken agieren, wie bereits die Signaturen, direkt auf der XML-Repräsentation der SOAP-Nachricht. Wie auch dort haben bisher die Hersteller noch keine Unterstützung in Form von Hochsprachenschnittstellen angeboten, welche eine komfortable transparente Nutzung ermöglichen würden. Es sind aber bereits Ansätze hierfür erkennbar, die sicherlich in Produkte umgesetzt werden. An dieser Stelle sei stellvertretend JSR106 [R+05] genannt.

**Erstellung eines verschlüsselten Dokuments**

Technisch vollzieht sich die Verschlüsselung von SOAP-Nachrichten in zwei Schritten: Zunächst sind die notwendigen Randbedingungen wie Verschlüsselungsverfahren, etwaige Initialisierungsparameter (zum Beispiel Zufallszahlen), Verschlüsselungsgranularität und der zu verwendende Schlüssel zu fixieren. Unter Einsatz dieser wird dann aus dem XML-Eingangsdokument ein Dokument mit gegen Leseversuche Dritter gefeiten Anteilen erzeugt.

**Entschlüsselung**

Die für den Empfänger zur späteren Entschlüsselung (Dechiffrierung) notwendigen Informationen (gewähltes Verschlüsselungsverfahren und eventuell benötigte Initialisierungsparameter) werden gemeinsam mit dem Chiffrat übertragen. Zur Strukturierung dieser Daten definiert die XML-Encryption-Spezifikation ein Vokabular sowie grundlegende Verarbeitungsanweisungen.

Zur Entschlüsselung kehrt der Empfänger den Prozess um und berechnet aus dem Eingangsdokument unter Anwendung des bekannten Algorithmus und eines geeigneten Schlüssels wieder das Originaldokument. Hierbei ist es laut Spezifikation offen gelassen, ob symmetrische oder asymmetrische Verfahren zum Einsatz kommen.

**Beispiel**

Der SOAP-Aufruf des Beispiels in Listing 9.2 auf der nächsten Seite zeigt eine bis auf den CipherValue vollständige Nachricht, deren Body-Element kryptographisch verschlüsselt wurde.

Der Wurzelknoten der Verschlüsselungsdaten ist spezifikationsgemäß mit EncryptedData (Zeile 18) benannt. Er ersetzt als neues Kindelement den Inhalt des verschlüsselten Dokumentknotens. Sein Type-Attribut (Zeile 19) gibt Auskunft darüber, in welcher Granularität die Dokumentinhalte chiffriert wurden. Neben elementweiser Verschlüsselung (wie im Beispiel durch die Belegung http://www.w3.org/2001/04/xmlenc#Element ausgedrückt) ist auch die ausschließliche Bearbeitung von Element-Inhalten vorgesehen. In diesem Falle bleiben die Tag-Namen unangetastet erhalten.

Die zur Entschlüsselung essenziellen Informationen über den gewählten Verschlüsselungsalgorithmus und gegebenenfalls die dazugehörenden Parameter werden durch das Element EncryptionMethod (Zeile 20ff) repräsentiert. Prinzipiell können Sender und Empfänger beliebige Algorithmen vereinbaren und durch das genannte Element einander mitteilen, lediglich die Standardalgorithmen des Advanced Encryption Standard (AES) und Triple DES müssen durch zu XML Encryption konforme Systeme angeboten werden. Für das Beispiel wurde letztgenannter Algorithmus eingesetzt; die Belegung

***Listing 9.2*** *Beispiel eines chiffrierten SOAP-Dokuments*

```
<?xml version="1.0" ?>
<env:Envelope xmlns:env="http://www.w3.org/2003/05/soap-envelope"
  xmlns:wsse="http://schemas.xmlsoap.org/ws/2002/04/secext"
  xmlns:xenc="http://www.w3.org/2001/04/xmlenc#">
  <env:Header>
    <ns1:DeliveryNotification
      env:mustUnderstand="true" env:role=
  "http://www.w3.org/2003/05/soap-envelope/role/ultimateReceiver"
      xmlns:ns1="urn:xmlns:our.soa.book:research">
      <ns1:SendTo URI="MailTo:mario.zengler@our.soa.book"/>
    </n1:DeliveryNotification>
    <wsse:Security>
      <xenc:ReferenceList>
        <xenc:DataReference URI="#bodyID"/>
      </xenc:ReferenceList>
    </wsse:Security>
  </env:Header>
  <env:Body>
    <xenc:EncryptedData Id="bodyID"
      Type="http://www.w3.org/2001/04/xmlenc#Element">
      <EncryptionMethod Algorithm=
        "http://www.w3.org/2001/04/xmlenc#tripledes-cbc">
        <IV>ZG9uJ3RTcHk=</IV>
      </EncryptionMethod>
      <ds:KeyInfo xmlns:ds="http://www.w3.org/2000/09/xmldsig#">
        <ds:KeyName>CN=John Doe, C=DE</ds:KeyName>
      </ds:KeyInfo>
      <xenc:CipherData>
        <xenc:CipherValue>
          dGhlIHF1aWNrIGJyb3duIGZv...
        </xenc:CipherValue>
      </xenc:CipherData>
    </xenc:EncryptedData>
  </env:Body>
</env:Envelope>
```

des Algorithmus-Attributes in Zeile 21 zeigt den hierfür vordefinierten Bezeichner.

Optional können im Rumpf des Elements IV (Abkürzung für Initialization Vector) durch den Algorithmus benötigte Eingangsparameter (im Falle von „Triple-DES 64" base64-codierte Bit) übergeben werden.

Die verschlüsselte Nutzinformation des ursprünglichen Body-Elements ist im CipherValue-Kind von CipherData wiedergegeben. Im Gegensatz zum Einsatz der XML-Signaturen ist das verschlüsselte XML-Dokument nicht mehr bezüglich seines Schemas gültig. Zwar besteht unverändert Gültigkeit hinsichtlich des SOAP-Envelope-Schemas, welches lediglich wohl geformten XML-Inhalt für das Body-Element vorsieht. Durch die kryptographische Bearbeitung wird jedoch mindestens der Elementinhalt, möglicherweise sogar die Dokumentstruktur, zerstört.

Versuche schemaerhaltender Kryptographie haben sich als wenig erfolgs-
trächtig – hinsichtlich des zu erzielenden Zugewinns an Sicherheit – offenbart, da hierbei sowohl das Schema strukturell erhalten werden müsste als
auch die Datentypen nur in den zulässigen lexikalischen Bereich abgebildet
werden dürften. Gerade die zweite Forderung lässt offenkundig werden,
dass sich auf dieser Basis keine wirkungsvolle Sicherheit erzielen lässt.
Während beispielsweise für jede int-Ausprägung nach XML-Schema noch
$2^{16} = 4.294.967.296$ Darstellungsalternativen blieben, könnte die Belegung
eines Boole'schen Wahrheitswertes entweder durch sein Gegenteil oder den
Originalwert selbst „verschleiert" werden. Zusätzlich würden dermaßen behandelte SOAP-Aufrufe eine vergleichsweise leichte Beute für Angriffe durch
simples Erraten, eventuell sogar noch unter Ausnutzung von Kontextinforma-
tion, darstellen.

**Schemaerhaltende
Verschlüsselung**

In Bezug auf den Einsatz gelten im Wesentlichen die auch für XML-Signaturen getroffenen Aussagen hinsichtlich der Applikationsunterstützung durch
eigene Programmierung. Auch in diesem Falle bietet die Spezifikation[1] einen
guten Ausgangspunkt zum Auffinden verfügbarer Implementierungen. Darüber hinaus sollten beim Einsatz asymmetrischer Verschlüsselung als Infrastruktur geeignete Verzeichnisdienste (etwa Public Key Infrastructure, PKI),
vorgehalten werden.

**Implementierung**

Die beiden bisher diskutierten Sicherheitsmechanismen nutzen die Kenntnis
der Metastruktur des zu übertragenden Datenstromes aus. Gleichermaßen
stellen sie jeweils XML-spezifische Umsetzungen bekannter Verfahren und
Ansätze dar, die für den Einsatz im XML-Umfeld adaptiert und optimiert
wurden.

Lässt man hingegen dem SOAP-Aspekt der Protokollunabhängigkeit mehr
Beachtung zuteil werden, so offenbart sich diese als weiterer viel versprechender Ansatzpunkt für Sicherheitsbetrachtungen.

Zwar dürfte der Nachrichten- und RPC-Transport über das HTTP-Protokoll
die bekannteste Verwendung von SOAP sein, jedoch führt die Spezifikation
dieses explizit nur als Beispiel ein. Es erscheint daher nahe liegend, auf
die bekannten und eingeführten Leitungs-Sicherheitsmechanismen – wie den
bekannten Secure Sockets Layer zurückzugreifen. Zusätzlich verspricht dieser Ansatz für die Applikation vollkommene Transparenz und daher keinen
zusätzlichen Aufwand. Allerdings ist TLS oder SSL nur für Punkt-zu-Punkt-
Verbindungen geeignet und ist spätestens bei der Nutzung von Intermediaries nicht mehr zu empfehlen (siehe auch Abschnitt 9.4.2 auf Seite 212 und
Abbildung 9.2 auf Seite 213).

---

[1] http://www.w3.org/Encryption/2001/

## 9.7 WS-Security

Der Standard WS-Security [ADLH$^+$02] wurde von Microsoft, IBM und Verisign entwickelt, um eine Möglichkeit zu bieten, verschiedene bereits bestehende Sicherheitstechnologien im Web-Services-Umfeld standardisiert nutzbar zu machen, ohne dabei jedoch künftige Entwicklungen zu blockieren.

Hierbei wird SOAP so erweitert, dass bereits bestehende Techniken wie zum Beispiel XML-Signatur und -Verschlüsselung, Public-Key-Infrastrukturen oder auch die Security Assertion Markup Language, kurz SAML, eingesetzt werden können. Es werden also keine neuen Vorgehensweisen entwickelt, sondern lediglich der standardisierte Einsatz bewährter Verfahren vorgeschlagen. Gleichzeitig soll WS-Security als Basis für alle weiteren Sicherheitsstandards für Web Services genutzt werden können. Die anfänglich vorgesehenen Erweiterungen sind in Abbildung 9.5 zu sehen.

**Abbildung 9.5** *Erweiterungen von WS-Security*

WS-Security beschränkt sich weitgehend auf Sicherheit auf Nachrichtenebene. Dies ist auch nicht sonderlich überraschend, da Web-Services-spezifische Lösungen entwickelt werden sollten und zum Beispiel Sicherheit auf der Transportebene bei fast allen netzwerkbasierten Anwendungen vergleichbar behandelt werden können.

**Teilweise Verschlüsselung** Diesen Vorteil nutzt WS-Security und definiert, wie selbst einzelne Elemente der beteiligten XML-Dokumente signiert oder verschlüsselt werden sollen. Dies ermöglicht das Zusammenspiel von Intermediären, die zum Beispiel jeweils ihre Teile signieren können.

Es ist daher leicht verständlich, dass WS-Security keine Alternative oder Konkurrenz zu Standards wie XML-Signatur oder SAML sein kann, sondern diese benötigt und deren Einsatz regelt.

WS-Security führt für diese Aufgabe neue Elemente für den Header von SOAP-Dokumenten ein. Beispiel 9.1 auf Seite 220 zeigt, wie eine XML-Signatur nach WS-Security in ein SOAP-Dokument eingefügt werden kann.

## 9.8 WS-Security-Erweiterungen

WS-Security ist eine grundlegende Erweiterung des SOAP-Standards, um Sicherheitsanforderungen von SOAP wie Integrität und Vertraulichkeit der übertragenen SOAP-Nachrichten zu gewährleisten. Wie bereits beschrieben, bietet WS-Security keine vollständige Sicherheitslösung, sondern ist vielmehr als Rahmen zu sehen. Dieses Rahmenwerk setzt sowohl auf etablierte Standards wie XML Signature und XML Encryption auf, es bietet jedoch auch genügend Raum für Erweiterungen, die bei speziellen Anforderungen helfen können. Diese Erweiterungen werden in diesem Abschnitt behandelt.

### 9.8.1 WS-Policy

WS-Policy ermöglicht die Formulierung von Sicherheitsanforderungen und Richtlinien, die erfüllt werden müssen, um mit einem Dienst interagieren zu können. Zu diesem Zweck wird ein erweiterbares Rahmenwerk definiert, mit dem bevorzugt, aber nicht notwendigerweise, einfache Anforderungen beschrieben werden können. Meist handelt es sich dabei um Bedingungen, die man direkt bei der Übertragung beobachten kann. Typische Beispiele hierfür sind die Wahl von Transportprotokollen oder Verfahren zur Authentifikation.

**WS-Policy**

Eine einfache Police ist in Listing 9.3 zu sehen.

**Beispiel**

**Listing 9.3** *Beispiel einer einfachen WS-Policy*

```
<wsp:Policy xmlns:wsse="..." xmlns:wsp="...">
  <wsp:ExactlyOne>
    <wsse:SecurityToken wsp:Usage="wsp:Required"
      wsp:Preference="100">
      <wsse:TokenType>wsse:Kerberosv5TGT</wsse:TokenType>
    </wsse:SecurityToken>
    <wsse:SecurityToken wsp:Usage="wsp:Required"
      wsp:Preference="1">
      <wsse:TokenType>wsse:X509v3</wsse:TokenType>
    </wsse:SecurityToken>
  </wsp:ExactlyOne>
</wsp:Policy>
```

Das Listing 9.3 verwendet zusätzlich zu den behandelten Standards die Spezifikation WS-SecurityPolicy, um Möglichkeiten zur Authentifikation zu definieren. Zeile zwei bis neun geben an, dass genau eine der eingeschlossenen Erklärungen für eine erfolgreiche Nutzung des dazugehörenden Dienstes notwendig ist. In den Zeilen drei bis fünf beziehungsweise den Zeilen sechs bis acht werden zwei spezifische Verfahren zur Anmeldung spezifiziert. Zusätzlich wird über den höheren Präferenzwert angegeben, dass das erste Verfahren bevorzugt wird. Allerdings wird in WS-Policy nicht angegeben, welche Wertebereiche zu nutzen sind. Dadurch besteht die Gefahr, dass die

Verhandlung zwischen verschiedenen Parteien nicht befriedigend geführt werden kann.

Der Standard WS-Policy definiert nicht, wie Policen mit entsprechenden Diensten abgelegt, gesucht oder verwaltet werden. Hierfür ist eine zusätzliche Regelung notwendig.

## 9.8.2   WS-Trust

**WS-Trust**

In Abschnitt 9.7 auf Seite 226 wurde verdeutlicht, dass WS-Security die wichtigsten Grundlagen und Spezifikationen für einen sicheren Nachrichtenaustausch bereitstellt. WS-Trust erweitert diese Basis um Möglichkeiten zum initialen Austausch von sicherheitsrelevanten und geheimen Daten.

Das wohl bekannteste Beispiel aus dieser Kategorie dürfte der Austausch von Schlüsseln zur Nutzung kryptographischer Verfahren sein; dies geht jedoch knapp über die derzeitigen Möglichkeiten von WS-Trust hinaus. Ziel des Standards ist die Sicherstellung der Interoperabilität bei Nutzung von sicherheitsrelevanten Daten. WS-Trust regelt einfache Dinge wie das Format entsprechender Daten und geht bis zu Vertrauensketten, die notwendig sein können, wenn die Anzahl der Beteiligten zu groß wird. Vertrauensketten helfen, da dadurch nicht mehr jeder Empfänger jedem Token von jedem Absender vertrauen muss, nur weil er in der Lage ist, das Format zu lesen. Vielmehr können hierfür transitive Ketten oder Trust-Center genutzt werden.

**Anforderungen an Sicherheits-Token**

Im Wesentlichen gibt es drei verschiedene Aspekte, die beim Einsatz von Sicherheits-Token im SOAP Header bei der Nutzung von WS-Security beachtet werden sollten:

1. *Format:* Der Empfänger muss in der Lage sein, das empfangene Token zu lesen und zu verstehen. Das beginnt bei einfachen Problemen wie zum Beispiel, dass ein Empfänger prinzipiell keine X.509 Tokens nutzt, und geht bis zu Punkten, dass verschiedene Versionen oder digitale Repräsentationen gewählt werden können.

2. *Vertrauensbeziehung:* Der Empfänger muss in der Lage sein, eine Kette von einzelnen Vertrauensbeziehungen bis zum Aussteller oder dem Unterzeichner des empfangenen Tokens aufzubauen. Dies ist eine notwendige Voraussetzung, um dem empfangenen Token vertrauen zu können.

3. *Namensräume:* Es ist durchaus nicht unwahrscheinlich, dass ein Empfänger lediglich aus syntaktischen Gründen mit einem empfangenen Token nichts anfangen kann. So kann zum Beispiel eine SAML-Zusicherung über eine bestimmt Rolle vorliegen, allerdings verwenden Sender und Empfänger zwei semantisch identische, aber im Wortlaut verschiedene Synonyme.

WS-Trust behandelt genau diese drei möglichen Probleme. Dazu wird ein einfaches Frage-/Antwort-Protokoll für Sicherheits-Token definiert. Zusätzlich wird ein *Security Token Service*, kurz STS, also ein Sicherheitstokendienst, definiert, der vergleichbare Aufgaben zu einem erweiterten Schlüssel-Server, also einer Public Key Infrastructure (PKI), übernimmt. Im Wesentlichen sind dies Bestätigungen, dass entsprechende Behauptungen wahr sind und dass Überprüfungen vorliegender Tokens erfolgreich waren.

## 9.8.3   WS-SecureConversation

Alle Spezifikationen zum Thema Sicherheit, die bis jetzt behandelt wurden, konzentrieren sich auf nachrichtenbasierte Authentifizierungsmodelle. Dafür werden Techniken wie zum Beispiel digitale Signaturen oder Zertifikate verwendet. Diese Verfahren sind meist sehr gut geeignet für den Austausch einer einzelnen Nachricht. Für eine größere Menge von Nachrichten sind diese Verfahren aber deutlich zu langsam und beinhalten einige Sicherheitsschwächen, die durch abgefangene oder abgehörte Nachrichten genutzt werden können. Daher erstellen Partner, die viele Nachrichten austauschen möchten, nach einer gegenseitigen Authentifikation meist einen so genannten Sicherheitskontext, in dem dann der Austausch der Dokumente stattfindet.

**Sicherheitskontext**

Hierfür wird meist ein Sitzungsschlüssel erzeugt, der dann von beiden Seiten zur Verschlüsselung genutzt wird. Dabei wird zuerst eine meist zufällig erzeugte Zahl oder Zeichenkette ausgetauscht. Das historisch älteste Verfahren, das einen solchen Austausch ermöglicht, ohne dass aus dem Belauschen des Austausches Nutzen gezogen werden kann, ist das nach den Erfindern Whitfield Diffie und Martin Hellman (siehe [DH76]) benannte Diffie-Hellman Verfahren.[1] Mit einem solchen, nur beiden Seiten bekannten Schlüssel können schnelle symmetrische Verfahren genutzt werden. Ein bekanntes Beispiel hierfür ist *Transport Layer Security* [DA99], kurz TLS, die Weiterentwicklung des Secure Socket Layer, SSL (siehe Abschnitt 9.4.1 auf Seite 211).

WS-SecureConversation gibt einen Rahmen auf der SOAP-Schicht vor, der das Erzeugen eines solchen Sicherheits-Kontexts nach erfolgreicher Authentifizierung ermöglicht. Teile von WS-Trust werden erweitert, um Sicherheits-Tokens erzeugen und verteilen zu können.

**WS-SecureConversation**

Dafür definiert WS-SecureConversation ein *SecurityContextToken* für den Sicherheits-Header nach WS-Security. Dieses wird nach der XML Encryption Spezifikation verschlüsselt übertragen. Für diesen initialen Austausch sind

---

[1] Es wird heute vermutet, dass James Ellis, der für den britischen Geheimdienst arbeitete, einige Jahre schneller war. Allerdings durfte er seine Ergebnisse nie veröffentlichen. Er starb vier Wochen, ehe die Briten ihre Entwicklungen der Öffentlichkeit vorstellten.

in WS-SecureConversation drei verschiedene Vorgehensweisen definiert, die vom gegenseitigen Vertrauen der Partner abhängen:

1. Das Token wird von einem externen Dienst erzeugt, dem die Partner vertrauen. Dieses Verfahren ist in WS-Trust definiert.

2. Ein Partner erzeugt das Token und verteilt es. Dieses Verfahren funktioniert nur, wenn alle Beteiligten dem ersten vertrauen.

3. Das Token wird mithilfe eines Frage-/Antwort-Verfahrens in mehreren Schritten erzeugt. Das hier genutzte Verfahren ist eine echte Teilmenge des Austauschs bei TLS und beruht im Wesentlichen auf Diffie-Hellman.

## 9.8.4 Weitere Sicherheitsspezifikationen

Es gibt eine Reihe weiterer Sicherheitsspezifikationen im Umfeld von Web Services, die bis heute kaum verwendet werden oder sogar noch nicht veröffentlicht worden sind. Bei diesen geht es meist um Fragen der Integration, also der Verwaltung eines Sicherheits-Kontexts, der verteilten Nutzung und Pflege von Identitäten und der Nutzung von einheitlichen Zugriffsrichtlinien. Eine Auswahl der wichtigsten Spezifikationen zu diesem Thema werden auf den folgenden Seiten kurz angerissen.

### 9.8.4.1 WS-Privacy

In WS-Privacy wird beschrieben, wie Web Services Wünsche und Forderungen zur Vertraulichkeit der involvierten Daten und deren Behandlung bei der Kommunikation mitteilen können. Es soll dabei auch geregelt werden, wie Web Services nachweisen können, dass sie sich an entsprechende Policies nach WS-Policy halten oder mit der entsprechenden Einhaltung einverstanden sind.

WS-Privacy wurde bis zur Fertigstellung des Buchs noch nicht veröffentlicht. Daher ist nur eine allgemeine Darstellung möglich.

### 9.8.4.2 WS-Federation

WS-Federation hat zum Ziel, Vertrauensdomänen über Unternehmensgrenzen zu integrieren. Es geht also um die Implementierung von föderiertem Vertrauen auf der Basis von WS-Security. Dazu verwendet WS-Federation Elemente aus WS-Policy, WS-Trust und WS-SecureConversation.

Im Wesentlichen geht es bei WS-Federation um eine Möglichkeit für Unternehmen, die gegenseitige Nutzung von Web Services zu ermöglichen, obwohl die Beteiligten verschiedene Standards wie zum Beispiel Sicherheits-Token verwenden. Es wird beispielsweise das Problem behoben, dass eine Firma Kerberos-Tokens verwendet, während eine andere auf X.509 setzt.

WS-Policy und WS-Trust werden hierbei genutzt, um zu bestimmen, welche Tokens genutzt werden und wie Tokens aus externen Quellen zu bearbeiten sind.

Wichtige Anwendungen von WS-Federation sind die Schaffung einer soliden Basis für ein *Single Sing-on*, kurz SSO, und eine Abbildung von möglicherweise identischen Identitäten.

**Single Sign-on**

## 9.8.4.3   WS-Authorization

WS-Authorization beschäftigt sich mit Fragestellungen rund um die Zugriffskontrolle im Umfeld von Web Services. Es beschreibt, wie Richtlinien zum Zugriff auf Dienste spezifiziert und verwaltet werden können. Bis Ende 2004 wurde die Spezifikation noch nicht veröffentlicht. Es ist jedoch zu erwarten, dass diese sehr stark von der *eXtensible Access Control Markup Language*, kurz XACML, geprägt sein wird, da beide sehr vergleichbare Ziele verfolgen.

## 9.9   Security Assertion Markup Language

Die Security Assertion Markup Language, kurz SAML, ist eine weitere auf XML basierende Beschreibungssprache, mit der Web Services auf einfache Art und Weise authentifizierungs- und autorisierungsbezogene Informationen austauschen können.

**SAML**

Der SAML-Standard[1] wurde von der OASIS[2] verabschiedet und ist eigentlich älter als Web Services. Da er aber die Anforderungen von Web Services nach portablen Identitäten und verlässlichen Zusicherungen genau umsetzen kann, wurde WS-Security so spezifiziert, dass SAML zur Lösung dieser Anforderungen genutzt werden kann.

Der wesentliche Teil von SAML ist ein standardisierter Weg zur Beschreibung von existierenden Sicherheits-Modellen und ein Verfahren zum partnerübergreifenden Austausch von sicherheitsrelevanten Informationen zur Authentifizierung und Autorisierung. Dabei basiert SAML auf offenen Standards und ist selbst vollständig programmiersprachen-, plattform- und herstellerunabhängig.

---

[1] http://www.oasis-open.org/committees/security/
[2] Organization for the Advancement of Structured Information Standards

Die SAML-Spezifikation setzt sich im Wesentlichen zusammen aus:

**Assertionen,** dies sind Aussagen mit Informationen zur Authentifizierung, Autorisierung sowie weiterer Session-Attributen. Dabei sind auch Aussagen der Form „ich habe eine Information wie ein Passwort oder eine Kreditkartennummer gesehen und bestätige, dass diese gültig sind" möglich. Dadurch können diese Informationen selbst aus dem Dokument gelöscht werden und sind nicht mehr für jeden offen zugänglich.

**Protokolle** zur Anforderung und Übermittlung entsprechender Zertifikate oder Aussagen werden definiert.

**Bindungen und Profile** legen fest, wie Teile von SAML in andere Dokumente eingebunden werden können und entsprechende Rahmen aus anderen Spezifikationen zu erweitern sind.

**Assertion**

Wie diese Aufzählung schon vermuten lässt, stellen die Assertionen den eigentlichen Kern von SAML dar. Hierbei können Benutzer oder Dienste, die über eine digitale Identität verfügen, drei Arten von Aussagen treffen:

1. Bestätigen, dass ein bestimmter Benutzer oder Dienst auf eine genauer spezifizierte Ressource zugreifen dürfen. Diese Aussagen werden *Authentication* Assertions genannt.

2. Bestätigen, dass einem bestimmten Benutzer gewisse statische oder dynamische Attribute wie Rollen oder Informationen zugeordnet sind. Diese Aussagen werden *Attribut*-Assertions genannt.

3. Spezifizieren, wie und unter welchen Voraussetzungen auf bestimmte Ressourcen zugegriffen werden kann. Diese Aussagen werden als *Authorisation Decision* Assertions bezeichnet.

## 9.10 Ein Proxy für Web-Services-Sicherheit

Da SOAP sich wie bereits erwähnt nicht um das Thema Sicherheit kümmert (und dies auch nicht tun muss), ist es notwendig, Lösungen zu entwickeln, die die notwenigen Sicherheitanforderungen erfüllen. Eine ideale Lösung verbirgt jeden zusätzlichen Aufwand vor Benutzern und Entwicklern in einer Art und Weise, dass die Erweiterungen für diese vollständig transparent sind und daher auch nicht wahrgenommen werden.

Gleichzeitig sollte es möglich sein, diese Erweiterungen vorzunehmen, ohne bestehende Systeme oder auch nur einen einzigen Web Service modifizieren zu müssen.

Der folgende Abschnitt beschreibt eine Möglichkeit, wie diese Ziele mithilfe eines Proxies und einer Firewall prinzipiell umgesetzt werden könnten. Dieser Proxy wird ausführlicher in [MJ03] vorgestellt und wurde in [Sch04] und [Dok04] implementiert.

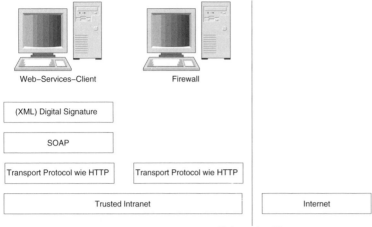

Abbildung 9.6 Nutzung einer Firewall zur Sicherung einer Übertragung

Eine entsprechende Architektur ist in Abbildung 9.6 dargestellt.

## Abfangen von gesendeten-SOAP-Nachrichten

Proxies werden meist im Umfeld von Web-Anwendungen, also für HTTP verwendet. Sie reduzieren den Netzverkehr, indem sie Caches, also Puffer oder Zwischenspeicher, nutzen und erlauben gleichzeitig die Kontrolle der Nutzung des weltweiten Netzes durch das Blockieren von bestimmten Adressen oder Seiten mit vorher spezifiziertem Inhalt. Diese zweite Funktionalität kann auch mit einer Firewall erreicht werden. Allerdings arbeiten die meisten heutigen Firewalls nur in Ausnahmefällen oberhalb der TCP/IP-Schicht.

Ein entsprechender SOAP Proxy agiert als Intermediär und empfängt daher die Nachricht auf dem Weg vom Sender zum Empfänger, noch ehe diese über das öffentliche Netzwerk geschickt wird. Dabei kann der Proxy den Header um entsprechende Sicherheits-Beglaubigungen erweitern. Hierbei ist es empfehlenswert, das Format des in Abschnitt 9.7 auf Seite 226 beschriebenen Standards WS-Security zu verwenden, um die Interoperabiltät mit externen Partnern zu vereinfachen. Im Anschluss sendet der Proxy die Nachricht an das nächste Ziel auf dem Nachrichtenpfad.

**Signing Proxy**

Da weder das Intra- noch das Internet vollständig vertrauenswürdig sind, ist in der Regel die Verschlüsselung von Nachrichten zu empfehlen. Wie in Abschnitt 9.4.3 auf Seite 213 beschrieben, ist der Einsatz von SSL/TLS gerade im Umfeld von Intermediären meist nicht möglich. In diesem konkreten Fall liegt aber eine Ausnahme vor, da zwischen dem Sender und dem Proxy kein weiterer Knoten liegen sollte. Daher kann eine Punkt-zu-Punkt-Verschlüsselung ideal eingesetzt werden und bei der Nutzung eines synchronen Transportprotokolls wie HTTP bietet sich SSL/TLS sogar geradezu an.

Es ist wichtig, im Hinterkopf zu behalten, dass die weitergeschickte SOAP-Nachricht noch immer ein gültiges SOAP-Dokument ist. Der Empfänger kann die zusätzliche Information des Proxys nutzen, er kann sie aber auch genauso gut ignorieren und das Dokument wie zuvor bearbeiten.

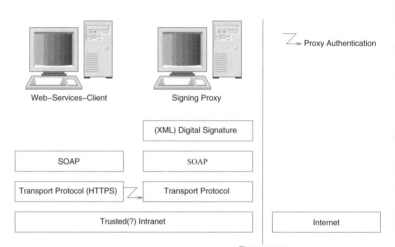

**Abbildung 9.7** *Signierender Proxy in der Web-Services-Infrastruktur*

Die Installation eines solchen signierenden Proxies in die Architektur in Abbildung 9.6 auf der vorherigen Seite verschiebt die Verantwortung der Erzeugung der Signaturen vom eigentlichen Sender beziehungsweise Dienst auf den Proxy Service wie in Abbildung 9.7 dargestellt.

Unter der Annahme, dass der signierende Proxy Zugriff auf eine Schlüsselverwaltung oder noch besser eine so genannte *Public Key Infrastructure*, kurz PKI, hat, kann das System noch weiter verbessert werden. Durch die Nutzung der *Proxy Authentifizierung* oder englisch „Proxy Authentication", wie in [FGM+99] und [FHBL+99] beschrieben, ist der Proxy in der Lage, die einzelnen Benutzer zu identifizieren. Dadurch kann er zusätzlich persönliche Signaturen für diese Benutzer in den Header der SOAP-Nachricht einfügen.

## Verarbeitung der eingehenden SOAP-Nachricht

Die Firewall des Empfängers fängt das eingehende SOAP-Dokument ab. Zusätzlich zu den Schritten, die bei jedem eingehenden Paket durchgeführt werden, wird die Authentifizierung der Nachricht auf Basis der vom Proxy des Senders in den Header eingefügten Informationen durchgeführt. Danach wird überprüft, ob der Sender überhaupt die notwendigen Rechte hat, um den aufgerufenen Dienst zu nutzen. Diese Sicherheitserweiterungen im Header, auch „Security Credentials" genannt, können von der Firewall auch wieder entfernt werden, um diesen Vorgang für Sender und Empfänger vollständig transparent zu machen. Dieser Schritt ist aber nicht notwendig, da diese Erweiterungen den Empfänger in keiner Art und Weise stören und im einen oder anderen Fall doch hilfreich oder sogar sehr nützlich sein können.

## Integration in eine bestehende Infrastruktur

Einer der wesentlichen Vorteile des dargelegten Ansatzes ist die sehr geringe Anzahl von Änderungen, die durch Benutzer oder Administratoren durchgeführt werden müssen. Die Benutzer oder Entwickler müssen lediglich die Proxy-Einstellungen verändern, um den signierenden Proxy zu involvieren, der dann den eventuell vorhandenen normalen Proxy kontaktiert.

**Einfache Integration**

Der Administrator auf der Seite des aufgerufenen Dienstes sollte in einem weiteren Schritt die Regeln seiner Firewall so anpassen, dass diese eingehende SOAP-Nachrichten auf eine entsprechende gültige und valide Signatur im Header überprüft.

Auf der Seite des Senders ist der Einsatz von Proxy-Authentifizierung notwendig, um persönliche Signaturen sinnvoll und automatisch einsetzen zu können.

Eine Lösung wie der hier beschriebene Proxy bietet einen entscheidenden Vorteil. Alle Web-Services-basierten Anwendungen sind sofort in der Lage, von der sichereren Umgebung zu profitieren, ohne dass der Code einer einzigen Anwendung geändert werden muss. Es ist sogar möglich, sicherheitsrelevanten Code von vielen Applikationsschichten, also zum Beispiel der Applikationsschicht von vielen Anwendungen, an eine zentrale Stelle zu verschieben. Daher wird der Aufwand an Pflege und der Zeitbedarf für Audits reduziert und die Administration wird zentralisiert.

**Zentrale Administration**

Als eine Folge dieser Tatsache kann der vorgestellte Ansatz auch sehr einfach transparent in bestehende Prozesse integriert werden, ohne dass einzelne Workflows angepasst oder unterstützende Business-Anwendungen geändert werden müssen. Man kann diesen signierenden Proxy daher als Plug-in-Lösung bezeichnen, die leicht in bereits existierenden Umgebungen installiert und auf weitere Partner ausgeweitet werden kann.[1]

**Plug-in-Lösung**

Da die ganze Architektur des signierenden Proxies sich in eine standardisierte Kommunikations-Infrastruktur basierend auf Protokollen wie HTTP und SOAP einbettet, sind Interoperabilitätsprobleme von konzeptioneller Seite ausgeschlossen.

**Interoperabilität**

---

[1] Plug-in-basierte Architekturen werden unter anderem in [Mel02] beschrieben.

Aufgrund der Tatsache, dass der SOAP-basierte Nachrichtenaustausch als symmetrisch bezeichnet werden kann, das heißt, es wird ein SOAP-Dokument zum Web Service geschickt und eine Antwort ist gegebenenfalls wieder ein SOAP-Dokument, ist es meist sinnvoll, die hier beschriebenen Erweiterungen der Infrastruktur auf beiden Seiten durchzuführen.

Allerdings ist der hier vorgestellte Ansatz nur in kleineren Umgebungen in dieser Form sinnvoll. Bei größeren Installationen sollte auf jeden Fall ein Policy-Server eingesetzt werden und auch eine zentrale Verwaltung von Schlüsseln und Zertifikaten ist dringend anzuraten.

## 9.11 Zusammenfassung

Die Sicherung der Kommunikation von und mit Web Services ist eine wichtige, aber nicht unmögliche Aufgabe. Aufgrund der Tatsache, dass dieses Thema in den Basis-Spezifikationen wie SOAP und WSDL vollständig ignoriert worden ist, ist es umso wichtiger, dass angemessene Schritte zur Sicherung von Web-Services-basierten Anwendungen frühzeitig vorgesehen werden.

Es hat sich gezeigt, dass die bestehenden Ansätze aus dem Umfeld traditioneller, verteilter Anwendungen und die entsprechenden Spezifikationen zu XML in den meisten Fällen mehr als nur ausreichend sind. Aus diesem Grund wurden in diesem Kapitel zuerst wesentliche Sicherheitsaspekte und Eigenschaften von kryptographischen Verfahren vorgestellt.

Betrachtet man zusätzlich Systeme, die vertrauliche oder sicherheitsrelevante Daten übertragen, so ist auffällig, dass meist nur Methoden auf der Transportebene verwendet werden. Ein typischer Vertreter dieser Techniken ist TLS/SSL. Diese Verfahren sind nur bei Punkt-zu-Punkt-Verbindungen wirklich hilfreich und spätestens beim Einsatz von Intermediären im Allgemeinen nicht mehr geeignet. Daher wurde im Folgenden der Schwerpunkt auf Nachrichtensicherheit gelegt.

Bei Web Services sind alle involvierten Dokumente XML-basiert, was den Einsatz der entsprechenden XML-Spezifikationen geradezu aufdrängt. Dieses Kapitel vermittelte folgerichtig die notwendigen Grundlagen zu digitalen XML-Signaturen und XML-Verschlüsselung.

Es reicht aus Gründen der Interoperabilität aber nicht aus, dass jeder nach den erwähnten XML-Spezifikationen einfach seine Signaturen in die XML-Dokumente einbettet. Es ist hierbei wichtig, dass dies von jedem an der gleichen Stelle auf die gleiche Art und Weise gemacht wird. Diese Lücke füllt die Spezifikation WS-Security. Eine tiefer gehende Darstellung von WS-Security als dies in diesem Kapitel der Fall ist und Möglichkeiten zur umfangreicheren Nutzung werden in [RR04] dargelegt.

Für komplexere Szenarien gibt es einige Erweiterungen zu WS-Security wie zum Beispiel WS-Policy und WS-Trust. Diese rundeten den Abschnitt über

WS-Security ab. Hier sollte allerdings beachtet werden, dass die zurzeit existierenden Implementierungen diese Erweiterungen bestenfalls in Ansätzen enthalten. Zusätzlich sind diese Umsetzungen in vielen Fällen fehlerhaft oder die Spezifikation ist nicht eindeutig. An dieser Stelle hat das WS-I, das in Abschnitt 4.4.5 auf Seite 73 vorgestellt wird, bereits angefangen, mit dem Basic Security Profile für Linderung zu sorgen.

Oft ist es wichtig zu wissen, dass jemand ein bestimmtes Item wie zum Beispiel ein Passwort oder eine Kreditkartennummer besitzt, ohne dass man diese selbst wissen sollte. Für solche Aufgaben wurde die Security Assertion Markup Language, kurz SAML, vorgestellt.

Den Abschluss des Kapitels bildete die Vorstellung eines Proxies zur transparenten Sicherung einer SOAP-basierten Kommunikation. Der Vorteil dieser Lösung liegt in der Tatsache, dass sie den Benutzern in keiner Art und Weise zur Last fällt. Trotzdem ist es möglich, einen Ansatz zu präsentieren, der vollständig auf offene Standards aufsetzt und keinerlei Erweiterungen benötigt.

# 10 | Geschäftsprozess-Modellierung und -Management

*„Das Ganze ist mehr als die Summe seiner Teile."*
*zugeschrieben Aristoteles (384 - 322 vor Chr.)*

Die in Abbildung 2.1 auf Seite 13 vorgestellten tragenden Säulen wurden alle bis auf eine in den vorangegangenen Kapiteln besprochen. Der letzte Aspekt einer Service-orientierten Architektur ist die Prozessorientierung, die in diesem Kapitel behandelt wird. Hierunter versteht man die Möglichkeit, einzelne Dienste so zusammenzustellen (zu „komponieren"), dass aus ihrem Zusammenspiel ein geschäftlicher Mehrwert entsteht. Der Ablauf mehrerer Arbeitsschritte wird auch als „Workflow" bezeichnet.

## Übersicht

## 10.1 Geschäftsprozess-Modellierung

Geschäftsprozesse erzeugen für Unternehmen einen Mehrwert aufgrund des Ansatzes, bereits vorhandene Dienste zu integrieren. Der so entstandene neue und komplexere Dienst weist neben dem geschäftlichen Mehrwert auch eine weitere technische Eigenschaft auf, die ein „implementierter" Dienst (im Gegensatz zu einem „komponierten" Dienst) nicht besitzt.

Ein komponierter Dienst ist flexibler gegenüber Änderungen seines Ablaufs. Ändert sich der Prozess, so muss er nicht vollständig neu implementiert, sondern „lediglich" neu komponiert werden. Im Gegensatz zum Implementieren ist die Komposition von Diensten ein deklarativer (und somit auch abstrakterer) Vorgang. Bei Programmiersprachen spricht man in diesem Zusammenhang von einer höheren Problemorientierung.

Historisch bedingt stammen die meisten Ansätze im Workflow-Management aus dem graphentheoretischen Bereich, etwa aus dem Gebiet der Petri-Netze. Die grundlegenden Konzepte eines Systems zur Modellierung und Steuerung eines Workflows wurden bereits 1993 durch die Workflow Management Coalition beschrieben und standardisiert.

**Prozesse und Web Services**

Um dieses Wissen nun auch für Web Services verfügbar zu machen, werden derzeit verschiedene Ansätze diskutiert. Diese Ansätze wurden jedoch bei unterschiedlichen Standardisierungsgremien wie OASIS und W3C eingereicht; zudem wurde sogar ein eigenes Gremium, die BPMI, gegründet. Auch wenn sich die verschiedenen Standards teilweise überlappen, ergibt sich daraus die Situation, dass die Standards miteinander konkurrieren. Wie die Landkarte der Standards für Geschäftsprozess-Modellierung („Business Modelling") letztendlich aussehen wird, bleibt abzuwarten.

Ein viel versprechender Kandidat ist die Business Process Execution Language for Web Services (BPEL4WS, auch als Kurzform mit BPEL bezeichnet), der bei OASIS eingereicht wurde. Viel versprechend ist BPEL4WS deshalb, weil fast alle großen Unternehmen, allen voran IBM und Microsoft, diesen Standard unterstützen.

## 10.1.1 Grundlagen

**Workflow**

Die Zusammenstellung von Aktivitäten zu Arbeitsabläufen, englisch „Workflows" beziehungsweise Prozessen war und ist eine der großen Herausforderungen der Softwareentwicklung. Historisch gesehen stand zunächst der Nutzer eines Systems bei der Modellierung eines Workflows im Mittelpunkt. Der Workflow sollte den Nutzer bei der fehlerfreien Ausführung eines komplexen Arbeitsvorgangs unterstützen. Anwendungen, die solch einen auf diese Art modellierten Workflow unterstützen, werden deshalb auch „people-driven"-Workflow-Systeme genannt.

Mit dem stetig ansteigenden Vernetzungsgrad von Systemen innerhalb eines Unternehmens (EAI) und der Unternehmen untereinander rücken immer mehr Workflows in den Mittelpunkt, deren Akteure nicht mehr Menschen, sondern Maschinen sind. Ziel solcher „production workflows" ist es, wie in [LR00] beschrieben, die Ausführung eines Workflows weitestgehend zu automatisieren – das heißt ohne den Eingriff eines Menschen. Wird ein Workflow vom nichttechnischen Standpunkt betrachtet, spricht man nun von einem „Geschäftsprozess" (Business Process, vergleiche [Wor99]).

EAI

Der Notwendigkeit von Standards wurde mit der Gründung der Workflow Management Coalition (WfMC) 1993 Rechnung getragen. Ziel der WfMC ist es, ein Architekturmodell für Workflow-Management-Systeme zu entwerfen. Mithilfe des Workflow-Referenzmodells der WfMC werden die Komponenten und deren Schnittstellen klar definiert, um eine weitgehende Systemunabhängigkeit und Interoperabilität zu erreichen.[1]

WfMC-Referenzmodell

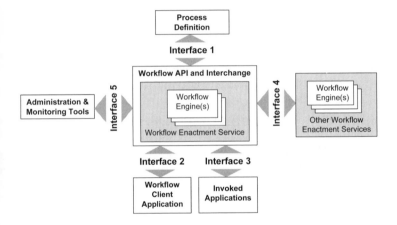

**Abbildung 10.1** *WfMC-Workflow-Referenz-Modell*

Das in Abbildung 10.1 gezeigte Modell ist auch heute noch aktuell, wann immer über Geschäftsprozess-Modellierung diskutiert wird. Deshalb werden im Folgenden die Komponenten und Schnittstellen kurz vorgestellt.

**Process Definition**  Mithilfe der Komponente „Process Definition" wird der eigentliche Prozess modelliert. Bei komplexeren Prozessen ist es für Menschen in der Regel einfacher, die Modellierung mithilfe einer grafischen Anwendung zu zeichnen, als beispielsweise ein XML-Dokument einzugeben. Um den Wiedererkennungswert unabhängig vom verwendeten Werkzeug beziehungsweise Hersteller zu erhöhen, wäre es hilfreich, einen standardisierten Satz von Symbolen zur Verfügung zu ha-

---

[1] Ein Grund, warum dies nicht sofort erreicht wurde, war unter anderem, dass zuerst die Komponenten und erst später deren Schnittstellen definiert wurden.

ben. Zum jetzigen Zeitpunkt steht ein solcher Satz von Symbolen noch nicht bereit.

**Workflow Client Application**  Unter der Komponente „Workflow Client Application" werden alle Funktionen zusammengefasst, mit denen der Endanwender oder der Workflow-Modellierer mit dem Workflow-Management-System interagieren kann.

**Workflow Engine**  Die fertige Prozessdefinition wird von einer Anwendung (Workflow-Engine) ausgeführt. Dabei ist nicht von Bedeutung, mit welchen Mitteln diese Engine[1] implementiert wurde (C#, Java etc.). Entscheidend ist einzig, dass die standardisierte Prozessdefinition ausgewertet werden kann.

**Invoked Applications**  Mit der Komponente „Invoked Applications" werden externe Anwendungen beziehungsweise deren Funktionen subsumiert, die aus einer Aktivität des Workflows heraus aufgerufen und somit in die eigene Komposition mit eingebunden werden. WfMC definiert dazu eine gesonderte Schnittstelle, um unabhängig vom Zielsystem zu sein.

**Other Workflow Engines**  Außer dem Aufruf von Funktionen anderer Anwendungen sollte eine Workflow-Engine auch in der Lage sein, mit anderen Workflow-Systemen zu kommunizieren und somit weitere bereits vorhandene Prozesse zu nutzen, das heißt in die eigene Komposition mit einbinden zu können. Der Unterschied zur Komponente „Invoked Applications" liegt darin, dass bei der Kommunikation mit anderen Workflow-Systemen ein Satz von definierten Diensten existiert, der genutzt werden kann. Bei Anwendungen, die keine Workflow-Systeme darstellen, sind diese Dienste nicht notwendigerweise vorhanden. Damit ist es möglich, aus mehreren eventuell dezentralen Workflow-Systemen ein zentrales, virtuelles Workflow-System zu definieren.

**Administration & Monitoring Tools**  Zu guter Letzt muss es möglich sein, die Ausführung von Prozessen zu protokollieren, damit eventuell Fehlersituationen nachvollzogen oder aber gesetzliche Vorgaben bezüglich Nachvollziehbarkeit erfüllt werden können. Damit auch dies systemunabhängig erfolgen kann, definiert die WfMC den Aufbau der Protokoll-Datei – dem so genannten „Audit-Trail".

Wie später noch deutlich wird, werden alle in dieser Referenzarchitektur behandelten Komponenten und Schnittstellen von den verschiedenen Web-Services-Standards zum Thema Geschäftsprozess-Modellierung aufgegriffen.

---

[1] WfMC bezeichnet dies als „Workflow Enactment Service".

## 10.1.2 Web Services in Geschäftsprozessen

Geschäftsprozesse werden aus atomaren Diensten und/oder anderen Prozessen komponiert. Sobald sich jedoch das Ergebnis eines Prozesses aus mehr als einer Aktivität ergibt, besteht die Notwendigkeit, die Ergebnisse der einzelnen Aktivitäten zu koordinieren. Diese Koordinierung („coordination") von einzelnen Aktivitäten setzt jedoch voraus, dass eine einzelne Aktivität einer konkreten Prozess-Instanz zugeordnet werden kann.

**Koordinierung**

Erschwerend kann hinzukommen, dass manche Dienste nicht über ein synchrones Request-/Response-Aufrufpaar, sondern asynchron aufgerufen werden. Dies macht besonders dann Sinn, wenn der aufrufende Prozess nicht blockieren darf, was aber bei einem synchronen Request-/Response-Zyklus immer dann eintritt, wenn der aufgerufene Service für die Bearbeitung der Anfrage zu lange benötigt. Die Implementierung eines asynchronen Aufrufes ist jedoch immer wesentlich komplexer als die eines synchronen Request-/Response-Aufrufpaares.

**Asynchrone Aufrufe**

Ähnlich wie bei einem Objekt oder einer Komponente ist das Ergebnis einer Interaktion abhängig vom Zustand („state"), in dem sich die Kommunikationspartner – hier die Prozesse – befinden. Ein Prozess ist grundsätzlich zustandsbehaftet.

Führt ein Kommunikationsvorgang zu einer Fehlersituation, so müssen eine oder mehrere Aktion wieder zurückgenommen werden können (*compensate* oder *rollback*). Zur Unterscheidung, welche Aktionen im Fehlerfall zu betrachten sind, muss eine Transaktion („transaction") definiert werden.

**Transaktionen**

Betrachtet man jedoch das Interaktionsmodell, das mithilfe eines WSDL-Dokuments beschrieben wird, so fehlen die Eigenschaften Koordinierung und Zustand vollständig. Mit einem WSDL-Dokument wird die Kommunikation zwischen zustandslosen, unkorrelierten Diensten beschrieben, die als synchrone oder asynchrone Aufrufe definiert wurden. Vergegenwärtigt man sich jedoch die Tatsache, dass WSDL wie alle anderen Web-Services-Spezifikation grundlegende Ziele verfolgt, so kann dies nicht weiter überraschen. Die von WSDL beschriebene Kommunikation ist der kleinste gemeinsame Nenner für eine Kommunikation zwischen verschiedenen Web Services.

Eine Spezifikation zur Koordinierung von Aktivitäten und Dienstaufrufen (und damit zur temporären Konservierung des Prozesszustandes) nutzt den Nachrichtenaustausch, wie er mithilfe von WSDL beschrieben wird. Dies ist durchaus vergleichbar mit der Einführung mehrerer Standards für Nachrichtentransport (SOAP) und Nachrichten-Sicherheit (WS-Security).

Web Services stellen eine möglichst grundlegende, allgemeine und damit auch flexible Form des Nachrichtenaustauschs (SOAP, WSDL) zur Verfügung, die mithilfe weiterer Spezifikationen ergänzt wird, um etwa das Komponieren von Prozessen zu ermöglichen. Wären SOAP und WSDL eben nicht so grundlegend, so könnte der Fall entstehen, dass für unterschiedliche Kommunika-

**Verwendung von SOAP und WSDL**

tionsarten (synchron, asynchron) verschiedene, eigene Spezifikationen existieren, die zu großen Teilen überlappen könnten. Mit anderen Worten: Web Services sind für den Austausch von Nachrichten von Prozessen mit anderen Diensten und/oder Prozessen geeignet. Allerdings wird ein Konzept benötigt, welches beschreibt, wie Aufrufe von Web Services koordiniert werden können und der Zustand eines Prozesses zwischen Aktivitäten weitergereicht werden kann.

### 10.1.3 Orchestrierung versus Choreographie

Das Komponieren von Geschäftsprozessen beinhaltet zwei voneinander unabhängige Aspekte:

**orchestration** Eine Orchestrierung beschreibt die ausführbaren Aspekte *eines* Geschäftsprozesses aus der Sicht des Prozesses.

**choreography** Eine Choreographie beschreibt die Aufgaben und das Zusammenspiel *mehrerer* Prozesse unter dem Aspekt der Zusammenarbeit.

### 10.1.3.1 Orchestrierung

Orchestrierung bezeichnet also die klassische Workflow-Sicht, bei der es eine dedizierte Instanz gibt (Prozess), die alle Aktivitäten steuert. Es wird beschrieben, aufgrund welcher Bedingungen (Geschäftslogik) der Prozess den Fluss der einzelnen Web-Services-Aufrufe steuert. Auch wird beschrieben, wie die verschiedenen Web Services mittels Nachrichtenaustausch miteinander kommunizieren (siehe Abbildung 10.2). Man erhält ein Protokoll, welches festlegt, in welcher Reihenfolge und mit welchen Aufrufparametern die einzelnen Aktivitäten auszuführen sind.

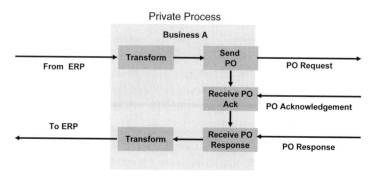

*Abbildung 10.2 Orchestrierung*

Es ist jedoch nicht immer erwünscht, dass die genauen Interna eines Prozesses von außen sichtbar sind. Beispielsweise kann das Innenleben eines Prozesses das Ergebnis einer intensiven Forschungsarbeit sein. Die Geheimhaltung der Prozessinterna könnte somit einen Wettbewerbsvorteil darstellen.

**Interna eines einzelnen Prozesses**

Oder aber man möchte die zur Kommunikation mit einem Partner notwendigen öffentlichen Aktivitäten eines Prozesses von anderen Aktivitäten separieren und in einen öffentlich einsehbaren Prozess abtrennen. Mit dieser Modularisierung von Prozessen wird eine größere Flexibilität bei der Änderung der nichtöffentlichen Prozesse erreicht, denn nun ist es möglich, private Aspekte zu ändern, ohne dass sich dadurch für die Geschäftspartner etwas ändert.

**Öffentliche vs. nichtöffentliche Abläufe**

Da der Schwerpunkt in diesem Fall auf der Kommunikation mit anderen liegt, enthalten öffentliche Prozesse keine ausführbare Geschäftslogik. Es wird lediglich die Sequenz der Nachrichten beschrieben, die zwischen den Prozessen ausgetauscht werden. Somit erhält man also kein ausführbares Protokoll wie bei der Orchestrierung, sondern ein beschreibendes Protokoll.

## 10.1.3.2 Choreographie

Eine Choreographie beschreibt nicht einzelne Web-Services-Aufrufe, sondern wie mehrere Prozesse miteinander kooperieren. In einem Choreographie-Dokument werden die Aufgaben beschrieben, die alle Beteiligten übernehmen. Eine Choreographie beschreibt also die Kooperation („collaboration") mehrerer Partner (siehe Abbildung 10.3).

**Mehrere Prozesse**

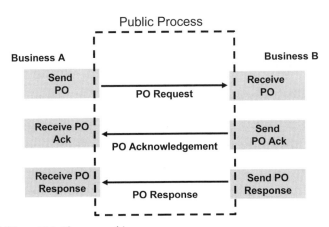

*Abbildung 10.3* Choreographie

Im Rahmen dieses Buches wird nur auf die Orchestrierung von Geschäftsprozessen eingegangen, denn schließlich ist das aus Web-Services-Sicht Interessante an BPEL4WS die Möglichkeit, mehrere Web Services in einer bestimmten Reihenfolge auszuführen und somit einen neuen, ebenfalls ausführbaren BPEL4WS Web Service zu erstellen. Für Choreographie-Aspekte sei deshalb auf die BPEL4WS-Spezifikation verwiesen [ACD+03].

## 10.1.4 Historie

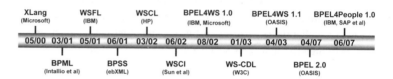

**Abbildung 10.4** *Rückblick: Standards für Geschäftsprozess-Modellierung*

**XLang** ist eine Spezifikation von Microsoft, mit deren Hilfe das Verhalten zweier Partner beschrieben wird, die untereinander Nachrichten austauschen. XLang ging in BPEL4WS auf.

**WSFL** *Web Services Flow Language* ist eine XML-basierte Sprache von IBM zum Komponieren von Geschäftsprozessen. WSFL ist inzwischen auch in BPEL4WS integriert worden.

**BPML** *Business Process Modelling Language* ist eine XML-basierte Sprache zur Beschreibung von Geschäftsprozessen. BPML ist Teil eines Frameworks, das von BPMI entwickelt wurde.

**BPSS** *Business Process Specification Schema* definiert, wie Geschäftsprozesse im Rahmen von ebXML beschrieben werden können.

**WSCI** *Web Service Choreography Interface* ist eine XML-basierte Interfacebeschreibungssprache zur Beschreibung von Nachrichten, die mithilfe von Web Services ausgetauscht werden. WSCI wurde abgelöst von WS-CDL.

**WS-CDL** *WS-Choreography Definition Language* ist ein W3C-Standard zur Modellierung von abstrakten Prozessen (Choreographie). WS-CDL wurde entworfen als komplementäre Modellierungssprache zu anderen Sprachen, die zur Orchestrierung von ausführbaren Prozessen verwendet werden.

**WSCL** *Web Service Conversation Language* ist eine XML-basierte Sprache zur Beschreibung einer erlaubten Nachrichtenfolge mittels Web Services zwischen zwei Prozessen.

**BPEL4WS** *Business Process Execution Language* ist schließlich eine Kombination ihrer beiden Vorgänger-Sprachen Microsoft XLang und IBM WSFL und somit eine imperative Programmiersprache, die das Kommunikationsmodell von Web Services erweitert. Ziel ist es, mithilfe von BPEL4WS Geschäftsprozesse zu modellieren, die zur Erfüllung von Teilaufgaben mit anderen Web Services kommunizieren.

**BPEL4People** *WS-BPEL Extension for People* Mit BPEL lassen sich zwar Geschäftsprozesse modellieren, doch fehlt die Möglichkeit, menschliche Interaktionen zu integrieren, beziehungsweise zu modellieren, um Personen an BPEL-gestützten Geschäftsprozessen partizipieren lassen zu können. BPEL4People erweitert BPEL, so dass Personen an Web-Services-gestützten Prozessen teilhaben beziehungsweise mit diesen interagieren können.

## 10.1.5   BPML und BPEL4WS

Auch wenn im Rahmen dieses Buches BPEL4WS als Geschäftsprozessmodellierungssprache vorgestellt wird, so soll hier auf die „Business Process Modelling Language", kurz BPML, etwas detaillierter eingegangen werden.

**BPML als Konkurrenz zu BPEL4WS**

Seit IBM und Microsoft beschlossen hatten, ihre eigenen Spezifikationen (WSFL und XLang) zu vereinen und zusammen mit BEA als BPEL4WS bei OASIS als neuen Standard einzureichen, findet eine intensive Diskussion statt, ob es dieser neuen Spezifikation überhaupt bedarf. Wäre es nicht sinnvoller, BPML zu unterstützen, statt eine weitere und zudem auch noch konkurrierende Spezifikation zu schaffen?

Für BPML spricht zunächst, dass es diese Sprache bereits gibt. BPML ist in ein Gesamtkonzept eingebettet, welches alle Komponenten und Schnittstellen des Architektur-Referenzmodells der WfMC abdeckt:

**Business Process Modelling Notation:** Damit steht eine standardisierte Notation zur grafischen Modellierung von Geschäftsprozessen zur Verfügung. Dies entspricht der Komponente „Workflow Client Application" und der Schnittstelle 2 des WfMC-Workflow-Referenz-Modells.

**Business Process Query Language:** Mit dieser Spezifikation wurde dann eine standardisierte Schnittstelle zur Verwaltung und Überwachung eines Geschäftsprozess-Management-Systems definiert. Dies entspricht in der Referenz-Architektur der Komponenten „Administration & Monitoring Tools" sowie der Schnittstelle 5.

**Web Services Choreography Interface:** WSCI wurde geschaffen, um die Choreographie-Aspekte eines BPMS abzudecken.

Des Weiteren wurden bei BPML wie auch bei BPEL4WS Ansätze aus WSFL und XLang übernommen. Wegen ihres bisherigen Erfolgs wird BPML mit Si-

cherheit auch in Zukunft eine gewichtige Rolle im Bereich der Geschäftsprozess-Modellierung (BPM) spielen.

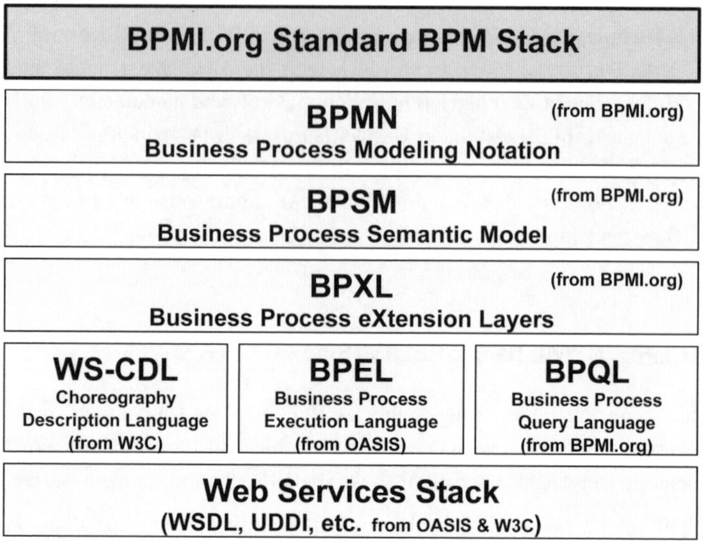

**Abbildung 10.5** *Standard Business Process Management Stack*

Dies geht sogar so weit, dass selbst die BPMI die Spezifikationen BPEL4WS
und WS-CDL in den eigenen Stack übernommen hat.

**Ausblick**  Es scheint sich jedoch abzuzeichnen, dass BPMI und OASIS in absehbarer
Zeit eine Vereinheitlichung der Geschäftsprozess-Modellierungs-Standards
anstreben. Es gibt auch bereits erste Ansätze, BPMN für Modellierungs-
Anwendungen für BPEL4WS zu nutzen.

Bis dahin wird man aber wohl noch mit zwei konkurrierenden Standards
leben müssen. BPEL4WS ist jedoch nach wie vor der aussichtsreichere Kandidat, da er von den Web-Services-Schwergewichten IBM und Microsoft am
aktivsten vorangetrieben wird.

## 10.2 BPEL4WS als Programmiersprache

**Basiskonzepte**
**von BPEL4WS**  BPEL4WS ist – genau genommen – auch eine imperative Programmiersprache. Sie wurde mit dem Ziel entwickelt, Geschäftsprozesse mithilfe von
standardisierten und semantisch festgelegten Sprachelementen zu modellieren. Der Programmcode wird als XML-Dokument dargestellt, der demjenigen
XML-Schema folgt, das von der BPEL4WS-Arbeitsgruppe (insbesondere von
IBM und Microsoft, aber auch von Siebel, BEA und SAP) erarbeitet wurde.

## 10.2.1 Basisstruktur und Programmiermodell

Ein dem XML-Schema folgendes BPEL4WS-Dokument dient als Eingabe für eine Ausführungskomponente (Prozess-Manager oder Workflow-Engine). Wie diese Komponente dies letztendlich umsetzt und in welcher Programmiersprache (C#, Java) diese entwickelt wurde, ist unerheblich und muss von BPEL-Entwicklern auch nicht beachtet werden. Wichtig ist nur, dass die Komponente eine Schnittstelle zur Übernahme des BPEL4WS-Dokuments besitzt und die darin enthaltenen Anweisungen gemäß der Spezifikation ausführen kann.

**Plattformunabhängigkeit**

Die Programmiersprache BPEL4WS baut auf den folgenden Standards auf:

**XML Schema 1.0** Ein BPEL4WS-Dokument ist eine XML-Anwendung.

**XPath 1.0** ist eine Abfragesprache. Sie wird unter anderem genutzt, um Knoten des BPEL4WS-Dokuments zu adressieren.

**WSDL 1.1** wird genutzt, um maschinenlesbar zu beschreiben, welche Dienste aus einer BPEL4WS-Anwendung heraus genutzt werden sollen. Zudem ist ein mit BPEL4WS definierter Prozess wiederum selbst ein Web Service, der mithilfe von WSDL beschrieben werden kann.

**WS-Addressing** dient zur Beschreibung von Service-Endpunkten.

Die konzeptionelle Nähe von WSDL und BPEL4WS drückte sich in BPEL4WS Version 1.0 insbesondere dadurch aus, dass sich die Bezeichnung der Kommunikationstypen eng an die Bezeichnung der Typen in WSDL anlehnte. Dies wurde mit der Version 1.1 auf Syntax-Ebene geändert, wohingegen die Verwendung der WSDL-Grundkonzepte auch bei BPEL4WS 1.1 bestehen bleibt. Die syntaktischen Änderungen sind in Tabelle 10.1 dargestellt.

*Tabelle 10.1* *Von BPEL4WS Version 1.0 zu Version 1.1 geänderte Bezeichner*

| BPEL4WS Version 1.0 | BPEL4WS Version 1.1 |
| --- | --- |
| Service Links | Partner Links |
| Service Link Types | Partner Link Types |
| Service References | Endpoint References |
| Containers | Variables |

Einer der Gründe für diese Umbenennung ist, dass ein BPEL4WS-Dokument die Kommunikation aus der Sicht von Geschäftspartnern beschreibt. Diese können in einem Prozess unterschiedliche Rollen einnehmen, die durch unterschiedliche Services realisiert werden. Ein WSDL-Dokument beschreibt genau einen dieser Services, die ein Partner zur Verfügung stellen kann.

**BPEL4WS erweitert das WSDL-Konzept**

BPEL4WS unterstützt zwei Programmiermodelle (Usage Patterns):

**Business Protocol Description** Mithilfe dieses Programmiermodells können Choreographien von Geschäftsprozessen erstellt werden.

**Executable Business Process Description** Die Orchestrierung von (ausführbaren) Web Services wird mit diesem Programmiermodell umgesetzt.

Beide Programmiermodelle bauen auf dem gleichen Satz von Sprachelementen auf. Diese werden in der Spezifikation unter dem Begriff Basiskonzepte („core concepts") zusammengefasst. Zusätzlich existiert für jedes Programmiermodell noch ein Kapitel mit modellspezifischen Erweiterungen.

Ziel der Geschäftsprozess-Modellierung mit BPEL4WS ist es, jeweils einen Geschäftsprozess zu beschreiben. Dazu muss jeder einzelne Schritt beziehungsweise jede einzelne Aktivität des Prozesses beschrieben werden.

Das Wurzelelement eines BPEL4WS-Dokuments ist immer „process". In diesem Wurzeldokument muss mindestens eine Aktivität enthalten sein (siehe Listing 10.1).

**Listing 10.1** *Die erste Ebene eines BPEL4WS-Dokuments*

```
<process name="ProcessName">
    <partnerLinks>..</partnerLinks>
    <variables>..</variables>
    <correlationSets>..</correlationSets>
    <faultHandlers>..</faultHandlers>
    <compensationHandlers>..</compensationHandlers>
    <eventHandlers>..</eventHandlers>
    <!-- mindestens eine activity -->
</process>
```

## 10.2.2   Gültigkeitsbereich

**Das Element scope**

In Programmiersprachen wie Java existiert jede Variable in einem definierten Gültigkeitsbereich. In BPEL4WS wird ein solcher Gültigkeitsbereich durch das Element *scope* definiert. Der Standard-Gültigkeitsbereich ist mit dem Wurzelelement *process* eines BPEL4WS-Dokuments verbunden. Die Verwendung von Gültigkeitsbereichen ist optional. Wie in Java gilt auch hier der Grundsatz „lokale Variablen verdecken globale Variablen".

**Listing 10.2** *Gültigkeitsbereich in einem BPEL4WS-Dokument definieren*

```
<process>
  <!--process definiert implizit den äußersten Gültigkeitsbereich-->
  <scope>
     <!-- Aktivitäten und/oder andere Gültigkeitsbereiche -->
  </scope>
  <!-- weitere Aktivitäten und/oder andere Gültigkeitsbereiche -->
</process>
```

## 10.2.3 Data Handling

Mithilfe von BPEL4WS werden Web-Service-Aufrufe miteinander kombiniert. Oft sind der Ablauf der einzelnen Aufrufe und die Aktivitäten in einem Geschäftsprozess voneinander abhängig. Aus diesem Grund besteht die Notwendigkeit, in einem BPEL4WS-Dokument verschiedene Arten von Ausdrücken zu formulieren. Ferner muss die Möglichkeit gegeben sein, Variablen zu definieren und Operationen auf ihnen auszuführen.

### 10.2.3.1 Ausdrücke

Damit BPEL4WS tatsächlich eine vollwertige imperative Programmiersprache werden kann, muss es die Möglichkeit geben, verschiedene Ausdrücke zu formulieren. Ausdrücke wurden konform zur XPath-Spezifikation definiert.

In BPEL4WS werden folgende Ausdrücke unterstützt:

**Boolean Expressions** Ausdrücke mit Wahrheitswerten

**Deadline-Valued Expressions** Ausdrücke mit Stichtagswerten

**Duration-Valued Expressions** Ausdrücke mit Zeiträume

**General Expressions** Allgemeine Ausdrücke

Die Sprache zur Formulierung von Ausdrücken wird mithilfe des Attributes *expressionLanguage* definiert, das zum Wurzelelement *process* gehört. Die derzeitige BPEL4WS-Spezifikation schreibt vor, dass die XPath-Version 1.0[1] unterstützt werden muss. Wird dieses Attribut nicht angegeben, wird die Version 1.0 als der Standardwert angenommen.

**expressionLanguage**

### 10.2.3.2 Variablen

Jeder Prozess ist per Definition zustandsbehaftet. Dieser Zustand setzt sich zusammen aus den ausgetauschten Nachrichten und den temporären Daten zur Auswertung der Geschäftslogik. Diese Informationen werden mithilfe des Elements *variable* gehalten. Der Datentyp einer Variablen kann entweder ein *WSDL message type*, ein *XML Schema simple type* oder ein *XML Schema element* sein. In Listing 10.3 auf der nächsten Seite wird gezeigt, wie Variablen in einem BPEL4WS-Dokument deklariert werden.

**variable**

Innerhalb eines Gültigkeitsbereichs müssen die Bezeichner für Variablen eindeutig sein. Sollte in einem umgebenden Gültigkeitsbereich eine Variable mit identischer Definition existieren, dann gilt die Regel, dass lokale Variablen

---

[1] http://www.w3.org/TR/1999/REC-xpath-19991116/

**Listing 10.3** *Deklaration von Variablen in einem BPEL4WS-Dokument*

```
<variables>
    <variable name="counter" type="xsd:int"/>
    <variable name="address" messageType=""/>
    <variable name="name" element=""/>
</variables>
```

**Verdeckungsregel** die globalen verdecken. Es ist nicht erlaubt, im umgebenden Gültigkeitsbereich Variablen zu deklarieren, die zwar denselben Bezeichner, aber einen abweichenden Datentyp haben. Laut Spezifikation ist in einem solchen Fall das Verhalten nicht definiert.

## 10.2.3.3 Wertzuweisungen

Variablen-Deklarationen machen natürlich nur dann Sinn, wenn es auch möglich ist, den Variablen Werte zuzuweisen. In Listing 10.4 ist ein einfaches Beispiel für eine Wertzuweisung („assignment") dargestellt.

**Listing 10.4** *Wertzuweisung*

```
<assign>
   <copy>
      <from>1000</from>
      <tovariable="maxprice">
   </copy>
</assign>
```

Mithilfe der Aktivität *assign* können einer Variablen Werte von anderen Variablen und neu berechnete Werte zugewiesen werden. In Listing 10.5 ist die Syntax des assign-Elements dargestellt[1].

**Listing 10.5** *Syntax der Aktivität assign*

```
<assign standard-attributes>
   standard-elements
   <copy>+
      from-spec
      to-spec
   </copy>
 </assign>
```

Die möglichen Werte von *from-spec* und *to-spec* sind in Listing 10.6 auf der nächsten Seite zu sehen. Bei der Kombination ist zu beachten, dass BPEL4WS eine streng getypte („strictly typed") Sprache ist. Vereinfacht gesagt heißt das, dass nur Variablen mit denselben Datentypen einander zugewiesen werden können.

---

[1] Entnommen aus der BPEL4WS-Spezifikation.

**Listing 10.6** *Mögliche Werte*

```
<from variable="ncname" part="ncname"?/>
<from partnerLink="ncname" endpointReference="myRole|partnerRole"/>
<from variable="ncname" property="qname"/>
<from expression="general-expr"/>
<from> ... literal value ... </from>
<to variable="ncname" part="ncname"?/>
<to partnerLink="ncname"/>
<to variable="ncname" property="qname"/>
```

### 10.2.3.4 Funktionen

Zu guter Letzt muss BPEL4WS als Programmiersprache die Möglichkeit bieten, Werte von Variablen, Eigenschaften und den Status von Verknüpfungen (Links) auszuwerten. BPEL4WS definiert dazu eigene Funktionen, die auf XPath 1.0 basieren. Wird ein Binding zu anderen Sprachen definiert, so müssen die Funktionen entsprechend implementiert werden.

**Verwendung von XPath**

Die Erweiterungen zu den XPath-Funktionen geben die Möglichkeit, Informationen über den Prozess zu gewinnen. Als Namensraum wird der Standardnamensraum von BPEL4WS `http://schemas.xmlsoap.org/ws/2003/03/business-process/` verwendet. Mit diesem Namensraum ist üblicherweise, so auch in allen nachfolgenden Beispielen, das Präfix *bpws* verbunden.

Zur Ermittlung einer Eigenschaft (*property*) einer Variable wurde die Funktion

*bpws:getVariableProperty ('variableName', 'propertyName')*

definiert. Das erste Argument bezeichnet die Variable; das zweite Argument enthält den qualifizierten Bezeichner der Eigenschaft (siehe dazu Abschnitt 10.2.5.6 auf Seite 266), welches aus der Variablen ermittelt werden soll. Wird keine Übereinstimmung gefunden, so ist das Ergebnis der Funktion nicht definiert. Ansonsten repräsentiert der Rückgabewert einen *node set*, welcher die gesuchte Eigenschaft enthält.

Mithilfe der Funktion

*bpws:getLinkStatus ('linkName')*

wird der Status einer Verknüpfung (siehe Abschnitt 10.2.4.3 auf Seite 259) ermittelt. Der Rückgabewert ist vom Typ *Boolean*. Diese Funktion darf nur zur Ermittlung des Status des Attributes *joinCondition* verwendet werden, welches für Verknüpfungen (*links*) eine wichtige Rolle spielt.

### 10.2.4 Aktivitäten

In einem BPEL4WS-Dokument werden einzelne Aktivitäten zusammengefasst, die als Einheit einen geschäftlichen Mehrwert ergeben. BPEL4WS unterscheidet zwischen Basisaktivitäten und strukturierten Aktivitäten. Jede

**strukturierte und Basis-Aktivitäten**

Aktivität ist ein separates Element in einem BPEL4WS-Dokument, das mit jeweils gleicher semantischer Bedeutung folgende Attribute definieren kann:

**name** Dies ist ein optionales Attribut, mit dem eine Aktivität ein eindeutiger Bezeichner zugewiesen werden kann. Es ist nützlich, wenn eine Aktivität an verschiedenen Stellen des Prozesses verwendet werden soll. Sie braucht somit nur einmal definiert zu werden und kann über den eindeutigen *name*-Bezeichner wiederverwendet werden.

**joinCondition** Mit diesem optionalen Attribut kann die Ausführung einer Aktivität an die Erfüllung mehrerer Bedingungen geknüpft werden. Dies ist ein Boolean-Ausdruck. Wird keine Bedingung definiert, so wird standardmäßig *true* angenommen.

**suppressJoinFailure** Hierbei handelt es sich um einen – ebenfalls optionalen – Boole'schen Wert (mit den möglichen Werten *yes* oder *no*), der anzeigt, ob ein Fehler, der beim Zusammenführen zweier Ausführungszweige auftritt, unterdrückt werden soll. Ist kein Wert angegeben, wird der default-Wert *no* angenommen.

## 10.2.4.1  Basisaktivitäten

Zu den Basisaktivitäten gehören:

*invoke, receive, reply, assign, throw, terminate, wait, empty, scope, compensate.* Diese werden nun nacheinander kurz vorgestellt.

**Listing 10.7** *Für alle Attribute und Elemente spezifizierte Aktivitäten*

```
<activity
    name="qname"
    joinCondition="boolean"
    supressJoinFailure=""
    other >
    <target linkName="qname"/>
    <source linkName="qname" transitionCondition="boolean"/>
</activity>
```

## invoke

Wie bereits in der Einführung des Kapitels beschrieben, ist der Kerngedanke von BPEL4WS, andere Web Services (in einer bestimmten Reihenfolge) aufzurufen. Genau hierfür, für den Aufruf anderer Web Services, ist die Aktivität *invoke* zuständig.

Wichtig hierbei ist, dass *invoke* sowohl für synchrone Request-/Response-Aufrufzyklen als auch für asynchrone Aufrufe verwendet werden kann. Im asynchronen Fall genügt die Angabe einer *inputVariable*, wohingegen ein synchroner Aufruf zusätzlich unmittelbar die Angabe der *outputVariable* benötigt.

**Listing 10.8** *Beispiel für eine (synchrone) invoke-Aktivität*

```
<invoke name="ErsterBerechnungsSchritt"
    partner="meinAddierer" portType="addiererNS:Addierer"
    operation="addiere"
    inputVariable="ersteSummanden" outputVariable="erstesErgebnis">
</invoke>
```

# receive und reply

Wann immer ein BPEL4WS-Prozess mit einem seiner Partner (zum Beispiel einem aufgerufenen Web Service) in Verbindung tritt, geschieht dies über ein Aktivitäten-Paar bestehend aus *receive* und dem zugehörigen *reply*.

Kurz gesagt bedeutet *receive*, dass der Prozess blockiert und auf das Eintreffen einer für ihn bestimmten SOAP-Nachricht wartet, der ihn dazu veranlasst, den Workflow entweder zu starten oder weiterzuschalten. Entsprechend bedeutet *reply* die Rückgabe eines Ergebnis-Wertes an einen aufrufenden Partner.

Auf die syntaktischen Details wird noch später in diesem Kapitel genauer eingegangen.

**Listing 10.9** *Die aufrufende Instanz caller startet den BPEL4WS-Prozess*

```
<receive name="BerechnungReceive"
    partner="caller" portType="tns:BerechnungPT" operation="berechne"
    variable="request" createInstance="yes">
</receive>
```

**Listing 10.10** *Rückgabe des Ergebnisses an die aufrufende Instanz*

```
<reply name="BerechnungReply"
    partner="caller" portType="tns:BerechnungPT" operation="berechne"
    variable="response">
</reply>
```

## throw

Die Aktivität *throw* wird verwendet, um eine Fehlerbehandlung auszulösen. Jede *throw*-Aktivität muss über einen eindeutigen Bezeichner verfügen, der mithilfe des Attributs *faultName* festgelegt wird. Optional kann ein Fehlerwert über das Attribut *faultVariable* festgelegt werden.

***Listing 10.11*** *Werfen einer Ausnahme*

```
<throwfaultName="NoDatabaseConnectionFault"/>
```

## terminate

Die Aktivität *terminate* kann innerhalb jedes BPEL4WS-Elements verwendet werden, das wiederum andere Aktivitäten enthalten darf. Dies sind beispielsweise strukturierte Aktivitäten, Elemente wie *faultHandler* und das Wurzelelement selbst.

***Listing 10.12*** *terminate*

```
<terminate/>
```

In jedem Fall wird der Prozessfluss im momentanen Element abgebrochen. Die Abarbeitung des Prozesses erfolgt im nächsten übergeordneten Element, in welches das terminierte Element eingebettet war. Dieses Verhalten ist somit analog zu anderen imperativen Programmiersprachen wie etwa Java. Wird die Aktivität *terminate* direkt als Kindelement des Wurzelelements *process* aufgerufen, so wird der Prozess ohne Fehlerbehandlungen oder Kompensationen beendet.

## wait

Mithilfe der Aktivität *wait* wird ein Prozess entweder um eine vorgegebene Zeit angehalten (Variante mit Attribut *for*) oder bis zu einem bestimmten Zeitpunkt (Variante mit Attribut *until*). Es muss genau eines von beiden Attributen angegeben werden.

***Listing 10.13*** *Syntax der beiden zulässigen Warteanweisungen*

```
<wait for="duration-expr">
..
</wait>
<wait until="deadline-expr">
..
</wait>
```

# empty

Diese Aktivität wird vorzugsweise während der Programmierung eines Prozesses benötigt. Dies ist etwa dann der Fall, wenn schon vorher bekannt ist, dass in einer *switch*-Aktivität bei einer bestimmten Bedingung ein separater Zweig ausgeführt werden soll, aber die zugehörige Aktivität noch nicht definiert wurde. In anderen Programmiersprachen entspricht dies einer leeren Anweisung.

**Listing 10.14** *empty*

```
<empty/>
```

In BPEL4WS kann es vorkommen, dass ein Element eine Aktivität enthalten muss. In einem solchen Fall kann auch die Aktivität *empty* als Platzhalter genutzt werden.

## scope und compensate

Die beiden Tags *scope* und *compensate* dienen ausschließlich der Behandlung von Fehlern während der Ausführung eines BPEL4WS-Prozesses. *scope*s ermöglichen die Festlegung von Bereichen, in denen Fehler eingedämmt und behandelt werden können. Die *compensate*-Aktivität, die ausschließlich in einem Fehlerhändler („fault handler") oder einem „compensation handler" stehen darf, behandelt einen in einem *scope* aufgetretenen Fehler, indem alle bereits fertig gestellten Aktivitäten innerhalb des scope rückgängig gemacht werden. *scope* und *compensate* spielen fast ausschließlich eine Rolle, wenn es darum geht, einem Geschäftsprozess transaktionale Eigenschaften zu verleihen.

Deshalb wird an dieser Stelle auf das nachfolgende Kapitel 11 auf Seite 275 verwiesen, in dem Transaktionen, *scope*s und Kompensation ausführlich behandelt werden.

## 10.2.4.2 Strukturierte Aktivitäten

Strukturierte Aktivitäten steuern den Fluss anderer Aktivitäten, sowohl von Basisaktivitäten als auch von anderen strukturierten Aktivitäten. Die Aktivitäten

**sequence, switch, while** steuern den sequenziellen Ablauf von Aktivitäten,

**flow** beschreibt den Fluss von parallel oder synchronisiert ablaufenden Aktivitäten und

**pick** legt die Aktivitäten fest, die aufgrund externer Ereignisse ausgeführt werden, das heißt nichtdeterministische Verzweigungen.

## sequence

Sollen mehrere Aktivitäten in einer vorgegebenen Reihenfolge unmittelbar nacheinander abgearbeitet werden, so werden sie mithilfe des Elements *sequence* geklammert.

**Listing 10.15** *Erlaubt die sequenzielle Abarbeitung von Aktivitäten*

```
<sequence>
    <!--activity1-->
    <!--activity2-->
</sequence>
```

## while

Das while-Element entspricht in seiner semantischen Bedeutung den Schleifen-Konstrukten aus anderen Programmiersprachen wie Java. Eine Menge von Aktivitäten wird so lange wiederholt, bis das Ausführungskriterium nicht mehr erfüllt ist.

**Listing 10.16** *Eine einfache Schleife*

```
<whilecondition="bpws:getVariableData('counter')<10">
<!--someactivities-->
</while>
```

Dabei kann das Element *while* beliebige Aktivitäten enthalten.

## switch

Das switch-Element (vergleiche Listing 10.17 auf der nächsten Seite) entspricht in seiner semantischen Bedeutung der mehrfachen Verzweigung in anderen Programmiersprachen. Das Element *otherwise* wird ausgeführt, falls keine der anderen Verzweigungen gewählt wurde (in Java: *default*).

## flow

In einigen Fällen kann es notwendig sein, Aktivitäten parallel, das heißt gleichzeitig auszuführen. Für die parallele Verzweigung des Prozessgraphen

**Listing 10.17** *Eine einfache Fallunterscheidung, die if-Semantik nachbildet*

```
<switch>
<casecondition="amout>0">
<invoke../>
</case>
<otherwise>
<receive../>
</otherwise>
</switch>
```

stellt BPEL4WS die Aktivität *flow* zur Verfügung. In Listing 10.18 ist ein einfaches Beispiel einer *flow*-Aktivität gezeigt, bei dem zwei Aktivitäten parallel abgearbeitet werden.

**Listing 10.18** *Paralleles Abarbeiten von Aktivitäten*

```
<flow>
    <invoke..>
    </invoke>
    <sequence>
        <receive../>
        <invoke..>
        </invoke>
    </sequence>
</flow>
```

## 10.2.4.3 Linksemantik

Mithilfe der Aktivitäten *sequence* und *flow* ist es möglich, sehr viele typische Arbeitsabläufe, das heißt Geschäftsprozesse, zu modellieren. Das auf XML basierende Konzept gerät jedoch bei manchen Prozessen sehr schnell an seine Grenzen, da in XML nur solche Sachverhalte modelliert werden können, die wie ein XML-Dokument hierarchisch ineinander verschachtelt sind. Ein *flow* bestehend aus drei geordneten *sequence*s ist beispielsweise in einem XML-Dokument sehr einfach zu beschreiben, gibt es jedoch zusätzlich einige Abhängigkeiten in der Ausführungsreihenfolge zwischen Aktivitäten aus den drei *sequence*s untereinander, so ist eine Modellierung nur über *sequence*s und *flow*s in einigen Fällen schlicht nicht möglich.

**Einschränkungen des hierarchischen Aufbaus von XML**

Aus diesem Grund wurden von BPEL4WS so genannte *link*s eingeführt, also Verknüpfungen von einzelnen Aktivitäten untereinander. Graphentheoretisch kann man sich einen *link* als eine Kante vorstellen, welche die geordnet-hierarchische XML-Struktur sprengt, das heißt, nun können auch zwei Aktivitäten in eine zeitliche Abfolge gebracht werden, die sich in völlig unterschiedlichen Verschachtelungs-Ebenen des in XML beschriebenen BPEL4WS-Dokuments befinden.

**Link als Ausführungs-Kante**

Beim Einfügen von *link*s spricht man auch vom Synchronisieren von Aktivitäten. Dazu genügt es, die Elemente source und target als eine zusätzliche Aktivität zu definieren. Der Fluss der beiden Aktivitäten verläuft nun von der Aktivität mit dem Element *source* zur Aktivität mit dem Element *target*.

Die Identifizierung der miteinander synchronisierten Aktivitäten erfolgt über das Attribut *linkName*. Aktivitäten können für beliebig viele andere Aktivitäten *source* beziehungsweise *target* darstellen. Dazu wird das jeweilige Element mehrfach für eine Aktivität aufgeführt. Die Werte für die Elemente *source* und *target* dürfen innerhalb einer Aktivität nur einmal vorkommen und müssen eindeutig sein.

Theoretisch ist es sogar denkbar, die beschriebene *sequence*-Aktivität über eine *flow*-Aktivität mit *link*s nachzubilden, wie dies in Listing 10.19 demonstriert wird.

**Listing 10.19** *Festlegung der Ausführungsreihenfolge: A vor B – und X vor Y*

```
<flow>
    <links>
        <link name="AvorB">
        <link name="XvorY">
    </links>
    <invoke name="A">
        <source linkName="AvorB"/>
    </invoke>
    <invoke name="B">
        <target linkName="AvorB"/>
    </invoke>
    <invoke name="X">
        <source linkName="XvorY"/>
    </invoke>
    <invoke name="Y">
        <target linkName="XvorY"/>
    </invoke>
</flow>
```

**Sinnvolle Modellierung mit möglichst wenigen Links**

Von einer solchen Verwendung des *link*-Elements ist jedoch dringend abzuraten! Die Übersichtlichkeit ist durch die primäre Verwendung von *sequence*s und *flow*s und von möglichst wenigen *link*s als Ausnahmefälle deutlich geeigneter und somit ist auch der Aufwand für Änderungen im Prozess geringer. Grundsätzlich sollten *link*s also nur dann verwendet werden, wenn sich deren Einsatz nicht oder nicht sinnvoll vermeiden lässt. Beispielsweise sollte der in Listing 10.19 beschriebene Workflow vorzugsweise mithilfe zweier *sequence*-Aktivitäten modelliert werden – völlig ohne Verwendung von *link*s.

## 10.2.5  Kommunikation

Ein BPEL4WS-Dokument beschreibt das Zusammenspiel einzelner Aktivitäten im Rahmen eines Prozesses, um eine Wertschöpfung zu erreichen. Bei nichttrivialen Prozessen werden in der Regel bereits vorhandene Dienste (Web Services) als Aktivitäten in den Prozess eingebunden.

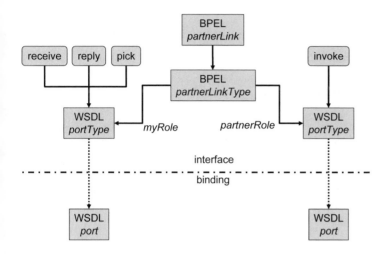

**Abbildung 10.6** *Kommunikationselemente eines BPEL4WS-Dokuments*

Partnerbeziehungen werden in zwei Schritten deklariert (siehe dazu *partnerLinks* in der WSDL-Spezifikation). Im BPEL4WS-Dokument wird auf die abstrakte Schnittstellenbeschreibung eines Web Service in einem WSDL-Dokument referenziert. Da WSDL keine Beschreibung von Prozess-Aspekten vorsieht, muss die BPEL4WS-Spezifikation beschreiben, wie die Verbindung vom BPEL4WS-Dokument zum abstrakten Teil eines WSDL-Dokuments aussehen soll.

**BPEL4WS definiert den Verweis auf das WSDL-Dokument**

Dabei ist ein Modellierer eines Geschäftsprozesses nicht an den technischen Details interessiert, wie ein konkreter Web Service gebunden wird oder wo sich der konkrete Service-Endpunkt befindet – die Beschreibung, welcher konkrete Service-Endpunkt für das Binden genutzt werden soll, ist schließlich nicht Bestandteil von BPEL4WS. Üblicherweise wird diese Information in einem Deployment-Dokument abgelegt, welches von der Laufzeitumgebung des Herstellers abhängig ist.

**Binding ist nicht Bestandteil von BPEL4WS**

## 10.2.5.1  Partnerbeziehungen

Um das Ziel des Geschäftsprozesses zu erreichen, werden üblicherweise Dienste (Web Services) genutzt, die einen Teil des Gesamtprozesses erfüllen. Die Dienste werden von Dritten – so genannten Partnern – zur Verfügung ge-

**partnerLinks**

stellt. Mithilfe des Elements *partnerLinks* wird in einem BPEL4WS-Dokument definiert, wie ein Prozess mit seinen Partnern kommuniziert.

**Rollen eines Partners in einer Kommunikation**

Prinzipiell kann ein Partner mehrere Rollen zu einem anderen einnehmen (siehe Abbildung 10.7). Welche Rolle realisiert wird, hängt davon ab, welchem Zweck die konkrete Kommunikation dient. Allerdings ist während des Ablaufs der Kommunikation die Rolle fest zugeordnet.

## Rollen aus der Sicht des Großhändlers

**Abbildung 10.7** *Partner kommunizieren in einer oder mehrerer Rollen*

Jede Kommunikationsverbindung mit einem Partner, die während eines Prozesses genutzt werden könnte, muss über das Element *partnerLink* definiert werden. Jede Verbindung erhält über das Attribut *name* einen eindeutigen Bezeichner.

**Listing 10.20** *Zuweisung einer BPEL4WS-Rolle zu einem WSDL-Service-Interface*

```
<partnerLinks>
    <partnerLink
        name="bestellen"
        partnerLinkType="GrossistHandelLink"
        myRole="Verkaeufer"
        partnerRole="Kunde"/>
</partnerLinks>
```

Für jede Verbindung (*partnerLink*) muss zunächst festgelegt werden, von welchem Typ (*partnerLinkType*) diese ist, siehe auch Abschnitt 10.2.5.3 auf der nächsten Seite, beziehungsweise Listing 10.22 auf Seite 264, und welche Rolle der eigene Prozess und welche der externe Partner übernimmt. Hierzu definiert BPEL4WS zwei Attribute für das Element *partnerLink*, von denen mindestens eines angegeben werden muss:

**myRole**  Mit diesem Attribut wird ein eindeutiger Bezeichner festgelegt, in welcher Rolle der Prozess mit seinen externen Partnern kommuniziert.

**partnerRole**  Hiermit wird ein eindeutiger Bezeichner festgelegt, in welcher Rolle ein externer Partner mit dem Prozess kommuniziert.

Wird nur eine Rolle durch ein entsprechendes Attribut definiert, so kann damit beschrieben werden, dass Partner, beziehungsweise Services sogar bereit sind, mit beliebigen anderen Diensten oder Partnern zu kooperieren ohne besondere Anforderungen an diese Verbindung zu stellen. Durch die Angabe des Attributes *partnerRole* wird der partnerLink in Listing 10.20 auf der vorherigen Seite nur von genau einem Partner zum Aufruf genutzt.

Als Nächstes muss der partnerLink noch weiter konkretisiert werden, das heißt, es muss angegeben werden, welcher konkrete Web Service zur Ausführung des Prozesses genutzt werden soll. Da in der Web-Services-Architektur bereits WSDL-Dokumente zur Schnittstellenbeschreibung genutzt werden, wird aus einem BPEL4WS-Dokument heraus mittels des Attributes *partnerLinkType* auf einen Kommunikationstypen in einem WSDL-Dokument verwiesen (siehe Abbildung 10.6 auf Seite 261).

**(Wieder-)Verwendung von XML**

Für die Kommunikation zwischen Partnern stehen in BPEL4WS die Sprachkonstrukte *receive, reply, pick, invoke* zur Verfügung. Der Kommunikationsweg aller dieser Elemente wird über einen von WSDL bekannten *portType* beschrieben (siehe auch Listing 10.22 auf der nächsten Seite)[1].

## 10.2.5.2 Bündelung von Partnerdefinitionen

Um alle Rollen, in denen zwei Partner miteinander kommunizieren, gebündelt darstellen zu können, stellt BPEL4WS das optionale Element *partners* zur Verfügung. Dieses Element kapselt alle Partnerbeziehungen, die mit dem Element *partner* definiert werden. Jedes *partner*-Element ist durch das Attribute *name* eindeutig gekennzeichnet. In Listing 10.21 ist dies dargestellt.

**Partner**

**Listing 10.21** *Der Webdienst ist manchmal Verkäufer, manchmal Versender einer Ware*

```
<partners>
   <partner name="Shop">
      <partnerLink name="Seller"/>
      <partnerLink name="Shipper"/>
   </partner>
</partners>
```

Für jede definierte Verbindung (*partnerLink*) einer Partnerbeziehung existiert ein Kindelement *partnerLink* von *partner*. Über das Attribut *name* wird die eineindeutige Beziehung zum Kommunikationstypen definiert.

## 10.2.5.3 Deklarieren von Partnerbeziehungen

Der zweite Schritt zur Festlegung einer Partnerkommunikation besteht darin, den Einsprungpunkt mithilfe des Elements *partnerLinkType* in WSDL zu defi-

**partnerLinkType**

---

[1] Aus dieser Festlegung in der BPEL4WS-Spezifikation lässt sich die enge Verwandtschaft mit WSDL ablesen (vergleiche Kapitel 6 auf Seite 115).

nieren. Dieses Element stellt einen Container für alle Kommunikationstypen zwischen den beiden Partnern dar.

**Listing 10.22** *Definition und Instanziierung eines Beziehungstyps, bei der der Prozess als Käufer auftritt*

```
<definitions>
..
<plnk:partnerLinkType name="GrossistHandelLink">
    <plnk:role name="Verkaeufer">
        <plnk:portType name="GrossistPT"/>
    </plnk:role>
    <plnk:role name="Kunde">
        <plnk:portType name="HandelPT"/>
    </plnk:role>
</plnk:partnerLinkType>
..
</definitions>
```

Da WSDL eine XML-basierte Spezifikation ist, kann die Eigenschaft der flexiblen Erweiterbarkeit von XML-Dokumenten genutzt werden. Damit es nicht zu Namenskonflikten im WSDL-Dokument kommt, sollten diese Elemente in einer WSDL nur in Verbindung mit einem eigenem Namensraum (zum Beispiel *xmlns:plnk="http://schemas.xmlsoap.org/ws/2003/05/partner-link/"*) genutzt werden.

Zwar wäre es auch möglich, direkt auf bestimmte WSDL-Elemente zu referenzieren. Allerdings würde damit das Prinzip der losen Kopplung verletzt und BPEL4WS wäre abhängig vom WSDL-Spezifizierungsprozess.

**Partnerbeziehungen als Kommunikationstypen**

Da es für eine Partnerbeziehung mehr als einen Kommunikationstypen geben kann, den beide Partner nutzen können, wird noch ein weiteres Identifikationsmerkmal benötigt.

Das Kindelement *portType* verweist dann auf den gewünschten *portType* des Web Service, über den die Kommunikation erfolgen soll. Das Binden an den konkreten Web Service – endpoint reference – kann zum Modellierungszeitpunkt, statisch während des Installierens („deployment") oder dynamisch zur Laufzeit erfolgen. Dies ist eine Design-Entscheidung des IT-Architekten.

## 10.2.5.4  Aufruf eines Web Service

**invoke**

Wenn von einem Prozess ein anderer Web Service (synchron oder asynchron) genutzt werden soll, so erfolgt dies mithilfe der Aktivität *invoke*. Neben den Standard-Attributen verfügt das Element *invoke* noch über die Attribute *partnerLink*, *portType* und *operation*. Mittels dieser drei Attribute wird der benötigte Web-Service-Aufruf eindeutig beschrieben.

**Listing 10.23** *Aufruf der verkaufe-Operation beim Verkäufer*

```
<invoke
   partnerLink="buying" portType="SellerPT"
   operation="buy" inputVariable="itemid"
   outputVariable="response"/>
```

Um welchen der vier Kommunikationstypen es sich handelt, wird mithilfe der Anwesenheit der Attribute *inputVariable* und *outputVariable* festgelegt. Für den Fall, dass die Kommunikation einen Fehler zurückgibt (*fault*), wird der zugehörige BPEL4WS-Fehler mithilfe des Target-Namespace des *portType* ermittelt. Der BPEL4WS-Fehler wird mittels eines Fehlerhandler (siehe Abschnitt 10.2.8.1 auf Seite 270) abgearbeitet. Ist kein lokaler Fehlerhändler vorhanden, so wird der Fehler zum übergeordneten Gültigkeitsbereich weitergeleitet.

Muss die per Web Service beim Partner ausgelöste Aktivität aufgrund eines Fehlers zurückgenommen werden, so kann die entsprechende inverse Aktivität eingebettet werden. Anhand des Elements *compensate* wird eine lokale Kompensationsaktivität definiert. Diese wird vom CompensationHandler aufgerufen.  **Fehlerbehandlung**

Eine detailliertere Betrachtung des Kompensations-Konzeptes erfolgt im nachfolgenden Kapitel 11 auf Seite 275 über Transaktionsunterstützung für Web Services.

In einigen Fällen kann es sein, dass der von mehreren invoke-Aufrufen aufgerufene Web Service zustandsbehaftet ist. In diesem Fall müssen die Aufrufe miteinander korreliert werden.

## 10.2.5.5    Aufruf eines Geschäftsprozesses

Ein Prozess stellt Partnern mindestens einen Aufruf in Form von Web Services zur Verfügung. Die allererste Aktivität eines BPEL4WS-Prozesses muss eine *receive*-Aktivität sein. Die Aktivität *receive* ist eine blockierende Aktivität, das heißt, sie wartet, bis sie als Web Service über eine ankommende SOAP-Nachricht aufgerufen wird. Der gesamte BPEL4WS-Prozess – welcher wiederum andere Web Services aufruft – ist somit auch selbst ein Web Service.  **receive**

Das Attribut *createInstance="yes"* erzwingt, dass beim Ankommen einer SOAP-Nachricht eine neue Instanz des BPEL4WS-Prozesses erzeugt und ausgeführt wird. Der Standard-Wert ist *no*, das heißt, es wird keine neue Instanz des Prozesses ausgeführt.

Für synchrone Aufrufe wird noch ein Element benötigt, das den Aufruf abschließt und das Ergebnis dem Rückgabewert zuweist. Die Identifizierung der Operation, welche das Ergebnis an den Aufrufer zurückgibt, erfolgt wiederum

**Listing 10.24** *Start des Prozesses durch die Operation buy*

```
<receive partnerLink="selling" portType="SellerPT"
    operation="getamount" variable="itemid"
    createInstance="yes"/>
```

mithilfe der Attribute *partnerLink, portType* und *operation*. Der Rückgabewert selbst wird durch das Attribut *variable* übergeben.

**Listing 10.25** *Der Aufrufer der Operation buy erhält als Rückgabe einen Preis*

```
<reply partnerLink="selling" portType="SellerPT"
    operation="buy" variable="price"/>
```

**reply**  In einem BPEL4WS-Dokument können an verschiedenen Stellen des Prozesses *receive* und *reply* Aktivitäten vorkommen. Dass zu einem *receive* immer der zugehörige *reply* ausgeführt wird, erreicht man durch die Festlegung, dass nie mehr als ein synchroner Aufruf mit denselben Werten für die Attribute *partnerLink, portType* und *operation* ausgeführt werden dürfen.

## 10.2.5.6   Datenaustausch über Eigenschaften

**property**  Damit die Zwischenergebnisse eines Geschäftsprozesses miteinander in Beziehung gesetzt werden können (Korrelation), müssen bei einer Kommunikation Informationen ausgetauscht werden, die eine Zuordnung zu einer konkreten Instanz eines Geschäftsprozesses ermöglichen. Dazu kann jede Art von Information herangezogen werden, die eine eindeutige Zuordnung ermöglicht. Ein bekanntes Beispiel dafür ist etwa der *primary key* in Datenbanken. Die Information kann sowohl Bestandteil der Nutzdaten sein – SOAP-Body – als auch Teil der Zusatzinformationen – SOAP-Header. BPEL4WS macht zurzeit nur von der Möglichkeit Gebrauch, Informationen aus den Nutzdaten zur Nachrichten-Identifikation heranzuziehen.

Um auf die Daten der ausgetauschten Nachrichten zuzugreifen, definiert BPEL4WS das Element *property*. Das Konzept entspricht in etwa dem der Zugriffs-Methoden für Attribute in der objektorientierten Programmierung. Die Verarbeitung im Prozess abstrahiert von der konkreten internen Darstellung der Information in der ausgetauschten Nachricht.

Im ersten Schritt muss eine Eigenschaft (*property*) definiert werden. Dazu wird mithilfe des property-Elements ein eindeutiger Name und der Datentyp festgelegt (Listing 10.26 auf der nächsten Seite). Der Datentyp wird mithilfe von XML-Schema definiert.

**propertyAlias**  Im zweiten Schritt muss die Beziehung zu einem bestimmten Element einer Nachricht hergestellt werden. Dies erfolgt mithilfe des Elements *propertyAlias*. Die Verbindung der Elemente *property* und *propertyAlias* erfolgt mittels des Attributs *name*, welches denselben Bezeichner enthalten muss.

**Listing 10.26** properties

```
<definitions
    name="ncname"
    xmlns:bpws=
      "http://schemas.xmlsoap.org/ws/2003/03/business-process/">
    <!-- define a correlation property -->
    <bpws:property name="userID" type="xsd:string"/>
    ..
<definitions>
```

Anschließend wird beschrieben, auf welchen der von WSDL festgelegten Datentypen (*messageType*) und auf welchen Teil (*part*) Bezug genommen werden soll. Da dieser Teil ein komplexer Datentyp (beziehungsweise ein Knoten eines Teilbaums) ist, muss der relevante Teil angegeben werden. Mithilfe des Attributes *query* wird ein Suchstring gemäß der XPath-Spezifikation übergeben.

## 10.2.6   Ereignisbehandlung

Mithilfe des Elements *eventHandler* können ein oder mehrere Nachrichten (*onMessage*) zusammengefasst werden, die auf externe Ereignisse reagieren. Im Unterschied zum Element *receive* wird der Prozess nicht blockiert, bis das zugehörige Ereignis eintritt beziehungsweise der zugehörige Aufruf eintrifft.

**eventHandler**

## 10.2.6.1   Ereignisse

Das Element *onMessage* definiert ein Ereignis, das von einem externen Partner aufgerufen werden kann. Der Kommunikationstyp wird mittels der Attribute *partnerLink*, *portType* und *operation* definiert.

**onMessage**

Bei Bedarf kann mithilfe des Attributs *variable* an die in dem Element *onMessage* gekapselten Aktivitäten ein Wert übergeben werden.

Alle im Element *eventHandler* gekapselten verschiedenen *onMessage*-Elemente sind gleichberechtigt.

Wird eine der in einem *onMessage*-Element beschriebenen Nachrichten empfangen, werden die zugehörigen im *eventHandler* enthaltenen Aktivitäten

**Listing 10.27** propertyAlias

```
<!-- define a correlation property -->
<bpws:property name="userId" type="xsd:string"/>
..
<bpws:propertyAlias propertyName="tns:portType"
      messageType="txmsg:taxpayerInfo" part="identification"
      query="/socialsecnumber"/>
</bpws:propertyAlias>
```

```
<onMessage  partnerLink="buyer"
            portType="car"
            operation="cancel"
            variable="cancelDetails">
        <terminate/>
</onMessage>
```

ausgeführt. In dem Beispiel in Listing 10.28 wird der Zweig (*scope*) des Prozesses gestoppt.

## 10.2.6.2   Alarm

**onAlarm**

In manchen Fällen sollen Aktivitäten automatisch nach einer bestimmten Zeitdauer (*for="duration-expr"*) ausgeführt werden oder auch nachdem ein bestimmtes Stichdatum (*until="deadline-expr"*) erreicht wurde.

*Listing 10.29* Definition eines Alarms

```
<onAlarm (for="duration-expr" | until="deadline-expr")>*
    <!-- activity -->
</onAlarm>
```

Bei Verwenden des Elements *onAlarm* muss genau eines der beiden Attribute *for* oder *until* verwendet werden.

## 10.2.6.3   Nichtdeterministische Verzweigung

**Nichtdeterministische Verzweigung**

Mitunter soll jedoch genau ein Ereignis aus einer Gruppe von Ereignissen bearbeitet werden. Hierzu steht das Element *pick* zur Verfügung. Dieses Element kann als Kombination der Elemente *switch* und *onMessage* angesehen werden.

*Listing 10.30* Das Warten auf einen Aufruf von buy oder getPrice

```
<pick>
    <!-- mindestens ein Ereignis -->
    <!-- onMessage 1 -->
    <!-- onMessage 2 -->
    <!-- onMessage 3 -->
</pick>
```

**pick**

Nachdem ein Ereignis ausgelöst wurde und alle zugehörigen Aktivitäten ausgeführt wurden, wird die Aktivität *pick* beendet. Der Block wird deaktiviert, bis er wieder aufgerufen wird (beispielsweise in einer Schleife).

Wenn mehrere Ereignis-Nachrichten gleichzeitig eintreffen, dann ist das Ergebnis unter anderem abhängig von der Implementierung der BPEL4WS-Engine. Da das Ergebnis nicht verlässlich rekonstruiert werden kann, resultiert daraus im schlimmsten Fall ein nichtdeterministisches Verhalten des Prozesses.

Wenn das Element *pick* mit dem Attribut *createInstance="yes"* versehen wird, führt das Auslösen dieses Ereignisses dazu, dass eine neue Instanz des Prozesses erzeugt wird. Alle Ereignisse müssen externe Ereignisse sein („inbound messages") und dürfen beispielsweise nicht durch das Element *onAlarm* ausgelöst worden sein.

## 10.2.7 Korrelationsmengen

In einem Prozess müssen die Aufrufe mehrerer Web Services miteinander koordiniert werden. Beispielsweise soll nach einem Login-Aufruf mit einem zweiten Aufruf eine Abfrage auf einer Datenbank durchgeführt werden.

**correlationSets**

Die Koordinierung erfolgt mithilfe einer oder mehrerer Teile der ausgetauschten Nachrichten. In Listing 10.31 wird die Korrelation mehrerer Aufrufe mit den Nachrichtenteilen *username* und *userpw* definiert. Damit auf diese Werte während der Ausführung der Aktivitäten auch zugegriffen werden kann, müssen diese vorher als Eigenschaften (*property*) definiert werden.

***Listing 10.31*** *Sichere Benutzeridentifikation durch die Korrelationsmenge userid*

```
<correlationSets>
    <correlationSet name="session"
        properties="username userpw"/>
</correlationSets>
```

Mittels des *name*-Attributs des Elements *correlationSet* wird das Element typisiert.

Die Korrelationsmengen können nun zusammen mit den Kommunikationsaktivitäten *receive, reply, invoke* und *onMessage* verwendet werden. Alle diese Aktivitäten können Korrelationsmengen kapseln.

**correlation**

In Listing 10.32 auf der nächsten Seite sollen die beiden Web-Service-Aufrufe *login* und *order* miteinander korreliert werden. Dazu müssen die Attribute der Korrelationsmenge mit Werten belegt werden. Wird der Wert des Attributes *initate* auf *yes* gesetzt und handelt es sich um eine eingehende Nachricht (das heißt Argumente bei *receive* und Rückgabewert bei *invoke*), so werden die beiden Properties mit den zugehörigen Werten aus der Nachricht belegt. Ob es sich um eine eingehende Nachricht handelt, kann mithilfe des Attributes *pattern* des Elements *correlation* festgelegt werden.

Wenn das Attribut *initiate* nicht angegeben wird, so wird der Standardwert *no* verwendet. In diesem Fall werden die Properties der Nachricht verwendet, um die Nachricht der oder den korrelierten Web-Services-Aufrufen der richtigen Prozessinstanz zuzuordnen.

**Listing 10.32** *Beispiel für ein Bestellsystem*

```
<sequence>
    <invoke partnerLink="ordering" portType="ShopPT"
        operation="login" inputVariable="id">
        <correlations>
            <correlation set="session" initiate="yes"
                pattern="in"/>
        </correlations>
    </invoke>
    <invoke partnerLink="ordering" portType="ShopPT"
        operation="order" outputVariable="itemid">
        <correlations>
            <correlation set="session" initiate="no"
                pattern="out"/>
        </correlations>
    </invoke>
</sequence>
```

## 10.2.8 Ausnahmebehandlung

Während der Abarbeitung eines Prozesses können verschiedene Ausnahmesituationen auftreten, die einer besonderen Behandlung bedürfen.

### 10.2.8.1 Fehlerbehandlung

**faultHandler**

Sollte während der Prozessverarbeitung ein Fehler auftreten, so wird eine Ausnahme (*exception*) geworfen. Um auf diese Ausnahme zu reagieren, besteht die Möglichkeit, mithilfe des Elements *faultHandler* eine Fehlerbehandlung durchzuführen.

**Listing 10.33** *Kompensieren einer fehlenden Datenbankverbindung*

```
<faultHandlers>
    <catch faultName="NoDatabaseConnectionFault">
        <compensate/>
    </catch>
    <catchAll>
        <terminate/>
    </catchAll>
</faultHandlers>
```

Konnte im Beispiel von Listing 10.33 auf der vorherigen Seite keine Datenbankverbindung aufgebaut werden, so wird die Aktion kompensiert; bei anderen Fehlern wird der Prozess terminiert. Der Aufbau des *faultHandler*-Elements entspricht hier im Wesentlichen dem *catch*-Block etwa von Java.

Als Erstes wird im lokalen Gültigkeitsbereich nach einem faultHandler-Element gesucht. Ist in diesem Bereich keines definiert, so wird von unten hierarchisch in den umgebenden Gültigkeitsbereichen gesucht. Sollte selbst im Gültigkeitsbereich des Elements *process* keine Fehlerbehandlung durchgeführt werden, wird der Prozess terminiert.

## 10.2.8.2 Kompensieren von Aktivitäten

Mitunter kann es notwendig werden, bereits durchgeführte Aktivitäten wieder zurückzunehmen. Dazu stellt BPEL4WS das Element *compensationHandler* zur Verfügung.

**compensationHandler**

***Listing 10.34*** *Syntax des Elements compensationHandler*

```
<compensationHandler>
    <invoke partnerLink="bidding" portType="AuctionPT"
        operation="undoBid" outputVariable="productID">
        <correlations>
            <correlation set="visitorID"initiate="no"
            pattern="out"/>
        </correlations>
    </invoke>
</compensationHandler>
```

In der Regel wird es nötig sein, die Aktivität zur Kompensierung mit der vorangegangenen Aktivität zu korrelieren. Eine genaue Betrachtung bezüglich Transaktionen und Kompensation wird in Kapitel 11 auf Seite 275 durchgeführt.

## 10.2.8.3 Auslösen der Kompensation

Da der *compensationHandler* nur nach der erfolgreichen Ausführung einer Aktivität aufgerufen werden darf, wenn also kein Fehler in der aktuellen Aktivität aufgetreten ist, muss der *compensationHandler* explizit aufgerufen werden. BPEL4WS stellt dafür die Aktivität *compensate* zur Verfügung. Diese Aktivität besitzt das optionale Attribut *scope*. Mithilfe dieses Attributes kann explizit der Gültigkeitsbereich angegeben werden, in dem sich der *compensationHandler* befindet.

**compensate**

## 10.3 WS-BPEL 2.0

### 10.3.1 Einleitung

**Inkompatibilität**

Fokus der bisherigen Betrachtung war BPEL4WS 1.1. Auch wenn der Nachfolger WS-BPEL 2.0 bereits am 11. April 2007 durch die OASIS als Standard verabschiedet wurde, ist die Marktdurchdringung und die Unterstützung durch Produkte eher noch verhalten. Viele kommerzielle Produkte bieten noch keine Unterstützung von BPEL 2.0 an. Dies mag vorrangig daran liegen, dass BPEL 2.0 zwar einige Verbesserungen im Vergleich zum Vorgänger bietet, doch leider auch inkompatibel zu der früheren Version ist.

**Umbenennung in WS-BPEL 2.0**

Der BPEL-Standard wurde bis einschließlich Version 1.1 noch mit BPEL4WS bezeichnet. Mit Beginn der Definition des Nachfolgers 2.0 allerdings wurde im September 2004 der Standard von der OASIS in WS-BPEL (2.0) umbenannt, um ein zu den anderen Spezifikationen (WSDL, WS-Security, WS-Context, ... ) einheitliches Namensschema (WS-*) zu verwenden. Dies ist allerdings nicht die einzige Änderung im Vergleich zur Version 1.1, beispielsweise fiel das *partner*-Konzept vollständig weg. Im Folgenden soll nun ein Ausblick auf den Nachfolger, also WS-BPEL 2.0, gegeben werden [JE$^+$07].

### 10.3.2 Vergleich mit WS-BPEL 1.1

#### 10.3.2.1 Aktivitäten

Zu den Basisaktivitäten in BPEL 1.1 gehören wie bereits beschrieben: *invoke, receive, reply, assign, throw, terminate, wait, empty, scope* und *compensate*. In BPEL 2.0 kommen *validate, rethrow, exit, compensateScope* und *extensionActivity* hinzu:

**validate** erlaubt die Validierung der XML-Daten von Variablen.

**rethrow** ermöglicht bei der Verwendung in *faultHandler*, die ausgelöste und behandelte Ausnahme erneut auszulösen und damit weiterzuleiten.

**exit** Die Aktivität *exit* stellt im Prinzip eine Verschärfung von *terminate* dar und beendet die Abarbeitung eines Prozesses vollständig. Alle laufenden Aktivitäten werden mit *exit* sofort beendet.

**compensateScope** stellt die Möglichkeit bereit, die Aktivitäten genau eines *scope* zu kompensieren. Wohingegen *compensate* alle Aktivitäten aller zu berücksichtigender *scopes* zurücksetzt. Dies ermöglicht eine feinere Steuerung der Kompensation bei der Verwendung in *faultHandler, compensationHandler* oder *terminationHandler*. Der *terminationHandler* stellt auch eine Neuerung dar und erlaubt das Verhalten bei Terminierung eines Prozesses zu bestimmen.

**extensionActivity** kann sowohl eine Basisaktivität sein als auch eine strukturierte Aktivität darstellen und definiert Erweiterungspunkte für Programmiersprachen-spezifische Logik, beispielsweise in Java (siehe auch BPELJ [IBM04] oder JSR207 [R$^+$03]).

Die Intention bei *extensionActivity* setzt sich auch bei der Verwendung von Ausdrücken und Anfragen fort. In BPEL 1.1 waren diese Informationen als Attribut eines Elements zu definieren. Neuerdings sind diese Informationen in Elementen anzugeben, das heißt, *for, until, joinCondition, transitionCondition, expression, query* und *condition* müssen als Element definiert werden. Dabei kann die verwendete Sprache in dem optionalen Attribut *expressionLanguage* angegeben werden und ermöglicht damit Programmiersprachen-spezifische Erweiterungen.

Auch bei den strukturierten Aktivitäten gibt es Änderungen. Bestand die Menge der strukturierten Aktivitäten bisher aus *sequence, switch, while, flow* und *pick*, so gibt es in BPEL 2.0 nun auch *repeatUntil* und *forEach*. Die neue strukturierte Aktivität *forEach* bietet neben einer sequenziellen Ausführungsart sogar die Möglichkeit zur dynamischen parallelen Ausführung von Aktivitäten, auch wenn die genaue Anzahl von parallelen Aktivitäten zum Zeitpunkt der Spezifikation des Prozesses noch nicht bekannt war. Ferner wurde aus dem *switch*-Konstrukt ein *if/elseif/else*.

## 10.3.2.2  Data Handling

Variablen können in BPEL 2.0 nun initialisiert und deren Inhalt validiert werden. Neben der Verbesserung der XPath-Unterstützung durch XPath-Zugriff auf Variablen und deren Daten existiert in BPEL 2.0 nun auch eine XSLT-Unterstützung zur Transformation von Variablen-Inhalten durch *bpws:doXslTransform*. Dies wurde durch die Definition eines allgemeinen Datenmodells erreicht, das auf dem XML-Infoset basiert. Ferner wurden Regeln definiert, wie dieses Datenmodell auf die jeweiligen Sprachen, wie beispielsweise XPath 1.0, abzubilden ist.

## 10.3.2.3  Ereignisbehandlung

Die Ereignisbehandlung und das zugrunde liegende Verwaltungsmodell wurden in BPEL 2.0 auch überarbeitet. So kann nun jeder *scope* eine Menge von *eventHandler* besitzen, die konkurrierend mittels dem neuen Konstrukt *onEvent* auf Ereignisse reagieren können. Auch die Verwendung von *onAlarm* ist in diesem Zusammenhang möglich, um beispielsweise zeitliche Ausführungsbeschränkungen auszudrücken. Ferner wurden einige Hersteller-spezifische Aspekte, beispielsweise wann genau ein *eventHandler* instanziert wird und wie sich die Ausführungsumgebung bei parallelen *event-Handler*-Instanzen verhält, durch den Standard eindeutig festgeschrieben. So besitzt beispielsweise auch jede *onEvent*-Aktivität eine eigene Eingabevariable und arbeitet auf ihrer eigenen lokalen Kopie. Abschließend lässt sich sagen, dass ein Anwender beziehungsweise Modellierer zukünftig nicht mehr in dem bisherigen Maße Hersteller-spezifisches Verhalten berücksichtigen muss, um einen BPEL-Prozess zu spezifizieren.

### 10.3.3  Bedeutung von WS-BPEL 2.0

BPEL 2.0 bietet einige Verbesserungen und Erweiterungen, deren Nutzung interessant zu sein scheint. Doch eine Migration von BPEL4WS 1.1 zu dem Nachfolger BPEL 2.0 erfordert neben der Anpassung der Prozessdefinitionen auch die Anpassung der Produkte (BPEL-Engines). Insbesondere der Open-Source-Bereich bietet schon heute BPEL-2.0-Unterstützung, beispielsweise in Form der Projekte Apache ODE(Orchestration Director Engine), ActiveBPEL, INTALIO oder jBPM als Bestandteil des JBOSS-Anwendungs-Servers. Hingegen sind die Hersteller (unter anderem Oracle, SAP, IBM, Microsoft) kommerzieller Produkte noch bemüht, den neuen Standard umzusetzen.

## 10.4  Zusammenfassung

BPEL4WS bietet Unternehmen mit komplexen Geschäftsprozessen und gegebenenfalls bereits vorhandenen Web Services die Möglichkeit, mehrere „kleine" Web Services in einer bestimmten, komplexen Reihenfolge nacheinander aufzurufen, um hierdurch einen Geschäftsprozess durch den Einsatz von IT zu unterstützen. Ein solcher automatisierter Geschäftsprozess wird auch als „Workflow" bezeichnet.

Für die Komposition von existierenden Web Services bietet BPEL4WS alle notwendigen Hilfsmittel, etwa Sequenzen (*sequence*s) und parallele Verzweigungen (*flow*s), wie sie bereits seit langem im vorwiegend graphentheoretisch geprägten Workflow-Management-Bereich verwendet werden.

Als Ergebnis erhält man einen ausführbaren BPEL4WS-Prozess, der zur Unterstützung eines Geschäftsprozesses fremde Web Services benutzt und auf diese Weise einen Mehrwert generiert, der aber auch gleichzeitig selbst wiederum ein Web Service ist.

# 11 | Web Services und Transaktionen

*„And upon conclusion of the* transaction, *I will be flying over to meet you for disbursement of my deceased client's 8.5 Million United States Dollars cash estate.“*
*Aus einer Ende 2004 erhaltenen Spam-E-Mail.*

Web Services benötigen transaktionales Verhalten, sobald mehrere Web Services ein gemeinsames Ziel erreichen wollen, welches in jedem Fall konsistent sein muss. Diese Web Services sind somit Teilnehmer einer verteilten Transaktion.

Dieses Kapitel befasst sich mit den theoretischen Grundlagen, den existierenden Spezifikationen und den noch bestehenden Problemen der Transaktions-Unterstützung für Web Services. Hierbei wird ein besonderer Schwerpunkt auf das so genannte *Web Services Transaction Framework* gelegt, das heißt auf die Spezifikations-Familie bestehend aus WS-Coordination, WS-AtomicTransaction und WS-BusinessActivity.

## Übersicht

## 11.1   Motivation

Transaktionen kommen im täglichen Leben sehr viel häufiger vor, als das den meisten bewusst ist. Natürlich gibt es Transaktionen, die unmittelbar als solche zu erkennen sind, etwa Überweisungen oder Aktienorders. Im Gegensatz hierzu denkt man aber bei

> Terminvereinbarungen,

> Bestellungen in einem Restaurant oder

> einer Hochzeit

selten daran, dass es sich um Transaktionen handeln könnte. Im weitesten Sinne sind sie es aber.

**Eigenschaften von Transaktionen**

Zur Eingrenzung des Begriffs *Transaktion* kann man sich vor Augen führen, dass alle soeben angeführten Beispiele folgende Gemeinsamkeiten haben:

> Mehrere Teilnehmer sind an der Transaktion beteiligt.

> Diese Teilnehmer durchlaufen eine ganz bestimmte, fest im Voraus vorgegebene Prozedur.

> Die Transaktion führt zu einem bestimmten Ergebnis.

> Dieses Ergebnis muss auf jeden Fall konsistent sein, wobei die Frage, welche Zustände als *konsistent* betrachtet werden können, von der jeweiligen Situation abhängt.

> Alle Teilnehmer der Transaktion müssen sich nach deren Ende über das Ergebnis der Transaktion bewusst sein und diesem Ergebnis gegebenenfalls zustimmen.

> Auslöser der Transaktion ist die Entscheidung eines Menschen, etwas zu tun.

> Juristisch betrachtet handelt es sich um einen Vertrag zwischen den teilnehmenden Parteien von Teilnehmern.

Die letzten beiden Eigenschaften hängen nur damit zusammen, dass alle Beispiele aus dem täglichen Leben gegriffen sind. Sie sind aber nicht unbedingt relevant für den generellen Transaktions-Begriff.

Für Transaktionen im Kontext von Web Services sind natürlich nur solche Transaktionen von Interesse, die auf Informationssystemen durchgeführt werden. Trotzdem ist es wichtig, sich vor Augen zu führen, dass der Transaktions-Begriff sehr viele Ereignisse umfasst, von denen viele auch nichts mit IT zu tun haben – deshalb die folgende recht allgemein gehaltene Definition:

*Eine Transaktion ist eine Menge von Arbeitsschritten mit einem konsistenten Ergebnis.*

**Definition Transaktion**

Bei einer „Menge von Arbeitsschritten" (*unit of work*) kann es sich beispielsweise um eine Reihe von Methodenaufrufen, Datenbank-Queries oder um die Beantwortung einer Reihe von Fragen (zum Beispiel „Möchtest du sie heiraten?") handeln. In den meisten Fällen sind die einzelnen Arbeitsschritte einer Transaktion in irgendeiner Form logisch zusammenhängend. Im Englischen wird die Wendung *a logical unit of work* manchmal auch als kurze Erklärung des Transaktions-Begriffes verwendet.

Die Forderung, dass das Ergebnis einer Transaktion (im Kontext der jeweiligen Anwendung) unbedingt konsistent sein muss, hat zunächst nur mit gesundem Menschenverstand zu tun: Eine Transaktion mit einem inkonsistenten Endzustand könnte zum Beispiel bedeuten, dass die Braut mit dem Bräutigam verheiratet ist, aber nicht umgekehrt. Alleine schon wegen der steuerlichen Probleme sollte dieser inkonsistente Endzustand vermieden werden.

**Konsistenz**

Anders ausgedrückt sind Transaktionen ein Hilfsmittel, um inkonsistente Ergebnisse von Operationen oder Mengen von Operationen zu verhindern.

Das Ergebnis einer Transaktion ist der neue (End-)Zustand des (Informations-)Systems nach Beendigung der durchgeführten *Menge von Arbeitsschritten*. Beispielsweise ist das Ergebnis einer Datenbank-Transaktion der neue Zustand aller durch die Transaktion geänderter Datenbanktabellen.

Im Kontext von Informationssystemen kann man auch definieren, dass eine Transaktion eine Menge von Operationen ist, die das zugrunde liegende Informationssystem von *einem* konsistenten Zustand in einen anderen, *ebenfalls* konsistenten Zustand überführt.

**Alternative Definition einer Transaktion**

Alle angeführten Beispiele zeigen, dass die Tatsache, dass es sich bei einer Menge von Arbeitsschritten um eine Transaktion handelt, erst dann relevant wird, sobald etwas schief geht. Immer dann, wenn Transaktionen im Spiel sind, werden Worst-Case-Szenarien betrachtet. Verläuft etwa die Überweisung ohne Probleme, das heißt findet auf dem einem Konto eine Soll- und auf dem anderen Konto eine Haben-Buchung statt, so kommen alle im Folgenden diskutierten Mechanismen und Protokolle nicht zum Einsatz. Erst bei einer Problembehandlung werden diese relevant.

Im Bereich von Web-Service-Architekturen kann die Ausführung von Transaktionen besonders komplex werden, da hier die Teilnehmer unter Umständen nur über (SOAP-)Nachrichten miteinander kommunizieren können, wobei die hierbei verwendeten Netzwerkverbindungen jederzeit ausfallen können. Dieses Kapitel beschäftigt sich zunächst mit generellen Transaktionskonzepten und im Anschluss mit existierenden Web-Service-Spezifikationen für Transaktionen.

## 11.2 Existierende Konzepte

Obwohl Transaktionen für Web Services ein relativ neues Gebiet sind, sind die zugrunde liegenden Konzepte schon verhältnismäßig alt und ausgiebig erforscht.

So enthalten beispielsweise 30 % aller Artikel in der ACM Digital Library (http://www.acm.org/dl/) den Begriff *transaction*. Alle neueren Arbeiten, die sich mit Transaktionen beschäftigen, haben deshalb einen sehr ausführlichen *related-work*-Abschnitt (zum Beispiel [JG03], der einen Überblick über die Transaktionskonzepte der vergangenen 25 Jahre enthält).

In diesem Kapitel werden nur diejenigen Konzepte vorgestellt, welche auch für Web Services relevant sind. Dies sind das ACID-Paradigma, das zwei-Phasen-commit-Protokoll (auch *2PC*-Protokoll) für verteilte Transaktionen und das *open-nested*-Konzept für lang laufende (*long-running*) Transaktionen.

### 11.2.1 ACID

Das ACID-Paradigma wurde ursprünglich für das Datenbank-Umfeld entwickelt [Gra81]. Heute erfüllen praktisch alle Datenbank-Transaktionen die vier ACID-Eigenschaften, weshalb das ACID-Konzept als so grundlegend betrachtet werden kann, dass alle anderen Transaktions-Konzepte danach bewertet werden, welche der vier ACID-Eigenschaften sie erfüllen.

**Eigenschaften des ACID-Paradigmas**

Die vier ACID-Eigenschaften sind im Einzelnen:[1]

**Atomarität:** Die einer Transaktion zugrunde liegende Menge von Arbeitsschritten wird entweder ganz oder gar nicht ausgeführt („alles oder nichts"). Eine nur teilweise Ausführung der Arbeitsschritte ist nicht gestattet, zum Beispiel die Verheiratung der Braut mit dem Bräutigam, aber nicht umgekehrt.

**Consistency/Konsistenz:** Eine Transaktion überführt das ihr zugrunde liegende Informationssystem (Datenbanksystem) von einem konsistenten Zustand in einen anderen konsistenten Zustand. (Siehe auch die vorangehende Definition des Transaktions-Begriffs.)

**Isolation:** Die Durchführung einer Transaktion erfolgt isoliert von allen anderen gleichzeitig ausgeführten Transaktionen, das heißt, aus Sicht einer jeden Transaktion ist diese die einzige, die in diesem Moment auf dem (Datenbank-)System ausgeführt wird.

**Durabilität/Persistenz:** Nach dem Ende der Transaktionen wird ihr Ergebnis in irgendeiner Form persistent (also dauerhaft, zum Beispiel auf

---

[1] Aus den Anfangsbuchstaben leitet sich die Bezeichnung ACID ab.

Festplatte) gespeichert, um im Fall eines Systemabsturzes beim Wieder-
hochfahren des Systems wiederhergestellt werden zu können.

Der Grund, warum Datenbanksysteme die ACID-Eigenschaften erfüllen müssen, liegt in den speziellen Anforderungen an Datenbanken: Sie müssen performant sein, sie müssen in der Lage sein, viele parallel ausgeführte Transaktionen gleichzeitig durchführen zu können (deshalb *Isolation*), referenzielle
Integritäts-Bedingungen dürfen nicht verletzt werden (deshalb *Atomarität*
und *Konsistenz*), und die Datenbank muss nach einem Systemabsturz in der
Lage sein, schnell und ohne Konsistenz-Überprüfungen wieder verfügbar zu
sein (deshalb *Durabilität*).

Alle diese vier Eigenschaften werden von den meisten Datenbanksystemen
zur Verfügung gestellt; das Einzige, was der Programmierer noch selbst tun
muss, ist festzulegen, welche Datenbank-Operationen zu einer bestimmten
Transaktion gehören. Typischerweise geschieht dies mit einem BOT-Aufruf
(*begin of transaction*) und einem EOT-Aufruf (*end of transaction*), mit denen
der Programmierer die zur Transaktion gehörige Menge von Arbeitsschritten
eingrenzt.

Das ACID-Konzept wird von allen wichtigen Datenbanksystemen implementiert und es ist nicht davon auszugehen, dass es jemals durch ein anderes
Konzept ersetzt wird. Allerdings gibt es Anwendungs-Szenarien, bei denen
die so genannte *ACIDity*, das heißt die Erfüllung aller vier ACID-Eigenschaften, explizit nicht gefordert ist.

**Datenbanksysteme**

**Kennzeichen von Transaktionen**

**ACIDity**

## 11.2.2 Verteilte Transaktionen und Zwei-Phasen-Commit

Ein Szenario, bei dem ACIDity nicht immer erforderlich oder möglich ist, sind
verteilte Transaktionen. Eine verteilte Transaktion findet zwischen mehreren
Computern statt, die in einem Netzwerk lose miteinander gekoppelt sind.
Transaktionen zwischen Web Services sind deshalb grundsätzlich verteilt.

**Verteilte Transaktionen**

In einem verteilten Umfeld gibt es zwei Arten von Sub-Systemen, die an
der Transaktion beteiligt sind: mehrere *Teilnehmer* und einen so genannten
*Koordinator*.

> Ein Teilnehmer (Synonyme: Client, *inferior*, *member*) einer Transaktion
> führt einen Teil der Menge von Arbeitsschritten der Transaktion durch.
> Die Geschäftslogik einer Transaktion liegt somit auf der Seite der Teil-
> nehmer der Transaktion.

> Ein Koordinator (Synonyme: Server, Transaktions-Manager, *superior*) ist
> diejenige Partei des verteilten Systems, welche die Erzeugung einer
> neuen Transaktion genauso überwacht wie den Beitritt von Teilneh-
> mern zu einer bereits laufenden Transaktion. Typischerweise wird die

Implementierung des Koordinators durch das Transaktions-Framework bereits mitgeliefert, das heißt, die Transaktions-Logik oder das Transaktions-Protokoll ist meistens bereits implementiert. Der Programmierer muss sich also lediglich um die Implementierung der Teilnehmer kümmern, die sich jedoch beim Koordinator für die Teilnahme an einer Transaktionen anmelden müssen.

An dieser Stelle könnte man sagen, dass sich verteilte Transaktionen nicht grundlegend von lokalen (Datenbank-)Transaktionen unterscheiden – schließlich kann man das Datenbank-Management-System als Koordinator und die an einer Transaktion beteiligten Applikationen als die Teilnehmer ansehen – warum also die Unterscheidung?

**Abgrenzung zu lokalen Transaktionen**

Der wirklich konzeptionell grundlegende Unterschied zwischen verteilten und lokalen Transaktionen ist, dass es für eine verteilte Transaktion sogar von Nachteil wäre, wenn diese die ACID-Eigenschaften erfüllt. Wann immer eine verteilte Transaktion atomar, konsistent, isoliert oder persistent gemacht wird, erfolgt ein Austausch zwischen der zugesicherten Eigenschaft und der dazugehörigen Einschränkung:

> Atomarität führt zu verlorener Arbeit [GR93]: Wann immer die *unit of work* einer Transaktion aus einer großen Anzahl von Schritten, Operationen oder Aktivitäten besteht und diese Transaktion fehlschlägt, so gehen bei einem Rollback auch alle bereits erfolgreich ausgeführten Arbeitsschritte verloren.

> Konsistenz führt zu vielen Bestätigungs-Nachrichten: Soll eine verteilte Transaktion um jeden Preis ein konsistentes Ergebnis haben, so müssen gegebenenfalls sehr viele Statusanfragen versandt und verarbeitet werden, und zwar auch *nach* dem Ende der Transaktion. Beispielsweise könnte der Koordinator eine Commit-Nachricht versenden und gleichzeitig von allen Teilnehmern hierfür eine Empfangs-Bestätigung verlangen, damit er ausschließen kann, dass einer der Teilnehmer die Commit-Nachricht nicht erhalten hat. Kommt nun aber eine dieser „Ich-habe-die-Commit-Nachricht-erhalten"-Nachrichten nicht beim Koordinator an, müsste er beispielsweise so lange wiederholt den Status des Teilnehmers nachfragen, bis er eine solche Nachricht erhält ...

> Isolation führt zu hohen Sperr-Raten: Isolation bedeutet für eine wichtige Ressource, dass diese für den exklusiven Zugriff eines einzelnen Teilnehmers markiert wird und somit andere Teilnehmer nicht auf diese Ressource zugreifen dürfen. In einer verteilten Umgebung, in der aber Netzwerkverbindungen jederzeit ausfallen können, kann dies besonders schädlich sein. Beispielsweise könnte die Netzwerkverbindung *kurz vor* dem Moment ausfallen, in dem ein Teilnehmer eine wichtige Ressource *wieder freigeben* wollte – die wartenden Teilnehmer könnten folglich aushungern.

> Durabilität/Persistenz führt zu einer hohen Anzahl von Log-Dateien: Wann immer das Ergebnis einer verteilten Transaktion auf jeden Fall persistent sein soll, um Systemausfälle unbeschadet zu überdauern, muss jeder einzelne Teilnehmer sicherstellen, dass im Falle eines Systemausfalls sein Urzustand lückenlos wiederhergestellt werden kann. Da in einer verteilten Umgebung jedoch Daten nicht an einer zentralen Stelle (wie zum Beispiel bei einem Datenbanksystem) gespeichert werden, müsste also jeder Teilnehmer den Aufwand betreiben und eine persistente Log-Datei implementieren.

Diese vier Nachteile sind der Grund, warum nur wenige verteilte Transaktionen alle ACID-Eigenschaften erfüllen. Prinzipiell ist dies aber trotzdem möglich.

Im Kontext von verteilten Transaktionen spielt dagegen, wie bereits angedeutet, das so genannte zwei-Phasen-commit-Protokoll (2PC) eine wichtige Rolle. In einer verteilten Umgebung ist es schließlich wichtig, dass alle Teilnehmer einer Transaktion dem Ergebnis der Transaktion zustimmen – oder zumindest über das Ergebnis informiert werden. Das 2PC-Protokoll kommt bei sehr vielen verteilten Transaktionen zum Einsatz, sobald die Transaktion beendet (EOT beziehungsweise *commit*) werden soll.

**2PC**

Das zwei-Phasen-commit-Protokoll besteht (wie der Name schon sagt) aus zwei verschiedenen Phasen. Diese sind im Einzelnen:

**2PC-Phasen**

1. Phase 1 – *vorbereiten auf commit*: Bevor der Koordinator entscheiden kann, ob der Ausgang der Transaktion erfolgreich war, muss jeder einzelne Teilnehmer dazu aufgefordert werden, seine Arbeitsschritte, das heißt seinen Teil der *unit of work*, zu beenden. Dies wird dadurch realisiert, dass der Koordinator an alle Teilnehmer die so genannte Prepare-Nachricht sendet, also „vorbereiten auf commit". Sobald ein Teilnehmer seine Arbeit erledigt hat, muss er dies dem Koordinator gegenüber mit der Prepared-Nachricht bestätigen – oder, falls während des Beendens beim Teilnehmer ein Fehler aufgetreten ist, mit der Cancel-Nachricht.

**Vorbereitung auf Commit**

2. Phase 2 – *commit* (OK) oder *abort* (abbrechen): Nun liegen dem Koordinator also die Ergebnisse der Entscheidungen aller Teilnehmer vor – das heißt eine Menge von Prepared- und gegebenenfalls auch entsprechenden Cancel-Nachrichten. In dem eindeutigen Fall, in dem alle Teilnehmer mit Prepared geantwortet haben, ist es offensichtlich, dass die Transaktion erfolgreich war. Der Koordinator versendet daraufhin an alle Teilnehmer die Commit-Nachricht, das heißt, jeder Teilnehmer soll seinen erfolgreich abgeschlossenen Teil der Transaktion als definitiv beendet betrachten. Entscheidend ist nun die Frage, was passiert, wenn mindestens einer der Teilnehmer nicht mit Prepared, sondern mit

**Commit oder Abort**

`Cancel` geantwortet hat. Die Antwort ist: Die Reaktion des Koordinators hängt von der Art der Transaktion ab:

**Atomare Transaktion**

> Handelt es sich um eine atomare Transaktion, so ist die Transaktion fehlgeschlagen, da ein Teilnehmer nicht erfolgreich beendet werden konnte. Der Koordinator versendet die `Abort`-Nachricht, was dazu führt, dass *alle* Teilnehmer (inklusive derer, die mit `Prepared` gestimmt hatten) ihren Teil der *unit of work* rückgängig machen müssen.

**Nicht atomare Transaktion**

> Handelt es sich aber um eine nicht notwendigerweise atomare Transaktion, so bleibt es dem Koordinator überlassen, ob er die Transaktion dennoch als erfolgreich ansieht und an die Teilnehmer die `Commit`-Nachricht versendet. Hierfür kann der Koordinator eine Geschäftslogik aufrufen, um zu entscheiden, ob die Menge der Teilnehmer, die mit `Cancel` gestimmt haben, für den Ausgang der Transaktion wirklich entscheidend war oder nicht.

**Beispiel**

Ein Beispiel für ein Szenario, in dem eine Transaktion dennoch als erfolgreich angesehen werden kann, obwohl nicht alle Teilnehmer mit `Prepared` gestimmt haben, wäre etwa die folgende Situation, in der ein Bestellsystem (als der Koordinator) bei zwei verschiedenen Buchhändlern (den beiden Teilnehmern mybooks.de und mybooks.co.uk) drei Bücher bestellen möchte – nämlich ein deutsches und zwei englische Bücher. Das deutsche Buch ist jedoch die Übersetzung eines der beiden englischen Bücher, weshalb der Besteller (das heißt der Koordinator) eigentlich damit zufrieden wäre, wenn er das Buch *entweder* auf Deutsch *oder* auf Englisch haben könnte. Wenn nun im Verlauf der Transaktion tatsächlich das deutsche Buch nicht verfügbar ist, wäre die Transaktion (wenn sie denn atomar sein sollte) nicht erfolgreich, da einer der Teilnehmer (mybooks.de) seinen Teil der Bestellung nicht erfolgreich zur Verfügung stellen konnte. Von der Geschäftslogik jedoch betrachtet ist der Koordinator mit den beiden englischen Büchern zufrieden und versendet die `Commit`-Nachricht, das heißt, er betrachtet die Transaktion trotzdem als erfolgreich durchgeführt.

Obwohl diese Situation zunächst komplex erscheint, ist doch die Fähigkeit einer Transaktion, nicht-atomare Szenarien zu Ende zu bringen, für viele Anwendungs-Situationen unerlässlich – besonders in solchen Situationen, in denen Atomarität wegen des Nachteils der *verlorenen Arbeit* nicht erwünscht ist.

Wie so häufig im Leben ist etwas, das flexibel ist, auch zu einem gewissen Grad komplex – so auch die Art von Transaktionen, die im nächsten Abschnitt erläutert werden.

## 11.2.3   Lang laufende Transaktionen

Alle Transaktionen, die bisher betrachtet wurden, waren innerhalb von wenigen Sekunden oder sogar Millisekunden beendet. Dabei war es auch faktisch nie ein Problem, wenn eine (kurz laufende) Transaktion eine exklusive Sperre auf eine Ressource (zum Beispiel Datenbank-Tabelle) hatte, um bestimmte Arbeitsschritte isoliert durchführen zu können, da die Transaktion diese innerhalb kürzester Zeit wieder freigeben konnte. Genau genommen sind alle ACID-Transaktionen kurz laufend, wohingegen verteilte Transaktionen entweder kurz laufend oder auch lang laufend sein können.

**Kurz vs. lang laufende Transaktion**

Diese zwei Arten von verteilten Transaktionen benötigen allerdings grundlegend unterschiedliche Implementierungs-Strategien:

**Implementierung**

> Kurz laufende verteilte Transaktionen (siehe auch Abschnitt 11.4.2 auf Seite 289) werden typischerweise über das bereits diskutierte 2PC-Protokoll implementiert.

> Für die Implementierung lang laufender verteilter Transaktionen hingegen (siehe auch Abschnitt 11.4.3 auf Seite 292) gibt es eine ganze Reihe von so genannten „erweiterten Transaktions-Modellen" (*advanced transaction models*).

**Erweiterte Transaktions-Modelle**

Das wichtigste und am häufigsten verwendete erweiterte Transaktions-Modell ist das Modell der *offenen verschachtelten Transaktionen* (*open nested transactions*):

**Offen verschachtelte Transaktionen**

Eine verschachtelte Transaktion kann man sich als einen Baum von Unter-Transaktionen vorstellen; diese Unter-Transaktionen werden häufig auch als *scopes* bezeichnet. Jede dieser (Unter-)Transaktionen kann wiederum eine beliebige Anzahl von weiteren Unter-Transaktionen haben. Ursprünglich durften die Unter-Transaktionen einer verschachtelten Transaktion erst dann *commit* ausführen, wenn die Wurzel-Transaktion ebenfalls beendet wurde. Folglich mussten alle Unter-Transaktionen immer auf das *commit* der Wurzel warten. Für lang laufende Transaktionen ist ein solches Verhalten aber ziemlich unpraktikabel, da dies wiederum bedeuten würde, dass auch die entsprechenden Sperren bis zum *commit* der Wurzel gehalten werden müssten. Aus diesem Grund wurde der ursprüngliche Begriff der verschachtelten Transaktion umbenannt in geschlossene *verschachtelte Transaktion* (*closed nested transaction*), und es wurde eine weitere Variante eingeführt, bei der eine Unter-Transaktion *commit* ausführen darf, ohne auf die Wurzel oder eine andere Unter-Transaktionen warten zu müssen. Diese Variante nannte man offene *verschachtelte Transaktionen* (*open nested transactions*) [GR93]. In der Tat verwenden auch die in diesem Kapitel vorgestellten Web-Service-Spezifikationen (siehe Abschnitt 11.4.3 auf Seite 292) das Konzept der offenen geschachtelten Transaktionen.

**Geschlossen verschachtelte Transaktionen**

Darüber hinaus gibt es noch eine große Anzahl weiterer Transaktions-Konzepte für lang laufende Transaktionen, unter anderem *Sagas* und *chained transactions*. Einen guten Überblick über die vorhandenen Konzepte liefern beispielsweise [JG03] oder [GR93].

**Merkmale**  Warum *open nested transactions* in der Praxis dennoch am häufigsten für lang laufende Transaktionen verwendet werden, liegt im Wesentlichen an zwei Merkmalen:

1. Das den *open nested transactions* zugrunde liegende Kompensations-Konzept ist verhältnismäßig einfach zu verstehen und zu implementieren.

2. Lang laufende Transaktionen müssen ohnehin in irgendeiner Form in handhabbare Einheiten gruppiert werden, und hierfür bieten sich *scopes* natürlich an.

**Aufweichung von ACID**  Das Bemerkenswerte an allen Modellen für lang laufende Transaktionen ist jedoch, dass sowohl die Isolations- als auch die Atomaritäts-Eigenschaft aufgeweicht werden:

**Aufgeweichte Isolation:** Zwischenergebnisse werden für andere Teilnehmer sichtbar, *noch bevor* die gesamte (lang laufende) Transaktion beendet ist. Im Beispiel von *open* nested transactions kann, wie oben beschrieben, für einzelne *scopes* die commit-Operation aufgerufen werden, ohne auf den Wurzel-*scope* warten zu müssen.

**Aufgeweichte Atomarität:** Nicht fertige beziehungsweise unvollständige Transaktionen oder Teilergebnisse sind zulässig, solange das zugrunde liegende Informationssystem (vom Standpunkt der Geschäftslogik) nach Ende der Transaktion sich noch immer in einem konsistenten Zustand befindet. So kann im Beispiel einer *open nested transaction* das Gesamtergebnis (das heißt das Ergebnis des Wurzel-*scopes*) noch immer als erfolgreich gewertet werden, obwohl einzelne *scopes* nicht erfolgreich ausgeführt werden konnten.

Abbildung 11.1 auf der nächsten Seite zeigt eine Möglichkeit, Transaktionen nach den hier aufgeführten Kriterien in Form einer fast baumähnlichen Struktur zu unterteilen.

## 11.3 Existierende Spezifikationen

Die Akteure einer verteilten Transaktion müssen in der Lage sein, miteinander zu kommunizieren. Da es wünschenswert ist, dass die Kommunikation der Teilnehmer einheitlich verläuft, war es die logische Konsequenz, auch hier Web-Service-Standards zur Verfügung zu stellen. In der Tat gibt es

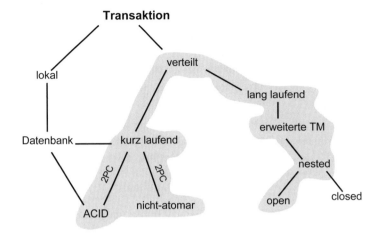

**Abbildung 11.1** *Transaktionsarten*

hier drei konkurrierende Ansätze beziehungsweise Spezifikationen für Web Services:

> das Web Services Transaction Framework (WS-TX, [NRKK07]), welches von IBM, Microsoft und IONA initiiert wurde,

> das Business Transaction Protocol (BTP, [CDF$^+$02]), das unter der Federführung von BEA entstand und

> als drittes das Web Services Composite Application Framework (WS-CAF, [BCH$^+$03]), welches unter anderem von Oracle und Sun Microsystems unterstützt wurde.

Mittlerweile hat sich das Web Service Transaction Framework als *der* Standard für Web-Service-Transaktionen etabliert. Nicht nur weil die beiden Web-Service-Schwergewichte IBM und Microsoft aktiv involviert waren, sondern weil WS-TX die ganzheitlichste Spezifikation von Transaktionen für Web Services bietet. Das Business Transaction Protocol ist eine allgemeine Definition, die Bindings für SOAP anbietet, aber nicht ausschließlich für Web Services erstellt wurde. Bei Web Services hat BTP faktisch keine Bedeutung, und zudem wird das BTP auch nicht mehr aktiv weiterentwickelt. Das Web Service Composite Application Framework hat sich auf die Verwaltung von Aktivitäten und Informationen für verteilte Web Services spezialisiert. Aus dem Framework ist die WS-Context-Spezifikation [NCLP07] hervorgegangen. Der Transaktionsteil wurde fallen gelassen, da alle drei Frameworks von OASIS standardisiert wurden, und es somit eine Überschneidung gegeben hätte.

**Standard für Transaktionen**

# 11.4 Web Services Transaction Framework

**Bausteine von WS-TX** Das WS-TX Framework ist eine Spezifikations-Familie. Es besteht aus den Spezifikationen WS-Coordination [NRFJ08], WS-AtomicTransaction [NRLW09] und WS-BusinessActivity [NRLF09]. Jede einzelne dieser Spezifikationen wurde in den vergangenen drei Jahren kooperativ von IBM, Microsoft und IONA entwickelt und als OASIS-Standard veröffentlicht.

**Entwicklung** Historisch betrachtet starteten die drei Firmen mit nur zwei Spezifikationen – WS-Coordination [NRFJ08] und WS-Transaction [CCF$^+$02], wobei WS-Transaction aus zwei verschiedenen Teilen bestand, die vor etwa einem Jahr jeweils in eine eigene Spezifikationen überführt wurden (WS-AtomicTransaction [NRLW09] und WS-BusinessActivity [NRLF09]).

Hieran wird bereits deutlich, dass WS-AtomicTransaction und WS-BusinessActivity sich einerseits ähnlich sind, andererseits für verschiedenartige Problemstellungen entwickelt wurden. Genau genommen handelt es sich bei den beiden um so genannte *coordination types*, die jedoch ohne WS-Coordination nicht eigenständig funktionsfähig sind. Abbildung 11.2 zeigt den für den Transport relevanten Ausschnitt des Web Services protocol stack aus Sicht des WS-TX Frameworks.

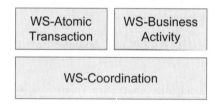

**Abbildung 11.2** *WS-Coordination: Basis für WS-AtomicTransaction und WS-BusinessActivity*

Die drei Teil-Spezifikationen des WS-TX Frameworks werden im Folgenden genauer dargestellt.

## 11.4.1 WS-Coordination

In einem Datenbanksystem wird eine Transaktion dadurch erzeugt und beendet, dass die vordefinierten Kommandos BOT (begin of transaction) und EOT (end of transaction) aufgerufen werden. Folglich müssen bei Transaktionen für Web Services auch entsprechende Mechanismen zur Steuerung des Lebenszyklus von Transaktionen bereitgestellt werden. Darüber hinaus sind an einer Transaktion für Web Services mehrere Teilnehmer involviert, die möglicherweise zu Beginn der Transaktion noch nicht verfügbar sind. Deshalb muss es für einen solchen Teilnehmer auch möglich sein, einer bereits laufenden Transaktion beizutreten (*join*).

Der von dem WS-TX Framework zur Verfügung gestellte Mechanismus zum Erstellen einer neuen und zum Beitreten zu einer bereits laufenden Transaktion wird durch die Spezifikation von WS-Coordination [NRFJ08] definiert.

**WS-Coordination**

Betrachtet man eine Datenbank-Transaktion von der Implementierungs-Seite, so stellt man fest, dass beim Aufruf von BOT im Wesentlichen folgendes geschieht: Irgendeine Form einer eindeutigen Transaktions-Nummer beziehungsweise -ID wird erstellt, welche dann allen Operationen, die als Teil dieser Transaktion durchgeführt werden, zugeordnet wird. Beispielsweise könnten die SQL-Aufrufe in Listing 11.1

**Listing 11.1** *Beispiel SQL-Transaktion*

```
connect to my_database; //i.e. "BOT"
insert into my_table values("something",4711);
commit; //i.e. "EOT"
```

zu folgendem in Listing 11.2 dargestellten (Java-ähnlichen Pseudo-)Code überführt werden.

**Listing 11.2** *Beispiel Java-Transaktion*

```
TransactionID id = myCoordinationService.createNewTransaction();
myDatabase.insert("my_table",id,"something",4711);
myCoordinationService.commit(id);
```

Anders ausgedrückt ist die Erstellung einer neuen Transaktion die Erstellung einer eindeutigen Transaktions-ID, welche von allen Operationen (in Java: Methoden) der Transaktion als Argument verwendet wird. Folglich ist das Beitreten eines anderen Teilnehmers zu einer bereits laufenden Transaktion trivial – er muss sich lediglich die eindeutige ID der Transaktion besorgen, um anschließend allen seinen Operationen, die in den Gültigkeitsbereich der Transaktion fallen, diese ID als Argument zu übergeben.

**Einer Transaktion beitreten**

Die Spezifikation WS-Coordination bezeichnet die ID einer Transaktion als CoordinationContext. Wie bei Web Services üblich, wird der CoordinationContext letztendlich als Element eines XML-Dokumentes dargestellt werden. Dieses Element, <wscoor:CoordinationContext>, enthält zudem ein Sub-Element <wscoor:Identifier>, dessen Inhalt zwar nicht weiter spezifiziert ist, aber typischerweise einen eindeutigen String- oder Integer-Wert enthält.

**Transaktions-ID**

In anderen Worten, die Hauptaufgabe von WS-Coordination ist, CoordinationContext-Elemente zu erzeugen und weiterzuvermitteln.

Für jede dieser zwei Aufgaben definiert die WS-Coordination-Spezifikation eine Art von *Service*:

**WS-Coordination Service**

> zum Erstellen einer neuen Transaktion beziehungsweise eines neuen CoordinationContext: den *Activation Service* sowie

> zum Beitreten zu einer bereits laufenden Transaktion: den *Registration Service.*

## 11.4.1.1  Activation Service

Der Activation Service akzeptiert die so genannte `CreateCoordination-Context`-Nachricht eines Teilnehmers und antwortet mit einer `CreateCoordinationContextResponse`-Nachricht, welche den eben neu erzeugten `CoordinationContext` enthält.

## 11.4.1.2  Registration Service

Im Gegensatz dazu akzeptiert der Registration Service die `Register`-Nachricht eines Teilnehmers und antwortet mit einer `RegisterResponse`-Nachricht.

Der genaue Nachrichtenfluss von WS-Coordination wird im Detail in der Spezifikation [NRFJ08] beschrieben.

## 11.4.1.3  Protocol Services

**Erweiterbarkeit**
Die wichtigste Eigenschaft von WS-Coordination ist jedoch seine *Erweiterbarkeit*, das heißt die Fähigkeit, als Basis für WS-AtomicTransaction, WS-BusinessActivity und eventuell auch weitere so genannte *coordination types* zu fungieren. Hierfür definiert WS-Coordination eine dritte Art von Service – die *(Coordination)* Protocol Services. Genau genommen definiert WS-Coordination nur deren Existenz, denn die Details eines *protocol service* werden von *coordination types* (wie WS-AtomicTransaction oder WS-BusinessActivity) spezifiziert. Was die Sache noch verwirrender macht, ein *coordination type* spezifiziert eigentlich nur eine Menge von *coordination protocols*, welche die abstrakte Beschreibung eines *(coordination) protocol service* sind.

Diese vier Begriffe (*coordination service, protocol service, coordination protocol* und *coordination type*) sind zugegebenermaßen leicht zu verwechseln. Deshalb veranschaulicht Abbildung 11.3 auf der nächsten Seite deren Zusammenhang.

Wichtig hierbei ist jedoch, sich vor Augen zu führen, dass WS-Coordination alle drei Arten von *services* definiert – Activation Service, Registration Service sowie die Existenz von mehreren Protocol Services.

Abbildung 11.3 auf der nächsten Seite fasst die drei Teile der WS-Coordination-Spezifikation zusammen: Ein WS-Coordination Service besteht aus einem Activation Service (zum Erstellen einer neuen Transaktion), einem

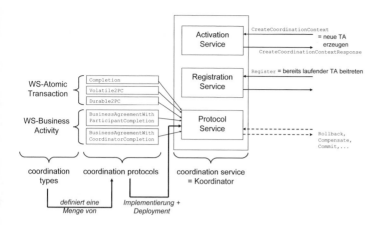

Abbildung 11.3 WS-Coordination-Übersicht

Registration Service (zum Beitreten einer bereits laufenden Transaktion) und mehreren Protocol Services (welche Implementierungen von *coordination protocols* sind).

In den folgenden beiden Abschnitten werden die beiden *coordination types* des WS-TX Frameworks vorgestellt – namentlich WS-AtomicTransaction und WS-BusinessActivity.

## 11.4.2   WS-AtomicTransaction

WS-AtomicTransaction [NRLW09] ist ein *coordination type* und besteht aus den drei *coordination protocols* Completion, Volatile2PC und Durable2PC (siehe auch Abbildung 11.3). Jedes dieser drei *coordination protocols* definiert eine Menge von Zuständen und Zustandsübergängen (so genannten *notifications* oder zu deutsch *Nachrichten*), die in der Spezifikation [NRLW09] sowohl als Zustands-(Übergangs-)Tabelle als auch als Zustandsdiagramm enthalten sind.

**Bausteine von WS-AtomicTransaction**

Die WS-AtomicTransaction-Spezifikation unterscheidet zwischen drei Rollen:

**Rollen**

> Koordinator
> Der Koordinator überwacht als zentrale Instanz die Transaktion und erlaubt den Zutritt weiterer Teilnehmer zur Transaktion. Er sammelt das Ergebnis der einzelnen Teilnehmer ein und propagiert das Gesamtergebnis der globalen Transaktion an die Teilnehmer.

> Initiator
> Der Initiator erzeugt einen neuen Transaktionskontext und startet die verteilten Arbeitsschritte. Am Ende veranlasst er den Abschluss (Commit) oder den Abbruch (Abort) der globalen Transaktion durch Senden der jeweiligen Status-Nachricht an den Koordinator.

> Teilnehmer
Ein Teilnehmer führt Arbeitsschritte einer Transaktion aus und teilt den
Ausgang seiner Arbeit dem Koordinator mit.

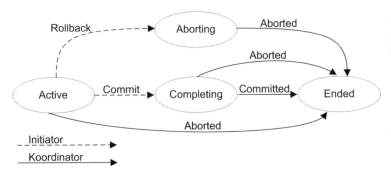

**Abbildung 11.4** *Zustands-Diagramm des Completion-Protokolls*

**Completion-Protokoll**  Abbildung 11.4 (welche direkt aus [NRLW09] übernommen wurde) zeigt das
Zustands-Diagramm des Completion-Protokolls. Dessen Aufgabe ist eigent-
lich simpel: Es ermöglicht einer Applikation, dem Koordinator (*(WS-)Coordi-
nation service*) mitzuteilen, dass dieser eine bestimmte Transaktion beenden
soll (`Complete`) und der Applikation den Ausgang der Transaktion mitteilen
soll.

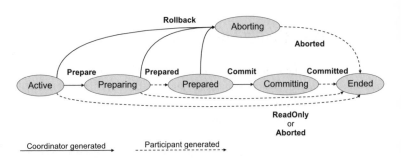

**Abbildung 11.5** *Zustands-Diagramm Volatile2PC und Durable2PC*

Abbildung 11.5 (welche ebenfalls direkt aus [NRLW09] übernommen wurde)
zeigt das Zustands-Diagramm der `Volatile2PC`- und `Durable2PC`-Protokol-
le. Im Wesentlichen handelt es sich um zwei geringfügig verschiedene Varianten des 2PC-Protokolls, welches bereits in Abschnitt 11.2.2 auf Seite 279
vorgestellt wurde.

**Use Case**  Ein konkreter Use Case ist in Abbildung 11.6 auf Seite 292 dargestellt. Der
Initiator erstellt zuerst einen Transaktionskontext, indem er die *CreateCoor-
dinationContext*-Nachricht an den Koordinator schickt. Nachdem der Kontext
erstellt wurde, führt der Initiator eine Anfrage an den Teilnehmer *T1* durch.
Im SOAP-Header wird zusätzlich zur eigentlichen Nachricht der Coordina-
tionKontext mitgesendet. Der Teilnehmer *T1* registriert sich mithilfe der

Metadaten aus dem SOAP-Header beim Registrierungsservice unter Angabe des Volatile-Protokolls, da der Teilnehmer nur ein flüchtiger Cache ist und keine Informationen ändern oder speichern kann. Nach der erfolgreichen Registrierung antwortet Teilnehmer *T1* dem Initiator mit dem angefragten Ergebnis. Danach schickt der Initiator eine Anfrage an Teilnehmer *T2*, welcher sich wie Teilnehmer *T1* erst beim Registrierungsservice registriert, jedoch unter Angabe des Durable-Protokolls, da Teilnehmer *T2* potenziell Daten ändern kann. Nachdem Teilnehmer *T2* seine Antwort gesendet hat, schickt der Initiator eine Nachricht an Teilnehmer *T3*, welcher sich auch mit dem Durable-Protokoll registriert und die gewünschte Operation ausführt und das Ergebnis zurückmeldet. Der Initiator entscheidet sich anhand der Daten der einzelnen Teilnehmer, dass er die Transaktion erfolgreich abschließen möchte. Hierfür schickt er dem Koordinator die *Commit*-Nachricht. Der Koordinator muss nun dafür sorgen, dass sich alle Durable-Teilnehmer auf den Abschluss der Transaktion vorbereiten, wofür er die *Prepare*-Nachricht an Teilnehmer *T2* und *T3* schickt. Der Teilnehmer *T1* erhält keine Nachricht, da dieser sich nur mit dem Volatile-Protokoll registriert hat. Teilnehmer *T2* antwortet mit einer *ReadOnly*-Nachricht, weil dieser keine Daten geändert hat und somit keine weitere Behandlung benötigt. Teilnehmer *T3* sendet eine *Prepared*-Nachricht und teilt dem Koordinator somit mit, dass er die Transaktion im Falle einer *Commit*-Nachricht erfolgreich abschließen kann. Der Koordinator wertet nun die Ergebnisse aller Teilnehmer aus und entscheidet, dass die globale Transaktion abgeschlossen werden soll. Er sendet deshalb eine *Commit*-Nachricht an Teilnehmer *T3*, welcher die Transaktion daraufhin abschließt und dies dem Koordinator zurückmeldet. Im letzten Schritt meldet der Koordinator dem Initiator, dass die globale Transaktion erfolgreich war, in dem er eine *Committed*-Nachricht an den Initiator schickt.

**Anwendung**

Zusammenfassend lässt sich sagen, dass die WS-AtomicTransaction-Spezifikation eigentlich nur Zustände und Zustandsübergänge festlegt und dies zusätzlich noch in XML-Vokabular beschreibt. WS-AtomicTransaction fordert aber entgegen ihres Namens in keiner Weise Atomarität. Man kann WS-AtomicTransaction sogar ohne Probleme dazu verwenden, eine Transaktion zu implementieren, welche keine einzige der vier ACID-Eigenschaften erfüllt. Im Normalfall verwendet man jedoch einen schon vorhandenen Transaktionsmechanismus wie zum Beispiel das Transaktionsmanagement der Java Enterprise Beans, so dass die ACID-Eigenschaften sichergestellt sein sollten. Web Services mit WS-AtomicTransaction werden in der Praxis in den meisten Fällen wohl dazu verwendet werden, um kurz laufende und synchrone Transaktionen zu implementieren, welche Ressourcen für eine kurze Zeit exklusiv sperren können.

Diese kurz laufenden Transaktionen können nun zu einer *größeren* Transaktion zusammengefügt werden – einer so genannten BusinessActivity:

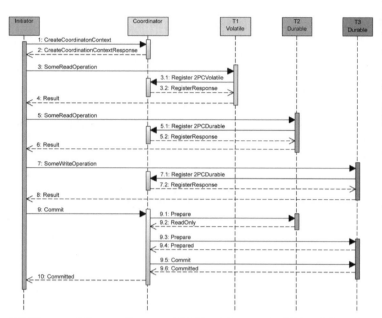

**Abbildung 11.6** *Sequenzdiagramm WS-AtomicTransaction [Vaj07, Seite 73]*

### 11.4.3 WS-BusinessActivity

**Bausteine von WS-BusinessActivity**

WS-BusinessActivity ist der zweite *coordination type* basierend auf WS-Coordination. Seine Spezifikation [NRLF09] definiert zwei geringfügig verschiedene *coordination protocols* – `BusinessAgreementWithParticipantCompletion` und `BusinessAgreementWithCoordinatorCompletion` (siehe auch Abbildung 11.3 auf Seite 289).

Die WS-BusinessActivity-Spezifikation ist zudem sehr ähnlich aufgebaut wie die von WS-AtomicTransaction – sie beschreibt die *coordination protocols*, indem die Zustände und Zustandsübergänge aufgelistet werden, jedoch werden auch hier alle semantischen Aspekte außen vor gelassen.

**Anwendung**

In der Praxis wird WS-BusinessActivity hauptsächlich dazu eingesetzt mehrere kleine AtomicTransactions zu einer im wahrsten Sinne des Wortes grösseren *Business*-Aktivität zusammenzukoppeln.

**Kompensation**

Tritt während der Ausführung einer BusinessActivity ein Fehler auf, so müssen alle bereits erfolgreich durchgeführten Arbeitsschritte (in den meisten Fällen also diejenigen AtomicTransactions, die sich bereits im Zustand `Ended` befinden) kompensiert werden. Kompensation bedeutet, dass explizit hierfür vorgesehener Code aufgerufen wird, um die Effekte einer bereits erfolgreich beendeten Aktion (beziehungsweise AtomicTransaction) rückgängig zu machen. Da WS-BusinessActivity das Konzept der *open nested transactions* (siehe Abschnitt 11.2.3 auf Seite 283) implementiert und folglich alle Aktivitäten einer BusinessActivity in *scopes* organisiert sind, ist es nur möglich, einen ganzen *scope* zu kompensieren.

Das Ergebnis ist, dass BusinessActivities im Gegensatz zu AtomicTransactions hauptsächlich dazu verwendet werden, um lang laufende, asynchrone Transaktionen zu implementieren.

Die Tatsache, dass eine BusinessActivity typischerweise lang laufend ist, bedeutet, dass eine BusinessActivity selbst keine Ressourcen exklusiv sperren darf; falls doch, könnte dies zur Aushungerung anderer Transaktionen oder Prozesse führen, die ebenfalls auf diese (gesperrte) Ressource zugreifen wollen. Lediglich eine kurz laufende AtomicTransaction, die Teil einer BusinessActivity ist, darf eine Ressource für eine kurze Zeit exklusiv sperren.

**Sperren von Ressourcen**

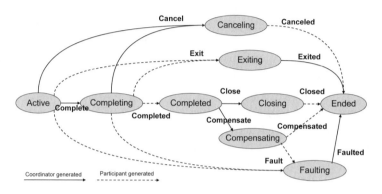

**Abbildung 11.7** *Zustands-Diagramm WS-BusinessActivity*

Abbildung 11.7 (übernommen aus [NRLF09]) zeigt das Zustandsdiagramm von WS-BusinessActivity – genau genommen das des `BusinessAgreement-WithCoordinatorCompletion`-Protokolls, das sich nur geringfügig von dem Diagramm des `BusinessAgreementWithParticipantCompletion`-Protokolls unterscheidet. Die in diesem Fall wichtigsten Zustandsübergänge sind `Compensate` und `Compensated`, die auch dann noch ausgeführt werden können, *nachdem* die Transaktion bereits erfolgreich `Completed` wurde. Befindet sich im Gegensatz dazu eine AtomicTransaction in dem äquivalenten Zustand `Committed`, ist es nicht mehr möglich, diese automatisch (das heißt lediglich durch Versenden einer weiteren *notification*) rückgängig zu machen.

**WS-BusinessActivity**

Entscheidend ist außerdem, dass durch die Definition der `Compensate` *notification* implizit gefordert wird, dass es Code (zum Beispiel in Form einer Methode) gibt, der beim Eintreffen dieser *notification* aufgerufen wird, um die bisherigen Aktivitäten der BusinessActivity rückgängig zu machen. In der Praxis, zum Beispiel im Rahmen der BPEL4WS-Spezifikation [ACD+03], wird dies durch so genannte *compensation handler* implementiert.

Man könnte auch sagen, dass ein BusinessActivity-*scope* am ehesten mit einem Java-`try`-Block verglichen werden kann - in diesem Vergleich wird der *compensation handler* durch den `catch`-Block in Java dargestellt.

**Vergleich mit Java**

Als Folgerung der vorangehenden beiden Abschnitte (über WS-AtomicTransaction und WS-BusinessActivity) lässt sich festhalten, dass der Implemen-

**Folgerung: Entscheidung zur Entwurfszeit**

**Tabelle 11.1** *Vergleich WS-AtomicTransaction und WS-BusinessActivity*

|  | WS-AtomicTransaction | WS-BusinessActivity |
|---|---|---|
| Dauer | kurz laufend | lang laufend |
| Art von Aufrufen | synchron | asynchron |
| Fehlerfallverhalten | `Rollback` | `Compensate` |
| Konzept | ACID über 2PC-Protokoll | open nested transactions |
| Bestandteile | (verteilte) Methodenaufrufe | viele *kleine* Atomic-Transactions |
| Typisches Szenario | Überweisung | Versicherungs-Vertrag |

tierer eines jeden transaktionalen Web Service auf Basis des WS-TX Frameworks bereits zur Entwurfszeit (*design time*) entscheiden muss, ob es sich bei der zu implementierenden Transaktion um eine AtomicTransaction oder um eine BusinessActivity handelt. Beide sind spezielle Arten von Transaktionen, die für verschiedene Transaktions-Szenarien entwickelt wurden.

In Tabelle 11.1 werden abschließend die typischen Anwendungs-Szenarien von WS-AtomicTransaction mit denen von WS-BusinessActivity verglichen. Somit dient diese Tabelle auch als eine Entscheidungshilfe für den Implementierer eines transaktionalen Web Service, welche der beiden Spezifikationen er verwenden soll. Einen sehr viel ausführlicheren Vergleich liefert beispielsweise [CCJL04].

## 11.4.4 WS-TX – Zusammenfassung

Es gibt drei verschiedene Spezifikationen für Transaktionen für Web Services, von denen sich das WS-TX Framework [NRKK07] durchgesetzt hat. Hierbei handelt es sich um eine Spezifikations-Familie, bestehend aus den folgenden drei Einzel-Spezifikationen:

> WS-Coordination definiert die Schnittstelle eines Koordinators. Die wichtigsten Operationen des WS-TX-Koordinators sind zunächst `Create-CoordinationContext` (zum Erzeugen einer neuen Transaktion) und `Register` (zum Beitreten eines Teilnehmers zu einer bereits laufenden Transaktion). Darüber hinaus bildet WS-Coordination die Grundlage für die beiden *coordination types* WS-AtomicTransaction und WS-BusinessActivity:

> Eine (WS-)AtomicTransaction ist eine kurz laufende (*short-running*) Transaktion und im Wesentlichen die Implementierung des Zwei-Phasen-Commit-Protokolls für Web Services. Sie wird normalerweise dazu verwendet, eine Ressource exklusiv für eine kurze Zeitdauer zu sperren; im Fehlerfall kann ein vollständiger `Rollback` ausgeführt werden.

> Eine (WS-)BusinessActivity ist eine lang laufende (*long-running*) Transaktion, die aus mehreren AtomicTransactions bestehen kann. Normaler-

weise wird eine BusinessActivity unter keinen Umständen selbst eine exklusive Sperre auf einer Ressource halten – höchstens eine ihrer *untergeordneten* AtomicTransactions. Im Fehlerfall werden explizit programmierte *kompensierende* (Trans)Aktionen ausgeführt, die die bereits erfolgreich durchgeführten Teile der BusinessActivity rückgängig machen.

## 11.5 Folgerungen und Ausblick

Experimentiert man mit den bereits existierenden Prototypen für Transaktionen für Web Services, so stellt man schnell fest, dass die Transaktions-Konzepte, die in den vergangenen 25 Jahren entwickelt wurden (siehe Abschnitt 11.2 auf Seite 278), weitestgehend problemlos und ohne relevante Abänderungen auf Web Services übertragbar sind. Dennoch werden transaktionale Web Services immer noch recht selten eingesetzt. Die Hauptgründe dafür sind:

**Hintergründe**

> Mangelnde Tool-Unterstützung
> Eine Unterstützung zur leichten Erstellung und Modellierung von Web Services mit WS-AtomicTransaction oder WS-BusinessActivity anhand von Assistenten und Tools ist nur ansatzweise vorhanden. Abhängig von der verwendeten Entwicklungsumgebung müssen viele Schritte noch manuell umgesetzt werden. Die Unterstützung des WS-TX Frameworks ist bei einigen Applikationsservern standardmäßig deaktiviert und muss teilweise erst aufwändig konfiguriert werden.

> ESB als Alternative
> Lang laufende Transaktionen können auch in einem ESB modelliert werden. Die modernen Workflow-Modellierungs-Tools verlangen bereits heute die Gruppierung von Aktivitäten in *scopes*, denen *compensation handler* zugeordnet werden können.

> Verlagerung der Transaktionslogik
> In vielen Fällen ist es auch möglich, die Transaktionslogik auf die Back-end-Systeme zu verlagern, das heißt, anstatt dass mehrere Web Services aufgerufen werden, wird ein aggregierter Web Service angeboten. Das System des aggregierten Web Service kümmert sich um die Transaktionsabwicklung.

> Hohe Komplexität
> Die hohe Komplexität von WS-BusinessActivity verhindert einen breiten Einsatz. Es gibt allein für die Definition der Zustandsübergänge acht Seiten in der Spezifikation [NRLF09, Seite 24-31]. Die Erweiterbarkeit von WS-TX ist nicht nur ein Vorteil, da sich durch diese Flexibilität auch die Komplexität erhöht hat. Zudem erfordert die Implementierung

einer wirklich sicheren Web-Service-Transaktion die Kenntnis weiterer Web-Service-Standards wie WS-Addressing, WS-Security und WS-Trust (vergleiche [NRFJ08, Seite 22ff], [NRLW09, Seite 20ff] und [NRLF09, Seite 19ff]).

> Fehlende Erfahrung mit dem Kompensations-Konzept
Das do-compensate-Paradigma ist essenzieller Bestandteil von WS-BusinessActivity und stellt eine strukturierte Herangehensweise an die Behandlung von Fehlersituationen bei lang laufenden Transaktionen oder Workflows dar. Die meisten Programmierer sind aber noch nicht gewohnt, zu jeder Methode noch eine weitere Methode zu schreiben, die die Effekte der eigentlichen Methode vollständig rückgängig macht. Für wirklich geschäftskritische Web Services muss dies aber in jedem Fall gemacht werden, da nur auf diese Weise die Behandlung von Fehlersituationen vollständig automatisch erfolgen kann.

> Geringe Transaktionsunterstützung von Web Services
Alle an einer Transaktion beteiligten Web Services müssen die jeweiligen Protokolle unterstützen. Hierbei tritt jedoch das Henne-Ei-Problem auf: Solange nur wenige Web Services Transaktionen unterstützen, solange lohnt es sich auch nicht, eigene Web Services mit Transaktionsunterstützung auszustatten.

**Ausblick**  Das WS-TX Framework wird inzwischen von den beiden wichtigsten Plattformen .NET und Java EE unterstützt. Eine Tool-Unterstützung zur leichten Erstellung von Web Services mit WS-AtomicTransaction oder WS-BusinessActivity ist jedoch nur ansatzweise vorhanden. Zudem ist bei einigen Applikationsservern die Unterstützung für das WS-TX Framework standardmäßig deaktiviert und muss teilweise erst noch aufwändig konfiguriert werden. In vielen Fällen ist zudem zu bezweifeln, dass es eine große Anzahl von Web-Service-basierten zwei-Phasen-commit-Transaktionen geben wird. Dies liegt an zunehmend verteilten Architekturen mit loser Kopplung und asynchronen Komponenten. Hier ist ein derart striktes Sperren von Ressourcen nur selten möglich und entsprechende Kompensationen meist sinnvoller. Bei lang laufenden Transaktionen ist es auch fraglich, ob sich WS-BusinessActivity durchsetzen wird, da heute schon existierende ESBs die Modellierung von Workflows mit *compensation handler* unterstützen.

# 12 | Nichttechnische Anforderungen

*„La confiance est un élément majeur : sans elle, aucun projet n'aboutit."*
Eric Tabarly (1931–1998)

Im Kapitel nichttechnische Anforderungen werden Anforderungen vorgestellt, die nicht aus einer technischen, sondern aus einer betriebswirtschaftlichen beziehungsweise juristischen Perspektive an Service-orientierte Architekturen herangetragen werden. Hier sind zunächst die rechtlichen Rahmenbedingungen zu nennen, da sie erheblichen Einfluss auf Service-orientierte Architekturen haben.

Ein weiterer wichtiger Punkt für die Verbreitung von Service-orientierten Architekturen ist die Garantie einer bestimmten, definierten Dienstequalität mittels Service Level Agreements. Nur wenn die Zuverlässigkeit von Web Services verbindlich zugesichert wird, werden Kunden bereit sein, Geld für angebotene Dienste zu bezahlen.

Die dritte Facette in diesem Bereich sind die Möglichkeiten zur Bezahlung innerhalb Service-orientierter Architekturen. Werden keine Bezahlfunktionen verwirklicht, so werden kommerzielle Anbieter nur selten Web Services anbieten, da sie durch ihr Angebot kein Geld verdienen können.

Der Abschnitt *Sicherstellung der Dienstqualität* basiert auf dem in den Proceedings der Berliner XML-Tage [TE04] von Sebastian Eberhard veröffentlichten Beitrag „Service Level Agreements für Web Services" [Wer04].

## Übersicht

## 12.1 Rechtliche Rahmenbedingungen für SOA

Bei der Nutzung von IT-Systemen – seien sie auf Basis Service-orientierter Architekturen aufgebaut oder nicht – müssen immer auch die rechtlichen Rahmenbedingungen berücksichtigt werden, ansonsten können Betreibern und Nutzern solcher Systeme erhebliche Probleme entstehen.

An die IT-Systeme von Unternehmen werden darüber hinaus besondere Anforderungen gestellt, wenn diese Teil der internen Rechnungslegung sind oder ihre Daten in die Finanzbuchhaltung einfließen.

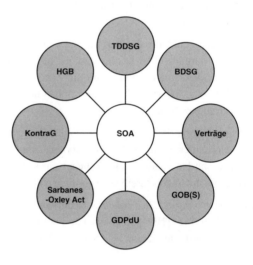

**Abbildung 12.1** *Gesetzliche Regelungen für SOA*

Wie in Abbildung 12.1 sichtbar ist, existiert eine Vielzahl gesetzlicher Regelungen, die für Service-orientierte Architekturen von Belang sein können. Zu diesen Regelungen zählen nicht nur deutsche Gesetze, sondern auch internationale Regelungen und Gesetze anderer Länder, wie beispielsweise der Sarbanes-Oxley Act.

In diesem Kapitel werden zunächst die wichtigsten rechtlichen Rahmenbedingungen kurz vorgestellt. Anschließend werden Risiken dargestellt, die Service-orientierte Architekturen im Hinblick auf die Einhaltung der gesetzlichen Regelungen bergen.

In diesem Kapitel wird nur eine Einführung gegeben. Eine umfassende Darstellung der Thematik ist leider nicht möglich, da dies den Umfang dieses Buches sprengen würde.

Die gesetzlichen Regelungen können zum einen nach nationaler oder internationaler Herkunft, zum anderen nach ihrer Art kategorisiert werden (siehe Abbildung 12.2 auf der nächsten Seite).

|  | national | international |
|---|---|---|
| Management | KonTraG | Sarbanes-Oxley Act |
| Rechnungslegung | GOB(S) | |
| Prüfung | GDPdU | |
| Datenschutz | BDSG TDDSG | |

**Abbildung 12.2** *Einordnung gesetzlicher Regelungen für SOA*

## 12.1.1 Anforderungen an das Management

Zu den zu berücksichtigenden Richtlinien gehören unter anderem der *Sarbanes-Oxley Act* und das *Gesetz zur Kontrolle und Transparenz im Unternehmensbereich (KonTraG)*.

Beiden ist gemein, dass sie die Transparenz in Unternehmen verstärken und die Pflichten von Unternehmensleitung und Aufsichtsorganen erweitern.

Es werden umfassende Berichts- und Kontrollsysteme im Unternehmen gefordert, um das Risikomanagement zu verbessern und somit gleichermaßen Kapitalgeber und Anleger einen besseren Einblick in die Unternehmung zu ermöglichen, um so Risiken für Investitionen besser abschätzen und minimieren zu können.

Der Sarbanes-Oxley Act hat vorrangig die Interessen der Anleger im Auge. Er ist zwar ein US-Gesetz, jedoch müssen alle Unternehmen, die bei der *U.S. Securities and Exchange Commission (SEC)* registriert sind, dem Sarbanes-Oxley Act entsprechen.

**Sarbanes-Oxley Act**

Insbesondere stellen KonTraG und Sarbanes-Oxley Act Anforderungen an das Interne Kontrollsystem eines Unternehmens. Im Rahmen des Betriebs einer Service-orientierten Architektur müssen die SOA-spezifischen Anforderungen im Kontrollsystem des Unternehmens abgebildet sein. Siehe dazu Abschnitt 12.1.4 auf Seite 304.

## 12.1.2 Rechnungslegungsorientierte Anforderungen

Zu den wichtigsten Anforderungen gehören die *Grundsätze ordnungsmäßiger DV-gestützter Buchführungssysteme (GOBS)*, die eine Spezialform der *Grundsätze ordnungsmäßiger Buchführung (GOB)* darstellen. Grundsätzlich gelten die

**GOBS**

GOBS für alle IT-Systeme, die die Vermögensverhältnisse des Unternehmens betreffen.

Neben dem Buchführungssystem selbst gehören dazu alle Systeme, die die wirtschaftlichen Kernprozesse unterstützen. Beispiele im SOA-Umfeld sind E-Commerce-Systeme oder Warenwirtschaftssysteme.

Die GOBS definieren die Anforderungen an DV-gestützte Buchführungssysteme anhand der Normen §§ 238, 239, 257, 261 HGB und §§ 145-147 AO. Eine Auslegung der GOBS durch das *Institut der Wirtschaftsprüfer (IDW)* kann unter [Ins03] und [Ins02] nachgelesen werden.

Die GOB beziehungsweise die GOBS charakterisieren Ordnungsmäßigkeit anhand von sechs Eigenschaften, die die entsprechenden Systeme erfüllen müssen:

**Vollständigkeit** Alle Geschäftsvorfälle, die die Vermögensverhältnisse des Unternehmens berühren, sind aufzeichnungspflichtig. Jeder Geschäftsvorfall muss einzeln erfasst werden. Die Vollständigkeit der Buchungen muss über die gesamte Aufbewahrungsfrist gewährleistet sein.

**Richtigkeit** Belege und Bücher müssen die Geschäftsvorfälle inhaltlich zutreffend abbilden. Geschäftsvorfälle müssen in Übereinstimmung mit den rechtlichen Vorschriften abgebildet werden.

**Zeitgerechtheit** Buchungen müssen zeitnah erfolgen und einer Geschäftsperiode eindeutig zuzuordnen sein. Jeder Geschäftsvorfall ist der Buchungsperiode zuzurechnen, in der er angefallen ist.

**Ordnung** Die Buchführung muss so geschehen, dass Geschäftsvorfälle sowohl in zeitlicher (Journal) als auch in sachlicher (Konten) Ordnung abgebildet werden können. Dies muss zeitnah geschehen, des Weiteren müssen die Geschäftsvorfälle optisch lesbar gemacht werden.

**Nachvollziehbarkeit** Die Buchführung muss so aufgebaut sein, dass ein sachverständiger Dritter innerhalb kurzer Zeit einen Überblick sowohl über die angefallenen Geschäftsvorfälle als auch über die wirtschaftliche Lage des Unternehmens gewinnen kann. Die Abwicklung des Geschäftsvorfalls und die angewandten Verfahren der Buchführung müssen nachvollziehbar sein. Dies muss für die Dauer der Aufbewahrungsfrist der Unterlagen gegeben sein.

**Unveränderlichkeit** Nach dem Zeitpunkt der Buchung darf die Eintragung nicht in einer Weise verändert werden, sodass der ursprüngliche Inhalt nicht mehr rekonstruierbar ist. Geschehen Änderungen, so muss neben dem ursprünglichen Beleg auch die vorgenommene Veränderung sichtbar sein.

## 12.1.2.1   Belegfunktion

Grundmerkmal der Ordnungsmäßigkeit ist der Grundsatz „Keine Buchung ohne Beleg": Zu jeder Buchung muss ein Beleg existieren, um die Berechtigung der Buchung nachvollziehen zu können.

Analog zu papiergebundenen Belegen können im elektronischen Geschäftsverkehr elektronische Dokumente Belegcharakter haben. Ein wichtiges Beispiel sind in E-Commerce-Szenarien elektronische Belege, bei denen der Vorgang vom Empfänger autorisiert ist, buchungspflichtig ist und den Bilanzierenden erreicht hat. Somit wird sichergestellt, dass keine fiktiven oder unberechtigten Geschäftsvorfälle in das System einfließen. Die Modalitäten der Autorisierung müssen im Voraus definiert sein. Elektronische Belege unterliegen wie Papierbelege der Pflicht zur Aufbewahrung.

**Elektronische Belege**

Bei automatisierten Vorgängen, beispielsweise im Rahmen von B2B-Aktivitäten existiert oft kein direkter oder konventioneller Beleg für den Nachweis des Vorgangs. In solchen Fällen übernimmt die Verfahrensbeschreibung des Vorgangs (teilweise) den Belegcharakter[1]. In einem solchen Fall müssen die folgenden Anforderungen erfüllt sein [Ins02]:

**Belegeigenschaft von Verfahrensbeschreibungen**

> „Dokumentation der programminternen Vorschriften zur Generierung der Buchungen"

> „Nachweis, dass die in der Dokumentation enthaltenen Vorschriften einem autorisierten Änderungsverfahren unterlegen habe (unter anderem Zugriffsschutz, Versionsführung, Test- und Freigabeverfahren)"

> „Nachweis der tatsächlichen Durchführung der einzelnen Buchung."

## 12.1.2.2   Journal- und Kontenfunktion

Das Buchführungsverfahren muss gewährleisten, dass Geschäftsvorfälle sowohl in zeitlicher (Journal) als auch in sachlicher Ordnung (Konten) dargestellt werden können. Dies gilt für E-Commerce-Szenarien gleichermaßen. Versandte und empfangene rechnungslegungsrelevante Daten müssen chronologisch aufgezeichnet werden. Die sachliche Ordnung bei Transaktionen muss erhalten bleiben.

**Konten**

Die Journalfunktion kann durch Informationssysteme wahrgenommen werden, die an die Buchhaltungssysteme angeschlossen sind. Wird eine Summenbuchung aus diesen Systemen in ein Buchführungssystem vorgenommen, so müssen die Einzelnachweise der Buchungen weiterhin auswertbar im angeschlossenen System gespeichert werden.

**Journal**

---

[1] Vereinfacht ausgedrückt durch die Logik: Nachweis des definierten Verfahrens plus Nachweis, dass das Verfahren durchgeführt wurde = Nachweis für die Buchung

Damit ein angeschlossenes System die Journalfunktion wahrnehmen kann, müssen die Ordnungsmäßigkeitsanforderungen an die Buchführung von diesem System eingehalten werden. Insbesondere müssen die aufgezeichneten Daten gegen Veränderung oder Löschung geschützt sein.

### 12.1.2.3 Dokumentation

Für die Dokumentation sollten die in [Ins02] dargestellten Anforderungen an die Dokumentation von IT-Systemen eingehalten werden. Grundsätzlich gilt, dass die Verfahrensdokumentation so aufgebaut sein muss, dass ein sachverständiger Dritter sich einen Überblick über das System verschaffen kann.

Bestandteile der Dokumentation sollte Folgendes sein (analog [Ins03]):

> Beschreibung der eingesetzten Hard- und Software

> Darstellung der Netzwerkarchitektur

> Beschreibung der Kommunikationsprotokolle

> Beschreibung verwendeter Verschlüsselungsverfahren

> Beschreibung eingesetzter Signaturverfahren

> Datenflusspläne vom Eingang der Daten im Unternehmen bis zur Rechnungslegung

> Beschreibung der Schnittstellen von an die Buchhaltung angeschlossenen E-Commerce-Systemen

> Dokumentation der Autorisierungsverfahren einschließlich der Verfahren zur Generierung automatisierter Buchungen

> Beschreibung der Rechte und Pflichten von beauftragten Providern

Zusätzlich zur technischen Dokumentation sind die Geschäftsprozesse zu dokumentieren, die der Kontrolle der Sicherheit und Ordnungsmäßigkeit beim Einsatz von E-Commerce dienen.

### 12.1.2.4 Aufbewahrungspflichten

Nach § 257 HGB müssen alle gesendeten und empfangenen Handelsbriefe sechs Jahre, Buchungsbelege und zum Verständnis der Buchführung nötigen Arbeitsanweisungen und Dokumentationen zehn Jahre aufbewahrt werden.

Im SOA-Kontext ist dabei zu beachten, dass die Verfahrensdokumentation, soweit sie sich auf rechnungslegungsrelevante Systeme bezieht, in der Regel zu den „sonstigen Arbeitsanweisungen" zählt und damit zehn Jahre lang aufbewahrt werden muss.

Werden Daten konvertiert, verschlüsselt oder signiert, so muss sichergestellt sein, dass die Integrität, Authentizität und Unveränderlichkeit der Daten während der Aufbewahrungsfrist gegeben sind.

Werden Daten verschlüsselt aufbewahrt, so müssen sie jederzeit in einem angemessenen Zeitraum wieder lesbar gemacht werden können. Momentan wird diskutiert, ob verschlüsselte Daten zusätzlich unverschlüsselt aufbewahrt werden müssen.

EDI-Daten unterliegen den Aufbewahrungspflichten, denen auch reguläre Handelsbriefe und Buchungsbelege unterliegen. EDI-Daten können normalerweise im systemeigenen Format gespeichert werden, müssen aber innerhalb eines akzeptablen Zeitraums lesbar gemacht werden können.

**EDI-Daten**

Daten mit Belegfunktion müssen laut § 257 HGB zehn Jahre aufbewahrt werden. Gleiches gilt für die Dokumentation von E-Commerce-Systemen.

## 12.1.3  Sicherheit

Neben den oben erwähnten Anforderungen steht die Sicherheit bei IT-Systemen, insbesondere bei Service-orientierten Architekturen, im Vordergrund. Aus diesem Grund werden durch [Ins03] außerdem weitere Anforderungen an die Sicherheit von an E-Commerce-Aktivitäten beteiligten IT-Systemen gestellt.

**Integrität** Daten, Informationen und Systeme müssen vollständig und richtig zur Verfügung stehen. Sie müssen vor nicht autorisiertem Zugriff, Änderungen und Manipulation geschützt sein.

Die Integrität von Daten kann auch während der Übertragung durch ungesicherte Netze, wie zum Beispiel das Internet, gefährdet werden. Hier sind die nötigen Vorsichtsmaßnahmen zu treffen.

**Verfügbarkeit** Unternehmen müssen nötige Hardware, Software, Daten und Informationen dauerhaft bereitstellen, um den normalen Geschäftsbetrieb aufrechterhalten zu können.

Nach Ausfällen der Systeme muss der ordnungsgemäße Zustand vor der Störung wiederherstellbar sein.

**Vertraulichkeit** Der Zugang zu Daten muss unberechtigten Dritten verwehrt bleiben. Daten dürfen nicht weitergegeben werden, ohne dass eine Berechtigung für die Weitergabe vorliegt.

Die relevanten gesetzlichen Vorschriften, wie beispielsweise das Bundesdatenschutzgesetz, kurz BDSG und das Gesetz über den Datenschutz bei Telediensten (TDDSG), müssen eingehalten werden.

Die Vertraulichkeit bei der Übermittlung von Daten muss gewährleistet sein. Dies betrifft insbesondere die Kommunikation über öffentliche Netzwerke.

**Authentizität** Ein Geschäftsvorfall muss einem Verursacher eindeutig zuzuordnen sein. Bei der Kommunikation in Service-orientierten Architekturen kann dies beispielsweise durch die Verwendung elektronischer Signaturen geschehen.

Kann die Authentizität einer Person oder eines „elektronischen Geschäftspartners" nicht garantiert werden, so kann ein Geschäftsvorfall nicht als verbindlich angesehen werden. Somit wäre die Transaktion hinfällig.

**Autorisierung** Nur explizit berechtigte Personen sollen dem IT-System in vordefiniertem Umfang interagieren dürfen. Dies garantiert die Integrität der Daten und des IT-Systems als Ganzes.

**Verbindlichkeit** Verbindlichkeit bedeutet in diesem Zusammenhang, „gewollte Rechtsfolgen bindend herbeizuführen" [Ins03]. Verbindlichkeit ist die Basis jeglicher Transaktion. Kann sie nicht hergestellt werden, kann nicht verlässlich gehandelt weden.

## 12.1.4 Internes Kontrollsystem

Um die ordnungsmäßige Buchführung zu gewährleisten, ist ein wirksames internes Kontrollsystem (IKS) zwingend erforderlich.

Das interne Kontrollsystem dient der Aufdeckung von Fehlern und Manipulationen im System. Außerdem stellt es sicher, dass Buchungen ausschließlich von berechtigten Personen vorgenommen werden.

**Prävention** Ein internes Kontrollsystem sollte präventive interne Kontrollen unterstützen beziehungsweise in erster Linie ermöglichen und so die Basis eines IKS darstellen. Um das Funktionieren des IKS gewährleisten zu können, sind weitreichende Zugriffsschutzmechanismen notwendig, damit nur Berechtigte auf die entsprechenden Daten und Funktionen des IT-Systems zugreifen können.

**Monitoring und Aufdeckung** Parallel dazu muss ein IKS allerdings auch Maßnahmen zum Monitoring der Kontrollwirksamkeit umfassen. Außerdem sollten – auch im Sinn eines mehrstufigen Prozesses – zusätzlich nachlaufende, so genannte aufdeckende Kontrollen implementiert sein.

Das interne Kontrollsystem ist in der Verfahrensdokumentation zu dokumentieren. Die Wirksamkeit des Systems ist regelmäßig zu überprüfen.

**Verfahrensdokumentation**

Veränderungen der IT-Systeme bedürfen eines kontrollierten Veränderungsprozesses, der die Erfüllung der an das System gestellten Anforderungen sicherstellt.

**Change Management**

## 12.1.5 Outsourcing

Werden Teile eines IT-Systems, welches die Anforderungen der GOBS erfüllen muss, ausgelagert, so ist trotzdem der Auslagernde für die Einhaltung der GOBS beziehungsweise die Funktion des Internen Kontrollsystems verantwortlich. Das bedeutet, dass der Auslagernde entsprechende Maßnahmen vorsehen und durchführen muss, um die Einhaltung der GOBS durch den Outsourcing-Partner sicherzustellen. Dies betrifft insbesondere die Aufbewahrungspflichten, aber auch Aspekte wie die restriktive Vergabe von Zugriffsrechten etc.

**IKS bei Outsourcing**

Neben einer sorgfältigen Auswahl des/der Outsourcing-Partner sind dazu regelmäßig weitere Maßnahmen nötig. Diese können von regelmäßigen Reports des Partners an den Auftraggeber über Meetings bis hin zu direkten Prüfungen beim Outsourcing-Partner reichen. Die Maßnahmen müssen der jeweiligen Outsourcing-Beziehung angepasst werden.

**Spezielle Maßnahmen erforderlich**

Dies hat in Service-orientierten Architekturen besondere Relevanz, da hier verstärkt die Dienstleistungen anderer Anbieter in Anspruch genommen werden.

## 12.1.6 Anforderungen für die Unternehmensprüfung

Für Außenprüfungen der Finanzverwaltung, Zollprüfungen sowie Umsatzsteuersonderprüfungen sind steuerrelevante und aufbewahrungspflichtige Daten elektronisch zugänglich zu machen.

Dies betrifft nicht nur Daten, die den Systemen der Buchführung entstammen, sondern auch Daten, die in Systemen anfallen, die an die Buchführungssysteme angeschlossen sind. Übermittelt ein System Summenbuchungen an das Buchhaltungssystem, so müssen auch die einzelnen Vorgänge der Finanzverwaltung zur Verfügung gestellt werden können.

Diese Situation kann beispielsweise bei einem Informationssystem gegeben sein, welches die Abrechnung der Reisekosten abwickelt und die Ergebnisse als Summenbuchung an das Buchhaltungssystem weitergibt.

Die rechtliche Grundlage für die Bereitstellung der Daten liegt in den *Grundsätzen zum Datenzugriff und zur Prüfbarkeit digitaler Unterlagen (GDPdU)* i.V.m. §§ 146 ff. AO und § 14 UStG.

Laut GDPdU existieren drei Möglichkeiten des Zugriffs, die einem Steuerprüfer eröffnet werden müssen:

**Unmittelbarer Zugriff** Dem Steuerprüfer soll ermöglicht werden, im Nur-Lese-Zugriff auf Daten im betrieblichen IT-System zugreifen zu können. Die Auswertungsmöglichkeiten sind auf die vom IT-System zur Verfügung gestellten Funktionen beschränkt.

**Mittelbarer Zugriff** Nach den Vorgaben des Prüfers muss das Unternehmen oder eine dritte Person steuerlich relevante Daten maschinell aufbereiten und auswerten und diese Daten im Nur-Lese-Zugriff dem Prüfer zur Verfügung stellen. Die Kosten der Auswertung müssen vom Unternehmen getragen werden, jedoch ist hier der Grundsatz der Verhältnismäßigkeit zu berücksichtigen.

**Datenträgerüberlassung** Auf Anforderung des Prüfers müssen die erwünschten Daten und deren Beschreibung in maschinell auswertbarer Form zur Prüfung überlassen werden.

Die Auswertung der Daten geschieht bei der Finanzverwaltung mittels der Software *IDEA* der Firma *Audicon*. Dementsprechend sollte das Format der dem Prüfer überlassenen Daten mit der Software kompatibel sein. Diese Zugriffsmethode wird wahrscheinlich von der Finanzverwaltung bevorzugt werden.

Für Service-orientierte Architekturen ist zu berücksichtigen, dass steuerlich relevante – und damit GDPdU-einschlägige – Daten nicht nur im Buchführungssystem vorkommen. Die oben genannten Reisekostenbelege sind dafür nur ein Beispiel, ein anderes Beispiel sind Zeiterfassungsdaten oder ggfs. Leistungsdaten bei automatischer Abrechnung.

Im SOA-Umfeld ist hier wichtig, dass aus steuerlicher Sicht stets der Steuerpflichtige für die Einhaltung der GDPdU (wie auch aller sonstigen Anforderungen) verantwortlich ist. Wenn im Rahmen der SOA Leistungen extern oder zumindest in anderen Abteilungen erbracht werden, muss sichergestellt sein, dass den GDPdU genüge getan wird.

Das könnte zum Beispiel durch entsprechende Vorkehrungen zur Datenspeicherung oder durch Vereinbarungen zu Speicherung und Zugriff geschehen. Bitte beachten Sie aber in einem solchen Fall, dass eine eventuelle Vereinbarung nur im Innenverhältnis „gilt". Das Finanzamt wird sich stets an den Steuerpflichtigen halten; eventuelle Versäumnisse des Aufbewahrungspflichtigen Dritten gehen stets zu seinen Lasten.

In aller Regel wird daher eine „simple" Vereinbarung nicht genügen. Stattdessen sollte die Vereinbarung durch Kontrollen und/oder eine Haftungsregel hinterlegt werden, so dass Versäumnisse aufgedeckt oder zumindest in ihren finanziellen Auswirkungen beschränkt werden.

Weiterführende Literatur finden Sie bspw. im Leitfaden des Branchenverbandes BITKOM [Bun].

## 12.1.7  Anforderungen an den Datenschutz

Bei der Nutzung Service-orientierter Architekturen im Rahmen von B2B- und B2C-Szenarien sind die gesetzlichen Anforderungen bezüglich des Schutzes personenbezogener Daten nicht zu vernachlässigen. Neben den nationalen Datenschutzgesetzen sind unter Umständen ausländische Normen zu berücksichtigen, wenn ausländische Dienste genutzt beziehungsweise Dienste an Personen außerhalb der Bundesrepublik Deutschland angeboten werden.

Zu den zu berücksichtigenden Gesetzen gehört hier zunächst einmal das *Bundesdatenschutzgesetz (BDSG)*, welches allgemein gültige Regeln für den Umgang und die Nutzung von personenbezogenen Daten beinhaltet.

Das Ziel des Datenschutzes ist es, „...den Einzelnen davor zu schützen, dass er durch den Umgang mit seinen personenbezogenen Daten in seinem Persönlichkeitsrecht beeinträchtigt wird." (§ 1 BDSG).

Für IT-Systeme kommen des Weiteren die Vorschriften des *Telekommunikationsgesetzes (TKG)*, welches unter anderem das Fernmeldegeheimnis (§ 85 TKG) regelt, in Betracht.

**Fernmeldegeheimnis**

Neben dem TKG sind je nach Anwendungsfall die Vorschriften der *Telekommunikations-Datenschutzverordnung (TDSV)* beziehungsweise des Gesetzes über den *Datenschutz bei Telediensten (TDDSG)* und des Medienstaatsvertrages anzuwenden.

Die Herausforderung im SOA-Umfeld besteht darin, die Bestimmungen des Datenschutzes sowie der gegebenenfalls weiteren einschlägigen Anforderungen konsistent über die gesamte Kette sicherzustellen. Das betrifft sowohl alle an der Verarbeitung beteiligten Stellen (externe oder interne Serviceanbieter) als auch die Kommunikation dazwischen.

Analog zu sonstigen gesetzlichen Verpflichtungen kann die Verpflichtung zum Datenschutz ebenfalls nicht einfach überwälzt werden. Andersherum: Die Verfehlung eines Servicegebers kann grundsätzlich auch auf den Servicenehmer zurückschlagen – aus Sicht zum Beispiel seines Kunden hat er sich ja des Verstoßes schuldig gemacht.

In aller Regel werden daher im SOA-Umfeld zusätzliche Maßnahmen nötig sein. Die folgende Aufstellung erhebt keinen Anspruch auf Vollständigkeit, sondern soll Anstöße vermitteln, in welche Richtung solche Maßnahmen zielen können.

> Bereits bei der Architektur der SOA sollte der Datenschutz bedacht werden.

> Die Strukturdokumentation der SOA sollte das Thema Datenschutz explizit enthalten.

> Bei Einbindung externer Servicenehmer sollte die Einhaltung des BDSG, insbesondere die Mitarbeiterverpflichtung nach §5 BDSG explizit vereinbart werden.

> Die Übertragung personenbezogener Daten sollte die Vertraulichkeit wahren. Das kann durch sichere Übertragungskanäle oder durch Verschlüsselung erreicht werden

## 12.1.8 Fazit

In diesem Kapitel dürfte sichtbar geworden sein, dass die rechtlichen Anforderungen an IT-Systeme und somit auch an Systeme, die mittels Service-orientierter Architekturen aufgebaut sind, vielfältig und komplex sind.

Systeme, die dem E-Commerce in den verschiedensten B2B-, B2C- und B2G–Szenarien dienen und deren Informationen in die Buchführung eingehen, sind in verstärktem Maße den geschilderten rechtlichen Anforderungen unterworfen.

Bei Verwendung Service-orientierter Architekturen muss ein besonderes Augenmerk auf die Einhaltung der gültigen Vorschriften gelegt werden. Die Paradigmen Service-orientierter Architekturen sind unter bestimmten Umständen nur schwer mit gültigem deutschen Recht vereinbar.

**Dynamische Auswahl von Diensten**

Eine dynamische Auswahl von Diensten, speziell im Internet, stellt unter GOBS-Gesichtspunkten eine erhebliche herausforderung dar. Insbesondere müsste in einem solchen Szenario sichergestellt sein, dass alle Alternativen adäquaten Ordnungsmäßigkeits-, Sicherheits und Qualitätskriterien genügen. Dies müsste im IKS auch entsprechend adressiert werden. Ferner müsste für den einzelnen Geschäftsvorfall entweder eine Protokollierung oder eine strikte Führung des Auswahlprozesses der Dienstealternative eine Nachvollziehbarkeit gewährleisten. Ansonsten wäre die zufällige Einbindung eines Dienstes aus einem UDDI-Verzeichnis eine nicht gesteuerte Veränderung des Gesamtsystems. Somit wäre das System in einem undefinierten Zustand und damit nicht mehr betriebsbereit.

Ferner sind bei der dynamischen Nutzung von Web Services – wie auch generell bei der Auslagerung an Dritte – die Belange des Datenschutz zu beachten. In der Regel wird es hier notwendig sein, eine entsprechende Einwilligungserklärung vom Nutzer zu erlangen und ferner den Dienstanbieter auf die Einhaltung des Datenschutzes zu verpflichten. Eine „beliebige" Weitergabe der Daten wird jedenfalls in der Regel nicht datenschutzkonform sein.

Die Kommunikation in Service-orientierten Architekturen stellt eine weitere Achillesferse dar, da die Kommunikation mittels SOAP und HTTP zunächst einmal unverschlüsselt erfolgt. Um die übertragenen Daten angemessen zu schützen, ist es wichtig, die in Kapitel 9 auf Seite 205 dargelegten Sicherheitskonzepte zu implementieren. Die zahlreichen Kommunikationsverbindungen, die Service-orientierten Architekturen immanent sind, vergrößern zudem die Angriffsfläche der IT-Systeme.

An Service-orientierte Architekturen werden also die selben rechtlichen Anforderungen gestellt wie auch an konventionelle IT-Systeme. Jedoch ist es nicht einfach, alle Paradigmen Service-orientierter Architekturen mit den rechtlichen Anforderungen in Einklang zu bringen.

Dieses Kapitel sollte einige Denkanstöße hinsichtlich der Einbeziehung rechtlicher Rahmenbedingungen in Service-orientierte Architekturen bieten. Eine erschöpfende Behandlung des Themas würde den Rahmen dieses Buches sprengen, jedoch ist es unerlässlich, auch diese Facette von Service-orientierten Architekturen zu betrachten.

## 12.2 Sicherstellung der Dienstequalität

Web Services gewinnen bei der Entwicklung von Anwendungen immer mehr an Bedeutung. Sie verbinden dabei über lokale Netzwerke oder das Internet verschiedenste Anwendungen über Standardschnittstellen, indem sie das Hypertext Transfer Protocol zur Datenübermittlung und die eXtensible Markup Language XML [SMPY$^+$06] zur Datenrepräsentation verwenden. Somit ermöglichen sie es Anwendungsentwicklern auf einfachem Wege, Dienste, die von Dritten angeboten werden, für ihre Anwendung zu nutzen.

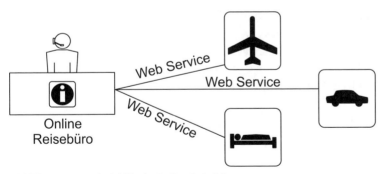

*Abbildung 12.3* Beispiel für ein Online-Reisebüro

Nimmt man als Beispiel ein Online-Reisebüro an. Es bietet für Kunden die Reservierung von Flügen, Hotels und Mietwagen an. Das Online-Reisebüro selbst greift auf die Reservierungsdatenbanken der Fluglinien, Hotels und Mietwagenfirmen per Web Service zu und kann so dem Kunden aktuelle Angebote machen und ihm die Möglichkeit geben, sofort die gewünschte

Reise zu buchen. Bucht der Kunde seine Reise, können die Reservierungen gleich in den Systemen der Anbieter eingetragen werden.

Das Funktionieren der Partner-Web Services ist für das Online-Reisebüro unternehmenskritisch, da bei einem Ausfall eines oder mehrerer Web Services aufgrund von Problemen beim Anbieter oder bei Ausfall der Netzwerkverbindung zwischen Online-Reisebüro und Dienstanbieter ein Teil oder gar das ganze Angebot des Online-Reisebüros nicht mehr zur Verfügung steht.

Nutzer von Web Services müssen folglich eine Möglichkeit haben, die Qualität eines Web Services vor der Nutzung in Erfahrung zu bringen, zu evaluieren und mit anderen Angeboten vergleichen zu können, bevor sie sich für die Nutzung dieses Dienstes entscheiden.

**Qualität als Kriterium**  Ein potenzieller Nutzer soll bei der Suche nach dem geeigneten Web Service in UDDI als zusätzliche Suchkriterien Anforderungen an die Qualität des Web Service angeben können, die dann bewirken, dass nur die Web Services als Suchergebnis zurückgegeben werden, die auch die Qualitätskriterien erfüllen.

Um diese Funktionalität zu verwirklichen, werden zwei Dinge benötigt. Zum einen muss das Service Level Agreement, kurz SLA, in einer standardisierten, maschinenlesbaren Form vorliegen, zum anderen muss es einen Mechanismus geben, das SLA in die Suche einzubeziehen.

Da SLAs für Web Services betrachtet werden sollen, muss die Sprache speziell auf dieses Anwendungsgebiet zugeschnitten sein, wobei durchaus Elemente aus anderen Anwendungsgebieten von SLAs übernommen werden können.

## 12.2.1  Grundlagen von Service Level Agreements

Ein Service Level Agreement ist ein Vertrag zwischen Anbieter und Nutzer eines Dienstes. Das Service Level Agreement spezifiziert hierbei in messbaren Werten, welche Güte die Leistung des Anbieters mindestens erfüllen wird und welche Vertragsstrafen er zahlen muss, wenn er die vereinbarten Werte nicht einhalten kann [WBL02].

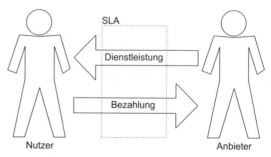

**Abbildung 12.4** *Service Level Agreement*

Durch das Service Level Agreement können so die Erwartungen von Nutzer und Anbieter an die Qualität des Dienstes fixiert und zu einem späteren Zeitpunkt als Soll-Werte herangezogen werden, um zu ermitteln, ob die vereinbarten Ziele eingehalten worden sind.

Das Service Level Agreement kann in zwei Teile geteilt werden. Der erste Teil enthält nichttechnische Informationen über die Vertragsparteien, organisatorische und wirtschaftliche Vereinbarungen. Der zweite Teil des Service Level Agreements, die Service Level Specification (SLS), enthält den technischen Teil des SLAs mit den Service-Garantien und den zugehörigen technischen Parametern, die die Dienstgüte ausdrücken [MMBBD02].

**Struktur von SLAs**

Eine Service Garantie ist die Zusicherung eines bestimmten Wertes für einen Parameter, beispielsweise durchschnittliche Reaktionszeit, der nicht über- oder unterschritten werden darf. Die Service-Garantien werden vom Dienstanbieter geleistet.

**Die Servicegarantie**

Ein Beispiel für ein Service Level Agreement könnte Folgendes sein: A verpflichtet sich, B gegenüber zu garantieren, dass der von ihm angebotene Web Service mindestens eine Verfügbarkeit von 99,9 % hat.

## 12.2.2 Anforderungen an Service Level Agreements

Ein Service Level Agreement stellt eine Vereinbarung über die Erbringung einer definierten Leistung mit bestimmten Service-Garantien zwischen dem Anbieter und seinem Kunden dar. Allgemein betrachtet beinhaltet das Service Level Agreement Informationen über die beteiligten Parteien, die zu erbringende Leistung und die mit der Leistung zusammenhängenden Anforderungen in Form von messbaren und damit objektiv überprüfbaren Größen. Des Weiteren sind die zur Auswertung der Messdaten nötigen Metriken und Algorithmen im SLA enthalten sowie Service-Garantien und die für den Fall der Verletzung jener Service-Garantien zu ergreifenden Maßnahmen [DLP03]. Nicht zuletzt beinhaltet das SLA eine Vereinbarung über den Preis für die Nutzung des Dienstes.

Für Service Level Agreements, die speziell für Web Services verwendet werden sollen, ergeben sich darüber hinaus weitere Anforderungen, die in diesem Abschnitt benannt werden sollen. Hierbei werden zum einen die inhaltlichen Anforderungen als auch die Anforderungen an die Dokumentenstruktur des Service Level Agreements betrachtet.

Ein heikler Punkt bei der Definition von SLAs ist die Interpretation eines SLAs durch Anbieter und Kunde. Damit das SLA seinen Zweck erfüllen kann, ist es notwendig, dass alle beteiligten Parteien demselben Parameter (zum Beispiel „Reaktionszeit") dieselbe Bedeutung zumessen. In Abschnitt 12.2.2.1 auf der nächsten Seite wird versucht, diesem Problem zu begegnen, indem Parameter im SLA vollständig definiert werden, das heißt

**Auf das Verständnis kommt es an**

eine Berechnungsvorschrift oder ein Verweis auf eine Berechnungsvorschrift enthalten, sodass für alle Parteien die Bedeutung des Parameters aus der Berechnungsvorschrift erschließbar ist. Somit kann diese Problematik größtenteils umschifft werden.

## 12.2.2.1 Anforderungen an den Inhalt

Im Folgenden werden die inhaltlichen Anforderungen für SLAs definiert. Hierbei wird, wie in Abschnitt 12.2.1 auf Seite 310 beschrieben, die Aufteilung in zwei Teile beibehalten. Zuerst werden die wirtschaftlichen und organisatorischen Inhalte eines SLAs beschrieben, wohingegen sich der zweite Teil dieses Abschnitts mit der Service Level Specification, kurz SLS, beschäftigt. Ziel der SLS ist es, die Vereinbarungen über die Service-Güte festzulegen.

### Organisatorische und wirtschaftliche Rahmendaten

Zu den organisatorischen und wirtschaftlichen Rahmendaten von SLAs gehören die hier beschriebenen Punkte [WBL02] [MMBBD02].

**Allgemeine Angaben** Dies sind Name und Anschrift des Dienstanbieters, sowie Informationen über eine Kontaktperson beim Dienstanbieter. Des Weiteren muss Name, Beschreibung und die URI [BLFM98] des Web Service sowie der Zeitraum, während der der Web Service in dieser Form zur Verfügung steht, angegeben werden. Von entscheidender Bedeutung ist ebenfalls der Gültigkeitszeitraum des Service Level Agreements.

**Pflichten des Dienstanbieters** Eine der Pflichten des Dienstanbieters ist die Bereitstellung des Dienstes zu definierten Zeiten mit einer bestimmten Qualität. Des Weiteren sollten Regelungen über die Wartung, Veränderung und Beendigung des Dienstes getroffen werden. Beispielsweise könnte vereinbart werden, dass im Falle einer außerplanmäßigen Wartung des Web Service die Nutzer benachrichtigt werden.

**Pflichten des Kunden** Der Nutzer seinerseits verpflichtet sich, den Dienst in einem bestimmten maximalen Umfang zu nutzen, sodass der Dienst in der vereinbarten Qualität erbracht werden kann. Eine Überlastung durch übermäßige Beanspruchung des Dienstes durch den Nutzer kann so verhindert werden.

**Konditionen** Für die Nutzung des Web Service verlangt der Anbieter einen gewissen Preis. Dieser Preis kann ein Pauschal-Preis sein, jedoch auch je Aufruf des Web Services erhoben werden. Zusätzlich müssen die Zahlungsmodalitäten geklärt werden, also wann und an wen gezahlt werden muss.

Der Anbieter muss in der Lage sein, dem Kunden bei Ausfall des Dienstes oder Nichteinhaltung der Service-Garantien bereits geleistetes oder zu leistendes Entgelt gutzuschreiben.

**Prozesse zur Problemeskalation** Sollten Probleme bei der Nutzung eines Dienstes auftreten oder sollte ein Dienst ganz ausfallen, muss der Kunde die Möglichkeit haben, den Anbieter zu kontaktieren, damit dieser die Verfügbarkeit des Dienstes wiederherstellen kann.

**Reporting** Der Kunde muss regelmäßig einen Bericht über die Leistung des Web Service und eventuelle Ausfälle beziehungsweise die Nichteinhaltung der Service-Garantien bekommen.

**Zertifizierungen und externe Kontrolle** Ist der Web Service des Anbieters zertifiziert oder wird die Qualität des Web Service von einer unabhängigen dritten Partei überwacht, soll dies auch im Service Level Agreement vermerkt sein. Die dritte Partei soll als Unterzeichner des SLAs aufgeführt werden. Als wichtige Zertifizierungen sind hier etwa der Einsatz eines wirksamen internen Kontrollsystems (IKS) oder eine etwaige ISO9000-Zertifizierung darzustellen.

## Inhalt der Service Level Specification (SLS)

Damit ein Service Level Agreement Sinn macht, müssen Eigenschaften des Web Service festgehalten werden, die objektiv messbar sind und für die der Anbieter des Web Service eine bestimmte Qualität garantiert.

**QoS-Metriken und -Parameter**

In der SLS müssen also die entsprechenden Parameter für eine bestimmte Funktion des Web Service angegeben werden, beispielsweise die „Durchschnittliche Reaktionszeit" für eine Funktion.

Der Parameter selbst wird durch Metriken definiert, die entweder angeben, wie ein Parameter aus anderen Metriken berechnet oder wie er gemessen wird [DLP03]. Dies ist in Abbildung 12.5 auf der nächsten Seite beispielhaft dargestellt.

Für jeden Parameter, der in der Service Level Specification mittels Metriken definiert wird, muss vom Anbieter ein bestimmter Zustand garantiert werden, der regelmäßig überwacht werden muss.

**Service-Level-Garantien**

Eine Garantie setzt sich wie folgt zusammen[DLP03]:

> *Der Verpflichtete*. Der Name des Anbieters, der diese Garantie leistet.

> *Gültigkeitsperiode*. Der Zeitraum, während dem diese Garantie geleistet wird.

> *Ein logischer Ausdruck*. Durch den logischen Ausdruck wird zum einen der Inhalt der Garantie ausgedrückt, beispielsweise „durchschnittliche Reaktionszeit kleiner 1 Sekunde: $x < 1$", zum anderen kann mittels des

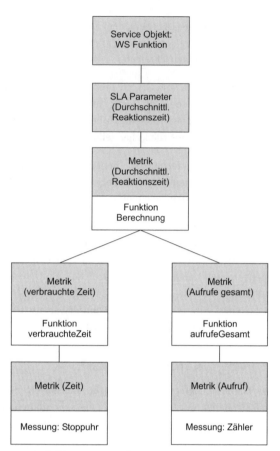

**Abbildung 12.5** *Definition von Metriken*

logischen Ausdrucks und aktueller Messwerte überprüft werden, ob die Garantie wirklich eingehalten wird.

> *Zeitplan für die Auswertung.* Der Zeitplan gibt an, wann der logische Ausdruck ausgewertet werden soll. Zumeist geschieht die Auswertung dann, wenn ein neuer Messwert für den Parameter vorliegt, die Auswertung kann aber auch nach einem Zeitplan erfolgen.

**Verfahren bei Verletzung der Service-Garantien**

Für den Fall, dass die Evaluation einer Service-Level-Garantie ergibt, dass jene Verpflichtung nicht eingehalten wurde, müssen Handlungsschritte spezifiziert sein, die automatisch durchgeführt werden können. Diese Handlungsschritte sollen mindestens beinhalten, wer zur Handlung verpflichtet ist, welcher Parameter betroffen ist und wie beziehungsweise wann gehandelt wird.

## 12.2.2.2 Anforderungen an die Datenrepräsentation

Ein Service Level Agreement muss automatisch verarbeitet, ausgewertet und mit den Zielvorgaben der Person, die es anfordert, verglichen werden können.

**Automatische Verarbeitung**

Das SLA muss als XML-Dokument [SMPY+06] abgefasst und die zugehörige Sprache mittels XML Schema [FW04] spezifiziert sein. Somit wird die automatische Verarbeitung ermöglicht.

Die Vergleichbarkeit der Service-Garantien verschiedener SLAs sind ein kritischer Punkt. Um einen Vergleich anstellen zu können, müssen die zu vergleichenden Service-Garantien auf Parametern basieren, die durch die gleichen Metriken berechnet oder gemessen werden. Im Sinne einer automatischen Verarbeitung ist es erforderlich, dass die zur Ermittlung der Parameter herangezogenen Metriken ebenfalls miteinander verglichen werden können, um sicherzustellen, dass die gleichen Parameter auf gleiche Weise ermittelt und überprüft werden. Dies bedeutet für die Datenrepräsentation, dass Metriken standardisiert dargestellt werden müssen, des Weiteren sollten vordefinierte Parameter und Metriken zur Verfügung stehen, die in der Anwendungsdomäne „Service Level Agreements für Web Services" häufig benötigt werden, wie beispielsweise „Durchschnittliche Reaktionszeit."

**Vergleichbarkeit**

Autoren, die die Sprache nutzen, sollten die Möglichkeit haben, auf Vorlagen zur Definition ihrer SLAs zurückzugreifen. Dazu gehören vor allem im Bereich SLAs für Web Services gebräuchliche vordefinierte Service-Garantien und Metriken, um die Erstellung von SLAs zu erleichtern und die Vergleichbarkeit verschiedener SLAs zu vereinfachen.

**Vorlagen**

Für die Berechnung oder Messung von Parametern, für deren Werte der Anbieter des Web Service eine Servicegarantie abgibt, müssen Verfahren, genannt Metriken, angegeben werden, die definieren, wie ein Parameter gemessen oder berechnet wird. Dies hat zum Ziel, die Vergleichbarkeit von Parametern in verschiedenen SLAs zu gewährleisten, denn nur durch den Vergleich der Metriken zweier Parameter kann festgestellt werden, ob die Parameter überhaupt vergleichbar sind.

**Referenzen für Metriken**

Die Definition von Metriken bietet zwar eine hohe Flexibilität, jedoch wird dem Autor des SLAs die Bürde auferlegt, die Metrik vollständig selbst zu definieren. Da in vielen Fällen standardisierte Metriken zum Einsatz kommen können, sollte es möglich sein, externe Metriken per URI einzubinden.

**Standardisierte Metriken**

Externe Metriken könnten beispielsweise von einem unabhängigen Anbieter stammen, der Standard-Metriken veröffentlicht und zur Referenzierung bereitstellt. Die Metriken müssen eindeutig über einen URI gekennzeichnet sein, um sowohl deren Herkunft überprüfen als auch die Metrik selbst analysieren zu können. Durch die eindeutige Kennzeichnung der externen Metrik ist auch die Vergleichbarkeit gewährleistet (siehe Abbildung 12.6 auf der nächsten Seite). Existieren zwei zu vergleichende Parameter $m$ und $n$ und referenzieren beide die externe Metrik $e$, dann sind $m$ und $n$ von der

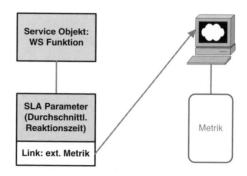

**Abbildung 12.6** *Referenzierung von Metriken*

Bedeutung her gleich, und können miteinander vergleichen werden, da sie ja auf der gleichen Metrik *e* basieren.

## Beispiel

Aufbauend auf den entwickelten Anforderungen kann ein SLA wie in Listing 12.1 auf der nächsten Seite dargestellt aussehen.

Hier handelt es sich um das SLA für einen Web Service zur Buchung von Mietwagen. Der Anbieter garantiert eine Reaktionszeit von unter 5 Sekunden und verspricht im Fall einer Verletzung eine Benachrichtigung und entsprechenden Rabatt. In diesem Beispiel wurden nur die wichtigsten Parameter aufgeführt, um die Übersichtlichkeit zu wahren.

## 12.2.3 Existierende SLA-Sprachen

In diesem Kapitel werden drei momentan existierende Sprachen zur Definition von SLAs vorgestellt. Es wurden nur Sprachen ausgewählt, die speziell auf die Definition von SLAs für Web Services abzielen.

**Web Service Level Agreement Framework**

Die WSLA Sprache im WSLA Framework von IBM [LKD$^+$03] besteht aus einer flexiblen und erweiterbaren XML-Sprache, die auf einem XML-Schema basiert. WLSA erlaubt es Anbietern und Nutzern von Web Services, SLAs eindeutig zu definieren, SLA Parameter und ihre Messung oder Berechung mittels Metriken zu spezifizieren und deren Einhaltung zu überwachen.

**Web Services Offerings Language**

Die WSOL [TPP02] [Pat03] wurde von Vladimir Tosic an der Carleton University entwickelt. Die Sprache ist besonders auf die Definition von Bedingungen für SLA-Parameter ausgerichtet und besitzt dafür ein ausgeklügeltes System aus Bedingungen und Gruppen von Bedingungen. Die Sprache ist vollständig kompatibel zu WSDL und kann in WSDL-Dokumenten verwendet werden, da keinerlei Überschneidungen mit der WSDL-Sprache selbst existieren.

**Listing 12.1** *Beispiel für ein Service Level Agreement*

```
<SLA ServiceName="AutoVermietung"
 ServiceURI="www.example.com/AutoVermietung"
 SLAGültigBis="31.12.2004">
<Parteien>
  <Anbieter Name="Autovermietung-Meier"/>
  <UeberwachungDurch>Messung.de</UeberwachungDurch>
</Parteien>
<OrgDaten>
  <Verfügbarkeit von="1.1.2004" bis="31.12.2004"/>
  <Kosten Typ="ProAnfrage" Verrechnung="Monatl">...</Kosten>
  <Reporting>Monatlich</Reporting>
</OrgDaten>
<ServiceLevelSpecification Funktion="AutoBuchen">
  <SLGarantie ID="SLG1" GültigBis="31.12.2004">
   <Verpflichteter>Autovermietung-Meier</Verpflichteter>
   <Garantie Name="DurchschnittlicheReaktionszeit">
    <Operation>kleinerals</Operation>
    <Wert>5</Wert>
    <Metrik ref="www.messung.de/DurchschnReaktionszeit"/>
    <Auswertung>immer</Auswertung>
   </Garantie>
  </SLGarantie>
  <Eskalationen>
   <Eskalation ID="E1" für="SLG1">
    <Aktion typ="Benachrichtigung"/>
    <Aktion typ="Rabatt"/>
   </Eskalation>
  </Eskalationen>
</ServiceLevelSpecification>
</SLA>
```

Die WSML [SDM02] wurde am Software Technology Laboratory der Firma Hewlett Packard in Palo Alto entworfen. Ziel der Autoren war es, eine flexible und präzise formale Sprache zur Spezifikation von SLAs entwickeln. Die Sprache soll sich später in ein SLA-Management-System einfügen, an dem zurzeit noch gearbeitet wird.

**Web Services Management Language**

## 12.2.4 Service Level Management in UDDI

Um Service Level Management in Verbindung mit UDDI zu realisieren, müssen SLAs zum einen in einer formalen Sprache definiert sein, sodass sie maschinenlesbar sind und maschinell interpretiert und verglichen werden können. Zum anderen müssen bei der Suche nach Web Services in UDDI SLAs einbezogen werden können, das heißt UDDI muss dahingehend erweitert werden, dass ein SLA im UDDI-Verzeichnis gespeichert werden oder zumindest ein Verweis auf ein externes SLA eines Web Services abgelegt werden kann.

Nachfolgend werden zwei Möglichkeiten zur Erweiterung von UDDI vorgestellt.

## 12.2.4.1  Erweiterung der UDDI-Datenstrukuren

Shuping Ran [Ran03] beschreibt ein Modell zur Suche von Web Services
unter Einbeziehung von QoS Kriterien. Der Autor schlägt vor, neben den bestehenden fünf UDDI-Datenstrukturen businessEntity, businessService, bindingTemplate, publisherAssertion und tModel eine sechste Datenstruktur
namens qualityInformation einzuführen, die verschiedene Quality-of-Service-
Parameter enthält und tmodels referenziert. Da die Service Level Specification in einem SLA für Web Services im Prinzip Quality-of-Service-Para-
meter beinhaltet, könnte in dieser Datenstruktur ein SLA abgelegt werden.
Allerdings bedeutet dies, dass eine zusätzliche Datenstruktur in den UDDI
Standard einfließen muss, ansonsten wäre dies eine proprietäre Erweiterung.

## 12.2.4.2  Verweis durch keyedReference

Da ein UDDI bindingTemplate zur Beschreibung genau eines Web Service
dient, kann hier ein Verweis auf das SLA eines Web Service gespeichert
werden. Der Verweis kann unter Verwendung einer keyedReference im categoryBag des bindingTemplates abgelegt werden.

**Listing 12.2** *Verweis auf ein SLA mittels keyedReference*

```
<bindingTemplate bindingKey="">
 ...
  <categoryBag>
   <keyedReference tModelKey="uuid:SLA-0815-3711"
   key-Value="http://www.example.com/SLAwhatTimeIsIt.xml"/>
  </categoryBag>
</bindingTemplate>
 ...
<tModel tModelKey="uuid:SLA-0815-3711">
  <name>Service Level Agreement</name>
  <description xml:lang="en">Service Level Agreements
  for Web Services</description>
  ...
</tModel>
```

Der *categoryBag* eines *bindingTemplate* dient dazu, *bindingTemplates* – und
somit Web Services – nach Kategorisierungssystemen einzuordnen, wobei
jedes Kategorisierungssystem als *tModel* referenziert und in der UDDI Registry definiert werden muss. Das *bindingTemplate* wird dann mittels einer Menge von *keyedReference* Elementen kategorisiert. Ein *keyedReference*
Element enthält dabei die Attribute *tModelKey*, *keyName* und *keyValue*. Das

Attribut *tModelKey* enthält einen Verweis auf das verwendete Kategorisierungssystem, *keyName* ist optional und kann ergänzende Informationen zur Kategorisierung enthalten. *keyValue* enthält Werte, die das *bindingTemplate* im verwendeten Kategorisierungssystem einordnen.

Diese Datenstruktur kann verwendet werden, um auf das Service Level Agreement eines Web Services zu verweisen (siehe Beispiel 12.2 auf der vorherigen Seite). Dafür wird in der UDDI Registry ein *tModel* angelegt, welches das Kategorisierungssystem „Service Level Agreement" repräsentiert. Nun kann im *categoryBag* eines *bindingTemplates* eine *keyedReference* eingetragen werden, die zum einen das *tModel* „Service Level Agreement", zum anderen die URL des SLAs beinhaltet.

## 12.2.5 Fazit

Dieses Kapitel hat dargelegt, dass Service Level Management für Web Services sinnvoll und machbar ist. Es hat sich gezeigt, dass mit heute verfügbarer Technik der Realisierung von SLAs für Web Services auch in Verbindung mit UDDI trotz teilweise fehlender Funktionalität im Prinzip nichts im Wege steht, da sowohl Verfahren zur unmittelbaren Einbindung in UDDI als auch Sprachen zur Definition von SLAs existieren.

Für die Zukunft ist es unerlässlich, Verfahren zur Messung der SLA-Parameter zu entwickeln und einzusetzen, da letzten Endes von einer von allen Vertragsparteien akzeptierten Messung der Performance des Web Service der Erfolg der SLAs für Web Services abhängen wird. Um einem potenziellen Nutzer die Auswahl unter mehreren Diensten zu erleichtern, sollten überdies Möglichkeiten geschaffen werden, die es erlauben, SLA-Parameter als Auswahlkriterien automatisiert zu verwenden.

## 12.3 Bezahlmodelle

Um geschäftliche Transaktionen abwickeln oder kostenpflichtige Dienste anbieten zu können, muss die Bezahlung von Gütern in Service-orientierten Architekturen geklärt werden. Die Besonderheit Service-orientierter Architekturen ist hierbei, dass ausschließlich Maschinen miteinander kommunizieren.

In Abbildung 12.7 auf der nächsten Seite sind die Zusammenhänge bildlich dargestellt. Hierbei wird offenbar, dass ein *Anbieter* Dienste anbietet, seien sie nun physischer oder immaterieller Natur.

Die angebotenen Güter bestehen entweder direkt in der Ausgabe des Web Services des Anbieters oder in einem physisch vorhandenen Gut, welches an den *Nutzer* geliefert wird. Der *Anbieter* verlangt für das angebotene Gut einen

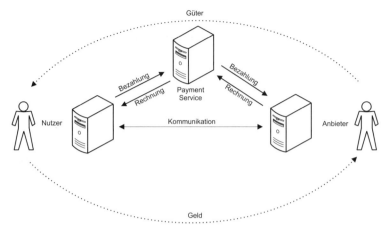

**Abbildung 12.7** *Bezahlung in Service-orientierten Architekturen*

Preis, den der *Nutzer* entrichtet. Der *Nutzer* ruft die angebotenen Güter ab und entrichtet den geforderten Preis.

Beim E-Commerce mittels Web Services wird die Kommunikation und eventuell die Übergabe der Güter mittels Web Services abgewickelt. Empfänger ist aber dennoch eine Person, die das Angebot konsumiert. Die Geld- und Güterströme bestehen also zwischen Anbieter und Nutzer, die Service-orientierte Architektur fungiert somit nur als Medium.

Aus diesem Ansatz heraus lassen sich zwei Strategien für die Bezahlung ableiten, die nachfolgend dargestellt sind.

**Abwicklung der Bezahlung per Web Service**

Bei der Abwicklung der Zahlung per Web Service wird sowohl die Rechnungsstellung als auch die Bezahlung unter Verwendung von Web Services abgewickelt.

Der Anbieter stellt per Web Service eine elektronische Rechnung, die der Nutzer dann bezahlt. Die Bezahlung kann dabei über verschiedene Wege erfolgen.

Eine Möglichkeit wäre, dass der Nutzer als Antwort auf die Rechnung seine Zahlungsinformationen direkt an den Anbieter übermittelt, beispielsweise könnten dies seine Kreditkartendaten sein. Der Anbieter ist dann in der Lage, die Kreditkarte des Nutzers mit dem Betrag zu belasten.

Eine weitere Möglichkeit ist die Verwendung eines Payment-Dienstleisters, der als Mittler auftritt und dem sowohl Anbieter als auch Nutzer vertrauen. Die Rechnungsstellung und Bezahlung würde dann über den Payment-Dienstleister abgewickelt werden (siehe Abbildung 12.7).

**Abwicklung auf konventionellem Wege**

Die Abwicklung der Bezahlung kann auch auf die im normalen Geschäftsverkehr gängige Art erfolgen. Im Klartext heißt das, dass der Anbieter eine Rechnung per Post oder per E-Mail schicken kann. Die Abwicklung der Bezahlung erfolgt dann ebenfalls auf konventionellem Wege und außerhalb der Web Service-Infrastruktur.

Als Zahlungswege können unter anderem die folgenden Verfahren verwendet werden:

> Kreditkarte

> Lastschrift

> Micropayment

> electronic Cash

> Rechnung

Werden Web Services aus dem Ausland genutzt, so scheiden einige der beschriebenen Zahlungswege aus, da hohe Transaktionskosten entstehen, wie bspw. bei Lastschrift-Verfahren.

Die Abrechnung der Nutzung von Web Services kann außerdem gesammelt erfolgen. Denkbar sind Modelle, bei denen der Nutzer ein bestimmtes Kontingent oder die Nutzung in einem bestimmten zeitlichen Rahmen einkauft. Dies kann dann gesammelt abgerechnet werden. Ein Vorteil des Kumulierens vieler kleiner Beträge ist die Verminderung von Transaktionskosten und Transaktionsaufwand.

**Abrechnung in Kontingenten**

Zusammenfassend kann gesagt werden, dass für die Zahlungsabwicklung in Service-orientierten Architekturen Verfahren existieren, die auch mit geringem Aufwand realisiert werden können. Der entscheidende Faktor ist allerdings das Vertrauen des Nutzers in den Anbieter. Nur wenn dieses vorhanden ist, insbesondere die Authentizität von Nutzer und Anbieter garantiert werden kann, werden auch Bezahlfunktionen realisiert werden.

Eine weitere Komponente ist die Sicherheit der Transaktionen. Die Sicherheit muss gewährleistet sein, damit kostenpflichtige Dienste vom Nutzer angenommen werden.

## 12.4 Zusammenfassung

In diesem Kapitel ist offenbar geworden, dass die rechtlichen und betriebswirtschaftlichen Anforderungen ein komplexes Geflecht bilden, welches durchdrungen werden muss, um die großflächige Nutzung Service-orientierter Architekturen zu ermöglichen.

Insbesondere die gesetzlichen Regelungen sind vielschichtig und müssen zwingend beachtet werden, um eine den geltenden Rechtsnormen entsprechende Implementierung Service-orientierter Architekturen zu erzielen.

Die Integration vom Bezahlfunktionen in Service-orientierte Architekturen stellt eine weitere Hürde dar, die genommen werden muss, damit kommerzielle Anbieter Service-orientierte Architekturen annehmen.

# 13 | Web Services – nicht nur für Programmierer

*„Einfachheit ist das Resultat der Reife"*
*Friedrich Schiller (1759 – 1805)*

In erster Linie werden Web Services von Programmierern verwendet, um Applikationen zu entwickeln, die wieder selbst Dienste anbieten, fremde Dienste nutzen oder die Kombination aus beidem realisieren. Endanwender interagieren im Allgemeinen nie direkt mit einem Dienst, sondern nutzen hierzu dienstspezifische Applikationen, die oft kostenpflichtig erworben werden müssen oder nur für wenige Anwendungsfälle ausgelegt sind. Insbesondere bei speziellen Diensten, die nur von wenigen genutzt werden, existieren keine professionellen Applikationen oder ihre Kosten sind hoch. Daher verwenden die meisten Anwender die Webseiten des Dienstanbieters, obwohl diese meist nur einen kleinen und inflexiblen Funktionsumfang bieten. Insbesondere repetitive Aufgaben, wie die Abfrage des Preises mehrerer Artikel, oder eigentlich automatisierbare Aufgaben, wie ein Vergleich dieser Preise, müssen daher mühsam mittels vielen Klicks durch die Webseiten vom Anwender vorgenommen werden. Dabei könnten mit den richtigen Werkzeugen Web Services auch von Nicht-Programmierern genutzt werden, um ihre individuellen Anwendungsfälle zu realisieren. In diesem Kapitel wird beschrieben, wie Endanwender Dienste direkt nutzen können, ohne hierfür eine dienstspezifische Applikation oder Programmierkenntnisse zu benötigen.

## Übersicht

## 13.1   Einleitung

**Anwendertypen**

Im Folgenden werden die Anwender in drei verschiedene Kategorien eingeteilt: *Gelegentliche Anwender* besuchen die Webseiten eines Dienstanbieters selten und unregelmäßig und nutzen nur die angebotenen Funktionen. Ein Beispiel wäre eine Person, die ihren Gebrauchtwagen verkauft. *Professionelle Anwender* nutzen einen Dienst häufig und regelmäßig. Da ihre Anwendungsfälle speziell sind, nutzen sie anstatt der Webseiten des Dienstanbieters eigene Applikationen. Ein Beispiel wäre ein Autohändler, der automatisiert die Angebote von Gebrauchtwagen analysiert. Zwischen diesen beiden Extremen liegt die Gruppe der *erfahrenen Anwender*. Diese nutzen die Webseiten eines Dienstanbieters zwar unregelmäßig, aber häufig. Da sie sich mit dem angebotenen Dienst intensiv beschäftigen, würden sie zwar spezielle Applikationen bevorzugen, diese sind für sie aber zu teuer oder zu inflexibel. Diese Anwendergruppe ist mit Abstand die zahlenmäßig größte. Beispiele wären Personen, die in ihrer Freizeit Auktionspreise oder Aktienkurse beobachten. Dieses Kapitel konzentriert sich nachfolgend auf diese erfahrenen Anwender.

## 13.2   Erfahrene Anwender

Die Gruppe der erfahrenen Anwender lässt sich zusammenfassend folgendermaßen charakterisieren:

**Keine Programmierer**

Sie sind keine Programmierer, das heißt, sie besitzen wenig oder keine Programmierkenntnisse. Sie nutzen bestimmte Angebote im Internet häufig, aber unregelmäßig, das heißt, sie nehmen beispielsweise nicht täglich an Auktionen teil, aber wenn sie teilnehmen, dann sind ihre Anwendungsfälle mit denen von professionellen Anwendern vergleichbar. Aufgrund der unregelmäßigen Nutzung lohnt sich für die erfahrenen Anwender jedoch nicht

**Häufige Nutzung von Diensten über Webseiten**

die Anschaffung von professionellen Applikationen. Daher nutzen sie die vom Dienstanbieter bereitgestellten Webseiten mit den oben beschriebenen Nachteilen.

## 13.3   Anwendungsfälle

**Komplexe Anfragen**

Die Anwendungsfälle der erfahrenen Anwender sind in erster Linie individuell, variabel und teilweise dienstübergreifend. Ein Beispiel wäre die Überprüfung von Aktienkursen von Unternehmen der gleichen Branche, wobei die Kurse von einem Dienst abgefragt und mittels eines anderen Dienstes eine Währungsumrechnung durchgeführt würde. Ein anderes Beispiel wäre die Überprüfung der Gebote mehrerer Auktionen, die den gleichen Artikel anbieten, und die Ausgabe der zurzeit günstigsten Auktion. Diese Art von Anwendungsfällen werden nachfolgend als komplexe Anfragen bezeichnet. Sie lassen sich folgendermaßen charakterisieren: Komplexe Anfragen rufen verschachtelt eine oder mehrere Operationen eines oder mehrerer Dienste auf und liefern ein Ergebnis zurück.

Mehrere komplexe Anfragen, die mittels Kontrollstrukturen, beispielsweise Vergleichen, verbunden sind und die ereignisbezogen ausgeführt werden können, bezeichnet man als Automatisierung. Ein Beispiel wäre die minütliche Abfrage der Gebote mehrerer Auktionen und die automatisierte Gebotsabgabe bei der günstigsten Auktion, falls man nicht bereits der Höchstbietende ist.

**Automatisierung**

## 13.4  Vom Parsen von Webseiten zu standardisierten Web Services

Das Problem dieser Art von Anwendungsfällen ist nicht ihre Komplexität als vielmehr ihre Individualität. Der Grund, warum es bisher keine allgemeinen dienstübergreifenden Applikationen gibt, die beliebig auf einen Dienst konfiguriert werden können, liegt hauptsächlich daran, dass die Dienstanbieter keine oder nur proprietäre Schnittstellen angeboten haben. Deshalb nutzen bisherige Applikationen meist die HTML-Seiten selbst als Schnittstelle, indem sie mittels URLs HTTP-GET Anfragen generieren oder mittels HTTP-POST ausgefüllte HTML-Formulare simulieren. Für Server sind derartige Anfragen von normalen Benutzern, die einen Webbrowser verwenden, nicht zu unterscheiden. Die Antwort der Server sind ebenfalls HTML-Seiten, die auf Clientseite umständlich auf Nutzdaten untersucht werden müssen. Das Hauptproblem dieser Vorgehensweise ist, dass die Verarbeitung vom Layout der Seiten abhängig ist.

**Webseiten als Schnittstelle**

Mittlerweile gehen immer mehr Anbieter dazu über, ihre Angebote auch mittels Web Services nutzbar zu machen. Dies hat den Vorteil, dass eine dienstübergreifende Applikation offene und evtl. sogar standardisierte Schnittstellen nutzen kann und somit unabhängig von HTML-Seiten und deren Layout ist.

**Standardisierte Web Services**

## 13.5  Anforderungen an nicht-dienstspezifische Applikationen

Web Services, die SOAP verwenden, basieren auf XML. Natürlich wäre jedoch eine von Hand erstellte SOAP-Nachricht ohne Verwendung eines Toolkits ineffizient. Unter Berücksichtigung der Zielgruppe der erfahrenen Anwender lassen sich folgende Anforderungen an nicht-dienstspezifische Applikationen definieren:

1. Keine lokalen Installationen: Zwar wäre die Installation einer Clientanwendung unproblematisch, jedoch müsste sichergestellt werden, dass

**Server-Applikation**

diese ununterbrochen ausgeführt würde, um Anwendungsfälle wie beispielsweise die minütliche Ausführung von Automatisierungen zu unterstützen. Dies würde jedoch bedingen, dass die Rechner der Anwender
kontinuierlich eingeschaltet sein müssten. Die Realisierung als Server-
applikation ist daher sinnvoller.

**Abstraktion**

2. Abstraktion der Komplexität von Web Services: Endanwender möchten, wie oben beschrieben, Operationen von Web Services nutzen, sich
   jedoch nicht mit SOAP, HTTP-Verbindungen, bindings und endpoints
   auseinander setzen müssen.

3. Abstraktion der Komplexität von Programmiersprachen: Einfache Vergleiche zwischen Werten, Sortieren und arithmetische Operationen sollten ohne die Komplexität von Programmiersprachen nutzbar sein.

## 13.6 Umsetzungsformen

Im Folgenden wird beschrieben, wie sich nicht-dienstspezifische Applikationen realisieren lassen. Zuerst wird hierzu auf die Anwendungsfallklasse der
komplexen Anfragen und anschließend auf die Automatisierung eingegangen.

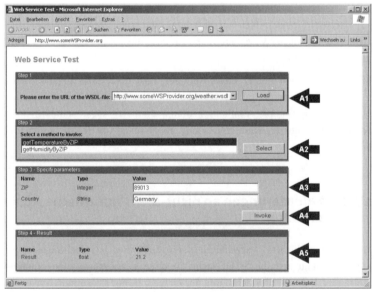

**Abbildung 13.1** *Spontane Nutzung von Web Services*

13 | Web Services – nicht nur für Programmierer

## 13.6.1 Unterstützung komplexer Anfragen

Wie bereits erwähnt, sollte für Endanwender eine geeignete Abstraktionsstufe zur Interaktion mit Web Services gefunden werden. Eine sinnvolle Abstraktionsstufe liegt bei den von einem Service angebotenen Operationen. Im Internet sind zahlreiche Web-Service-Demonstratoren zu finden, bei denen nach Auswahl einer WSDL-Datei eine Operation mit benötigten Parametern aufgerufen werden kann. Hierzu sind folgende Aktivitäten notwendig:

**Abstraktionsstufe**

A1 Auswahl eines Web Services mittels Angabe der URL der WSDL-Datei. Die WSDL-Datei wird von der nicht-dienstspezifischen Applikation verarbeitet (parse), um die von einem Dienst angebotenen Operationen mit den benötigten Parametern und ihren Typen zu identifizieren.

**Einfachste Nutzungsform**

A2 Auflistung der angebotenen Operationen.

   **i.** Auswahl einer Operation.

A3 Auflistung der benötigten Parameter zur Ausführung der Operation.

   **i.** Auswahl eines Parameters und Eingabe des Wertes.

A4 Ausführung der Operation.

A5 Ausgabe des Rückgabewertes der Operation, falls diese einen Rückgabewert hat.

Dies ist die einfachste Form der Nutzung eines Dienstes. Sie hat jedoch einige Nachteile. So kann jeweils nur ein Dienst genutzt und Operationen nicht verschachtelt werden. Darüber hinaus werden komplexe Datentypen und clientseitige Operationen, wie beispielsweise Sortieren einer Wertemenge, nicht unterstützt.

Alternativ besteht daher die Möglichkeit, Web Services auch mittels IDEs (Integrated Development Environment, Entwicklungsumgebungen zur Programmierung) zu nutzen. Moderne Entwicklungsumgebungen bieten diese Funktionalität mittels Debuggern. Diese unterstützen folgende Aktivitäten:

**Nutzung mittels Entwicklungsumgebungen**

**1.** Auswahl eines Web Services, wie oben beschrieben. Zusätzlich werden jedoch so genannte Stub-Klassen zur Interaktion mit dem Web Service erzeugt. Stub-Klassen sind lokale Klassen, die Methoden und Attribute enthalten, die ein Programmierer wie normale Klassen nutzen kann. Der Aufruf einer Methode einer Stub-Klasse bewirkt jedoch einen Aufruf der entsprechenden Operation des Web Service.

**2.** Erzeugung eines Objekts (Instanzbildung einer Klasse)

    **i.**   Angabe eines Klassennamens, von dem ein Objekt erzeugt werden soll.

    **ii.**  Auflistung der Konstruktoren einer Klasse mit den benötigten Parametern.

    **iii.** Auswahl eines Konstruktors, der ausgeführt werden soll.

        **i.**   Angabe von Parametern folgender Art:

           **A.**  Referenz auf ein bereits existierendes Objekt.

           **B.**  Neu erzeugtes Objekt (siehe 2.).

           **C.**  Natives Objekt, das implizit angelegt wird. Hierzu zählen beispielsweise Zeichenketten (Strings) oder Zahlenwerte.

        **ii.**  Ausführung des Konstruktors.

        **iii.** War die Ausführung des Konstruktors erfolgreich, wurde ein neues Objekt erzeugt. Dieses kann entweder direkt verwendet werden (siehe 3.) oder es kann ihm ein Name zugewiesen werden, um es später als Referenz zu verwenden.

**3.**  Nutzung eines Objektes (das beispielsweise durch 2. erstellt wurde).

    **i.**   Auswahl eines Objekts (Objekte werden durch ihren Namen spezifiziert).

    **ii.**  Auflistung aller Methoden des Objektes mit den benötigten Parametern und ihrem Typ.

    **iii.** Auswahl einer Methode.

        **i.**   Angabe der Parameter. Dies kann wie in 2.iii.i. beschrieben vorgenommen werden.

**4.**  Ausführung der Methode.

**5.**  Falls der Methodenaufruf erfolgreich war und die Methode einen Rückgabewert hat, kann dieser als Objekt direkt weiterverwendet werden (siehe 3.ii) oder es kann ihm zur späteren Nutzung als Referenz ein Name zugewiesen werden (siehe 3.i).

Die oben beschriebene Funktionalität ist ebenfalls webbasiert nutzbar, erfordert jedoch vom Anwender bereits einen erhöhten Einarbeitungsaufwand.

## 13.6.1.1 Anwendungen für komplexe Anfragen

**Unterstützung von Ad-hoc-Workflows**

Für die Nutzung der oben beschriebenen komplexen Anfragen finden sich viele Einsatzszenarien. So genannte Ad-hoc-Workflows sind Prozesse, die spontan, ohne längere Vorbereitungszeit oder genaue Spezifikation des Ablaufs gestartet werden. Für diese Art von Prozessen bleibt daher keine Zeit zur Programmierung einer speziellen Applikation zu vertretbaren Kosten. Darüber hinaus sind derartige Prozesse häufig unternehmensübergreifend. Aus diesem Grund werden sie meist mit Office-Dokumenten bearbeitet, da diese schnell und einfach zu erstellen und zu bearbeiten sind und per E-Mail auch über Unternehmensgrenzen hinweg ausgetauscht werden können.

Doch der Einsatz von Officedokumenten hat auch Nachteile. Es werden nur wenige Datentypen unterstützt und die Prüfung der Daten ist standardmäßig auf einfache Vergleiche beschränkt. Tippfehler, beispielsweise bei der Eingabe der Adresse einer Person, werden daher nicht gefunden. Spezielle Applikationen im Unternehmen, die üblicherweise zur Pflege von Adressdaten verwendet werden, bieten diese Funktionalität, sie ist jedoch aus dem Officedokument nicht direkt nutzbar. Ein weiterer Nachteil im Vergleich zu speziellen Applikationen ist, dass es keine Vervollständigung von Datensätzen gibt. So könnte die Eingabe der Mitarbeiternummer in einer Applikationsmaske die restlichen Daten, wie Name und Anschrift, automatisch vervollständigen.

Auf die Daten eines Unternehmens konnte in der Vergangenheit nur mittels speziellen Applikationen mit proprietären Schnittstellen zugegriffen werden. Ein direkter Zugriff auf die Datenbanken ist aus Sicherheitsgründen häufig nicht erlaubt. Mit der zunehmenden Verwendung von Web Services kann jedoch mittlerweile auf viele Unternehmensdaten zugegriffen werden.

**Smart Tags**

Microsoft bietet seit Office XP so genannte Smart Tags an. Diese erkennen zuvor definierte Daten in einem Dokument und bieten spezielle Funktionen zu diesen an. Zu einer Wertpapierkennnummer könnte der aktuelle Kurs des Wertpapiers automatisch hinzugefügt werden oder Mitarbeiterinformationen könnten anhand einer Mitarbeiternummer vervollständigt werden. Eigene Smart Tags können mittels XML in einem Smart-Tag-XML-Listenschema, über eine HTML-Seite oder mittels einer dynamic link library (DLL) hinzugefügt werden. Ein Smart Tag besteht aus zwei Teilen: dem SmartTagRecognizer und der SmartTagAction. Der SmartTagRecognizer entscheidet, ob Daten von diesem Smart Tag verarbeitet werden können. Dies kann auf Grundlage vordefinierter Zeichenketten (beispielsweise *DAX* oder *XETRA*) oder durch Mustervergleiche, +49-nnn-nnn-nnnn (n steht für eine beliebige Ziffer) wie in diesem Fall für eine deutsche Telefonnummer, erfolgen. Wurde eine gültige Zeichfolge (Tag) erkannt, werden mittels SmartTagAction Funktionen dazu angeboten. Diese Funktionen können mittels Web Services auf Unternehmensdaten nach vorheriger Authentifizierung zugreifen und somit Datenprüfungen oder Vervollständigungen anbieten.

## 13.6.2 Unterstützung von Automatisierung

Durch komplexe Anfragen lassen sich bereits verschachtelt Operationen verschiedener Dienste aufrufen. Ihre Ergebnisse lassen sich jedoch nicht vergleichen. Eine ereignisgesteuerte Ausführung ist ebenfalls nicht möglich. Dies wird durch Automatisierung realisiert, die folgende Arten von Operationen unterstützt:

Unterstützte
Operationen

**Sequenz von Operationen:** sequenzielle Ausführung mehrerer komplexer Anfragen

Beispielsweise: ermittle Preis von Artikel A, ermittle Preis von Artikel B

**Bedingte Ausdrücke:** wenn-dann-sonst (if-then-else) Ausdrücke

Beispielsweise: If Preis von A < Preis von B then Kaufe A

**Zeitlich geplante Ausführungen:** automatische Ausführung zu definierten Zeitpunkten

Beispielsweise: täglich um 12:00 Uhr: prüfe Aktienkurse

**Ereignisgesteuerte Operationen:** automatische Ausführung bei definierten Ereignissen

Beispielsweise: bei Ankunft der Postsendung: sende E-Mail

**Mengenbasierte Operationen:** Ausführung von (für alle) for/for-all- Ausdrücken

Beispielsweise: prüfe für alle Aktien in der Menge der Watchlist den jeweiligen Kurs

Programmiertechnische Umsetzung

Diese Arten von Operationen werden zwar von Programmiersprachen einfach unterstützt, erfordern jedoch eine intensive Einarbeitung und sind für die Zielgruppe daher nicht empfehlenswert. Das Problem der Komplexität von Programmiersprachen ist hinreichend bekannt. Daher gibt es verschiedene Möglichkeiten, die Komplexität zu reduzieren. Eine Möglichkeit stellen so genannte einfach zu erlernende imperative Programmiersprachen wie beispielsweise BASIC dar oder deskriptive Anfragesprachen wie beispielsweise SQL (das eigentlich auch von Managern nutzbar sein sollte). Für die Zielgruppe der erfahrenen Anwender ist eine Programmiersprache allein aber zu komplex. Eine weitere Möglichkeit besteht daher in der Abbildung einer Programmiersprache auf grafische Symbole. Somit lassen sich mittels „drag and drop" komplexe Abläufe mit minimaler Einarbeitung einfach modellieren.

BPEL wurde bereits vorgestellt. Es wäre zwar eine Möglichkeit zur Realisierung von Automatisierungen, ist jedoch mit seinem vollen Funktionsumfang zu komplex für Nicht-Programmierer. Durch geeignete Einschränkungen der Funktionalität und mittels Assistenten, die beispielsweise bei der Auswahl aufzurufender Operationen helfen, wäre BPEL auch von erfahrenen Anwendern nutzbar.

## 13.7 Semantik

Aus der WSDL-Datei können lediglich die Namen der Operationen und Parameter mit ihrem Typ extrahiert werden. Die Semantik, das heißt die Bedeutung von Operationen und Parameter, ist hieraus jedoch nicht ersichtlich. Diese wird in externen Dokumentationen beschrieben. Hierfür gibt es jedoch viele verschiedene Standards, wie beispielsweise JavaDoc oder Perls POD (plain old documentation).

Eine automatische Integration ist daher heute sehr aufwändig und wird im Allgemeinen nur dann unterstützt, wenn die Dokumentation in einem unterstützten Format vorliegt.

Die Nutzung der Dokumentation stellt jedoch für Endanwender aufgrund ihrer technischen Ausrichtung ein Problem dar. Häufig umfasst sie nur die Schnittstelle selbst und somit nur Erklärungen zu einzelnen Operationen und ihren Parametern, nicht jedoch in welcher Reihenfolge die Funktionen nacheinander ausgeführt werden müssen, um einen speziellen Zweck zu erfüllen, oder weitere domänenspezifische Hintergrundinformationen. So ist leicht nachvollziehbar, dass beispielsweise ein Web Service zur Abgabe der Steuererklärung oder Einreichung eines Bauantrages allein durch eine technische Beschreibung der einzelnen Methoden ohne zusätzliche Informationen über die Domäne nicht nutzbar wäre.

## 13.7.1 Ausblick

Das oben beschriebene Beispiel zeigt, dass eine vollautomatische Nutzung von Diensten heute noch nicht möglich ist. Selbst wenn Dienste, wie in diesem Kapitel beschrieben, spontan genutzt werden können, so ist ihre Nutzung eher mit Programmieren zu vergleichen. Der nächste Entwicklungsschritt wäre, von dieser Ebene geeignet zu abstrahieren. „Buche für morgen den günstigsten Flug von München nach Washington" wäre zwar für Menschen eine verständliche Anfrage – nur eben nicht für Maschinen.

Dies ist seit vielen Jahren Forschungsthema, jedoch blieben bisher das semantic-web, das Webseiten auch für Maschinen verständlich beschreibt, und Agenten, die selbstständig im Web Aufgaben erledigen, eher akademisch. Das Hauptproblem ist hierbei, dass Webseiten und auch Web Services für Maschinen bedeutungslos sind, das heißt, dass beispielsweise eine Funktion *bucheFlug* mit den Parametern *wann*, *von* und *nach* für Maschinen heute nichts weiter als eine Funktion ist, die irgendetwas macht und dazu zwei Strings und einen Datumswert benötigt. Zurzeit sind Parameter, wie „*wann*" Tripel aus einem Namen, einem Typ und einem Wert. Damit für Maschinen die Bedeutung dieser verständlich wird, müssen sie mit einem Schema beschrieben werden. Für das semantic web werden hierzu bereits erste Erfahrungen mit der Web Ontology Language (OWL) gesammelt, die eine Erweiterung des Resource Description Framework (RDF) ist, das auf dem Standard DAML+OIL aufsetzt.

## 13.8 Mashups

Die Nutzung von Web Services durch Nicht-Programmierer stellt heute immer noch eine Ausnahme dar. Als entscheidende Gründe hierfür können einerseits das Fehlen ausgereifter und einfach zu bedienender Werkzeuge, durch die die Komplexität der Dienstnutzung vor einem Anwender gekapselt wird, genannt werden. Andererseits muss es aber auch interessante Dienste geben und letztlich müssen die potenziellen Anwender auch von dieser Nutzungsmöglichkeit wissen.

**Web 2.0**
Eine aktuelle Entwicklung in diesem Bereich stellen Mashups dar, die im Rahmen des Web-2.0-Trends aufkamen. Sie sollen die einfache Verwendung und Neukomposition von Daten unterschiedlicher Dienste durch Anwender erlauben. Der Begriff Mashup stammt aus dem Umfeld der Musik und steht hier für das Mischen (englisch „to remix" oder „to mash") bestehender Inhalte.

Ein Beispiel für ein sehr einfaches Mashup ist die Abfrage von Daten eines Dienstes und deren Visualisierung bei einem anderen Dienst. Die häufigste Umsetzung dieses Beispiels findet sich in Form von Adressdaten (beispielsweise von freien Wohnungen), die aus einer Datenquelle abgefragt werden und anschließend bei einem Kartendienst wie beispielsweise Google Maps dargestellt werden. Werkzeuge wie Yahoo! Pipes (auf das im nächsten Absatz kurz eingegangen wird) oder Websphere sMash von IBM haben zum Ziel, die Erstellung eigener Mashups möglichst zu vereinfachen. Sie können ohne Installation direkt im Webbrowser verwendet werden und erlauben mittels „drag and drop" fertiger Bausteine einen einfachen Einstieg.

## 13.9 Populäre Beispiele

**Yahoo! Pipes**
Pipes ist eine Webanwendung von Yahoo!, die mittels eines intuitiv bedienbaren grafischen Editors die Erstellung von kleinen Applikationen erlaubt, die direkt im Webbrowser erstellt und genutzt werden können. Diese Applikationen können Benutzereingaben und Daten aus verschiedenen Quellen verwenden und neu kombinieren, um beispielsweise mehrere Nachrichtenquellen nach Stichworten zu durchsuchen und die Ergebnisse anzuzeigen. Pipes bietet hierzu spezielle Operatoren, beispielsweise zur einfachen Erstellung von URLs, zur Filterung von Daten und zum Sortieren von Ergebnissen. Darüber hinaus enthält Pipes eine Bibliothek fertiger Pipes sowie freigegebener Pipes anderer Benutzer, die eigenen Ansprüchen angepasst werden können. Pipes

spezialisiert sich auf die Verwendung von RSS-Feeds als Datenquelle und Web Services spielen (noch) eine untergeordnete Rolle.

Microsoft verfolgte mit Popfly einen vergleichbaren Ansatz, bei dem neben der Erstellung von Mashups auch Webseiten (Homepages) online erstellt werden konnten. Im Gegensatz zu Yahoo! wurde für die Applikationsentwicklung das Silverlight-Plugin benötigt, um im Webbrowser Applikationen bearbeiten zu können. Microsoft hat genau wie Google seinen Mashup-Editor als Experiment bezeichnet und sein Angebot mittlerweile wieder eingestellt.

**Microsoft Popfly**

**Google Mashup Editor**

## 13.10  Das Beispiel WIDE

WIDE ist ein Demonstrator einer webbasierten Entwicklungsumgebung (Integrated Development Environment), der für die Zielgruppe der erfahrenen Anwender konzipiert wurde. Diese können beliebige komplexe Anfragen und Automatisierungen grafisch oder mittels einer einfachen Programmiersprache (JavaScript) spezifizieren. In der grafischen Darstellung wird die Komplexität der Programmierung durch Assistenten reduziert, die beispielsweise bei der Bindung eines neuen Web Service helfen. Kontroll- und Datenfluss werden in der grafischen Darstellung einfach durch Linien und Pfeile symbolisiert, was insbesondere für Anfänger übersichtlicher ist als Programmquelltext. Für erfahrenere Anwender steht jedoch auch die Möglichkeit der Programmierung zur Verfügung. Änderungen in der grafischen beziehungsweise der Quelltext-Ansicht werden in die jeweils andere Darstellung übernommen.

**Entwicklungsumgebung für erfahrene Anwender**

Die komplexen Anfragen und Automatisierungen können zeit- und ereignisgesteuert ausgeführt werden und die Ergebnisse können beispielsweise als E-Mail oder SMS an den Anwender geschickt werden. Untereinander können die Anwender erstellte Miniprogramme austauschen und wiederverwenden. In der folgenden Abbildung 13.2 auf der nächsten Seite sind auf der linken Seite drei Baumdarstellungen dargestellt. Unten befinden sich die von anderen Benutzern freigegebenen komplexen Anfragen und Automatisierungen, in der Ansicht darüber die von anderen Benutzern importierten und angepassten Anfragen und Automatisierungen und in der oberen Ansicht die selbst erstellten. Somit hat ein Anwender die Möglichkeit, zuerst zu recherchieren, ob es eventuell schon ein freigegebenes Miniprogramm eines anderen Anwenders zu seinem Problem gibt, welches er für seine Zwecke anpassen kann.

Anstelle von BPEL wurde eine eigene grafische Repräsentation gewählt, die nur die zuvor beschriebenen Anforderungen unterstützt, um die Komplexität einzuschränken. In Abbildung 13.2 auf der nächsten Seite ist eine Abfrage eines Wetterdienstes in WIDE dargestellt.

**Beispiel: Wetterdienst**

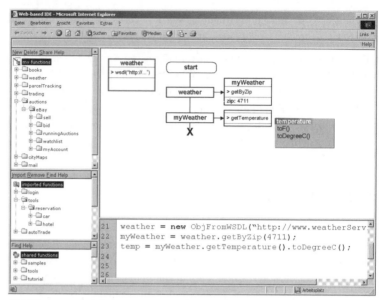

**Abbildung 13.2** *Abfrage eines Wetterdienstes in WIDE*

Die doppelt umrahmte Box bindet einen Web Service. In einem Assistenten kann hierzu die URL zur WSDL-Datei spezifiziert werden. Anschließend werden Stub-Klassen generiert und instanziiert. Dem Objekt kann ein Name zugewiesen werden (hier *weather*). Auf diesem Objekt können Methoden mit Parametern aufgerufen werden. In diesem Beispiel die Methode *getByZip* mit dem Parameter *4711* als Postleitzahl. Der Rückgabewert ist ebenfalls ein Objekt. Diesem wird der Name *myWeather* zugewiesen. Anschließend wird von *myWeather* die Methode *getTemperature* ohne Parameter aufgerufen und der Aufruf von *toDegreeC* mittels eines Assistenten vorbereitet.

## 13.11   Zusammenfassung

Web Services sind nicht nur für Programmierer sinnvoll, da es eine große Anwenderzahl mit individuellen und variablen Anwendungsfällen gibt, die nicht durch Applikationen unterstützt werden. Durch die zunehmende Verbreitung von Web Services sind nicht-dienstspezifische Applikationen möglich, die durch Abstraktion der Komplexität von Web Services und Programmiersprachen auch für Nicht-Programmierer nutzbar sind.

# 14 | Anwendungen des Service-Konzepts – Semantik und Wolken

*„Die Sprache ist die Quelle aller Missverständnisse."*
Antoine de Saint-Exupéry (1900–1944) aus „Der kleine Prinz"

In diesem Kapitel wird exemplarisch die Erweiterung und Anwendung der vorgestellten Konzepte von Service-orientierten Umgebungen diskutiert. Als Beispiel für eine interessante Erweiterung wird das Semantic Web vorgestellt, ein seit vielen Jahren aktives Forschungsfeld zur semantischen Beschreibung von Daten und Funktionen, die durch Computer angeboten werden.

Zwei Anwendungen des Service-Gedankens werden anhand von Grid Computing und Cloud Computing vorgestellt. Bei Grid Computing geht es hauptsächlich um die abgesicherte Zusammenlegung von existierenden IT-Ressourcen für komplexe Berechnungen oder für extrem umfangreiche Datenspeicherung. Services spielen hier für die Interoperabilität der eingebundenen Ressourcen eine wichtige Rolle. Cloud Computing als zweites Beispiel stellt einen großen aktuellen Trend dar, der auf die dynamische und transparent skalierende Nutzung von Applikations- und Infrastruktur-Services für breite Nutzergruppen abzielt.

## Übersicht

## 14.1   Das „Semantic Web"

In Kapitel 2 auf Seite 9 wurde bereits herausgearbeitet, dass sematische Bedeutungen ein wichtiger Bestandteil einer Service-orientierten Architektur (SOA) sind. Dieses Kapitel widmet sich deshalb der Frage, in welcher Form Semantik in eine von Maschinen verarbeitbare Darstellung gebracht werden kann. Das Internet war und ist primär ein Kommunikations- und Informationsmittel für Menschen. Zwar kommunizieren auch Computer über das Internet, allerdings ist diese Interaktion auf vorprogrammierte Vorgaben beschränkt. Dies ist eine starke Einschränkung – es ist Maschinen nicht möglich, selbstständig auf Informationssuche zu einer Fragestellung zu gehen, da die Inhalte des Internets für sie von der Bedeutung her unverständlich sind. Heutige Suchmaschinen bieten leistungsfähige Funktionen zum Finden von Worten und Wortkombinationen in den Datenmengen des Internet, können aber gefundene Informationen nicht interpretieren.

Mit den Techniken des Semantic Web soll es auch Maschinen ermöglicht werden, Informationen anhand semantischer Merkmale zu finden und zu verwerten, und so komplexere Aufgaben wahrzunehmen, die heute nur von Menschen gelöst werden können. Der Leitgedanke hierbei ist, die Fülle von Informationen im Internet durch Maschinen nicht nur auffindbar, sondern auch verarbeitbar zu machen.

Bevor die Kerntechnologien des Semantic Web und deren Anwendung bei Web Services erläutert werden, sollen zunächst die Begriffe „Kommunikation" und „Bedeutung" (das heißt Semantik) in einem kleinen Exkurs diskutiert werden, da das Verständnis dieser Begriffe eine wichtige Grundlage ist.


## 14.1.1   Kommunikation

Das grundsätzliche Kommunikationsprinzip zwischen zwei Parteien ist schematisch in Abbildung 14.1 auf der nächsten Seite dargestellt.

Um einem Empfänger eine Information zukommen zu lassen, muss der Sender diese zuerst geeignet kodieren, das heißt, er muss sie auf ein externes Medium übertragen. Aufgrund dieses Umsetzungsprozesses werden interpretierte Informationen zu interpretationsbedürftigen Daten. Anschließend erfolgt die Auswahl des zu verwendenden Kommunikationskanals, auf dem diese Daten als Nachricht an den Empfänger übertragen werden können. Dieses Prinzip ist immer erkennbar, gleich, ob akustische, visuelle oder elektronische Kommunikationskanäle benutzt werden. Der Sender verwendet Symbole aus einem bestimmten Vokabular (zum Beispiel eine Sprache, mathematische Formeln, ...), um seine Informationen darzustellen (Kodierung). Die Symbole werden vom Empfänger aufgenommen und dekodiert. Die Information kann nur dann erfolgreich vermittelt werden, wenn die verwendeten Symbole für beide Kommunikationspartner die gleiche Bedeutung haben. Das

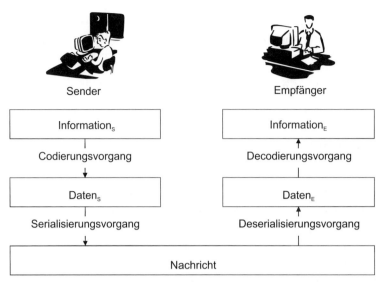

**Abbildung 14.1** *Vereinfachtes Prinzip der Kommunikation*

in Abbildung 14.1 dargestellte Kommunikationsschema praktiziert fast jeder täglich, sobald ein Gespräch mit anderen Menschen geführt werden soll, E-Mails ausgetauscht oder aufgrund eines roten Ampelsignals anzuhalten ist[1]. In allen Fällen wird nicht die Information selbst übertragen, sondern lediglich Symbole eines Vokabulars, die vom Empfänger interpretiert werden müssen.

## 14.1.2 Transport von Bedeutung

Mit der bisherigen Argumentation wird deutlich, dass Semantik nur übertragen werden kann, wenn die Interpretation eines Symbols bei allen Parteien die gleiche ist. Jeder weiß, wie oft in der zwischenmenschlichen Kommunikation Missverständnisse entstehen, die entweder in einer Verfälschung der Symbole bei der Übertragung oder in einer unterschiedlichen Interpretation der Symbole begründet sind. Beim Menschen können diese Missverständnisse in der Regel recht schnell durch Rückfragen und dergleichen behoben werden, unter anderem auch, weil man oft „fühlt", dass ein Missverständnis besteht. Bei Maschinen ist das schwieriger, da sie in der Regel einfach eine Liste von Befehlen abarbeiten und Eingaben nur in sehr beschränktem Maße auf Plausibilität prüfen können.

Bei der Kommunikation zwischen Maschinen muss deshalb darauf geachtet werden, dass keine Missverständnisse entstehen können. Jedes Symbol muss eine eindeutig festgelegte, unmissverständliche Bedeutung haben. Für

**Vermeidung von Missverständnissen**

---

[1] Streng genommen ist dies keine Kommunikation, sondern eine Diagnose, da der Informationsübertrag nur in eine Richtung erfolgt.

Sprachen mit sehr wenigen Symbolen ist das relativ einfach realisierbar: Die Signale einer Ampel können von einer Maschine vollständig interpretiert werden, da der Zeichenvorrat sehr klein ist, und die Bedeutung jeweils exakt festgelegt ist. Diese Festlegung ist willkürlich; der Farbe Rot ist die Bedeutung „Stehen bleiben" zugeordnet worden.

**Verknüpfung von Symbolen und Begriffen** Das rote Licht einer Ampel ist ein Symbol, eine Dateneinheit, die übertragen wird. Information wird aber erst dann übertragen, wenn mit dem transportierten Zeichen ein Konzept verbunden ist, welches dem Empfänger bekannt ist und so – im Rahmen des Dekodierungsvorganges – den eingegangenen Daten zugeordnet werden kann. So ist die Farbe (das Zeichen) Rot für uns mit einem Konzept für *Stehen-bleiben* verbunden. Semantik ergibt sich also aus der Verknüpfung eines Symbols mit einem Konzept, das etwas beschreibt. Das Zeichen Rot ist verknüpft mit dem Konzept des *Stehen-bleibens*.

In menschlichen Sprachen ist die Verknüpfung von Symbolen und Konzepten nicht immer eindeutig, oft steht ein Symbol für mehrere Konzepte, zum Beispiel „Bank" für eine Sitzgelegenheit oder für ein Geldinstitut. Menschen können in der Regel unter Zuhilfenahme des Kontextes diese Mehrdeutigkeit auflösen. Im Allgemeinen kann dieser Interpretationsvorgang allerdings nicht durch technische Empfänger einer Nachricht geleistet werden. Die Herausforderung im Umfeld der Service-orientierten Architekturen ist es daher, Semantik so eindeutig zu formulieren, dass menschliche Interpretationsvorgänge verzichtbar werden. Mit dieser Aussage befindet man sich jedoch in einem Dilemma, da Semantik nicht niedergelegt werden, sondern nur verstanden werden kann. Auch Menschen können eigentlich lediglich ein bekanntes Zeichen mit einem erlernten Konzept verknüpfen, aber nicht direkt aus dem Zeichen auf eine zugeordnete, aber möglicherweise unbekannte Semantik schließen. Letzteres Maschinen beizubringen ist Betrachtungsgegenstand der künstlichen Intelligenz.

**Mehrdeutigkeiten in natürlicher Sprache** Natürliche Sprachen sind, wie weiter oben schon angedeutet, zur Informationsübertragung zwischen Maschinen nicht geeignet, da es zu viele Mehrdeutigkeiten und Ungenauigkeiten gibt. Außerdem ändert sich im Laufe der Zeit durch kulturelle Einflüsse oft die Interpretation von einzelnen Symbolen (Wörtern). Für Maschinen stellt das ein nicht zu bewältigendes Problem dar.

Ein wichtiges Prinzip des Semantic Web ist deshalb die eindeutige Zuordnung von Symbolen zu Konzepten. Nur wenn ein Symbol eine global eindeutige Bedeutung besitzt, kann es von Maschinen ohne Missverständnisse verarbeitet werden. Um das zu gewährleisten, muss das Symbol selbst global eindeutig sein. Dieser Frage widmet sich der nächste Abschnitt.

## 14.1.3 Uniform Resource Identifier

**Eindeutige Identifizierbarkeit von Objekten und Konzepten** Um über beliebige Objekte oder Konzepte (im Folgenden *Ressource* genannt) zu sprechen, müssen diese identifizierbar sein, das heißt, es muss ihnen ein Symbol zugeordnet werden. Um Missverständnisse zu vermeiden, muss dieses Symbol weiterhin eindeutig sein. Im Semantic Web werden hierzu die Uniform Resource Identifier (URI) verwendet. Für Webseiten kann die Adresse (URL) direkt als URI verwendet werden. Zusätzlich zur Funktion als eindeutiges Symbol für die Webseite geben URLs (Uniform Resource Locator) auch noch Information darüber, wo und wie die Ressource erreichbar ist. Im Gegensatz dazu steht der Uniform Resource Name (URN), welcher keinen direkten Zugriffspfad bietet. Beispielsweise können Bücher über ihre ISBN eindeutig identifiziert werden.

Syntaktisch besteht jede URI aus drei Teilen:

**Format einer URI**

<schema>:<schema-specific-part>#<fragment>
Mithilfe des Schemas kann ein Namensraum definiert werden, für den die URI Wirksamkeit besitzen soll. Im Internet finden zumeist die Schemata *http*, *ftp* und *mailto* Anwendung. Innerhalb des Gültigkeitsbereiches eines Schemas kann durch den *schema-specific-part* ein beliebiger bestimmter Teil bezeichnet werden. Durch diesen Anteil kann der URI-Verwalter seinen Namensraum frei unterstrukturieren. Alle nach dem separierenden Nummernsymbol (#) angegebenen Teile werden relativ zum schemaspezifischen Anteil interpretiert. Ein Beispiel hierfür sind die Fragmentidentifikatoren zur Adressierung von Teilen einer HTML-Seite. Eine ausführliche Beschreibung der Syntax von URIs kann in RFC 2396 [BLFM98] nachgelesen werden.

Prinzipiell kann eine Ressource eine oder mehrere URIs haben, da es jedermann möglich ist, eine URI als Symbol für ein Objekt oder ein Konzept zu erzeugen. Daraus ergibt sich das Problem, dass man im Allgemeinen von zwei verschiedenen URIs nicht sagen kann, ob sie die gleiche Ressource referenzieren. Das ist ein nicht lösbares Problem im dezentral organisierten Internet, da jedermann für beliebige Ressourcen URIs definieren kann. Ontologiesprachen wie OWL bieten hier Konstrukte, um Äquivalenzen zu definieren. Mehr dazu in Abschnitt 14.1.7 auf Seite 345.

**Mehrere URIs für die gleiche Ressource**

## 14.1.4 Konzepte des Semantic Web

Wie bereits erwähnt, ist das Ziel des Semantic Web, eine Möglichkeit zur maschinenverarbeitbaren Darstellung von Semantik zu geben, seien dies nun bibliographische Daten, Beschreibungen von Webseiten oder Beschreibungen von Web Services.

Hierfür sind standardisierte Sprachen zum Ausdruck von Beziehungen zwischen Objekten nötig. Das W3C definiert drei aufeinander aufbauende Sprachen (RDF, RDFS und OWL), auf die später noch näher eingegangen wird. Mit diesen Sprachen ist es möglich, Ontologien für bestimmte Anwendungsbereiche zu definieren, welche dann genutzt werden können, um Sachverhalte dieses Anwendungsbereichs maschinenverarbeitbar darzustellen.

Der Begriff der Ontologie kann folgendermaßen definiert werden [Gru93]:

**Definition Ontologie**

*Eine Ontologie stellt eine formale Beschreibung der Gegenstände und Beziehungen dar, die für eine Person oder Gruppe von Personen begriffsbildend sind.*

Diese Definition enthält zwei wichtige Aussagen: Zum einen ermöglicht eine *formale* Beschreibung von Gegenständen und Beziehungen, dass diese von Maschinen genutzt werden kann. Zum anderen klingt an, dass eine solche Beschreibung nicht unbedingt global gültig ist, sondern lediglich für einen begrenzten Personenkreis beziehungsweise Anwendungsbereich. Verschiedene Anwendungsbereiche (oder „Domänen") werden naturgemäß unterschiedliche Ontologien einsetzen, da sich die Anforderungen unterscheiden. Diese Ontologien können sich sogar teilweise widersprechen. Als Beispiel seien die Beziehungen zwischen verschiedenen Pflanzen und Tieren genannt, die im gastronomischen Bereich wohl anders ausfallen als im biologischen oder medizinischen.

Andererseits besteht auch die Möglichkeit, dass unabhängig voneinander Ontologien definiert werden, die einen großen Überlappungsbereich haben. Hier sind Mittel erforderlich, die die verschiedenen Konzepte der Ontologien aufeinander abbilden können, um so Beschreibungen in einer Ontologie auch für Maschinen nutzbar zu machen, die diese Ontologie nicht direkt verstehen.

## 14.1.5 Das Resource Description Framework

Das Resource Description Framework (RDF) [KC04] bildet die Grundlage für das Semantic Web, wie es in [BLHL01] beschrieben ist. Objekte und Konzepte, durch URIs repräsentiert, können in Beziehung zueinander gesetzt und zur Definition von Ontologien benutzt werden.

**Beispiel-Web-Service**

An dieser Stelle soll ein Beispiel-Web-Service eingeführt werden, der uns für den Rest des Kapitels begleiten und die verschiedenen Konzepte verdeutlichen wird: Der Nachrichtenanbieter **example.com** stellt einen Web Service zur Verfügung, über den Kunden Börsenkurse abrufen können. Weiterhin werden Metadaten bereitgestellt, die den Web Service näher beschreiben. Die für das Beispiel relevanten Informationen sind:

> Der Dienst heißt „Stock Quote Service ".

> Er liefert Börsenkurse in Echtzeit.

> Die WSDL-Beschreibung ist unter
> `http://example.com/services/StockQuoteService.wsdl`
> verfügbar.

> Für die Benutzung gelten die AGB unter
> `http://example.com/AGB.html`.

> Aufgerufen wird der Service unter
> `http://example.com/services/StockQuoteService`.

Um diese vier Aussagen zu *verstehen*, ist mehr notwendig, als auf den ersten Blick ersichtlich. Man (oder die verarbeitende Maschine!) muss wissen, ...

> ... was ein Dienst beziehungsweise Web Service ist,

> ... dass ein Name zur Identifizierung dient,

> ... was ein Börsenkurs ist und was „Echtzeit" bedeutet,

> ... was eine WSDL-Beschreibung ist und

> ... was AGB sind.

Nur unter Kenntnis dieser Dinge lässt sich der Stock Quote Service benutzen oder mit anderen, ähnlichen Diensten vergleichen. Um die Beschreibung auch für Maschinen verständlich zu machen, wird den Konzepten eine URI zugewiesen, und danach die Konzepte zueinander in Beziehung gesetzt, wie im Folgenden erläutert wird. Es ist sinnvoll, für die URIs URLs zu wählen, die auf eine (menschenverständliche) Definition des Begriffs zeigen. Als Beispiele seien hier `http://dejure.org/gesetze/AGBG` für das AGB-Gesetz und `http://www.w3.org/TR/wsdl` für die WSDL-Spezifikation genannt.

**Aussagen über Ressourcen**

In RDF können in einer sehr einfachen Form Aussagen über Ressourcen gemacht werden, in dem ihre Eigenschaften beschrieben werden. Das Basis-Datenmodell von RDF besteht aus Ressourcen, Eigenschaften und Aussagen:

**Ressourcen**

**Ressourcen** Das Basiselement in RDF ist die *Ressource*, welche durch eine URI identifiziert wird. Da URIs für beliebige Objekte oder Konzepte stehen, können mit RDF auch beliebige Dinge ausgedrückt werden.

**Eigenschaften**

**Eigenschaften (Properties)** Eine Eigenschaft beschreibt Charakteristika, Relationen und Attribute von Ressourcen. Auch Eigenschaften sind Ressourcen und können somit wiederum beschrieben werden. Beispiele für Eigenschaften aus dem OO-Umfeld sind Attribute einer Klasse, aber auch Subklassen- und Instanzierungsbeziehungen. Unser Beispiel-Web-Service hat diverse Eigenschaften, wie zum Beispiel einen Namen oder rechtliche Rahmenbedingungen.

**Aussagen**

**Aussagen (Statements, Assertions)** Während Ressourcen die „Wörter" in RDF sind, kann man Aussagen als „Sätze" bezeichnen. Eine Aussage besteht aus drei Teilen: Subjekt, Prädikat und Objekt. Das Subjekt ist eine Ressource, über die die Aussage gemacht wird, das Prädikat ist eine bestimmte Eigenschaft und das Objekt der Wert dieser Eigenschaft. Das Objekt einer Aussage ist entweder wiederum eine Ressource oder ein Literal.

**Aussagen als gerichtete Graphen**

In der RDF-Syntaxspezifikation wird eine Menge von Aussagen als gerichteter Graph mit benannten Knoten und Kanten dargestellt. In Abbildung 14.2 ist die Beschreibung des Börsenkurs-Web-Service in einem solchen Graphen dargestellt. Zur Vereinfachung wurden sprechende Bezeichner verwendet anstelle der sonst üblichen URI-Schreibweisen. Jeder abgerundete Knoten stellt eine Ressource dar, jeder rechteckige ein Literal. Die Kanten entsprechen den Eigenschaften und weisen vom Subjekt zum Objekt. Auch über Eigenschaften können Aussagen gemacht werden, was im Graphen dann zu Verdopplungen führt (eine Eigenschaft wird einmal als Knoten und mehrere Male als Kante benutzt). Ein Knoten in der Abbildung ist „leer", das heißt, es ist eine *unbenannte* Ressource. Dieser Teil des Graphen sagt aus, dass die Vertragsbedingngen durch die Datei `http://example.com/AGB.html` definiert sind und dem AGB-Gesetz entsprechen.

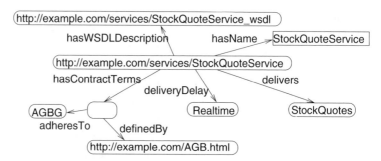

**Abbildung 14.2** *Der Stock Quote Service als RDF-Graph*

Es sei angemerkt, dass die bloße Beschreibung von Sachverhalten in RDF Maschinen noch nicht zum Verständnis derer befähigt. Mit RDF ist es aber möglich, begrenzte und eindeutige Vokabulare zur Beschreibung eines Anwendungsbereichs zu definieren. Ein solches Vokabular kann dann relativ problemlos bei der Softwareentwicklung mit benutzt werden. Programme können so die Aussagen verstehen, und beispielsweise selbstständig einen Web Service auf Tauglichkeit für eine bestimmte Aufgabe prüfen, nach Kriterien wie Kosten, Vertragsbedingungen, Echtzeitzusicherungen usw.

**Serialisierung von RDF**

Die graphische Darstellung von RDF ist zwar anschaulich, aber zum Speichern, Austausch und Verarbeiten von Metadaten ist eine konkrete Syntax zur Serialisierung erforderlich. Es werden hier zwei Syntaxen zur Notation von RDF vorgestellt: Einmal N3 [BL98], für Menschen relativ leicht verständlich, und zum anderen RDF/XML, was zwar nicht mehr ganz intuitiv verständlich ist, jedoch sehr gut mit anderen XML-Technologien zusammenarbeitet.

**N3**

In N3 werden Aussagen als einfache Tripel bestehend aus Subjekt, Prädikat, Objekt geschrieben und mit einem Punkt abgeschlossen.

Es gibt zahlreiche Abkürzungsmöglichkeiten, so werden verschiedene Ausprägungen einer Eigenschaft durch Kommas getrennt und verschiedene Eigenschaften eines Subjekts durch Semikolons.

Listing 14.1 zeigt die in Abbildung 14.2 auf der vorherigen Seite gezeigten Aussagen in der N3-Notation. Weiterhin werden Abkürzungen für die verschiedenen verwendeten URLs benutzt. Unbenannte Knoten werden durch eckige Klammern ausgedrückt, in denen die Eigenschaften des Knotens beschrieben sind.

***Listing 14.1*** *Der Stock Quote Service in der N3-Notation*

```
@prefix :     <http://example.com/rdf-definitions#>.
@prefix s:    <http://example.com/services/>.
@prefix recht: <http://bundesrecht.juris.de/bundesrecht/>.

s:StockQuoteService
    :hasName "StockQuoteService";
    :hasWSDLDescription s:StockQuoteService_wsdl;
    :hasContractTerms [
        :location <http://example.com/AGB.html>;
        :adheresTo recht:agbg ];
    :deliveryDelay :Realtime;
    :delivers :StockQuotes.
```

Eine andere Möglichkeit zur Serialisierung von RDF-Graphen bietet die RDF-/XML-Notation [Bec04]. Sie erlaubt es, RDF problemlos zusammen mit anderen XML-Technologien (wie beispielsweise Web Services oder XHTML) zu verwenden. Listing 14.2 auf der nächsten Seite zeigt wieder unser Beispiel. Da URIs als Ressourcenbezeichner sowohl als Elementnamen als auch in Attributwerten vorkommen können, benutzt man zum Abkürzen der URI-Präfixe sowohl Namespaces als auch Entities.

**RDF/XML**

Um Aussagen über Aussagen zu machen (und nicht über Ressourcen), muss ein Modell der Aussage erstellt werden, das dann wie eine Ressource behandelt wird. Das nennt man *Reifikation*. Um solche Modelle zu erstellen, definiert RDF die folgenden Eigenschaften: rdf:subject, rdf:predicate, rdf:object, rdf:type. Das Modell der Aussage hat diese Eigenschaften jeweils einmal, der Wert der Typ-Eigenschaft ist rdf:Statement und die Werte der anderen Eigenschaften entsprechen den Teilen der ursprünglichen Aussage. So kann zum Beispiel ausgedrückt werden, dass die AGB von example.com nicht den gesetzlich vorgeschriebenen Bedingungen entsprechen (siehe Listing 14.3 auf der nächsten Seite).

**Reifikation**

## 14.1.6 RDF-Schema

Wie bereits erwähnt können Maschinen nicht einfach durch Verwendung von RDF die Bedeutung von Aussagen erkennen. Für den Austausch und das

*Listing 14.2 Der Stock Quote Service in RDF/XML*

```
<?xml version="1.0"?>
<!DOCTYPE rdf:RDF [
    <!ENTITY defs "http://example.com/rdf-definitions#">
    <!ENTITY s "http://example.com/services/">
    <!ENTITY recht "http://bundesrecht.juris.de/bundesrecht/">
]>
<rdf:RDF
 xmlns="http://example.com/rdf-definitions#"
 xmlns:rdf="http://www.w3.org/1999/02/22-rdf-syntax-ns#"
    <rdf:Description rdf:about="&s;StockQuoteService">
        <hasName>StockQuoteService</hasName>
        <deliveryDelay rdf:resource="&defs;Realtime"/>
        <hasContractTerms rdf:parseType="Resource">
            <adheresTo rdf:resource="&recht;agbg"/>
            <location
              rdf:resource="http://example.com/AGB.html"/>
        </hasContractTerms>
        <hasWSDLDescription
          rdf:resource="&s;StockQuoteService_wsdl"/>
        <delivers rdf:resource="&defs;StockQuotes"/>
    </rdf:Description>
</rdf:RDF>
```

Verstehen von Informationen ist immer noch ein Vokabular vonnöten, auf das sich die Kommunikationspartner einigen. Maschinen, die miteinander kommunizieren, haben in der Regel eine eng begrenzte Domäne (zum Beispiel medizinische oder bibliographische Begriffe), in der sie sich bewegen. Durch die Begrenztheit einer Domäne ist es praktikabel, ein ausreichend vollständiges Vokabular zu definieren, dass auch von Maschinen verstanden wird. Die Objekte und Konzepte der Domäne werden in *Schemas* beziehungsweise *Ontologien* beschrieben.

In diesem und dem folgenden Abschnitte werden zwei Erweiterungen für RDF vorstellen, RDF-Schema und OWL, welche ein standardisiertes Vokabular zur Definition von Schemas und Ontologien bereitstellen.

**Generalisierung, Definitions- und Wertebereiche**

RDF-Schema [BG04] definiert eine Reihe von Begriffen, die hauptsächlich ermöglichen, Generalisierungsbeziehungen zwischen Ressourcen auszudrücken sowie Definitions- und Wertebereiche für Prädikate festzulegen. Das URI-Präfix `http://www.w3.org/2000/01/rdf-schema#` wird in der Regel mit „rdfs:" abgekürzt.

*Listing 14.3 Verstoß gegen AGB in N3*

```
[ a rdf:Statement;
  rdfs:subject [ :location <http://example.com/AGB.html>;
                 :adheresTo recht:agbg ];
  rdfs:predicate :adheresTo;
  rdfs:object recht:agbg
] rdf:type :falsehood.
```

Einige wichtige RDF-Schema-Elemente sind nachfolgend aufgeführt:

**rdfs:Resource** Alle in RDF beschriebenen Dinge sind Instanzen dieser Klasse, haben also implizit eine `rdf:type`-Eigenschaft mit dem Wert `rdfs:Resource`.

**rdfs:Class** Das Konzept ist ähnlich dem der Klassen in objektorientierten Sprachen. Jede Klasse, die definiert wird, muss also eine `rdf:type`–Eigenschaft mit Wert `rdfs:Class` haben.

**rdfs:Property** Dieses Element hat eine Funktion analog zu `rdfs:Class`, aber für Eigenschaften.

**rdfs:subClassOf, rdfs:subPropertyOf** Diese Eigenschaften entsprechen dem Vererbungsmechanismus in den objektorientierten Sprachen.

**rdfs:range und rdfs:domain** Durch diese beiden Eigenschaften wird es möglich, Wertebereich (`rdfs:range`) und Definitionsbereich (`rdfs:domain`) einer Eigenschaft festzulegen. Eine Eigenschaft kann jeweils höchstens eine `rdfs:range`- und `rdfs:domain`-Eigenschaft haben. Werden mehrere Eigenschaften spezifiziert, so gilt die Schnittmenge:
`:hatFuehrerscheinFuer :range :PKW, :LKW`
ergibt einen leeren Wertebereich, wenn man annimmt, dass kein PKW ein LKW ist.


## 14.1.7   Web Ontology Language

Die zweite Erweiterung von RDF ist die Web Ontology Language (OWL) [MvH04]. Sie ist hervorgegangen aus DAML+OIL, und ebenfalls eine Empfehlung (Recommendation) des World Wide Web Consortium. Es werden weitere Konstrukte definiert, die ausdrucksstärker sind als RDFS

Das URI-Präfix für OWL, `http://www.w3.org/2002/07/owl#`, wird in der Regel mit „owl:" abgekürzt.

Hauptsächlich lassen sich die OWL-Elemente in zwei Bereiche einteilen: Elemente zur Beschreibung von Klassenhierarchien und Elemente zur Beschreibung von Eigenschaften.

RDF und RDFS bieten zur Definition von Klassen lediglich die Eigenschaft rdf:type, um zu sagen, dass eine Ressource eine Instanz einer Klasse ist, und rdfs:subClassOf, um Klassenhierarchien zu erstellen. OWL bietet hier weitaus mehr Möglichkeiten:

**Beschreibung von Klassen**

> Eine Klasse kann durch die Enumeration all ihrer Ausprägungen definiert werden: `:Boolean :oneOf (:true :false)`.

> Die drei Mengenoperationen `owl:unionOf`, `owl:intersectionOf` und `owl:complementOf` ermöglichen eine exakte, mengenorientierte Definition von Klassen.

> Mit `owl:disjointWith` wird die Disjunktheit der Instanzen zweier Klassen spezifiziert.

Es gibt zwei vordefinierte Klassen, `owl:Thing` und `owl:Nothing`. Jedes Objekt ist ein Element von `owl:Thing` und kein Objekt ist ein Element von `owl:Nothing`.

Listing 14.4 verdeutlicht einige der Klassenkonzepte an einem einfachen Beispiel: Es wird ausgedrückt, dass die Klassen „Mann" und „Frau" disjunkt sind und dass ein Mensch entweder ein Mann oder eine Frau sein muss.

**Listing 14.4** *Beispiel einer OWL-Klassenhierarchie*

```
@prefix : <http://example.com/definitions#>.
@prefix rdfs: <http://www.w3.org/2000/01/rdf-schema#>.
@prefix owl: <http://www.w3.org/2002/07/owl#>.

:Mensch owl:unionOf (:Mann :Frau).
:Mann rdfs:subClassOf :Mensch.
:Frau rdfs:subClassOf :Mensch;
     owl:complementOf :Mann.
```

**Beschreibung von Eigenschaften**

RDFS bietet zum Definieren von Eigenschaften lediglich die drei Konstrukte `rdfs:subPropertyOf`, `rdfs:domain` und `rdfs:range`. OWL erweitert dies um eine Anzahl von Begriffen, mit denen Eigenschaften weiter charakterisiert und definiert werden können:

> Um bestimmte Aussagen aus anderen zu inferieren, ist es unerlässlich, zu wissen, ob Eigenschaften transitiv, symmetrisch oder funktional sind. Dazu bietet OWL die entsprechenden Begriffe `owl:TransitiveProperty`, `owl:SymmetricProperty`, `owl:InverseFunctionalProperty` und `owl:FunctionalProperty`. Weiterhin kann mit `owl:inverseOf` spezifiziert werden, dass eine Eigenschaft die Umkehrung einer anderen ist:
> `:ehefrauVon owl:inverseOf :ehemannVon.`

> Es gibt Typ- sowie Kardinalitätsrestriktionen, die abhängig von der Klasse sind, für die die Eigenschaft benutzt wird. Listing 14.5 auf der nächsten Seite gibt hierfür ein Beispiel[1]. In Zeile 1–3 wird die Eigenschaft :verheiratetMit definiert, und der *globale* Definitions- und Wer-

---

[1]  Es sollte klar sein, dass die Aussagen dieser Ontologie nicht in allen Kulturkreisen Gültigkeit haben. Das ist eine weitere Bestätigung für die Tatsache, dass Ontologien für eine bestimmte, abgegrenzte Domäne spezifiziert werden und inkompatibel zu Ontologien aus anderen Domänen sein können.

tebereich festgelegt. Zeile 4–8 besagt, dass ein Mensch maximal eine :verheiratetMit-Eigenschaft besitzen kann. Zeile 9–12 drückt aus, dass ein Mann nur mit einer Frau verheiratet sein kann, und umgekehrt in Zeile 13–16.

***Listing 14.5*** *Beispiel für Restriktionen auf Eigenschaften in OWL*

```
@prefix : <http://example.com/definitions#>.
@prefix rdfs: <http://www.w3.org/2000/01/rdf-schema#>.
@prefix owl: <http://www.w3.org/2002/07/owl#>.

1   :verheiratetMit a owl:ObjectProperty, owl:SymmetricProperty;
2       rdfs:domain :Mensch;
3       rdfs:range :Mensch.
4   :Mensch a owl:Class;
5       rdfs:subClassOf [
6           a owl:Restriction;
7           owl:onProperty :verheiratetMit;
8           owl:maxCardinality 1 ].
9   :Mann rdfs:subClassOf :Mensch, [
10      a owl:Restriction;
11      owl:onProperty :verheiratetMit;
12      owl:allValuesFrom :Frau ].
13  :Frau rdfs:subClassOf :Mensch, [
14      a owl:Restriction;
15      owl:onProperty :verheiratetMit;
16      owl:allValuesFrom :Mann ].
```

Neben dem vollständigen OWL (OWL Full) sind noch zwei Teilmengen definiert, mit reduziertem Sprachumfang und reduzierter Ausdrucksmächtigkeit. Dies erleichtert die Entwicklung von Werkzeugen, und gibt bestimmte Garantien bezüglich der Entscheidbarkeit und Berechenbarkeit von OWL-Ontologien.

**Versionen von OWL**

**OWL Lite** ist die eingeschränkteste Version und verbietet viele Konstrukte wie zum Beispiel owl:unionOf. Das macht es einfacher, Ontologien in OWL Lite zu verarbeiten.

**OWL DL** enthält das komplette OWL Full Vokabular, verbietet aber zum Beispiel, dass eine Klasse gleichzeitig Instanz einer anderen Klasse sein kann. Damit bleiben OWL-DL-Ontologien entscheidbar, was für viele Anwendungsbereiche wichtig ist. Die Bezeichnung DL wurde gewählt in Anlehnung an *Description Logics* (Beschreibungslogiken).

**OWL Full** hat die größte Ausdrucksmächtigkeit, aber den Nachteil, dass die Entscheidbarkeit nicht mehr gewährleistet ist.

Je nach Bedarf kann man sich so bei der Definition einer Ontologie auf eine Teilmenge von OWL beschränken, um im Gegenzug Garantien für die Berechenbarkeit und Entscheidbarkeit zu erhalten.

Eine weitere Anmerkung, die an dieser Stelle angebracht ist, ist das Verhältnis der Konzepte der RDF-Familie zu den Konzepten der objektorientierten Sprachen wie Java, C++ oder C#. In RDF kann aus den Aussagen `:Klaus :verheiratet :Margot` und `:Margot a :Frau` aufgrund der zuvor genannten Definitionen geschlossen werden, dass Klaus ein Mann ist, auch wenn in der Ontologie nirgendwo explizit die Aussage `:Klaus a :Mann` gemacht wird. Die Klassenzugehörigkeit einer Ressource in RDF ist also implizit über ihre Eigenschaften festgelegt. Die in Listing 14.4 auf Seite 346 beschriebene Tatsache, dass ein Mensch entweder ein Mann oder eine Frau ist, kann so in den bekannten objektorientierten Sprachen wie Java, C++ oder C# nicht ausgedrückt werden.

## 14.1.8 Semantic Web Services

Die bisher behandelten Grundlagen des Semantic Web hatten noch nicht sehr viel mit Service-orientierten Architekturen und semantischen Web Services zu tun. Vielmehr dienen RDF und die darauf aufbauenden Sprachen dazu, Schemas und Ontologien für bestimmte, begrenzte Domänen zu erstellen.

Im Bereich von Service-orienten Architekturen und Web Services ist aber gerade das wichtig: Dienste so zu beschreiben, dass sie automatisch von Maschinen gefunden, verstanden und genutzt werden können. Mit WSDL wird lediglich die Schnittstelle eines Web Service beschrieben. Zur Beschreibung der Funktionalität bieten sowohl WSIL als auch UDDI mit den tModels nur eingeschränkte Möglichkeiten. Deshalb gibt es mittlerweile einige Ansätze und Sprachen, um diese Lücke zu schließen und die Funktionalität von Web Services mit den Sprachen des Semantic Web zu beschreiben. Hauptsächlich zu nennen ist hier zum ersten das *Semantic Web Services Framework* (SWSF) [SWS05], welches aus der *Semantic Web Services Ontology* (WSMO) [W3C05] und der *Semantic Web Services Language* (WSML) besteht. WSML dient sowohl zur Beschreibung von Konzepten im Umfeld von Web Services als auch zur Beschreibung von einzelnen Web Services. WSMO bietet hierfür ein Beschreibungsmodell. Zum zweiten zu nennen ist die *Web Service Modeling Ontology* (WSMO) zusammen mit der *Web Service Modeling Language* (WSML). Während diese Ansätze im Kern das gleiche Ziel verfolgen, unterscheiden sie sich in einigen relevanten Punkten wie beispielsweise der Beschreibung von Prozessen. Beide Ansätze sind jedoch noch nicht standardisiert und haben, verglichen mit WSDL, eine nicht sehr große Verbreitung.

Die Vision von Agenten, die Web-Service-Beschreibungen verstehen, selbstständig Hotels und Flüge buchen, Besprechungstermine verschieben und den Kühlschrank auffüllen, ist immer noch eine Utopie. Klar ist jedoch, dass

Maschinen, um solche Dinge erledigen zu können, mehr *verstehen* müssen als heute. Mit den XML-Technologien und den Service-orientierten Architekturen ist die Grundlage für Interoperabilität gegeben, welche die Grundvoraussetzung für die Interaktion von Maschinen ist. Semantic-Web-Konzepte erweitern diese Ideen in Richtung einer semantischen Beschreibung von Services und IT-Funktionen, so dass in Zukunft die Zusammenstellung von Services und Daten hoffentlich mit einem höheren Automatisierungsgrad erfolgen kann.

Im zweiten Teil dieses Kapitels sollen zwei Anwendungen des Service-Gedankens näher erläutert werden. Dabei ist 'Anwendung' nicht im Sinne einer spezifischen Software zu sehen, sondern als Verwendung der diskutierten SOA-Konzepte im Rahmen von völlig neuen verteilten Infrastrukturen.

## 14.2 Grid Computing

### 14.2.1 Einleitung

Grid Computing [FK04] stammt aus dem akademischen Umfeld des Höchstleistungsrechnens (HPC) und bezeichnet die transparente und gesicherte koordinierte Nutzung von IT-Ressourcen, welche über geografische und institutionale Grenzen hinweg gemeinschaftlich genutzt werden. Der Begriff wurde ursprünglich in der Mitte der neunziger Jahre geprägt, als einige wissenschaftliche Institutionen in den USA ihre Rechenleistung standortübergreifend koppelten, um große Simulationen besser durchführen zu können [FGN⁺98]. Populäre Beispiele für Grid-Anwendungen sind üblicherweise die Klimamodellierung und die Simulation von astrophysikalischen Problemen. Aus dem damals noch geläufigen Begriff des *Metacomputing* entwickelte sich im Laufe der Zeit die Bezeichnung *Grid Computing*.

Der „Grid"-Begriff soll eine Analogie zum Stromnetz (*power grid*) symbolisieren, welches seine Ressourcen bedarfsabhängig in einer standardisierten Art und Weise anbietet. Die wesentlichen Eigenschaften entsprechen dabei auch den Zielen von Grid-Umgebungen: Zuverlässigkeit, hohe Verfügbarkeit, geringe Zusatzkosten und eine koordinierte Verteilung der Ressourcen an die jeweiligen Konsumenten.

Am Ende der neunziger Jahre wuchs das Interesse an derartigen Zusammenschlüssen, so dass neben dem Verbund von Rechenleistung (*Computing-Grid*) auch Lösungen für die gemeinsame Nutzung von Speicherkapazitäten (*Data-Grid*) und wissenschaftlichen Geräten (*Resource-Grid*) gesucht wurden. Anwendungen ergaben sich beispielsweise bei der Bild- und Sensoranalyse sowie bei der entfernten Nutzung von wissenschaftlichen Geräten wie Rastertunnelmikroskopen oder Weltraum-Teleskopen.

Prof. Ian Foster vom Argonne National Laboratory (University of Chicago) fasste im Jahre 2001 [FKT01] die allgemeinen Anforderungen an derartige

**Virtuelle Organisation (VO)**

Systeme zusammen und präge dabei den Begriff der *Virtuellen Organisation*. Diese bezeichnet eine Menge von unabhängigen Individuen und Institutionen, die sich vereinbarten Regeln für die gegenseitige Nutzung von Ressourcen unterwerfen.

**Abgrenzung zu Cluster-Systemen**

Der Reiz des Grid Computing, im Vergleich zu bisherigen verteilten Software-Architekturen, liegt in der Koppelung von existierenden heterogenen Systemen in unterschiedlichen administrativen Domänen, ohne dass eine zentrale Kontrolle oder Steuerung vorhanden ist. Grid-Systeme müssen starken Anforderungen bezüglich Sicherheit, Skalierbarkeit und Dienstgütegarantien entsprechen, um die Einhaltung der Nutzungsregeln für die beteiligten Partner tatsächlich auch leisten zu können. Es ergibt sich zusätzlich der Bedarf nach Koordinierungsmechanismen zwischen den heterogenen Ressourcen, damit durch die Zusammenlegung der beteiligten Ressourcen zu einem Grid tatsächlich ein Mehrwert entsteht.

Im kommerziellen Umfeld ist die Verwendung von Grid-Technologien weniger mit der Bildung virtueller Organisationen, sondern mehr mit der dynamischen Nutzung verfügbarer Rechen- und Speicherressourcen im lokalen Netz verbunden. Durch diese 'Aufweichung' der Terminologie werden einige kommerzielle Grid-Produkte angeboten, die funktional noch nicht über klassische Cluster-Systeme hinausgehen. Derartige Produkte (zum Beispiel Sun Grid Engine, Oracle 10G) basieren noch immer auf einer organisatorisch zentralisierten Kontrolle und proprietären Protokollen und Schnittstellen, was der ursprünglichen Grid-Definition von Foster et. al. widerspricht. Allerdings liegt die Stärke diese Produkte in leistungsfähigen Funktionen zur dynamischen Skalierung und Verwaltung heterogener Umgebungen.

Die gemeinschaftliche Ressourcennutzung in einem Grid lässt sich nur mit einer entsprechenden Middleware als Infrastruktur realisieren. Die wesentlichen Funktionen umfassen dabei die Bereiche Nutzer-Authentifizierung, Ressourcenauffindung, Ressourcenreservierung und -nutzung, Kommunikation sowie das Management von Daten. Das populärste Beispiel in diesem Bereich ist das Globus Toolkit der Argonne National Laboratory [FK97]. Das Open-Source-Projekt hat sich, vor allem seit der Version 2 aus dem Jahre 1997, zum de-facto Standard für wissenschaftliche Grid-Verbunde etabliert. Eine vor allem im europäischen Raum eingesetzte Infrastruktur ist Unicore [ES01].

## 14.2.2 SOA im Grid – Die Open Grid Services Architecture

**OGSA – Das Highlight der Standardisierung im Open Grid Forum**

Mit dem *Global Grid Forum (GGF)*[1] hatte sich 1999 ein Gremium etabliert, welches sich um die zwingend notwendige Standardisierung von Schnittstel-

---

[1] http://www.ggf.org/

len und Technologien in Grid-Systemen kümmerte. Seit 2006 ist das GGF mit seinem kommerziellen Pendant *Enterprise Grid Alliance (EGA)* in das *Open Grid Forum (OGF)* aufgegangen, welches die Standardisierungsbemühungen kommerzieller Grid-Anbieter und der Grid-Computing-Forschung vereint. Die hervorstechende Arbeit des OGF besteht in der Definition der *Open Grid Services Architecture (OGSA)* , welche die konzeptionelle Basis für viele Grid-Architekturen bildet. Mit dem OGSA-Konzept werden Technologien aus den Service-orientierten Architekturen im Grid-Bereich gezielt eingesetzt, um die plattform- und anbieterunabhängige Koppelung von Grid-Ressourcen zu ermöglichen. Somit finden die Vorteile standardisierter Protokolle und Schnittstellen aus der SOA-Welt hier direkt ihre Anwendung.

Die Grundidee im OGSA-Konzept besteht in der Virtualisierung und Verbindung von Grid-Ressourcen, wie zum Beispiel Rechner-Cluster oder Speichersysteme, durch entsprechende Web Services. Diese *Grid Services* zeichnen sich vor allem dadurch aus, dass sie Zugriff auf eine zustandsbehaftete Ressource ermöglichen und somit selbst ein zustandsbehaftetes Verhalten repräsentieren müssen. Bedingt durch diese besondere Eigenschaft von Grid-Umgebungen ergeben sich dadurch neue Fragestellungen für die technische Realisierung einer solchen SOA-Umgebung:

**Web Services vs. Grid Services**

> Wie werden zustandsbehaftete Dienst-Instanzen dynamisch erzeugt und verwaltet?

> Wie lange sind solche Dienst-Instanzen gültig?

> Wie wird der Zusammenschluss von multiplen Ressourcen über deren Grid-Dienste auf entsprechende SOA-Mechanismen abgebildet?

> Wie können Nutzer von Diensten über etwaige Zustandsänderungen unterrichtet werden?

> Wie kann für die gekoppelte Funktionalität von Grid-Diensten ein gemeinsames Fehlermodell sichergestellt werden?

## 14.2.3   WSRF – Das Web Services Resource Framework

Die erste Spezifikation, welche die OGSA-Konzepte auf konkrete SOA-Technologien abbildete, war die *Open Grid Services Infrastructure* (OGSI). Die Erfahrungen aus der Arbeit mit OGSI resultieren im Laufe des Jahres 2003 zur Erarbeitung des *Web Service Resource Framework* (WSRF). Die Autoren der OGSA-Arbeitsgruppe selbst bezeichnen WSRF als Refaktorisierung des OGSI Standards [CFF+04a], was die Relevanz von WSRF in Bezug auf Grid-Umgebungen unterstreicht.

Die Grundlage von WSRF bildet ein Architekturdokument [CFF+04b], welches aus einer Kooperation des Globus-Teams und IBM entstand und Anfang 2004 erstmalig veröffentlicht wurde. Es beschreibt den Aufbau einer OGSA-kompatiblen Grid-Umgebung durch die kombinierte Nutzung von mehreren Web-Services-Standards. Mitterweile wird das WSRF beim Standardisierungsgremium OASIS gepflegt, und hat den finalen Status eines *OASIS Standard* bereits erreicht. Die Grundlage der WSRF-Architektur bildet das *WS-Resource*-Konzept. Eine *WS-Resource* repräsentiert die Kombination aus einem Web Service und einer zustandsbehafteten Ressource, welche enstsprechend der Definition des *implied resource pattern* [FFG+04] adressiert und verwendet wird. Dies steht im Gegensatz zum allgemein bekannten Session-Konzept, bei dem multiple Aufrufe eine logische Einheit bilden und somit auch ein zustandsbehaftetes Verhalten zeigen, welches sich allerdings nicht anhand konkreter abfragbarer Zustandswerte repräsentiert. Das *implied resource pattern* definiert die Verwendung von WS-Addressing (siehe Abschnitt 5.10 auf Seite 103), um bei einem Aufruf die Identität der angesprochenen Ressource implizit durch den Aufrufer übergeben zu lassen. Dies wird mithilfe eines Referenzparameters realisiert, welche auf einen entsprechenden Eintrag im SOAP-Nachrichtenheader abgebildet wird (siehe Listing 14.6).

**Implied Resource Pattern** *(Randnotiz)*

***Listing 14.6*** *WS-Addressing Endpoint Reference*

```
<wsa:EndpointReference>
  <wsa:Address>
    http://example.org/wsrfExampleService
  </wsa:Address>
  <wsa:ReferenceProperties>
    <tns:resourceID>42</tns:resourceID>
  </wsa:ReferenceProperties>
</wsa:EndpointReference>
```

Der hier gewählte Ansatz ermöglicht eine Spezifikation von zustandsbehafteten Web Services unter Beibehaltung der vollständigen Kompatibilität zu WSDL 1.1 und den entsprechenden Toolkits. Vom Standpunkt des Service-Konsumenten handelt es sich bei einem WS-Addressing-Dokument wie in Listing 14.6 um den Verweis auf eine konkrete *WS-Resource*. Gemäß der WS-Addressing-Spezifikation liegt es nun in der Verantwortung des Konsumenten, die spezifizierten *reference properties* im Aufruf mit zu übertragen, ohne dabei aber eine Interpretation des Inhaltes vorzunehmen. Die Web Service Implementation extrahiert beim Aufruf den Identifikator für die Ressource und führt dann die jeweilige Operation spezifisch für diese Ressource durch. Die Grundidee wurde in der Forschung auch für die Realisierung von zustandsbehafteten Diensten in realen Service-orientierten Umgebungen angewandt (siehe [Trö07]).

**Lifetime Management** *(Randnotiz)*

Die WSRF-Spezifikation definiert zunächst ein Factory-Konzept, um das Anlegen neuer zustandsbehafteter Instanzen zu ermöglichen. Interessanterweise ist die Schnittstelle dieses Factory-Dienstes applikationsspezifisch und nicht standardisiert – Anwendungen können also frei entscheiden, welche Informationen zur Erzeugung einer Service-Instanz erwartet werden. Das Ergebnis eines Factory-Web-Service ist ein WS-Addressing konformes Endpunkt-Referenz-Dokument, wie im Beispiel 14.6 auf der vorherigen Seite. Dieses Dokument bildet sowohl die Basis für Operationsaufrufe an der Dienstinstanz, aber auch für Verwaltungsaktionen bezüglich der Lebenszeit einer Dienstinstanz. Die notwendigen Mechanismen und Schnittstellen werden im *WS-ResourceLifetime*-Standard [OAS04b] beschrieben. Die Konzepte sind inbesondere in hoch-dynamischen Gridumgebungen relevant, da dort die Konnektivität zwischen Klienten und Dienst explizit (durch Ablauf der Lebenszeit) oder unvorhergesehen unterbrochen werden kann.

Um den Zustand einer Ressource im Einzelnen abfragen zu können, wird in WSRF das Konzept der *WS-Resource properties* eingeführt. Die Mechanismen zur Abfrage von Zustandsdaten für eine gekapselte Ressource sind in der *WS-ResourceProperties*-Spezifikation definiert [OAS04c]. Ein Dienst-Klient kann über entsprechende Web Service-Operationen einzelne Zustandsvariablen abfragen, auflisten oder verändern. Die Menge der abfragbaren Werte wird in der *portType* Deklaration des WSRF-Dienstes spezifiziert (siehe Listing 14.7).

**Abfrage von Zustandsdaten**

**Listing 14.7** *WS-ResourceProperties Beispiel*

```
<wsdl:definitions
  ... xmlns:tns="http://example.org/wsrfService" ...>
  <wsdl:types>
    <xsd:schema
      targetNamespace="http://example.org/wsrfService" ...>

      <xsd:element name="cpuType" type="xsd:string"/>
      <xsd:element name="pendingJobsCount" type="xsd:integer" />

      <xsd:element name="ComputeServiceProps">
        <xsd:complexType>
          <xsd:sequence>
            <xsd:element ref="tns:cpuType"/>
            <xsd:element ref="tns:pendingJobsCount" />
          </xsd:sequence>
        </xsd:complexType>
      </xsd:element>
    ...
    </xsd:schema>
  </wsdl:types>

  <wsdl:portType name="BigComputeService"
          wsrp:ResourceProperties="tns:ComputeServiceProps">
    <wsdl:operation name="submitJob" />
              ...
  </wsdl:portType>
      ...
</wsdl:definitions>
```

Der *WS-ResourceProperties*-Standard definiert neben den Basis-Funktionen auch eine Menge von Abfrage- und Modifikationsmechanismen für *resource properties*. Hier ist unter anderem auch die Verwendung von XPath [CD99] zur Abfrage von Werten erlaubt.

**Service Groups**

WSRF definiert weiterhin im *WS-ServiceGroup*-Standard [OAS04d] das Konzept einer Servicegruppe, wobei hierunter die Zusammenfassung von multiplen Dienstreferenzen unter einem Handle verstanden wird. Gruppen von Diensten werden dabei über Einschränkungen (*constraints*) definiert, die von allen Mitgliedern der Gruppe erfüllt sein müssen. Die Spezifikation umfasst Ausführungen zum Thema Dienstregistrierung und Lebenszeit-Management für die Dienstgruppe.

**Fehler-Informationen**

Der *WS-BaseFaults*-Standard [TLM04] spezifiziert mit einer Schema-Definition ein Fehlermodell für WSRF-konforme Grid-Dienste. Das Ziel besteht in der einheitlichen Repräsentation von Kontextinformationen zu einem Fehler. Dies ist vergleichbar mit Ausnahmen in Hochsprachen wie Java, die von einer gemeinsamen Basis-Klasse *Exception* ableiten, welche die minimal verfügbaren Fehler-Informationen vorgibt. Der Standard regelt die Angabe des Fehlerzeitpunkts (als Zeitstempel), der Quelle des Fehlers als WS-Addressing-Endpunktreferenz, des systemspezifischen Fehlercodes (zum Beispiel POSIX Fehlernummer) sowie die Angabe einer textuellen Beschreibung des Problems.

**Asynchrone Benachrichtigungen**

Obwohl nicht direkter Bestandteil von WSRF, wird *WS-BaseNotification* empfohlen, um ein ereignisorientiertes, asynchrones Kommunikationsmuster zu ermöglichen. Ein populäres Beispiel für die Anwendung dieser Techniken sind Message-Queuing-Systeme, bei denen sich Clients für Benachrichtigungen zu einem bestimmten Thema bei einem Broker registrieren können. Diese werden ihnen ab dem Zeitpunkt der Registrierung automatisch zugestellt („Push-Modell").

## 14.2.4 Zusammenfassung

Mit der OGSA und der zugehörigen Implementierung in Form von WSRF hat die Grid-Forschungsgemeinschaft eine standardisierte Grundlage für SOA-basierende Grid-Umgebungen geschaffen. Der Fokus liegt dabei auf der Repräsentation von zustandsbehafteten Ressourcen durch SOA-Technologien in hochdynamischen verteilten Umgebungen. Trotz der abstrakten Beschreibung ist eine breite Akzeptanz der OGSA-Konzepte in Industrie und Wissenschaft erkennbar. Neben den mittlerweile wieder abnehmenden Aktivitäten im Forschungsumfeld finden sich Grid-Konzepte und Lösungen auch immer mehr in kommerziellen Produkten, wobei hier die scharfe Trennung zwischen lokalen Lösungen und Grid-Lösungen im Rahmen einer virtuellen Organisation getroffen werden muss.

## 14.3  Cloud Computing

### 14.3.1  Definition

Cloud Computing bezeichnet den größten Trend der letzten Jahre im Gebiet der weitverteilten IT-Systeme. Wie auch bim Grid Computing dreht sich das Thema um die entfernte Nutzung von Computerressourcen, die nicht unter eigener Kontrolle stehen.

**Cloud vs. Grid Computing**

Aufgrund der geschichtlichen Entwicklung und des gemeinsamen Fokusses auf einen Internet-basierten Ressourcenzugriff werden Grid- und Cloud-Konzepte oft miteinander verglichen. Der erste offensichtliche Unterschied besteht bei beiden Bewegungen in der treibenden Kraft hinter der Entwicklung. Grid Computing wurde und wird vor allem als Problemlösung für den Rechen- und Speicherbedarf bestimmer akademischer Forschungsgebiete entwickelt. Der Fokus lag hier weniger auf der breiten Erfüllung von potenziellen Nutzerwünschen, sondern mehr auf den spezifischen Leistungs- und Sicherheitsanforderungen akademischer Anwender in einem Grid. Cloud Computing ist dagegen eine von der IT-Industrie gestartete und stark vorangetriebene Entwicklung, welche letztendlich der Kostenersparnis bei den Anwendern und der Gewinnmaximierung bei den Cloud-Anbietern dienen soll.

Wie bei allen technologischen Trends existiert in der Anfangsphase keine einheitlich akzeptierte Definition der Grundbegriffe, jeder Anbieter interpretiert den Cloud-Begriff entsprechend seiner existierenden Produktpalette.

**Keine einheitliche Definition**

Einigkeit in der Begriffsdefinition besteht vor allem beim „Miet-Aspekt": In einer Cloud mieten Anwender die von ihnen temporär oder dauerhaft benötigten IT-Ressourcen (Software, Rechenleistung, Speicherkapazitäten, ...), anstatt eine kostenintensive eigene Installation zu betreiben. Ressourcen werden über das Internet beim Anbieter dynamisch gebucht und in den meisten Fällen anhand des Verbrauchs abgerechnet. Die Anbieter realisieren ihre Cloud-Dienste mithilfe von Virtualisierungstechnologien in großen Datenzentren.

Der nicht-technische Aspekt der Abrechnung stellt dabei einen wesentlichen Punkt dar. Anstatt ganze Maschinen oder Speicherlösungen am Stück zu kaufen oder zu mieten, wird die direkt benötigte CPU-Leistung oder Speicherkapazität zum Zeitpunkt der Nutzung gebucht und entsprechend des tatsächlichen 'Verbrauchs' abgerechnet. Für Software orientiert sich die Abrechnung der angebotenen Dienstleistung an funktionalen (zum Beispiel Speicherkapazität) und nichtfunktionalen Aspekten (zum Beispiel Anzahl gleichzeitiger Nutzer).

Vergleicht man den Cloud-Ansatz mit existierenden wirtschaflichen Konzepten, so findet hier bei den Nutzern ein klassisches „Outsourcing" von IT-Kapazitäten in das Internet statt. Dies minimiert die laufenden Fix-Kosten der Nutzer und erlaubt die Berücksichtigung von Lastspitzen (beispielsweise

Weihnachtsgeschäft), ohne dass eine in 90 % der Fälle überdimensionierte IT-Infrastruktur beschafft und lokal betrieben werden muss.

**Cloud vs. SOA**  Aus Sichtweise der Software-Architekturen knüpft Cloud Computing an alte Traditionen aus der Zeit der Mainframe-Systeme und Thin-Clients an. Die gesamte Abarbeitung der Applikation findet auf der Server-Seite statt, während der Nutzer mit seiner Client-Applikation lediglich die entfernte Steuerung der Anwendung vornimmt. Zwar vermitteln moderne Browser-Technologien wie CSS und JavaScript den Eindruck einer lokalen „Applikation im Browser", letztendlich findet die Datenverarbeitung und Speicherung aber auf dem Cloud-Server statt. SOA ist ein Architekturparadigma, welches die idealen Voraussetzungen zur Realisierung von solchen Cloud-Angeboten bietet. Die Abstraktion von Cloud-Dienstleistungen in Service-Schnittstellen kann die notwendige Interoperabilität und Kapselung der Funktionen sicherstellen. Zwar sind klassische Web-Service-Technologien wie WSDL und SOAP hier nicht die erste Wahl der Anbieter, allerdings ist der Einsatz von XML und die Integration von SLA-Konzepten (siehe Abschnitt 12.2 auf Seite 309) auch bei Clouds weit verbreitet.

**Datensicherheit**  Das drängendste Problem bei Cloud-Lösungen ist die Sicherheit der verarbeiteten Daten. Durch die Nutzung von entfernten Software-Diensten und Maschinen über das Internet müssen potenziell sicherheitskritische Geschäftsdaten aus der Hand gegeben werden. Dies kann zu massiven rechtlichen Problemen führen, wenn die zu verarbeitenden Daten geografisch in einem Land verbleiben müssen. Kapitel 12 auf Seite 297 diskutiert die relevanten rechtlichen Rahmenbedingungen einer SOA. Da Clouds in den allermeisten Fällen nach dem Service-Konzept gestaltet sind, ergeben sich dieselben Fragestellungen, welche schon bei der Nutzung von „Außer Haus"-Diensten in einer SOA entstehen können.

Ein weiterer wesentlicher Aspekt ist die fehlende individuelle Anpassung von Cloud-Funktionalitäten. Die Anbieter solcher Dienste können nur dann kostendeckend arbeiten, wenn die Cloud-Dienste standardisiert definiert und somit replizierbar betreibbar sind. Für die Kunden von Cloud-Lösungen ensteht somit wieder ein Integrationsaufwand, welcher im schlechtesten Fall die Kostenreduktion durch Auslagerung zunichte macht. Hier können Service-orientierte Architekturen das Integrationsproblem zumindest verringern, und Cloud-Dienste können mit spezialisierten eigenen Services des Kunden kombiniert werden.

## 14.3.2  Arten von Clouds

Cloud-Anbieter und ihre Produkte können anhand der Art der angebotenen Funktionalität kategorisiert werden. Auch hier existieren keine festen Standards, allerdings haben sich einige Begriffe bereits vor dem „Cloud-Hype" durchgesetzt. Im Folgenden werden die drei Hauptklassen von Cloud-Diensten betrachtet:

SaaS

*Software-as-a-Service*, kurz *SaaS*, ist ein Modell für die Verteilung von Software nach Bedarf („on demand"). Die angebotene Software kann wahlweise auf den Maschinen des Anbieters laufen und per Webbrowser bedient werden oder zeitbeschränkt auf den Maschinen des Kunden laufen. SaaS ist nicht nur ein technisches Konzept, sondern auch ein Geschäftsmodell, da der Kunde im Gegensatz zum klassischen Software-Vertrieb nicht einmalig die Kopie einer Software erwirbt, sondern pro Nutzung bezahlt. Dies fügt sich somit gut in die Miet-Idee des Cloud Computing ein.

Bekannte Unterkategorien sind zum Beispiel Security-as-a-Service (Virenschutz und Filterung als Service) oder Speicherdienste zum Datenabgleich (LiveMesh, Dropbox). Eine der ersten Firmen mit echten SaaS-Diensten war Salesforce.com. Services können hier die verschiedensten (eigentlich lokalen) Aufgaben übernehmen, wie zum Beispiel CRM-Anwendungen, Mail oder Office.

PaaS

*Platform-as-a-Service*, kurz *PaaS*, beschreibt ein Angebot für Software-Entwickler, bei dem die Entwicklungssoftware und die resultierende Applikation zusammen beim Cloud-Anbieter verbleiben. Der Entwickler passt sich dem Programmiermodell des Anbieters an und erhält dafür optimal gewartete Tools und eine skalierbare Softwareinstallation seiner eigenen Anwendung. Bei PaaS basieren die Nutzerschnittstellen auf Web-Standards (HTML, CSS, JavaScript, ...). Verschiedene Applikationen können über Web-Service-Schnittstellen zu einer Verbundapplikation („Mashup") zusammengestellt werden.

Beispiel: Google App Engine

Das prominenteste Beispiel in dieser Klasse ist die Google App Engine, bei der die resultierende Applikation auf den Servern von Google ausgeführt wird. Weitere Beispiele sind .NET in Microsoft Azure oder PHP in der Rackspace Cloud.

IaaS

*Infrastructure-as-a-Service*, kurz *IaaS*, bietet eine Computer-Infrastruktur in Form von Rechenzeit oder Speicherplatz zum Mieten an. Der Anwender kann diese Ressourcen beliebig verwenden, ist aber bei den meisten realen Lösungen dann doch wieder an Schnittstellen des Anbieters gebunden. Es besteht eine enge Beziehung zur Abrechnung nach dem Utility-Computing-Modell. Die technische Grundlage bilden Virtualisierungstechniken, mithilfe derer der Cloud-Anbieter alle anliegenden Aufgaben koordiniert abarbeiten kann.

Utility Computing

*Utility Computing* ist ein Begriff, der allgemein die Abrechnung von Rechenzeit, Netzwerkbandbreite und Speicherplatznutzung mit der Abrechnung von Versorgungsleistungen wie Wasser und Strom im Alltag gleichsetzt. In beiden Fällen soll pro Kunde nach dem tatsächlichen Verbrauch abgerechnet werden. Clouds setzen Utility-Computing-Modelle in vielen Fällen ein. Hier spielt auch der Aspekt der standardisierten Nutzung eine Rolle, womit Service-orientierte Architekturen wieder ihre Vorteile ausspielen können.

**Beispiel**     Das bekannteste Beispiel für IaaS sind die verschiedenen Cloud-Dienste der Firma Amazon, unter anderem zum Buchen von CPU-Zeit, Speicherplatz oder Netzwerkbandbreite für eigene virtuelle Maschinen.

Für alle drei Arten von Cloud-Lösungen lassen sich im Internet mittlerweile diverse Anbieter finden. Google, Amazon und Salesforce gehören sicherlich zu den Vorreitern auf diesem Gebiet und haben somit die ausgereiftesten Lösungen zu bieten. Klassische Software-Firmen wie Microsoft, IBM und Sun holen aber mit eigenen Vorschlägen auf, um die wegbrechenden Einnahmen des Verkaufs von Software-Kopien durch Cloud-Dienste kompensieren zu können. Die typischen Beratungsfirmen wie Gartner und Forrester bieten meist Analysen der verfügbaren Angebote an, damit potenzielle Kunden eine begründete Auswahl treffen können.

## 14.4  Zusammenfassung

Anhand von drei Beispielen wurde in diesem Kapitel die Anwendung und Erweiterung von klassischen SOA-Konzepten diskutiert. Natürlich gibt es eine Vielzahl weiterer Entwicklungen, die – teilweise erneut – mit großem Marketing-Aufwand (Stichwort „SOA 2.0") platziert werden. Dem interessierten Leser bleibt hier nur die Anbieter-neutrale Gegenüberstellung existierender und neuer Konzepte, um den tatsächlichen Mehrwert der letzten Trends bewerten zu können. Von den drei beispielhaft erläuterten Ansätzen in diesem Kapitel stellt Cloud Computing sicherlich diejenige Service-orientierte Technologie dar, welche in nächster Zeit die interessantesten Weiterentwicklungen erwarten lässt.

# 15 | Ausblick

*„Vorhersagen sind sehr schwierig, vor allem wenn sie die Zukunft betreffen."*
*Mao Tse Tung (1893 – 1976)*

Die Verbreitung der Idee von Service-orientierte Architekturen begann mit den Web Services. Zu Beginn waren Web Services für die Meisten, die sich damit beschäftigten, eine neue Form des entfernten Funktionsaufrufs. Damit wurde bei diesem Thema der technische Aspekt sehr betont.

IT-Firmen reicherten im Laufe der Zeit Web Services immer stärker mit ihren eigenen Entwicklungen und Marketingstrategien an. Außerdem waren viele Konzepte in ihrer technischen Tiefe für Laien kaum mehr zu verstehen. Daher ließ sich das Thema besonders auf Management-Ebene kaum noch verkaufen. Man benötigte zusätzlich noch eine abstraktere Form: SOA. So wurden die Web Services um das eigentlich einige Jahre ältere Konzept der Service-orientierten Architektur erweitert. Gleichzeitig wurden die Web Services mit diesem Schritt um komplexere und höherwertige Konzepte, wie Transaktionen, erweitert.

Dieser Schritt ermöglichte nicht nur eine weniger techniklastige Betrachtungsweise, es gelang gleichzeitig, viele Konzepte auch mit älteren Entwicklungen zu kombinieren und obendrein ein visionäres Bild für zukünftige Systeme zu entwickeln. Der wohl wichtigste Schritt war die Erweiterung des Services beziehungsweise Dienstes zu einer beliebigen Geschäftsfunktion.

Für die Techniker ist daher ein Dienst oft nichts weiter als eine Softwarekomponente und deshalb SOA das „neue" Komponentenmodell. Für Software-Architekten ist es ein neues Konstrukt, das ihnen gestattet, komplexe Systeme anschaulich darzulegen.

**SOA verlässt die IT-Abteilungen**

Viel spannender wird das Thema aber im Zusammenspiel mit Experten aus anderen Fachrichtungen: SOA ermöglicht ihnen, ihre Abläufe so zu modellieren, dass die Prozesse von Workflowsystemen gesteuert werden können. Die Kluft zwischen den Softwarefunktionen und den Geschäftsabläufen wird bei Umsetzung einer SOA so klein wie bei keiner anderen Alternative.

Service-orientierte Architekturen können in kleinen Schritten ohne revolutionäre Veränderungen in den IT-Systemen oder „Big-Bang" eingeführt werden – ein Umstand, der die Verbreitung von SOA wesentlich erleichtert. Ein allmählicher Übergang ist also möglich. Es ist davon auszugehen, dass die meisten SOA-Einführungen diesen schrittweisen Ansatz verfolgen werden.

**SOA-Einführungen als Evolution**

Bei dieser Art der Umsetzung ist jedoch vorauszusehen, dass dies in Zukunft für viele komplexe Mischungen von alten und neuen Ansätzen und Systemen sorgen wird. Eine einzelne Funktionalität wird in einen Dienst umgewandelt, der sofort von anderen Stellen genutzt, also wiederverwendet werden kann. Der Ausbau kann getrieben durch die Unternehmensprozesse erfolgen. Wenn ein Ablauf eine Erweiterung benötigt, wird diese als Dienst umgesetzt und entsprechend eingebunden. So verändert sich die Infrastruktur in kleinen Schritten. Ob eine solche Struktur auf Dauer beherrschbar und einfach ist, ist nur schwer zu beurteilen.

**Von der Architektur zur Weiterentwicklung**

Aktuell liegt der Schwerpunkt der Betrachtungen im SOA-Umfeld auf den ersten Phasen des SOA-Lebenszyklus: Im Fokus stehen SOA-Design, grundlegende Infrastrukturkomponenten, und (oft unpassenderweise) Entwicklungswerkzeuge.

Aufgrund der höheren Komplexität ist davon auszugehen, dass in der näheren Zukunft der Fokus der Betrachtung eher auf die Weiterentwicklung von Service-orientierten Architekturen gerichtet wird. Mit entsprechenden Konzepten zur Verwaltung einer größeren Anzahl von Diensten, mit ausgereiften Konzepten zur Versionierung oder gar Antworten auf die Frage, wie man Dienste wieder loswird, ist kurzfristig nicht zu rechnen.

**SOA ist keine Universallösung**

Es ist nicht in allen Fällen sinnvoll, bestehende Systeme auf SOA umzustellen. In einer abgeschlossenen Umgebung, die nicht sonderlich dynamisch ist, wird man mit flächendeckender Standardsoftware vermutlich einfacher und billiger arbeiten können als mit einer SOA.

Dagegen wird man in Systemen, die viel Kommunikation mit externen Partnern verlangen, die Vielfalt an Techniken und IT-Produkten kaum wirkungsvoll beschränken können. In diesem Umfeld kann das Potenzial von Service-orientierten Architekturen am besten genutzt werden. Die Qualität des Ergebnisses wird vermutlich vor allem an der Fähigkeit der Organisationen liegen, eine sinnvolle Granularität für die genutzten Dienste zu bestimmen.

**Organisatorische Aspekte als Stolperstein**

Es zeichnet sich allerdings ab, dass die – durchaus wichtigen – technischen Fragen am Ende nur Nebenkriegsschauplätze sein könnten. Über den Erfolg oder Misserfolg des Themas SOA werden vermutlich nichttechnische Herausforderungen entscheiden: Gelingt es den Organisationen, ihre Struktur an die neuen Gegebenheiten anzupassen? Schaffen es die Systemfürsten, sich in einer Service-orientierten Organisation zurechtzufinden? Gelingt es, entsprechende Governance-Strukturen zu schaffen und entsprechende Prozesse zu etablieren? Nur wenn auf diese Fragen befriedigende Antworten gefunden werden, kann eine SOA in einem Unternehmen erfolgreich eingeführt und gelebt werden – unabhängig von der technischen Realisierung.

# Literaturverzeichnis

[ACD⁺03]    T. Andrews, F. Curbera, H. Dholakia, Y. Goland und J. Klein: *Business Process Execution Language for Web Services*. Technischer Bericht, OASIS Open, 2003. URL `http://www.ibm.com/developerworks/library/specification/ws-bpel/`.

[ACI05]    J. Ang, L. Cherbakov und M. Ibrahim: *SOA Antipatterns*. IBM Corporation, November 2005. URL `http://www.ibm.com/developerworks/webservices/library/ws-antipatterns/`.

[ADLH⁺02]    B. Atkinson, G. Della-Libera, S. Hada, M. Hondo und P. Hallam-Baker: *Web Services Security (WS-Security) Version 1.0*, April 2002. URL `http://www-106.ibm.com/developerworks/webservices/library/ws-secure/`.

[BBF⁺08]    M. Bartel, J. Boyer, B. Fox, B. LaMaccia und E. Simon: *XML Signature Syntax and Processing (Second Edition)*. W3C Recommendation, W3C – World Wide Web Consortium, Juni 2008. URL `http://www.w3.org/TR/2008/REC-xmldsig-core-20080610/`.

[BCH⁺03]    D. Bunting, M. Chapman, O. Hurley, M. Little und J. Mischkinsky: *Web Services Composite Application Framework (WS-CAF)*. Technischer Bericht, OASIS Open, 2003. URL `http://developers.sun.com/techtopics/webservices/wscaf/primer.pdf`.

[Bec04]    D. Beckett: *RDF/XML Syntax Specification (Revised)*. W3C Recommendation, W3C – World Wide Web Consortium, February 2004. URL `http://www.w3.org/TR/2004/REC-rdf-syntax-grammar-20040210/`.

[BG04]    D. Brickley und R. V. Guha: *RDF Vocabulary Description Language 1.0: RDF Schema*. W3C Recommendation, W3C – World Wide Web Consortium, Februar 2004. URL `http://www.w3.org/TR/2004/REC-rdf-schema-20040210/`.

[BH03]    J. Bishop und N. Horspool: *C# Concisely*. Addison Wesley, September 2003. ISBN 0-321-15418-5.

[BHLT06]    T. Bray, D. Hollander, A. Layman und R. Tobin: *Namespaces in XML v1.1*. W3C Recommendation, W3C – World Wide Web Consortium, Boston, MA, August 2006. URL `http://www.w3.org/TR/2006/REC-xml-names11-20060816/`.

[BHM⁺04]    D. Booth, H. Haas, F. McCabe, E. Newcomer, M. Champion, C. Ferris und D. Orchard: *Web Services Architecture*. W3C Note, W3C – World Wide Web Consortium, Boston, MA, Februar 2004.

[BL98]    T. Berners-Lee: *An RDF language for the Semantic Web - Notation 3*. W3C – World Wide Web Consortium, 1998. URL `http://www.w3.org/DesignIssues/Notation3.html`.

[BL07]    D. Booth und C. K. Liu: *Web Services Description Language 2.0 Part 0: Primer*. W3C Recommendation, W3C – World Wide Web Consortium, June 2007. URL `http://www.w3.org/TR/2007/REC-wsdl20-primer-20070626`.

[BLFM98]    T. Berners-Lee, R. Fielding und L. Masinter: *RFC 2396: Uniform Resource Identifiers (URI)*. Internet Engineering Task Force (IETF), August 1998. URL `http://www.ietf.org/rfc/`

rfc2396.txt.

[BLHL01] T. BERNERS-LEE, J. HENDLERS und O. LASSILA: *The Semantic Web.* Scientific American, Mai 2001. URL http://www.scientificamerican.com/article.cfm?articleID= 00048144-10D2-1C70-84A9809EC588EF21\&catID=2.

[BM04] P. BIRON und A. MALHOTRA: *XML Schema Part 2: Datatypes.* W3C Recommendation, W3C – World Wide Web Consortium, Oktober 2004. URL http://www.w3.org/TR/2004/ REC-xmlschema-2-20041028/.

[Boy01] J. BOYER: *Canonical XML, Version 1.0.* W3C Recommendation, W3C – World Wide Web Consortium, Boston, MA, März 2001. URL http://www.w3.org/TR/2001/ REC-xml-c14n-20010315.

[BPSM00] T. BRAY, J. PAOLI und C. M. SPERBERG-MCQUEEN: *Extensible Markup Language (XML), v1.0.* REC-xml-19980210, W3C – World Wide Web Consortium, Boston, MA, Oktober 2000. URL http://www.w3.org/TR/2000/REC-xml-20001006/.

[BPSM+04] T. BRAY, J. PAOLI, C. M. SPERBERG-MCQUEEN, E. MALER, F. YERGEAU und J. COWAN: *Extensible Markup Language (XML), v1.1.* W3C Recommendation, W3C – World Wide Web Consortium, Boston, MA, August 2004. URL http://www.w3.org/TR/2004/REC-xml-20040204/.

[Bro75] F. P. BROOKS: *The Mythical Man Month: Essays on Software Engineering.* Addison Wesley, Amsterdam, erste Auflage, 1975. ISBN 978-0201835953.

[Bro98] F. A. BROCKHAUS (Herausgeber): *Brockhaus, Die Enzyklopdie in vierundzwanzig Bänden.* F. A. Brockhaus, Leipzig, Mannheim, Zwanzigste, überarbeitete und aktualisierte Auflage, 1998. ISBN 3-7653-3100-7.

[Bun] BUNDESVERBAND INFORMATIONSWIRTSCHAFT, TELEKOMMUNIKATION UND NEUE MEDIEN E. V.: *Leitfaden zum elektronischen Datenzugriff der Finanzverwaltung - Steuerrechtliche Anforderungen und Technologien zur Datenaufbewahrung.* URL http://www.bitkom.org/files/ documents/BITKOM_Leitfaden_GDPdU_Version_3.0_-_Dezember_2006.pdf.

[Bun09] BUNDESAMT FÜR SICHERHEIT IN DER INFORMATIONSTECHNIK: *SOA-Security-Kompendium,* 2.0 Auflage, November 2009. URL https://www.bsi.bund.de/cae/servlet/ contentblob/486838/publicationFile/44537/SOA-Security-Kompendium_pdf. pdf.

[CCF+02] L. F. CABRERA, COPELAND, M. FEINGOLD, T. FREUND, J. JOHNSON, C. KALER und J. KLEIN: *Web Services Transaction (WS-Transaction).* Technischer Bericht, OASIS Open, 2002.

[CCJL04] L. F. CABRERA, G. COPELAND, J. JOHNSON und D. LANGWORTHY: *Coordinating Web Services Activities with WS-Coordination, WS-AtomicTransaction, and WS-BusinessActivity.* Microsoft MSDN Library, 2004. URL http://msdn.microsoft.com/library/en-us/dnwebsrv/ html/wsacoord.asp.

[CD99] J. CLARK und S. DEROSE: *XML Path Language (XPath) Version 1.0.* W3C Recommendation, W3C – World Wide Web Consortium, November 1999. URL http://www.w3.org/TR/xpath.

[CDF+02] A. CEPONKUS, S. DALAL, T. FLETCHER, P. FURNISS und A. GREEN: *Business Transaction Protocol. Committee specification.* Technischer Bericht, Organization for the Advancement of Structured Information Standards, 2002. URL http://www.oasis-open.org/committees/business-transactions/.

[CFF+04a]  K. CZAJKOWSKI, D. FERGUSON, I. FOSTER, J. FREY, S. GRAHAM, T. MAGUIRE, D. SNELLING und S. TUECKE: *From Open Grid Services Infrastructure to WS-Resource Framework: Refactoring & Evolution.* Technischer Bericht, Globus Alliance, Mai 2004.

[CFF+04b]  K. CZAJKOWSKI, D. F. FERGUSON, I. FOSTER, J. FREY, S. GRAHAM, I. SEDUKHIN, D. SNELLING, S. TUECKE und W. VAMBENEPE: *The WS-Resource Framework.* Technischer Bericht, Globus Alliance, Mai 2004.

[Cha04]  D. CHAPPELL: *Enterprise Service Bus.* O'Reilly, Juni 2004. ISBN 0-596-00675-6.

[CHL+07]  R. CHINNICI, H. HAAS, A. LEWIS, J.-J. MOREAU, D. ORCHARD und S. WEERAWARANA: *Web Services Description Language 2.0 Part 2: Adjuncts.* W3C Recommendation, W3C − World Wide Web Consortium, June 2007. URL http://www.w3.org/TR/2007/REC-wsdl20-adjuncts-20070626.

[CMRW07]  R. CHINNICI, J.-J. MOREAU, A. RYMAN und S. WEERAWARANA: *Web Services Description Language 2.0 Part 1: Core Language.* W3C Recommendation, W3C − World Wide Web Consortium, June 2007. URL http://www.w3.org/TR/2007/REC-wsdl20-20070626.

[Con68]  M. CONWAY: *How Do Committees Invent.* Datamation, 14(4):28–31, April 1968. URL http://www.melconway.com/research/committees.html.

[CS03]  V. CLAUS und A. SCHWILL (Herausgeber): *Duden Informatik.* Bibliographisches Institut & F. A. Brockhaus AG, Mannheim, September 2003. ISBN 3-411-10023-0.

[CT04]  J. COWAN und R. TOBIN: *XML Information Set.* W3C Recommendation, W3C − World Wide Web Consortium, Februar 2004. URL http://www.w3.org/TR/2004/REC-xml-infoset-20040204/.

[DA99]  T. DIERKS und C. ALLEN: *RFC 2246: The TLS Protocol.* Internet Engineering Task Force (IETF), January 1999. URL http://www.ietf.org/rfc/rfc2246.txt.

[DB04]  S. DALLAS und M. A. BELL: *The Need For IT Governance: Now More Than Ever.* Technischer Bericht AV-21-4823, Gartner Group, Januar 2004.

[DH76]  W. DIFFIE und M. E. HELLMAN: *New Directions in Cryptography.* IEEE Transactions on Information Theory, IT-22 n. 6:644–654, Juni 1976.

[dJ02]  I. DE JONG: *Web Services/SOAP and CORBA.* Technischer Bericht, Object Management Group, April 2002. URL http://www.omg.org/news/whitepapers/CORBA_vs_SOAP1.pdf.

[DK76]  F. DEREMER und H. H. KRON: *Programming-in-the-Large Versus Programming-in-the-Small.* IEEE Transactions on Software Engineering, 2(2):80–86, Juni 1976.

[DL99]  T. DEMARCO und T. LISTER: *Wien wartet auf Dich! − Der Faktor Mensch im DV-Management.* Carl Hanser Verlag, München Wien, 2. Auflage, November 1999. ISBN 978-3-446-21277-0.

[DLP03]  A. DAN, H. LUDWIG und G. PACIFICI: *Web service differentiation with service level agreements.* Technischer Bericht, IBM Software Group, Mai 2003. URL http://www-106.ibm.com/developerworks/library/ws-slafram/.

[Dok04] H.-O. Doksöz: *Evaluation und Design von Architekturen für sichere Web Services*. Diplomarbeit, Universität Ulm, Januar 2004.

[Dud01] Dudenredaktion (Herausgeber): *Duden – Deutsches Universalwörterbuch*. Bibliographisches Institut & F. A. Brockhaus AG, Mannheim, 2001. ISBN 3-411-05504-9.

[EJ01] D. Eastlake und P. Jones: *US Secure Hash Algorithm 1 (SHA1)*. Internet Engineering Task Force (IETF), Reston, USA, September 2001. URL `http://www.ietf.org/rfc/rfc3174.txt`.

[ERS02] D. Eastlake, J. Reagle und D. Solo: *RFC 3275: XML-Signature Syntax and Processing*. Internet Engineering Task Force (IETF), March 2002. URL `http://www.ietf.org/rfc/rfc3275.txt`.

[ES01] D. W. Erwin und D. F. Snelling: *UNICORE: A Grid Computing Environment*. In: R. Sakellariou, J. Keane, J. R. Gurd und L. Freeman (Herausgeber): *Euro-Par*, Band 2150 der Reihe *Lecture Notes in Computer Science*, Seiten 825–834. Springer, 2001. ISBN 3-540-42495-4.

[FFG⁺04] I. Foster, J. Frey, S. Graham, S. Tuecke, K. Czajkowski, D. Ferguson, F. Leymann, M. Nally, I. Sedukhin, D. Snelling, T. Storey, W. Vambenepe und S. Weerawarana: *Modeling Stateful Resources with Web Services*. Technischer Bericht, Globus Alliance, Mai 2004.

[FGM⁺99] R. Fielding, J. Gettys, J. Mogul, H. Frystyk, L. Masinter, P. Leach und T. Berners-Lee: *RFC 2616: Hypertext Transfer Protocol – HTTP 1.1*. Internet Engineering Task Force (IETF), June 1999. URL `http://www.ietf.org/rfc/rfc2616.txt`.

[FGN⁺98] I. Foster, J. Geisler, B. Nickless, W. Smith und S. Tuecke: *Software infrastructure for the I-WAY metacomputing experiment*. In: *Concurrency: Practice and Experience*, Band 10, Seiten 567–581, September 1998.

[FHBL⁺99] J. Franks, P. Hallam-Baker, S. Lawrence, P. Leach, A. Luotonen und L. Stewart: *RFC 2617: HTTP Authentication: Basic and Digest Access Authentication*. Internet Engineering Task Force (IETF), June 1999. URL `http://www.ietf.org/rfc/rfc2617.txt`.

[Fie00] R. T. Fielding: *Architectural Styles and the Design of Network-based Software Architectures*. Doktorarbeit, University of California, Irving, 2000.

[FK97] I. Foster und C. Kesselman: *Globus: A Metacomputing Infrastructure Toolkit*. The International Journal of Supercomputer Applications and High Performance Computing, 11(2):115–128, Summer 1997. URL `http://citeseer.nj.nec.com/foster96globus.html`.

[FK04] I. Foster und C. Kesselman (Herausgeber): *The Grid: Blueprint for a New Computing Infrastructure*. Morgan Kaufmann, San Francisco, CA, 2004. ISBN 1-55860-933-4.

[FKK96] A. O. Freier, P. Karlton und P. C. Kocher: *The SSL Protocol - Version 3.0*. Internet Engineering Task Force (IETF), Reston, USA, November 1996. URL `http://home.netscape.com/eng/ssl3/draft302.txt`.

[FKT01] I. Foster, C. Kesselman und S. Tuecke: *The Anatomy of the Grid: Enabling Scalable Virtual Organizations*. Lecture Notes in Computer Science, 2150, 2001. URL `http://citeseer.ist.psu.edu/foster01anatomy.html`.

[FW04]        D. FALLSIDE und P. WALMSLEY: *XML Schema.*    W3C Recommendation, W3C —
              World Wide Web Consortium, Oktober 2004.    URL `http://www.w3.org/TR/2004/`
              `REC-xmlschema-0-20041028/`.

[GHJV04]      E. GAMMA, R. HELM, R. JOHNSON und J. VLISSIDES: *Entwurfsmuster.* Addison Wesley, Mün-
              chen, Juli 2004. ISBN 3-827-32199-9.

[GHM⁺07a]     M. GUDGIN, M. HADLEY, N. MENDELSOHN, J.-J. MOREAU, H. F. NIELSEN, A. KARMARKAR
              und Y. LAFON: *SOAP Version 1.2 Part 1: Messaging Framework.* W3C Recommendation, W3C
              — World Wide Web Consortium, Boston, MA, April 2007.  URL `http://www.w3.org/TR/`
              `soap12-part1/`.

[GHM⁺07b]     M. GUDGIN, M. HADLEY, J.-J. MOREAU, H. F. NIELSEN, A. KARMARKAR und Y. LAFON: *SOAP
              Version 1.2 Part 2: Adjuncts.* W3C Recommendation, W3C — World Wide Web Consortium, April
              2007. URL `http://www.w3.org/TR/soap12-part2/`.

[GHRÜY07]     M. GUDGIN, M. HADLEY, T. ROGERS und ÜMIT YALÇINALP: *Web Services Addressing 1.0 -
              Metadata.* W3C Recommendation, W3C — World Wide Web Consortium, September 2007. URL
              `http://www.w3.org/TR/2007/REC-ws-addr-metadata-20070904`.

[GR93]        J. GRAY und A. REUTER: *Transaction Processing: Concepts and Techniques.* Morgan Kaufmann
              Publishers, September 1993. ISBN 1-558-60190-2.

[Gra81]       J. GRAY: *The Transaction Concept: Virtues and Limitations (Invited Paper).* In: *Very Large Data
              Bases, 7th International Conference, Cannes, France,* Seiten 144–154. IEEE Computer Society,
              September 1981.

[Gru93]       T. R. GRUBER: *A translation approach to portable ontology specifications.*    Knowl. Acquis.,
              5(2):199–220, 1993.

[HB84]        K. HWANG und F. A. BRIGGS: *Computer Architecture and Parallel Processing.* McGraw-Hill, März
              1984. ISBN 0-070-31556-6.

[HBS⁺02]      M. HAPNER, R. BURRIDGE, R. SHARMA, J. FIALLI und K. STOUT: *Java Message Service.* Tech-
              nischer Bericht, Sun Microsystems, April 2002.  URL `http://java.sun.com/products/`
              `jms/docs.html`.

[HH00]        F. HANTELMANN und R. HÜLSENBUSCH: *Besonderer Wurf - Stärken und Schwächen aktueller
              Systeme.* iX - Magazin für professionelle Informationstechnik, Seite 144, März 2000.

[HRG06]       M. HADLEY, T. ROGERS und M. GUDGIN: *Web Services Addressing 1.0 - Core.* W3C Recom-
              mendation, W3C — World Wide Web Consortium, Mai 2006. URL `http://www.w3.org/TR/`
              `2006/REC-ws-addr-core-20060509`.

[HvTMS04]     A. HILLIGER VON THILE, I. MELZER und H.-P. STEIERT: *Managers Don't Code: Making Web
              Services Middleware Applicable for End-Users.* In: L.-J. ZHANG und M. JECKLE (Herausgeber):
              *ECOWS 2004,* Band 3250 der Reihe *Lecture Notes in Computer Science,* Seiten 139–151. Springer,
              September 2004.  ISBN 3-540-23202-8.  URL `http://springerlink.metapress.com/`
              `openurl.asp?genre=article\&issn=0302-9743\&volume=3250\&spage=139`.

[IBM04]       IBM DEVELOPERWORKS: *BPELJ: BPEL for Java technology,* März 2004. URL `http://www.ibm.`
              `com/developerworks/library/specification/ws-bpelj/`.

[IDS02]     T. Imamura, B. Dillaway und E. Simon: *XML Encryption Syntax and Processing.* W3C Recommendation, W3C − World Wide Web Consortium, Dezember 2002. URL http://www.w3.org/TR/2002/REC-xmlenc-core-20021210/.

[Ins02]     Institut der Wirtschaftsprüfer: *IDW RS FAIT 1: Grundsätze ordnungsmäßiger Buchführung bei Einsatz von Informationstechnologie,* 2002.

[Ins03]     Institut der Wirtschaftsprüfer: *IDW RS FAIT 2: Grundsätze ordnungsmäßiger Buchführung bei Einsatz von Electronic Commerce,* 2003.

[ISO94]     International Organization for Standardization (ISO), New York, USA: *Information Technology − Open Systems Interconnection − Basic Reference Model: The Basic Model,* Juni 1994.

[JE⁺07]     D. Jordan, J. Evdemon et al.: *Web Services Business Process Execution Language Version 2.0.* Technischer Bericht, OASIS Open, April 2007. URL http://docs.oasis-open.org/wsbpel/2.0/OS/wsbpel-v2.0-OS.html.

[JG03]      T. Jin und S. Goschnick: *Utilizing Web Services in an Agent-based Transaction Model (ABT).* In: *International Workshop on Web Services and Agent-based Engineering (WSABE-2003),* Seiten 1−9, Melbourne, Australia, 2003.

[KC04]      G. Klyne und J. J. Carroll: *Resource Description Framework (RDF): Concepts and Abstract Syntax.* W3C Recommendation, W3C − World Wide Web Consortium, Februar 2004. URL http://www.w3.org/TR/2004/REC-rdf-concepts-20040210/.

[Kle01]     J. Klensin: *RFC 2821:Simple Mail Transfer Protocol.* Internet Engineering Task Force (IETF), April 2001. URL http://www.ietf.org/rfc/rfc2821.txt.

[KS98]      B. Kaliski und J. Staddon: *RFC 2437: RSA Cryptography Specifications.* Internet Engineering Task Force (IETF), Oktober 1998. URL http://www.ietf.org/rfc/rfc2437.txt.

[Lid02]     S. Lidin: *Inside Microsoft .NET IL Assembler.* Microsoft Press, Redmond, Washington, Februar 2002. ISBN 0-735-61547-0.

[LKD⁺03]    H. Ludwig, A. Keller, A. Dan, R. P. King und R. Franck: *Web Service Level Agreement (WSLA) Language Specification.* Technischer Bericht, IBM Corporation, 2003. URL http://www.research.ibm.com/wsla/WSLASpecV1-20030128.pdf.

[LR89]      K. Lougheed und Y. Rekhter: *A Border Gateway Protocol (BGP).* Internet Engineering Task Force (IETF), Juni 1989. URL http://www.ietf.org/rfc/rfc1105.txt.

[LR00]      F. Leymann und D. Roller: *Production Workflow.* Prentice Hall, 2000. ISBN 0-130-21753-0.

[LY99]      T. Lindholm und F. Yellin: *The Java Virtual Machine Specification.* Addison Wesley, 2. Auflage, April 1999. ISBN 0-201-43294-3.

[Mä00]      C. Märtin: *Rechnerarchitekturen.* Fachbuchverlag Leipzig, Oktober 2000. ISBN 3-446-21475-5.

[Mar08]     E. A. Marks: *Service-oriented Architecture Governance for the Services driven Enterprise.* John Wiley & Sons, Inc., New York, erste Auflage, 2008. ISBN 978-0-470-17125-7.

[Mei07]     E. Meier: *Evaluierung von Open Source Enterprise Service Bus Technologien.* Diplomarbeit, Hochschule Ulm, August 2007.

[Mel02]    I. MELZER: *An Abstraction to Implement Internet Portals.* VWF Verlag für Wissenschaft und Forschung, Berlin, November 2002. ISBN 3-897-00356-2.

[Mic05]    MICROSOFT CORPORATION: *UBR Shutdown FAQ*, 2005. URL http://uddi.microsoft.com/about/FAQshutdown.htm.

[Min02]    S. MINTERT (Herausgeber): *XML & Co.* Addison Wesley, München, August 2002. ISBN 3-8273-1844-0.

[MJ03]     I. MELZER und M. JECKLE: *A Signing Proxy for Web Services Security.* In: R. TOLKSDORF und R. ECKSTEIN (Herausgeber): *Berliner XML-Tage*, Seiten 292–304. XML-Clearinghouse, Oktober 2003. ISBN 3-88579-116-1.

[MK09]     V. MODI und D. KEMP: *Web Services Dynamic Discovery (WS-Discovery).* Technischer Bericht, OASIS Open, July 2009. URL http://docs.oasis-open.org/ws-dd/ns/discovery/2009/01.

[ML07]     N. MITRA und Y. LAFON: *SOAP Version 1.2 Part 0: Primer.* W3C Recommendation, W3C – World Wide Web Consortium, Boston, MA, April 2007. URL http://www.w3.org/TR/soap12-part0/.

[MMBBD02]  E. MARILLY, O. MARTINOT, S. BETGE-BREZETZ und G. DELEGUE: *Requirements for service level agreement management.* In: *IP Operations and Management, 2002 IEEE Workshop on*, Seiten 57 – 62, 2002.

[MMS02]    J. MAYER, I. MELZER und F. SCHWEIGGERT: *Lightweight Plug-in-Based Application Development.* In: M. AKSIT, M. MEZINI und R. UNLAND (Herausgeber): *Net.ObjectDays*, Band 2591 der Reihe *Lecture Notes in Computer Science*, Seiten 87–102. Springer Verlag, Oktober 2002. ISBN 3-540-00737-7. URL http://link.springer.de/link/service/series/0558/bibs/2591/25910087.htm.

[Moo65]    G. E. MOORE: *Cramming More Components onto Integrated Circuits.* Electronics, 38(8):114 – 117, April 1965. URL ftp://download.intel.com/research/silicon/moorespaper.pdf.

[MvH04]    D. L. MCGUINNESS und F. VAN HARMELEN: *OWL Web Ontology Language Overview.* W3C Recommendation, W3C – World Wide Web Consortium, Februar 2004. URL http://www.w3.org/TR/2004/REC-owl-features-20040210/.

[NCLP07]   E. NEWCOMER, M. CHAPMAN, M. LITTLE und G. PAVLIK: *Web Services Context Specification (WS-Context) Version 1.0.* Technischer Bericht, Organization for the Advancement of Structured Information Standards, April 2007. URL http://docs.oasis-open.org/ws-caf/ws-context/v1.0/OS/wsctx.pdf.

[NRFJ08]   E. NEWCOMER, I. ROBINSON, M. FEINGOLD und R. JEYARAMAN: *Web Services Coordination (WS-Coordination) Version 1.2.* Technischer Bericht, Organization for the Advancement of Structured Information Standards, October 2008. URL http://docs.oasis-open.org/ws-tx/wstx-wscoor-1.2-spec-cs-01.pdf.

[NRKK07]   E. NEWCOMER, I. ROBINSON, P. KNIGHT und R. KUMAR: *Web Service Transaction (WS-TX).* Technischer Bericht, Organization for the Advancement of Structured Information Standards, Juli 2007. URL http://www.oasis-open.org/committees/ws-tx/.

[NRLF09]    E. NEWCOMER, I. ROBINSON, M. LITTLE und T. FREUND: *Web Services Business Activity (WS-BusinessActivity) Version 1.2.* Technischer Bericht, Organization for the Advancement of Structured Information Standards, February 2009. URL http://docs.oasis-open.org/ws-tx/wstx-wsba-1.2-spec-os.pdf.

[NRLW09]    E. NEWCOMER, I. ROBINSON, M. LITTLE und A. WILKINSON: *Web Services Atomic Transaction (WS-AtomicTransaction) Version 1.2.* Technischer Bericht, Organization for the Advancement of Structured Information Standards, February 2009. URL http://docs.oasis-open.org/ws-tx/wstx-wsat-1.2-spec-os.pdf.

[Nüb04]    C. NÜBLING: *Vergleichende Untersuchung der Leistungsfähigkeit verschiedener Übertragungsprotokolle im Umfeld Web Services.* Diplomarbeit, Fachhochschule Furtwangen, März 2004.

[OAS04a]    OASIS OPEN: *UDDI Version 3.02 UDDI Spec Technical Committee Draft,* Oktober 2004. URL http://uddi.org/pubs/uddi-v3.0.2-20041019.htm.

[OAS04b]    OASIS OPEN: *Web Services Resource Lifetime 1.2 (WS-ResourceLifetime),* Juni 2004.

[OAS04c]    OASIS OPEN: *Web Services Resource Properties 1.2 (WS-ResourceProperties),* Juni 2004.

[OAS04d]    OASIS OPEN: *Web Services Service Group 1.2 (WS-ServiceGroup),* Juni 2004.

[OR02]    E. O'TUATHAIL und M. ROSE: *RFC 3288: Using SOAP in Block Extensible Exchange Protocol (BEEP).* Internet Engineering Task Force (IETF), June 2002. URL http://www.ietf.org/rfc/rfc3288.txt.

[Pat03]    K. PATEL: *XML Grammar and Parser for the Web Service Offerings Language.* Diplomarbeit, Carleton University, Ottawa, Ontario, Canada, 2003.

[Pos81]    J. POSTEL: *RFC 792: Internet Control Message Protocol.* Internet Engineering Task Force (IETF), September 1981. URL http://www.ietf.org/rfc/rfc792.txt.

[Pos92]    J. POSTEL: *RFC 1321: The MD5 Message-Digest Algorithm.* Internet Engineering Task Force (IETF), April 1992. URL http://www.ietf.org/rfc/rfc1321.txt.

[PR85]    J. POSTEL und J. REYNOLDS: *RFC 959: File Transfer Protocol.* Internet Engineering Task Force (IETF), Oktober 1985. URL http://www.ietf.org/rfc/rfc0959.txt.

[Puz07]    G. PUZIC: *Governance Consideration within a Service-oriented Architecture.* Diplomarbeit, Hochschule der Medien Stuttgart, August 2007.

[R+03]    M. ROWLEY et al.: *Java Specification Request 207: Process Definition for Java.* Technischer Bericht, Sun Microsystems, März 2003. URL http://jcp.org/en/jsr/detail?id=207.

[R+05]    B. RICH et al.: *Java Specification Request 106: XML Digital Encryption APIs.* Technischer Bericht, Sun Microsystems, Dezember 2005. URL http://jcp.org/en/jsr/detail?id=106.

[Ran03]    S. RAN: *A model for web services discovery with QoS.* SIGecom Exch., 4(1):1–10, 2003.

[RL95]    Y. REKHTER und T. LI: *RFC 1771: A Border Gateway Protocol 4 (BGP-4).* Internet Engineering Task Force (IETF), March 1995. URL http://www.ietf.org/rfc/rfc1771.txt.

[RP02]    P. RECHENBERG und G. POMBERGER (Herausgeber): *Informatik Handbuch.* Carl Hanser Verlag, München Wien, Januar 2002. ISBN 3-446-19601-3.

[RQZ07]    C. Rupp, S. Queins und B. Zengler: *UML 2 glasklar. Praxiswissen für die UML-Modellierung.* Hanser Fachbuch, August 2007. ISBN 978-3-446-41118-0.

[RR04]     J. Rosenberg und D. Remy: *Securing Web Services with WS-Security.* Sams Publishing, Indianapolis, Indiana, Mai 2004. ISBN 0-672-32651-5.

[RSA78]    R. L. Rivest, A. Shamir und L. Adleman: *A Method for Obtaining Digital Signatures and Public-key Cryptosystems.* Communication of the ACM, 21 n. 2:120–126, Februar 1978.

[Sau05]    P. Sauter: *Web Services Transactions.* Diplomarbeit, Universität Ulm, Januar 2005.

[Sch96]    B. Schneier: *Applied Cryptography.* John Wiley & Sons, Inc., New York, zweite Auflage, 1996. ISBN 0-471-11709-9.

[Sch04]    T. Schöftner: *Proof-of-Concept Implementations, Comparisions of Performance, and Implementation Aspects.* Diplomarbeit, Fachhochschule Hagenberg, Juni 2004.

[SDM02]    A. Sahai, A. Durante und V. Machiraju: *Towards Automated SLA Management for Web Services.* Technischer Bericht HPL-2001-310R1, Hewlett-Packard Laboratories Palo Alto, 2002. URL http://www.hpl.hp.com/techreports/2001/HPL-2001-310R1.pdf.

[SMPY$^+$06] C. M. Sperberg-McQueen, J. Paoli, F. Yergeau, T. Bray und E. Maler: *Extensible Markup Language (XML), v1.0.* W3C Recommendation, W3C – World Wide Web Consortium, Boston, MA, August 2006. URL http://www.w3.org/TR/2006/REC-xml-20060816/.

[SW04]     U. Schneider und D. Werner: *Taschenbuch der Informatik.* Hanser Fachbuchverlag, 5. Auflage, April 2004. ISBN 3-446-22584-6.

[SWS05]    *Semantic Web Services Framework (SWSF) Overview*, Mai 2005. URL http://www.daml.org/services/swsf/1.0/overview/.

[TE04]     R. Tolksdorf und R. Eckstein (Herausgeber): *Berliner XML-Tage 2004: 11. – 13. Oktober 2004.* XML-Clearinghouse, Oktober 2004. ISBN 3-88579-112-6.

[TLM04]    S. Tuecke, L. Liu und S. Meder: *Web Services Base Faults 1.2 (WS-BaseFaults).* OASIS Open, Juni 2004.

[TMMF07]   P. Tröger, H. Meyer, I. Melzer und M. Flehmig: *Dynamic Provisioning and Monitoring of Stateful Services.* In: J. A. M. Cordeiro, V. Pedrosa, B. Encarnação und J. Filipe (Herausgeber): *Proceedings of the 3rd International Conference on Web Information Systems and Technology (WEBIST 2007)*, Seiten 434–438, Barcelona, Spain, 2007. Springer.

[TPP02]    V. Tosic, K. Patel und B. Pagurek: *WSOL – Web Service Offerings Language.* In: *Lecture Notes in Computer Science*, Band 2512 / 2002, Seiten 57 – 67. Springer-Verlag Heidelberg, 2002.

[Trö07]    P. Tröger: *Dynamische Ressourcenverwaltung für dienstbasierte Software-Systeme.* Doktorarbeit, Universität Potsdam, November 2007.

[Vaj07]    J. Vajda: *Prozessintegration des Verbindungselementemanagements in CATIA über Web Services.* Diplomarbeit, Hochschule Ulm, August 2007.

[VG05]     F. Victor und H. Günther: *Optimiertes IT-Management mit ITIL.* Vieweg & Sohn Verlag, Wiesbaden, zweite Auflage, Januar 2005. ISBN 3-528-15894-8.

[W3C05]    W3C — WORLD WIDE WEB CONSORTIUM: *Web Service Modeling Ontology Primer*, Juni 2005. URL http://www.w3.org/Submission/2005/SUBM-WSMO-primer-20050603/.

[WBL02]    C. WARD, M. J. BUCO und L. Z. LUAN: *A Generic SLA Semantic Model for the Execution Management of e-Business Outsourcing Contracts*. In: *Lecture Notes in Computer Science*, Band 2455/2002, Seiten 363–376. Springer-Verlag Heidelberg, 2002.

[Wer04]    S. WERNER: *Service Level Agreements für Web Services*. In: TOLKSDORF, ROBERT und RAINER ECKSTEIN [TE04], Seiten 223–234. ISBN 3-88579-112-6.

[Win99]    D. WINER: *XML-RPC Specification*, Juni 1999. URL http://www.xmlrpc.com/spec/.

[Wor99]    WORKFLOW MANAGEMENT COALITION: *Terminology and Glossary*, 3. Auflage, 1999. URL http://www.wfmc.org/standards/docs/TC-1011_term_glossary_v3.pdf.

[WR04]    P. WEILL und J. W. ROSS: *IT Governance*. Harvard Business School Press, Juli 2004. ISBN 978-1-59139-253-8.

[You96]    J. YOUNG: *Exploring IBM's New Age Mainframes*. Maximum Press, 4. Auflage, Dezember 1996. ISBN 1-885-06805-0.

[ZCC01]    E. ZWICKY, S. COOPER und B. CHAPMAN: *Einrichten von Internet Firewalls*. O'Reilly, 2001. ISBN 3-89721-169-6.

[Zen02]    B. ZENGLER: *Konzeptionelle Aspekte des Einsatzes und des Betriebs verteilter Web-Dienste – an Beispielen prototypisch demonstriert*. Diplomarbeit, Fachhochschule Augsburg, November 2002.

[Zim95]    P. ZIMMERMANN: *The Official PGP User's Guide*. The MIT Press, Cambridge, MA, Juni 1995. ISBN 0-262-74017-6.

# Abkürzungen

| | |
|---|---|
| **ACID** | Atomicity, Consistency, Isolation, Durability |
| **AES** | Advanced Encryption Standard |
| **API** | Application Programming Interface |
| **ASCII** | American Standard Code for Information Interchange |
| **ASP** | Application Service Providing |
| **B2B** | Business to Business |
| **BDSG** | Bundesdatenschutzgesetz |
| **BEEP** | Block Extensible Exchange Protocol |
| **BGP** | Border Gateway Protocol |
| **BPEL** | Business Process Execution Language |
| **BPEL4WS** | Business Process Execution Language for Web Services |
| **BPML** | Business Process Modelling Language |
| **BPMI** | Business Process Management Initative |
| **BPMN** | Business Process Modelling Notation |
| **BPSS** | Business Process Specification Schema |
| **BPQL** | Business Process Query Language |
| **BPM** | Business Performance Management |
| **CD** | Compact Disk |
| **CERN** | European Organization for Nuclear Research |
| **COBIT** | Control Objectives for IT |
| **CORBA** | Common Object Request Broker Architecture |
| **CPAN** | Comprehensive Perl Archive Network |
| **CPU** | Central Processing Unit |
| **DARPA** | Defense Advanced Research Project Agency |
| **DCOP** | Desktop Communication Protocol |
| **DEM** | Document Exchange Model |
| **DES** | Data Encryption Standard |
| **DH** | Diffie-Hellman |
| **DMZ** | Demilitarisierte Zone |
| **DNS** | Domain Name Service |
| **DSS** | Digital Signature Standard |
| **DTD** | Document Type Definition |
| **EAI** | Enterprise Application Integration |
| **EDV** | Elektronische Datenverarbeitung |
| **EAM** | Enterprise Architektur Management |
| **EGA** | Enterprise Grid Alliance |
| **ESB** | Enterprise Service Bus |
| **EPS** | Encapsulated Postscript |
| **ERP** | Enterprise Ressource Planning |
| **FTP** | File Transfer Protocol |
| **GGF** | Global Grid Forum |
| **GOB** | Grundsätze ordnungsmäßiger Buchführung |

| | |
|---|---|
| **GOBS** | Grundsätze ordnungsmäßiger DV-gestützter Buchführungssysteme |
| **GT** | Globus Toolkit |
| **GUI** | Graphical User Interface |
| **HGB** | Handelsgesetzbuch |
| **HPC** | High-Performance Computing – Hochleistungsrechnen |
| **HTML** | Hypertext Markup Language |
| **HTTP** | Hypertext Transfer Protocol |
| **HTTPS** | Hypertext Transfer Protocol Secure |
| **IaaS** | Infrastructure as a Service |
| **IANA** | Internet Assigned Numbers Authority |
| **IBM** | International Business Machines |
| **ICMP** | Internet Control Message Protocol |
| **ID** | Identifier |
| **IDE** | Integrated Development Environment |
| **IDL** | Interface Description Language |
| **IDW** | Institut der Wirtschaftsprüfer |
| **IEC** | International Electrotechnical Commission |
| **IEEE** | Institute of Electrical and Electronics Engineers |
| **IETF** | Internet Engineering Task Force |
| **III** | Internet Information Server |
| **IKS** | Internes Kontrollsystem |
| **IO** | Input-Output |
| **IP** | Internet Protocol |
| **ISO** | International Organization for Standardization |
| **ISOOSI** | International Standardization Organization/Open Systems Interconnection |
| **IT** | Informations-Technologie |
| **ITIL** | IT Infrastructure Library |
| **IV** | Initianlization Vector |
| **JCP** | Java Community Process |
| **JMS** | Java Messaging Service |
| **JSR** | Java Specification Request |
| **JSP** | Java Server Pages |
| **KDE** | K Desktop Environment |
| **KonTraG** | Gesetz zur Kontrolle und Transparenz im Unternehmensbereich |
| **LDAP** | Lightweigt Directory Access Protocol |
| **MD** | Message Digest |
| **MEP** | Message Exchange Pattern |
| **MIME** | Multipurpose Internet Mail Extensions |
| **MIT** | Massachusetts Institute of Technology |
| **MQS** | WebSphere MQ |
| **MR** | Message Reference |
| **MVS** | Multiple Virtual System |
| **NS** | Namespace |
| **OASIS** | Organization for the Advancement of Structured Information Standards |
| **OGSA** | Open Grid Services Architecture |

| | |
|---|---|
| **OGSI** | Open Grid Services Infrastructure |
| **OSI** | Open Systems Interconnection |
| **OWL** | Web Ontology Language |
| **PaaS** | Platform as a Service |
| **PDF** | Portable Document Format |
| **Perl** | Pathologically Eclectic Rubbish Lister |
| **Perl** | Practical Extraction and Report Language |
| **PGP** | Pretty Good Privacy |
| **PHP** | PHP Hypertext Preprocessor |
| **PKI** | Public Key Infrastructure |
| **PLZ** | Postleitzahl |
| **POD** | Plain Old Documentation |
| **RDF** | Resource Description Framework |
| **RDFS** | RDF Schema |
| **RFC** | Request for Comment |
| **RFID** | Radio Frequency Identification |
| **RMI** | Remote Message Invocation |
| **RPC** | Remote Procedure Call |
| **RSA** | Rivest Samir Adleman |
| **SaaS** | Software as a Service |
| **SAML** | Security Assertion Markup Language |
| **SHA** | Secure Hash Algorithm |
| **SLA** | Service Level Agreement |
| **SLS** | Service Level Specification |
| **SMTP** | Simple Mail Transfer Protocol |
| **SOA** | Service-orientierte Architektur |
| **SOAP** | SOAP |
| **SOO** | Service-orientierte Organisation |
| **SPEC** | Standard Performance Evaluation Corporation |
| **SQL** | Structured Query Language |
| **SSL** | Secure Socket Layer |
| **SSO** | Single Sign-on |
| **STS** | Security Token Service |
| **TCO** | Total Cost of Ownership |
| **TCP** | Transmission Control Protocol |
| **TCP/IP** | Transmission Control Protocol/Internet Protocol |
| **TDDSG** | Gesetz über den Datenschutz bei Telediensten |
| **TKG** | Telekommunikationsgesetz |
| **TLS** | Transport Layer Security |
| **TP** | Transport Protocol |
| **UBR** | Universal Business Registry |
| **UDDI** | Universal Description, Discovery and Integration |
| **UML** | Unified Modeling Language |
| **URI** | Uniform Resource Identifier |
| **URL** | Uniform Resource Locator |

| | |
|---|---|
| **US** | United States |
| **UTF** | Unicode Transformation System |
| **UUID** | Universally Unique Identification |
| **VHIT** | Vom Hirn ins Terminal |
| **W3C** | World Wide Web Consortium |
| **WS** | Web Services |
| **WfMC** | Workflow Management Coalition |
| **WSCI** | Web Service Choreography Interface |
| **WS-CDL** | Web Services Choreography Description Language |
| **WSDL** | Web Services Description Language |
| **WSFL** | Web Services Flow Language |
| **WSIF** | Web Services Invocation Framework |
| **WSIL** | Web Services Inspection Language |
| **WS-TX** | Web Services Transaction Framework |
| **WWW** | World Wide Web |
| **XACML** | eXtensible Access Control Markup Language |
| **XML** | Extensible Markup Language |
| **XMLNS** | XML Namensraum |
| **XMLS** | XML Schema |
| **XPDL** | XML Processing Description Language |
| **XSL** | eXtensible Stylesheet Language |
| **XSLT** | XSL Transformation |

# Index

Printing: Ten Brink, Meppel, The Netherlands
Binding: Stürtz, Würzburg, Germany